## 中华人民共和国经济与社会发展研究丛书（1949—2018）
## 编委会

**顾　问**

杨胜群　（中共中央党史和文献研究院）

章百家　（中共中央党史和文献研究院）

张卓元　（中国社会科学院）

**主　编**

武　力　（中国社会科学院）

**编　委**（按姓氏拼音排序）

陈争平　（清华大学）

董香书　（首都经济贸易大学）

段　娟　（中国社会科学院）

郭旭红　（中国矿业大学〈北京〉）

兰日旭　（中央财经大学）

李　扬　（中央财经大学）

肜新春　（中国社会科学院）

申晓勇　（北京理工大学）

王爱云　（中国社会科学院）

王瑞芳　（中国社会科学院）

吴　超　（中国社会科学院）

肖　翔　（中央财经大学）

郁　辉　（山东第一医科大学）

赵云旗　（中国财政科学研究院）

郑有贵　（中国社会科学院）

国家出版基金资助项目
"十三五"国家重点图书出版规划项目
中华人民共和国经济与社会发展研究丛书（1949—2018）
丛书主编：武力

2017年度国家社会科学基金一般项目"新中国金融发展研究（1949-2019年）"（编号：17BJL001）成果

# 中国金融业发展研究

Research on Financial Industry Development of the People's Republic of China

兰日旭 ◎ 著

http://www.hustp.com
中国·武汉

**图书在版编目(CIP)数据**

中国金融业发展研究/兰日旭著.—武汉:华中科技大学出版社,2019.6
(中华人民共和国经济与社会发展研究丛书:1949—2018)
ISBN 978-7-5680-5408-9

Ⅰ.①中… Ⅱ.①兰… Ⅲ.①金融-经济史-研究-中国-1949—2018 Ⅳ.①F832.97

中国版本图书馆 CIP 数据核字(2019)第 129520 号

## 中国金融业发展研究　　　　　　　　　　　　　　　兰日旭　著
Zhongguo Jinrongye Fazhan Yanjiu

| | |
|---|---|
| 策划编辑: | 周晓方　周清涛 |
| 责任编辑: | 刘　烨 |
| 封面设计: | 原色设计 |
| 责任校对: | 张会军 |
| 责任监印: | 周治超 |
| 出版发行: | 华中科技大学出版社(中国·武汉)　　电话:(027)81321913 |
| | 武汉市东湖新技术开发区华工科技园　　邮编:430223 |
| 排　　版: | 华中科技大学惠友文印中心 |
| 印　　刷: | 湖北新华印务有限公司 |
| 开　　本: | 710mm×1000mm　1/16 |
| 印　　张: | 20.75　插页:2 |
| 字　　数: | 360 千字 |
| 版　　次: | 2019 年 6 月第 1 版第 1 次印刷 |
| 定　　价: | 169.00 元 |

本书若有印装质量问题,请向出版社营销中心调换
全国免费服务热线:400-6679-118　竭诚为您服务
版权所有　侵权必究

## 内容提要
ABSTRACT

新中国金融源于革命战争时期成立的金融组织和开展的金融市场业务。新中国成立至今的70年间，我国金融业发展经历了一个复杂的演进过程，大致分为两个大的阶段。改革开放前的30年，中国在革命战争时期金融业发展的基础上通过对新老解放区金融的整合，构建起新中国的金融体系，之后为适应社会经济体制的需要，迅速确立以"管资金"为职能的相对单一的金融体制。改革开放后的40年，中国金融渐趋实现了由"管资金"向"调市场"的转变，形成了以中国人民银行为中心，功能齐全、形式多样、分工协作、互为补充的多层次金融体系。利用金融职能的转换大大促进了中国经济35年的高速增长。而在当前经济结构调整等方面，互联网金融引领的"互联网＋"模式无疑引发了中国经济发展的"鲶鱼效应"，金融领域创新迭出，第三方支付、网络借贷等众多支领域开始领先于国际水平；而普惠金融体系的确立，又使金融职能越来越回归到服务实体经济的本质。

# 总 序
GENERAL PREFACE

早在 2013 年 6 月,习近平总书记就指出,历史是最好的教科书,学习党史、国史,是坚持和发展中国特色社会主义、把党和国家各项事业继续推向前进的必修课。这门功课不仅必修,而且必须修好。要继续加强对党史、国史的学习,在对历史的深入思考中做好现实工作,更好走向未来,不断交出坚持和发展中国特色社会主义的合格答卷。党的十八大以来,习近平总书记多次强调要加强历史研究,博古通今,特别是总结中国自己的历史经验。在以习近平同志为核心的党中央领导下,中国特色社会主义进入了新时代。2017 年是俄国十月革命胜利 100 周年;2018 年是马克思诞辰 200 周年和《共产党宣言》发表 170 周年,同时也是中国改革开放 40 周年;2019 年是中华人民共和国成立 70 周年;2020 年中国完成工业化和全面建成小康社会;2021 年是中国共产党成立 100 周年。这些重要的历史节点,已经引发国内外对中共党史和新中国历史研究的热潮,我们应该早做准备,提前发声、正确发声,讲好中国故事,让中国特色社会主义主旋律占领和引导宣传舆论阵地。

作为专门研究、撰写和宣传中华人民共和国历史的机构,中国社会科学院当代中国研究所、中国经济史学会中国现代经济史专业委员会与华中科技大学出版社一起,从 2014 年就开始策划出版一套总结新中国经济与社会发展历史经验的学术丛书。经过多次研讨,在 2016 年 5 月最终确立了编撰方案和以我为主编的研究写作团队。从 2016 年 7 月至今,研究团队与出版社合作,先后召开了 7 次编写工作会议,讨论研究内容和方法,确定丛书体例,汇报写作进度,讨论写作中遇到的主要问题,听取学术顾问和有关专家的意见,反复讨论大纲、改稿审稿并最终定稿。

这套丛书是以马克思列宁主义、毛泽东思想、邓小平理论、"三个代表"重要思想、科学发展观、习近平新时代中国特色社会主义思想为指导,以中华人民共和国近70年经济与社会发展历史为研究对象的史学论著。这套丛书共14卷,分别从经济体制、工业化、区域经济、农业、水利、国防工业、交通、旅游、财政、金融、外贸、社会建设、医疗卫生和消除贫困14个方面,研究和阐释新中国经济与社会发展的历史和经验。这套丛书从策划到组织团队再到研究撰写专著,前后历时5年,这也充分反映了这套丛书各位作者写作态度的严谨和准备工作的扎实。从14个分卷所涉及的领域和研究重点来看,这些问题都是中共党史和新中国历史,特别是改革开放以来历史研究中的重要问题,有些是非常薄弱的研究环节。因此,作为研究中华人民共和国近70年经济与社会发展的历程和功过得失、总结经验教训的史学论著,这套丛书阐述了新中国成立前后的变化,特别是改革开放前后两个历史时期的关系、改革开放新时期与新时代的关系,这些论述不仅有助于坚定"四个自信"、反对历史虚无主义,而且可以为中国实现"两个一百年"奋斗目标提供历史借鉴,这是这套丛书追求的学术价值和社会效益。

今年是中华人民共和国成立70周年,70年的艰苦奋斗,70年的壮丽辉煌,70年的世界奇迹,70年的经验教训,不是一套丛书可以充分、完整展示的,但是我们作为新中国培养的史学工作者,有责任、有激情去反映它。谨以这套丛书向中华人民共和国成立70周年献礼:祝愿中华民族伟大复兴的中国梦早日实现!祝愿我们伟大的祖国像初升的太阳,光芒万丈,照亮世界,引领人类命运共同体的构建!

中国社会科学院当代中国研究所

武力

2019年5月

# 目 录
CONTENTS

## 绪论

一、新中国金融发展轨迹　2
二、新中国金融发展特征　5
三、新中国金融变迁经验　9
四、本书结构　11
五、相关说明　14

## 第一部分　新中国建立初期金融的发展

### 第一章　新中国金融体系的建立

第一节　新中国金融体系的渊源 / 19
　一、革命战争时期的金融业　19
　二、抗日根据地的金融业　26
　三、解放战争时期的金融业　28
第二节　新中国金融体系的建立 / 30
　一、人民币制度的统一　31
　二、新中国金融体系的组建　34
　三、外汇体制的确立　36

## 第二章 新中国金融对国民经济恢复的贡献

第一节 平息通货膨胀/ 39
    一、建国初期通货膨胀的缘由 39
    二、通货膨胀的治理 41

第二节 国民经济恢复中的金融功能/ 45
    一、信贷政策的调整以促进国民经济的恢复 45
    二、灵活应用利率杠杆 48

第三节 外汇、保险业务的顺利开展/ 50
    一、保险业务的开展 50
    二、外汇业务的发展 51

# 第二部分 计划经济时期金融业的曲折发展

## 第三章 "大一统"金融体制的形成与变化

第一节 高度集中统一的金融机构体系的建立/ 57
    一、银行体系的整合 57
    二、农村金融体系的调整 61
    三、保险体系的变迁 62

第二节 高度集中统一的金融管理体制的建立/ 63
    一、统存统贷制度的形成 63
    二、银行信用取代商业信用 64
    三、货币投放回笼制度的建立 65
    四、高度集中的利率与汇率管理体制的建立 66

## 第四章　计划经济时期金融业的曲折发展

第一节　"一五"期间的金融业 / 70
　　一、金融管理体制的调整　70
　　二、人民币制度的完善与调整　71
　　三、金融业务的发展与规范　74
第二节　"大跃进"时期的金融业 / 77
　　一、金融管理体制的失误与纠正　77
　　二、货币失调与治理　80
　　三、金融业的变化与调整　82
第三节　"文化大革命"及拨乱反正时期的金融业 / 83
　　一、金融管理体制的冲击　84
　　二、货币稳定性的冲击与整顿　85
　　三、金融业务的冲击与变化　87
　　四、拨乱反正时期的金融整顿　90

# 第三部分　走向市场经济时期的金融业发展

## 第五章　中央银行制度的确立与完善

第一节　中央银行地位的确立 / 96
　　一、中央银行制度的形成　97
　　二、中央银行制度的进一步加强　100
　　三、现代中央银行制度的定型　102
第二节　中央银行职能的变迁 / 107
　　一、中央银行职能的调整　108

二、宏观调控体系的健全　111

三、积极利用货币政策以应对社会经济的波动　122

四、加强国际合作　125

# 第六章　银行业的改革与发展

第一节　国有银行的恢复、改革与发展／131

一、国有专业银行的分设　132

二、国有专业银行的企业化改革　134

三、国有商业银行的建立　136

四、国有控股股份制商业银行的确立　140

第二节　股份制银行的建立与发展／151

一、股份制银行的建立　151

二、股份制银行的改革与快速发展　155

第三节　城市商业银行的建立与发展／164

一、城市商业银行的前身——城市信用社阶段　164

二、城市商业银行的设立　165

三、城市商业银行的改革与上市　166

第四节　农村金融机构的改革与发展／170

一、农村信用社的恢复与发展　171

二、农村新型金融机构的建立与发展　173

第五节　其他银行机构／176

一、政策性银行的变革　177

二、邮政储蓄银行的建立与发展　181

三、民营银行的兴起　185

第六节　银行业的对外开放／187

一、外资银行业的进入与规范发展　187

二、外资金融机构对中国银行业的战略性投资　191

## 第七章　非银行金融机构的建立与发展

第一节　保险业的恢复与发展/ 194
　　一、保险业的恢复与发展　194
　　二、中国保险业的重组与平稳发展　196
　　三、保险业的快速发展　199
第二节　证券公司的建立与发展/ 204
　　一、证券公司的萌芽和建立　205
　　二、证券公司的初步发展和整顿　206
　　三、证券公司的快速规范发展　207
第三节　信托公司的建立与发展/ 211
　　一、信托公司的设立　211
　　二、信托业的整顿与规范　213
第四节　其他非银行金融机构的产生与发展/ 216
　　一、企业集团财务公司　216
　　二、金融租赁公司　221
　　三、货币经纪公司　223
　　四、汽车金融公司　224
　　五、消费金融公司　226

## 第八章　金融市场的建立与发展

第一节　资本市场的培育与发展/ 228
　　一、股票市场的建立与发展　228
　　二、债券市场的兴起与发展　242
第二节　货币市场的培育与发展/ 249
　　一、同业拆借市场　249
　　二、债券回购市场　251
　　三、票据市场　253
　　四、货币市场基金　256
　　五、黄金市场　258

## 第九章　外汇管理体制变革和外汇市场的发展

第一节　外汇管理体制变革 / 260
　　一、外汇管理专门机构的沿革　260
　　二、外汇管理体制的变革　263
第二节　外汇市场的形成与发展 / 266
　　一、外汇市场的演进　267
　　二、多元化的外汇交易品种和参与主体　272

# 第四部分　互联网金融的崛起

## 第十章　互联网金融的兴起与规范发展

第一节　互联网金融的发展 / 281
　　一、互联网金融兴起的背景　281
　　二、互联网金融发展概况　286
　　三、互联网金融的特征　293
第二节　互联网金融的模式 / 296
　　一、金融＋互联网　296
　　二、互联网＋金融　298
第三节　互联网金融的影响 / 302
　　一、互联网金融对现代金融的影响　302
　　二、互联网金融对社会经济发展的借鉴　308

**结束语** / 312

**参考文献** / 316

**后记** / 319

# 绪论[1]

2019年是新中国成立70周年[2]。新中国的金融发展已经走过了70年的历程，前后经历了两个界限相对分明的时期。改革开放前30年，中国在革命战争时期金融业基础上通过对新老解放区金融的整合，构建起新中国的金融体系，之后为适应社会经济体制的需要，迅速确立了以"管资金"为主体的相对单一的金融体制。改革开放后的40年，中国金融渐趋实现了由"管资金"向"调市场"的转变，形成了以中国人民银行为中心，功能齐全、形式多样、分工协作、互为补充的多层次金融体系，在利用金融宏观调控以促进中国经济30多年高速增长上取得了"奇迹"般的效果。而在当前经济结构调整、转型等方面，互联网金融引领的"互联网+"模式无疑引发了中国经济发展中的"鲶鱼效应"，金融领域创新迭出，某些分支领域开始领先于国际水平。

---

[1] 兰日旭：《新中国金融业变迁及其特征：基于金融职能变化的视角》，《河北师范大学学报》，2017年第6期。

[2] 新中国金融一直是学术界、社会各界最为关注的焦点领域，但从新中国金融近70年的变迁来看，目前已有的研究主要集中在新中国成立50年和60年，最新的写到2017年（如尚明主编的《新中国金融50年》，中国财政经济出版社1999年版；杨希天等编著的《中国金融通史（第六卷）：中华人民共和国时期》，中国金融出版社2002年版；李扬等著的《新中国金融60年》，中国财政经济出版社2009年版；李德主编的《新中国金融业发展历程（上、下卷）》，人民出版社2015年版；曹远征的《大国大金融：中国金融体制改革40年》，广东经济出版社2018年版等。当然，在中华人民共和国经济史的著作中也有涉及金融业的发展变迁内容，大多数都是简单论及；而在资本市场、银行业、中国人民银行、保险、信托等领域虽然有一些专门的著作出版，但内容上则集中在相对单一、专门的领域，难以反映新中国金融发展的全貌，而对于之后则无相应接续研究。之前研究中的某些领域也存在明显不足，极少从金融功能的视角来分析其变迁，本书就是以此为视角，深入分析新中国金融发展70年的历程。

## 一、新中国金融发展轨迹

金融是现代经济运行的中心。广义上它涵盖了与物价有紧密关联的货币供给、银行与非银行的金融机构体系、短期资金拆借市场、证券市场、保险系统,以及国际金融的诸多方面,等等。[①] 而在新中国成立至今,金融各个领域的内涵、业务、职能等都曾发生过巨变。同时,受诸多因素的影响,中国金融发展相当曲折,从金融功能变迁的角度来看,金融业先后经历了一个由多元化向简约化再逐步到多元化的发展过程,变迁轨迹明晰,大致经历了四个时期。

一是新中国建立至1952年期间,以中国人民银行为核心的金融体系迅速建立起来。新中国金融体系的渊源可以追溯到革命战争各个时期所建立的金融业,它们以集体或国家的资本为主、提供各类金融服务的方式一直承续下来;1948年12月1日,在北海银行、华北银行、西北农民银行基础上建立的中国人民银行则拉开了新中国金融业发展和金融体系组建的序幕。之后,按照《中国人民政治协商会议共同纲领》(后简称《共同纲领》)的要求,"中华人民共和国必须取消帝国主义国家在中国的一切特权,没收官僚资本归人民的国家所有……保护国家的公共财产和合作社的财产,保护工人、农民、小资产阶级和民族资产阶级的经济利益及其私有财产"[②],以中国人民银行为中心不断对老解放区、新解放区的不同金融机构加以分类整合,最终形成了新中国建立初期相对简单的金融体系;以中国人民银行发行的第一套人民币为核心渐趋对不同类型的货币按期兑换,迅速结束了混乱的货币现状,建立起统一的人民币制度。新中国金融体系的构建为国民经济的恢复、新中国建立初期严重通货膨胀的平定和物价的稳定、国家财政收支的平衡等做出了重大贡献。

二是1953年至1978年期间,"管资金"职能的确立。借鉴苏联做法,中国快速建立了高度集中统一的计划经济体制。与此相适应,中国金融业采取了高度集中统一的管理办法,国家信用替代了商业信用,实行统收统支、统存统贷的资金管理制度;金融机构日趋萎缩,农业银行三立三撤,中国银行等并入中国人民银行;1959年中国人民保险公司不再开展国内保险业务,只从事极为有限的海外保险业务,管理职能划入了中国人民银行。

---

① 黄达:《金融——词义、学科、形势、方法及其他》,中国金融出版社2001年版第3页。
② 中共中央文献研究室:《建国以来重要文献选编(第一册)》,中央文献出版社2011年版第2页。

这样,金融机构几乎高度集中到中国人民银行一家。在此之后,中国金融业的发展历经曲折,虽然对金融体系有所调整,但整体上维持了以结算、出纳、现金管理职能为内涵的、以"管资金"为形式的单一功能。

三是1979年至1993年,现代金融体系的恢复和发展,但其功能则在"管资金"与"调市场"之间经历了一个明显的游移过程。中共十一届三中全会拉开了中国金融体制改革的序幕。1979年,邓小平提出了"必须把银行真正办成银行"。从此,中国建立中央银行体系,形成了国有银行、股份制银行、城市商业银行、农村信用社、外资银行等构成的多层次金融组织体系和多样化金融市场体系。在此期间,国有银行既经办政策性业务,又从事商业性业务,距离真正的银行还存在很大差距。金融市场获得一定程度发展,但规模极其微小,主要受地方政府的驱动渐进发展,存在诸多掣肘,管理较为混乱。金融改革的目标则在"管资金"与"调市场"之间游移,其间探索了十几种模块以图融合两者之间的关系,但效果不尽如人意,无法打破"一放就乱,一收就死"的局面。1993年11月中共十四届三中全会确立建立社会主义市场经济的改革目标,终结了金融改革在"管资金"与"调市场"功能之间的论争。12月25日,发布了《国务院关于金融体制改革的决定》,明确了金融改革的目标是"建立在国务院领导下,独立执行货币政策的中央银行宏观调控体系;建立政策性金融与商业性金融分离,以国有商业银行为主体、多种金融机构并存的金融组织体系;建立统一开放、有序竞争、严格管理的金融市场体系"。由此拉开了中国金融深化改革的大幕,把中国人民银行真正办成中央银行、国有专业银行办成真正的商业银行,金融市场从无到有,由地方政府主导下多部门管理和发展逐步向中央统一管理集中过渡,市场开始在资源配置中逐步起到基础性作用。

四是1994年至今,中国金融发展实现了"调市场"的定位,市场在资源配置中由基础性作用向决定性作用转换,金融业由此获得前所未有的发展。在现代金融领域,1995年《中华人民共和国中国人民银行法》的颁布,明晰了中国人民银行独立行使中央银行的职责,加强了中央银行的调控职能。之后中央银行的目标、手段、调控方式等得到不断创新和完善;完成人民币汇率并轨改革,实现人民币经常项目可兑换,资本项目的改革也得到了深化,至今已经有92%的项目实现了完全或部分的放开;政策性金融与商业性金融的分离,促进了中国工商银行、中国农业银行、中国银行、中国建设银行四大国有商业银行的商业化改革,经过资产重组、引进战略投资者、股份制改造和上市,使国有银行由之前的"技术性破产"转型为排在全球前十的大银行,其中中国工商银行多年蝉联全球规模最大的银行;股份制银行、城市商业银行、合作金融等银行类金融机构和其他非银行类金融机构加快了改革与发展进程,国家开发银行等政策性银行明晰了自身的定位,厘清了商业性与政策性业务之间的关系;多层次、多功能的金融市场得到了发展和完善,金融产品日益丰富和多样化;利率、汇率市场化改革成效显著,2003年建立和完善了"一行三会"的分业经营与分业监管体制,在2017年第五次全国金融工作会议上强化了审慎监管,加强功能监管和行为监管,设立国务院金融稳定发展委员会以防范系统性金融风险;大力推进金融法制和金融基础设施建设进程,形成了多层次、多渠道金融人才的培养机制,金融服务水平获得巨大提升。

在互联网金融领域①,2013年余额宝牵手天弘基金所衍生出的无门槛、高收益的互联网金融产品,揭开了中国纯互联网金融业务的爆发式增长序幕。从2013年6月余额宝出现,到2014年2月26日,其用户数就达到了8100万、资金突破5000亿元;用户数在半年多的时间内就超过了有20多年发展历史的沪深股市的有效用户数,而与余额宝关联的天弘基金,更是从一家小基金公司在半年多的时间内就上升为基金业的领头羊。余额宝的出现,在社会各界迅速引发了"鲶鱼效应",以P2P、众筹等为核心的纯互联网金融模式迅速崛起,互联网支付、网络借贷、股权众筹、互联网保险、互联网理财与互联网消费金融等六种模式均得到全面发展。之后,"三无"条件下崛起的互联网金融的发展不断得到规范,各个模式相继纳入"一行三会"的现有监管体制中,实力增强,以"BATJ"(百度金融、蚂蚁金服、腾讯、京东金融)为中心的四大互联网金融巨头的品牌价值估计和用户数将要或已经超越任何一家现代金融组织,而它们跨界经营的行为打破了现代金融的能力边界,迫使现代金融加快多元化建设的步伐,使互联网金融与现代金融呈现融合发展态势,促进了金融秩序的构建和金融创新能力的提升,在网络支付、网络借贷等领域已经呈现出领先于国际水平的趋势。2017年,四大国有商业银行分别与"BATJ"建立密切合作,推进科技金融的发展;而四大国有商业银行在2017年6月相继建立了普惠金融部门。2018年政府工作报告明确要大中型商业银行设立普惠金融事业部,从而大大推动了中国普惠金融体系的建立,金融更加回归到服务实体经济的

---

① 兰日旭:《中外金融组织变迁:基于市场-技术-组织的视角》,社会科学文献出版社2016年版第203页。

本质。

今后,中国金融业必然会加强金融机构的公司治理机制建设,推进金融供给侧结构性改革,增加金融市场的多元化主体和提升直接融资比例,继续强化普惠金融体系的建设,增强金融风险防范制度,使金融真正实现服务实体经济的功能。

## 二、新中国金融发展特征

70年来,中国金融从新中国成立初期相对多元化的发展格局走向了形成以"管资金"为核心角色的单一金融制度,改革开放之后,经历短暂的"管资金"与"调市场"之间的游移,又迅速确立了"调市场"的核心地位,快速朝多元化发展,而2013年纯互联网金融的崛起,改变了中国金融原有的发展态势,呈现出向普惠金融、绿色金融、科技金融等方向转型发展,现代金融与互联网金融的融合趋势,金融与科技的重新定位,大大提升了中国金融的创新能力和国际竞争能力。纵观新中国金融的这一发展过程,明显具有如下特征。

一是中国金融发展呈现出阶段性发展态势。从1948年12月1日中国人民银行成立至今,中国金融业的发展基本可以划分成两个大的阶段。改革开放之前30年,金融发展的主线是在高度集中的计划经济体制下形成单一的金融体制,金融围绕"管资金"的职能充当财政部门的出纳;根据这一阶段的情况,金融发展又可以细化成两个小阶段:1952年之前为新中国金融体系的建立阶段;1953年到改革开放,为单一金融体制的形成及其变迁阶段。改革开放至今,中国金融发展的主线则是在计划经济体制向社会主义市场经济转化和确立的背景下,日益形成以中央银行为中心的多元化金融体制,形成了"调市场"的金融功能。依据中国金融功能的定位,大致可以再细分成两个阶段:1993年之前,以中国人民银行为主体的多元化金融体制基本形成,但其职能则在"管资金"与"调市场"之间游移;1993年之后,多元化金融体制得到了全面的发展,"调市场"功能完全确立,在金融管理体制上建立起以"一行三会"为主体的分业管理经营体制。而随着金融多元化发展趋势确立,特别是互联网金融的崛起,中国金融虽然在体制上仍然维持分业经营模式,但在经营上已经迈向了混业经营格局,管理体制上也自第五次全国金融工作会议之后构建起"一委一行二会"的监管机制。

二是中国金融发展的路径选择以政府主导下强制与渐进变迁并存,趋向以渐进变迁为主,政府的功能更多体现在顶层设计之中。新中国建立以来,中国金融业发生了巨变,但在路径选择上是以政府主导为主,具有政策导向下强制与渐进演进并存的趋势。新中国建立之初,根据《共同纲领》,中国人民银行对官僚、民族、外资等不同资本成分的金融组织进行分类整合,构建起新中国的金融体系;以中国人民银行发行的人民币为中心,限期对不同种类的货币加以兑换,建立了独立、统一的人民币制度。1953年之后,伴随计划经济体制的形成,中国金融体系则快速集中到大一统的金融体制中,职能萎缩到"管资金"的结算、出纳角色。改革开放之后,中国人民银行从财政部合署办公中独立出来,恢复中国人民银行系统、银行秩序和必要的规章制度。之后,中国农业银行、中国银行、中国建设银行、中国工商银行等从中国人民银行中分离或建立起来;到1993年,中国已经基本完成了从单一金融体制向多元化金融体系的转变,金融市场从无到有,金融业务迅速扩大和发展。此时,金融的基本功能逐步得到恢复,只是还处在"管资金"与"调市场"之间游移的阶段,金融机构、金融市场和金融业务的发展也还很不规范。1993年12月颁布了《国务院关于金融体制改革的决定》,明确了中国金融改革的方向。1994年以来,在政府政策的引领下,中国人民银行作为中央银行的独立地位得到了确立,货币政策工具日益多样化、目标明确;在银行类机构中通过财务整理、引进战略投资者、股份制改造和上市等步骤,提升自身实力、完善了公司治理,在互联网金融的冲击下业务经营更加多元化;非银行类机构的改革日益深入,业务更加多元;金融市场获得了全面的发展;在金融功能上,中国已经完全确立了"调市场"的功能。2013年,中国互联网金融崛起,中国政府延续了现代金融改革和深化的渐进方式。对源于发达国家的互联网金融在中国的发展,政府采取了开放包容、先松后紧的政策,由此使中国互联网金融在短短的时间内就在体量和规模上超越了任何一个发达国家,处于世界领先的地位。而互联网金融在技术、产品和服务上的创新行为,迅速在中国金融中形成了一股创新浪潮,提升了中国金融的竞争能力,甚至在某些领域内使中国金融在国际竞争中实现了赶超的目标。

三是中国金融发展与经济发展之间关系相对契合。金融是经济的血脉,经济决定着金融发展的轨迹。"经济决定金融是不变的道理;离开了经济基础的金融发展,无论是金融机构、金融市场还是金融宏观调控,都将是无源之水。"[①]而金融本身又是一个极其独特的行业,与经济其他行业之间

---

① 李扬等:《新中国金融60年》,中国财政经济出版社2009年版前言。

能相互渗透。"在当代,金融是一个特殊的产业部门,经营着货币、证券、金融衍生工具等金融商品,是国民经济中相对独立的系统,有其特有的运行机制和运行轨迹。金融与经济的关系相互渗透、相互融合,早已超越了传统金融对经济的从属性、被动性地位,金融在经济中不仅处于主导地位,而且从经济中分离出来,呈现出独立发展的趋势。所以,讨论金融与经济的分离,不是指经济不能决定金融,也不是强调金融反作用于经济,而是指金融自身的存在、活动、发展和演化不以实体经济为依托,有其自身的特定形式和规律性。"①通过对新中国金融发展历程的梳理和分析,我们明显看出金融发展虽然相当曲折,但与经济发展之间的关系则是相对契合的。在金融功能萎缩的阶段,中国经济发展水平低下、产业单一。这点体现在改革开放之前金融与经济发展之间的关系上。新中国成立之初,为了迅速恢复国民经济、平定恶性通货膨胀,中国金融发展就集中在金融体系统一到中国人民银行为主体的金融业务之中、结束混乱的货币制度并建立统一的人民币制度;之后,随着重工业发展策略的确立,在资金高度紧缺的中国,必然需要建立高度集中的金融体制与之相匹配,调动一切资金支持国家经济发展计划的实施;只是这一时期深受各类政治运动干扰,金融功能无法发挥,经济也遭遇大起大落探索艰难而曲折。

在金融发展较好的时期,中国经济呈现出较快的发展趋势。这点可以从改革开放以来的金融与经济发展关系变迁中得到佐证。1979年至1993年,中国明确建立有计划的社会主义商品经济,社会上对计划与市场关系存在巨大争论,由此反映在金融发展上,中国虽然确立了建立以中国人民银行为核心的多元化现代金融体系,但在金融功能上则在"管资金"与"调市场"之间游移,由此也导致了金融与经济发展之间某种程度的背离,引发经济过热、金融改革滞后等问题。伴随1993年11月中共十四届三中全会通过《中共中央关于建立社会主义市场经济体制若干问题的决定》,中国明确了建立社会主义市场经济的目标。随后,公布了《国务院关于金融体制改革的决定》,明晰了金融发展的目标,确立了中央银行的独立地位和金融商业化改革。这样,在金融功能的定位上,中国完全转向和确立了"调市场"的目标,从而为社会经济发展创造了良好的条件。2013年以来,中国经济发展面临内需不足、产能过剩等困局,资金流动存在"避实就虚"的趋向,加剧了中小企业的"麦克米伦缺口"、中下层民众融资和理财难题,而长期

---

① 张小军、马玥:《读懂中国金融》,化学工业出版社2016年版第155页。

经济快速增长又使广大民众的收入水平有了大幅上升,对金融服务需求增加。现有金融存在的抑制现象,在信息不对称和不确定条件下无法满足日益扩大的多样化金融需求。在此背景下,以 P2P、众筹为主体的纯互联网金融的崛起,在开放、包容、协作、分享的互联网精神下,部分弥补了现有金融服务的不足,覆盖了在时空、人群、企业等方面的原有金融服务盲区,部分降低了"融资难"的现象。同时,互联网金融的发展搅动了整个金融领域在技术、产品、服务上的创新浪潮,推动了中国金融领域中的诸多方面渐趋领先于国际水平,在模仿与创新、市场与政府关系处置等众多做法上,又为中国经济进入新常态以来的经济结构调整等方面提供了有益的镜鉴①。

四是金融业发展中的行政化色彩浓厚,但市场化程度不断加深。新中国成立至改革开放期间,中国金融完全在政府政策导向下实现了新中国成立初期多元化金融格局向单一的金融体系的转变,金融功能日益集中到以结算、出纳、现金管理为内涵的"管资金"领域,以适应高度集中的计划经济体制需求。改革开放之初,虽然不断把中国人民银行的商业化功能剥离出来,设立相应的金融机构,但新设立的机构仍然肩负着政策性与商业性任务;金融市场的发展则在地方政府的主导下,在多部门管理中行政化色彩极其严重。"从某种程度上来分析,中国政府对证券市场的干预范围已经超出市场失灵的范畴,政府的有形之手在一定程度上已经成为'闲不住的手',甚至以牺牲整个市场效率为代价对市场进行调控。"②以致在中国金融领域中出现了"一放就乱,一收就死"的症结。1994 年以来,伴随政策性与商业性职能的分离,多元化、多层次金融体系发展中金融职能的市场化程度不断加深;金融市场上由地方主导下多部门管理体制渐趋向中央统一集中管理转变,至今其行政化干预程度逐步降低,市场日益成为中国金融领域的决定性资源配置手段。2012 年,在中共十八大报告中,明确了市场在资源配置中的决定性地位。2017 年中国政府在第五次全国金融工作会议上进一步确立了市场在金融资源配置中的决定性作用,政府则要发挥更重要的作用。2017 年 10 月 18 日召开了中国共产党第十九次全国代表大会,习近平在报告中再次指出了"使市场在资源配置中起决定性作用"。

此外,在新中国金融长期的发展历程中,中国直接融资获得快速发展、

---

① 兰日旭:《互联网金融行业发展对我国产业结构调整的镜鉴》,《产业与科技史研究》2017年第 2 期。

② 胡汝银:《中国资本市场的发展与变迁》,格致出版社、上海人民出版社 2008 年版第 230 页。

互联网金融的发展又日益模糊了市场与机构之间的界限,呈现跨界经营趋势,但以银行为主体的间接融资还占据着绝对优势。同时,中国金融发展基本上与政策变迁同步,具有政策导引下螺旋式发展趋势,这些均成为中国这一时期金融发展中的鲜明特征。

### 三、新中国金融变迁经验

在 70 年的金融发展变迁中,新中国金融业虽然经历了一个复杂、曲折的过程,但它给今后金融的进一步现代化演进和有力推动社会经济发展提供了诸多有益的经验。

一是金融发展中要处理好市场与政府的关系。新中国建立以来,中国金融的变迁经历了一个明显的市场化—非市场化—市场与政府间"游移"—市场化的过程。在政府与市场关系适度均衡时,中国金融发展相对顺畅。具体而言,在改革开放之前,中国实行高度统一的金融管理体制,用政府手段替代了市场,虽然在资金紧缺的条件下有利于政府集中有限的资金以实现重工业发展战略,但是长期的政府干预,根本无法发挥市场在资源配置中的基础性作用,导致金融功能的完全扭曲、经营效率低下,难以实现资金的最佳配置。在此背景下,一旦政府干预过度或政策措施出现偏差,必然导致金融无法适应经济发展的需求,在"政治挂帅"下引发了金融发展的高度紊乱现象。改革开放后到 1993 年,金融发展在市场与政府之间的游移,一会儿以"管资金"为核心的政府干预为主,一会儿又以"调市场"为主的市场功能为主,此时中国虽然尝试采取了多种模式来实现两者之间的平衡,但效果并不理想,由此也导致了中国金融发展的各种紊乱、困惑。1994 年以来,伴随社会主义市场经济体制的确立,在金融发展上政府干预明显减少,市场功能渐趋确立。1997 年召开了第一次全国金融工作会议,之后每 5 年举办一次,这大大改变了之前金融改革中"摸着石头过河"的做法,党和政府在金融改革与发展中日益凸显了它的顶层设计思路,明确了金融业在其后一段时间的发展方向,如表 0-1 所示。

表 0-1 中国金融改革顶层设计思路

| 改革时间节点 | 关 键 会 议 | 顶层设计思路 |
| --- | --- | --- |
| 1993 年 | 中共十四届三中全会确立建立市场经济定位 | 《国务院关于金融体制改革的决定》 |
| 1997 年 | 第一次全国金融工作会议 | 加强金融监管、银行改革,全面清理农村合作基金会 |

续表

| 改革时间节点 | 关键会议 | 顶层设计思路 |
| --- | --- | --- |
| 2002 年 | 第二次全国金融工作会议 | 强化金融监管、银行改革、实行农村信用社改革 |
| 2007 年 | 第三次全国金融工作会议 | 强化金融监管、银行改革、加强外汇储备管理 |
| 2012 年 | 第四次全国金融工作会议 | 加强和改进金融监管、指明金融工作的总体要求和主要原则、加大金融服务实体经济的力度,确保资金流向实体经济;坚决抑制经济"脱实向虚"、明确市场配置资源的改革方向,明确政府作用的边界和范围,扩大金融对外开放 |
| 2017 年 | 第五次全国金融工作会议及中共十九大、十九届三中全会 | 加强金融监管、明确金融业发展的四项原则和三大任务、强调金融对实体经济的支持力度、加强党对金融工作的领导。<br>十九大报告明确守住不发生系统金融风潮的底线。<br>十九届三中全会确定了政府机构改革,为金融管理机构改革确立了方向 |

在此期间,中国有效处理了政府与市场之间的关系问题,使中国金融进入了一个飞速发展阶段。2013 年,中国互联网金融崛起,政府则在"有形之手"与"无形之手"之间适当均衡,给予它们充分的创新与发展空间。这点,不仅在中央与地方各级两会的报告中有相应表述,在 2015 年 7 月 18 日中国人民银行等十部委联合发布的《关于促进互联网金融健康发展的指导意见》中也表述得十分清晰,"互联网金融是新生事物和新兴业态,要制定适度宽松的监管政策,为互联网金融创新留有余地和空间"。在经历一段较长时间的摸索之后,中国人民银行联合相关部委将互联网金融的各个模式纳入原有金融管理体制的各个相关主体之中,制定和出台了相关管理细则,并给互联网金融的发展留出一定的调整时间。政府与市场之间的适当均衡,无疑对互联网金融的崛起起到了巨大的促进作用,使中国在极短的时间内缩小了与发达国家之间金融发展水平的差距,甚至在某些方面超越了发达国家,领先于国际水平,增强了中国金融领域的国际竞争力。

二是金融发展中有效处理了经济与金融之间的关系。正如前述,经济决定金融,金融反作用于经济,当两者关系得到有效处理时,中国金融发展与经济增长之间必然相得益彰。金融活,经济活;金融稳,经济稳。经济与金融之间关系顺畅时期,中国经济必然获得快速发展。"建国以来的历史证明,什么时候比较正确地认识金融在社会主义经济中的地位和作用,金融的发展就比较健康顺利,它在支持和促进国民经济发展的成就也越大。"①在改革开放之前,金融变迁虽然顺应了社会经济体制的变革,但金融功能却长期被抑制,金融市场的资源配置没有得到有效利用,反而在各种政治运动中被人为冲击,由此引致了金融对经济作用的缺失,经济也在各种政治因素的冲击下大起大落,经济结构严重扭曲。改革开放以来,经过对前期经济体制的渐趋改革,金融与经济之间良好关系的重要性逐步被中国政府所认识,由此在长达40年的时间内两者关系由被动顺从向主动适应转变,致使金融越来越回归到服务实体经济的本质之中。在中共十九大报告中,明确指出了"增强金融服务实体经济能力"。

三是金融发展中监管与创新的有效均衡。危机与金融相伴而行,金融危机则是社会经济波动的重要根源。"金融是实体经济的血脉,处于从属地位,脱离实体经济的金融独立发展会产生资产价格泡沫,发生金融危机,危害金融安全。"我们在推进金融发展、提升金融竞争力的同时,如果金融监管与创新得到有效平衡,那金融必然能够获得较快发展;若得不到有效平衡,可能出现改革开放之初那种"一放就乱,一收就死"的困境;或者像改革开放之前金融功能完全被抑制,无法发挥出对经济发展的促进作用,金融只是财政的一个附庸,充当以结算、出纳为主的"管资金"单一角色;抑或放任金融的发展,引致虚拟化泡沫,资金"避实就虚",金融风险累积,可能引发区域性或系统性金融风潮。从新中国建立以来的金融变迁过程来看,我们一定要有效发挥金融的资源配置作用,给予金融一定的创新空间,但同时我们也要对金融的发展进行适度监管,健全金融监管体系,守住不发生系统性金融风险的底线②。

## 四、本书结构

本书以金融功能的变迁为视角,在经济变迁的前提下围绕各个时期资

---

① 杨希天等:《中国金融通史(第六卷):中华人民共和国时期》,中国金融出版社2002年版绪论第5页。
② 习近平:《决胜全面建成小康社会 夺取新时代中国特色社会主义伟大胜利——在中国共产党第十九次全国代表大会上的报告》。

源配置的主线,深入系统梳理新中国金融发展 70 年的历程。其研究内容和结构如图 0-1 所示。

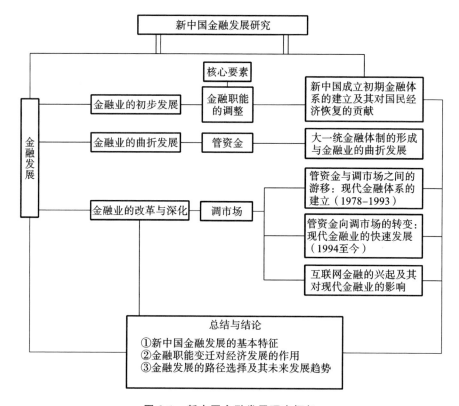

图 0-1　新中国金融发展研究框架

本书以核心要素的变化为标准,把我国金融发展划分成四部分十章,另加一个绪论和结束语。绪论部分,对新中国金融 70 年的发展过程做一个简要的梳理,从中归纳和总结出新中国金融 70 年发展变迁的特征和经验,为今后我国金融业的发展提供某些有益的借鉴;同时,对本书的结构和体例安排做一个扼要的说明。之后,重点研究了新中国金融发展的四个组成部分,在每一部分前面对相关时期的社会经济做一简单介绍,为后文的金融发展铺垫社会经济背景。

第一部分,为我国金融业的初步发展时期。按照金融功能的差异,分成一、二两章;第一章,主要介绍新中国金融体系的渊源和如何围绕金融机构体系的组建、人民币的统一来展开新中国金融体系的构建。从表面看,新中国金融体系产生于 1948 年 12 月成立的中国人民银行和由其发行的人民币,但在实际上其根源可以追溯到大革命时期成立的中华苏维埃共和国国家银行,之后经过多次机构沿革,最终演化为中国人民银行的重要组成部分西北农民银行;而在第一次国内革命战争时期就已经成立的银行,它们通过利用集体资产和发行货币来筹集资金来发展生产、稳定物价、支持战争、关心人民生活等做法,却成为后来各个时期金融业的通用经验。中国人民银行成立以后,我国以其为中心,通过合并各个解放区金融机构、接收官僚资本金融机构、改造民族资本金融机构、停止外资金融机构特权等方式,最终建立起新中国初期的金融机构体系;与此同时,通过对各解放区发行的货币兑换、对法币等国民政府发行货币的停止使用、禁止金银和外币的流通等措施,实现了统一的人民币制度;把外国控制的外汇体制转变成独立自主的外汇管理制度。随着新中国金融组织的日益简化,金融职能也由复杂向相对简单转化,更有利于政府的集中管理和控制。第二章,阐明了在新中国金融体系构建过程中,我国政府利用信贷政策、利率杠杆等工具为国民经济恢复和平息通货膨胀等做出了重要贡献。之后,伴随中国人民银行组织构架的初步成型,在其主导下,保险、外汇等业务顺利展开,金融与经济之间的关系渐趋进入良好的循环之中。

第二部分,为计划经济时期金融业的曲折探索发展时期。根据金融功能的变化,划分成三、四两章。第三章,重点介绍了高度集中统一的金融管理体制的形成。1953年之后,经过金融组织进一步国有化、机构更加简化,我国快速组建起一个高度集中统一的国家银行体制,银行信用取代商业信用,一切信用集中于中国人民银行;在经营管理体制上,中国人民银行既行使货币发行、金融管理职能,又从事信贷、储蓄、结算、外汇等商业银行业务。在此高度集中的金融体制下,金融功能几乎萎缩成以出纳、结算、现金管理为核心任务的"管资金"的功能。之后,受计划经济管理体制的调整和社会政治、经济环境的变化等因素影响,高度集中的金融管理体制也多次发生波动,进行过局部的改进,但其大一统的结构和"管资金"的功能则一直延续到改革开放之初。第四章,介绍了计划经济时期我国金融业的曲折发展过程。本章按照"一五"计划时期、大跃进和国民经济整顿时期、"文化大革命"和拨乱反正时期等三个阶段,分别对我国金融体制、货币制度和"统存"、"统贷"等内容进行详细系统的梳理,指出了我国金融业历经曲折和波动,虽屡有调整和整顿,但金融功能、金融业务等整体呈现衰颓之势。

第三部分,为走向市场经济的金融业发展时期。根据金融功能由"管资金"向"调市场"的转化,并最终确立"调市场"的地位,金融主体从单一的中国人民银行体制向多元化金融组织、金融市场转变。按金融主体演进的角度,本部分划分成五、六、七、八、九等五章。第五章,系统概述了中国人民银行从财政部分离、商业性功能剥离到建立独立的中央银行职能、完善其管理和调控货币等职能,已经形成了一个相对独立的中央银行体系;第六章,系统梳理了改革开放以来我国银行机构的恢复、设立、改革等进程,点出了目前我国已经形成了一个由国有商业银行、股份制商业银行、城市商业银行、外资银行和多样化农村金融机构组成的宏观银行体系,在金融功能日益向"调市场"转化和定位中,资产规模扩大、资本质量改善、服务实体经济能力增强、经营效率提升、国际化步伐加快等,折射出了中国经验;第七章,对改革开放以来我国非银行金融机构的产生、发展和壮大进行了详细的分析,说明了非银行金融机构的发展是一个与社会经济发展不断适应的过程;第八章,详细梳理和总结了改革开放以来我国资本市场和货币市场从无到有,逐步扩展和壮大,成为我国金融业的一个极其重要的组成部分。其间,虽然经历了一个相对曲折的发展过程,但经过 40 年的发展,市场规模大幅扩大,国际化程度日益提升,对我国社会经济的发展起到了明显的促进作用;第九章,简要分析了我国人民币汇率管理体制的变化和外汇市场的形成、发展的过程,在经历长期的政府干预之后,市场化程度不断深化。

第四部分,为互联网金融的崛起及其对现有金融体系的影响,即第十章。本章系统梳理了中国互联网金融的产生、发展的历程,在经过几十年的缓慢发展之后,2013 年互联网金融爆发式崛起,在历经短暂的"三无"条件下的快速发展之后,2015 年 7 月开始渐趋进入规范化发展阶段。互联网金融在中国的快速发展给现有金融组织带来了巨大的冲击,使现有金融的各个领域均呈现出了全新的业态发展趋势,至今两者之间已经形成了融合态势,共同利用信息技术改变了金融机构与金融市场的边界,向普惠、绿色、科技金融迈进,一定程度上改变了中国"融资难"与"融资贵"的现状,缩小了与发达国家金融领域的差距,甚至在互联网支付、网络借贷等领域已经领先于发达国家,具备了国际竞争力。

最后,在前文的基础上,对我国金融未来发展中需要特别注重的六个方面做了一个扼要的概括,作为全书的结束语。

## 五、相关说明

在正式进入新中国金融发展研究之前,我们有必要对其中存在的相关一些问题做简要的界定。

一是在时间上,本书内容主要集中在中国人民银行成立到2019年期间,但为了便于厘清新中国金融体系的渊源问题,在时间上回溯到大革命时期各个根据地成立的革命根据地银行。1924年成立的萧山衙前信用合作社,至1932年中华苏维埃共和国国家银行成立之间,虽然建立了近十家革命根据地的红色金融机构,在机构渊源上没有直接延续为新中国金融体系的组成部分,但它们以集体资金和发行货币等来筹集资金服务民众、战争的做法却一直延续下来。基于这一考虑,在研究时限上就简要地拓展到第一次国内革命战争时期成立的革命根据地银行,下限则延续到新中国建立70周年的2019年。

二是在体例上,受金融业务发展程度、内容繁杂等不同的制约,第三部分与其他各部分之间有所差异。第一、第二部分,我国金融业的发展和金融机构的简化,金融萎缩成"管资金"的唯一功能,以适应高度集中的计划经济体制的需求,这样,在排章布节上,基本从金融业整体上来梳理、分析、阐述其变化;第三部分,随着社会经济对金融需求的日益多样化,多元化金融体系渐趋形成和发展,金融业获得全面发展,内容日益复杂,显然难以遵循前两部分那样从整体上进行描述、梳理和总结的结构。基于此,本部分按照我国金融领域中各个组成部分的重要程度,划分成中央银行地位的确立和完善、不同类型银行业的发展和变迁、非银行金融机构的发展、金融市场的发育和发展、外汇市场的变革等内容来研究和分析,以与社会经济多元化需求相一致。第四部分则重新回归到整个金融业的角度来分析互联网金融的发展、金融新业态的形成及其对已有金融组织等的影响。

三是在内容上,根据金融功能的变化来组织全书的内容。本书以"管资金"、"调市场"的功能变化为线索,按时间顺序来论述新中国金融发展的变化。这样,新中国金融发展自然就形成了四个时期,每个时期之间虽然存在某种程度的联系、重叠,但各个时期的金融功能定位还是极为分明的。

四是"管资金"与"调市场"的界定。"管资金"主要是金融机构渐趋单一,金融功能日益萎缩到统存统贷、银行信用替代商业信用,利率、汇率等调节作用缩小,逐步从属于财政,根据指令拨付资金,履行出纳、结算、现金管理的功能。"调市场"则是逐步建立独立于财政、适应市场的日益多样化的金融体系,金融机构逐步成为自负盈亏、自担风险的现代化金融企业,金融资源的配置则更加依托市场力量而非行政性指令计划。

中华人民共和国经济
与社会发展研究丛书
1949—2018

# 第一部分
Part One

## 新中国建立初期金融的发展

1949年10月1日,中华人民共和国成立,标志着中国由新民主主义社会向社会主义社会转变的开始。经过长期战争的破坏,新中国经济满目疮痍、百废待兴,"一穷二白"。"'穷',就是没有多少工业,农业也不发达;'白',就是一张白纸,文化水平、科学水平都不高。"①国内方面,解放战争仍在西南、华南等广大地区持续,军费支出、对旧社会人员的接收安置等费用大幅攀升,在财税体制尚未统一的条件下,新中国延续着革命战争时期的金融功能惯性,依靠发行货币来化解快速增加的财政赤字。货币发行量猛增,引发物价大幅上升,通货膨胀率高涨;国际方面,以美国为首的西方国家不但不承认新中国的政治地位,而且还在经济上封锁中国。在此背景下,恢复国民经济的工作任务相当严峻,亟须解决混乱的货币制度、建立以中国人民银行为中心的金融体系和统一的外汇管理制度,为社会经济的恢复提供必要的资金支持。

新中国金融体系的渊源最早可以追溯到革命战争时期的中华苏维埃共和国国家银行。中华苏维埃共和国国家银行自1932年成立以来,其名称虽然屡经变更,但它的主体一直延续发展下来,成为西北农民银行的核心组成部分。1948年12月1日,新中国金融的主体——中国人民银行就是在西北农民银行、北海银行和华北银行的基础上组建的。之后,围绕以下三方面的改组整顿,最终建立起新中国的金融体系。即以中国人民银行为中心,通过改组解放区银行,接收国民政府的官僚资本银行和保险公司,终止外资在华银行、保险公司等特权和整顿改造民族资本银行、保险公司,建立起独立自主的金融组织体系;经过多种渠道把解放区发行的货币、国民政府发行的法币、金银和外币等混乱的货币制度渐趋统一到唯一的人民币制度上,建立起独立的人民币体系;把外国控制的外汇体制转变成独立自主的外汇管理制度。随着新中国金融组织的日益简化,金融职能也由极端复杂向相对简单转化,使它更有利于政府的集中管理和控制。

在新中国金融体系组建过程中,革命战争时期积淀下来的以集体或国有资金充作金融资本、发行货币以弥补资金匮乏的方式一直延续下来,成为新中国建立初期物价高涨、通货膨胀严重的一个重要诱因。之后,日趋稳定、简化的金融服务功能为平息通货膨胀和国民经济的恢复奠定了必要的条件,使新中国的经济发展在短短三年时间内就恢复和超越了旧中国时的最高水平。

---

① 毛泽东:《论十大关系》,见《毛泽东选集(第5卷)》,人民出版社1977年版第287-288页。

# 第一章
## 新中国金融体系的建立

新中国成立之初,我国金融业相当混乱,摆在中央人民政府面前的首要任务就是建立统一的人民币制度,以及在中国人民银行的基础上有效整合新旧解放区的金融组织以建立新中国的金融体系,统一货币、平稳物价和促进国民经济的快速恢复。

## 第一节　新中国金融体系的渊源

新中国的金融体系不是在夺取政权后,在原有金融组织国有化的基础上直接建立起来的,而是在新民主主义革命过程中设立了众多银行和开展金融市场业务的条件下,对不同金融组织和金融市场业务加以分类整合的结晶。显然,新中国金融体系直接萌生于第二次国内革命战争时期成立的中华苏维埃共和国国家银行,经过抗日革命根据地银行、解放区银行等各个历史机构,随中国革命的胜利而逐步发展壮大。1948年12月1日中国人民银行的建立和人民币的发行,标志着新中国金融体系的构建拉开了序幕。

### 一、革命战争时期的金融业

中国新民主主义时期的金融业发端于第一次国内革命战争时期。当时,为了抵制高利贷的剥削、改善广大民众的生活、发展生产和支持战争,在各地农会的主导下,从1924年浙江萧山衙前村设立首家革命根据地的金融机构——信用合作社开始,到第一次国内革命战争结束,先后成立了近十家农民银行、平民银行和信用合作社,见表1-1。

表 1-1  第一次国内革命战争时期建立的主要革命政权银行

| 银 行 名 称 | 成立时间 | 银行地址 | 银行负责人 | 业务范围 |
|---|---|---|---|---|
| 萧山衙前信用合作社 | 1924 年 | 萧山衙前村 | 金汝涛 | 存放业务 |
| 衡山柴山洲特别区第一农民银行 | 1926 年 4 月 | 衡山柴山洲 | 文海南、夏兆梅 | 发行货币、存放业务 |
| 衡山柴山洲特别区第二农民银行 | 1927 年 2、3 月 | 衡山油麻田 | 肖雨成、柳晋生 | 发行货币、存放业务 |
| 浏东平民银行 | 1927 年 1 月 | 浏阳 | 李明轩、汤佑贤 | 发行货币、存放业务 |
| 醴陵地方银行 | 1927 年 1 月 | 醴陵 | — | 发行货币、存放业务 |
| 浏南文市生产合作社 | 1927 年 3 月 | 浏阳文家市 | 尤先锋、吴先进 | 发行货币 |
| 浏阳金刚公有财产保管处 | 1927 年 2 月 | 浏阳金刚 | 何文渊 | 发行货币 |
| 醴陵工农银行 | 1927 年 3 月 | 醴陵 | 唐伯先 | 发行货币 |
| 黄冈县农民协会信用合作社 | 1927 年 2 月 | 黄冈 | 曹六爹 | 发行货币、存放业务 |

（资料来源：姜宏业《中国地方银行史》，湖南出版社 1991 年版第 640 页。收录后有调整）

在第一次国内革命战争时期建立的银行规模都很小，经营地域有限。它们的资金基本来自农会，金额少，故其主要通过发行货币来为所在地区的农会会员提供相应的金融服务。以存放款业务为主的银行，仅萧山衙前信用合作社一家，其他基本上是发行货币或在发行货币基础上兼营存放款业务，其中单纯以发行货币来提供金融服务的有三家。衡山柴山洲特别区第一农民银行是我国革命根据地银行中最早发行货币的，在该行成立后就发行了面额一元的布质银圆票。由于在银圆票发行之后，信誉很好，其经验很快就被后续成立的革命根据地银行所采纳。在此期间，共有九家银行机构发行了货币。

当然，第一次革命战争时期成立的革命根据地银行，基本上是在被严密封锁的严峻形势下，出于经济自救、恢复生产、支持战争等目的成立的，在严格意义上来说还不具备真正的银行功能，基本局限在信用合作的范畴内，独立性较差。它们存在的时间较短、活动范围有限、服务功能单一，但它们在金融领域的探索还是对当时农会、革命活动等的开展起到了很大的促进作用,同时它们在金融实践活动中所积累的以集体资金和发行货币为资金筹集形式的经验,为第二次国内革命战争以来我国各类金融机构金融业务的开展提供了明显的借鉴作用。

四一二反革命政变以后,中国共产党领导武装力量迅速从城市转向农村地区,1927年10月毛泽东领导秋收起义的武装力量在井冈山建立了第一个农村革命根据地。之后,在全国各地陆续建立了十多个农村革命根据地。这些农村革命根据地基本处在各省交界处,经济落后,又处在国民党政权的军事包围和经济封锁中。为了筹集资金、支援战争、打破封锁、调剂金融、活跃市场、满足所在地民众需求等,各个革命根据地政府先后设立了五十多家苏维埃银行,发行了二百多种货币,见表1-2。

表1-2 第二次国内革命战争时期建立的主要革命政权金融组织

| 银行名称 | 成立时间 | 银行地址 | 银行负责人 | 业务范围 |
|---|---|---|---|---|
| 耒阳县苏维埃政府经济处 | 1928年2月 | 耒阳 | 谭楚才 | 发行货币、代理金库 |
| 海陆丰劳动银行 | 1928年2月 | 海丰 | 陈子岐 | 发行货币 |
| 井冈山上井造币厂 | 1928年5月 | 井冈山上井村 | 王佐 | 发行货币 |
| 东固平民银行 | 1928年8月 | 吉安东固 | 黄启绶 | 发行货币、存放业务 |
| 东固银行(东固平民银行改组为) | 1930年3月 | 吉安东固 | 黄启绶 | 发行货币、存放业务 |
| 闽西工农银行 | 1930年11月 | 龙岩、虎岗、白砂、长汀 | 阮山 | 发行货币、存放汇业务、经营内外贸易 |
| 江西工农银行 | 1930年10月 | 吉安、永丰、万安、兴国、瑞金 | 颜达 | 发行货币 |
| 中华苏维埃共和国国家银行 | 1932年2月 | 瑞金 | 毛泽民 | 发行货币、存放汇业务 |
| 中华苏维埃共和国国家银行福建省分行 | 1932年4月 | 长汀 | 李六如 | 接受总行交办事项 |
| 中华苏维埃共和国国家银行江西省分行 | 1933年2月 | 博生(宁都) | 钟声湖 | 接受总行交办事项 |

续表

| 银 行 名 称 | 成立时间 | 银行地址 | 银行负责人 | 业务范围 |
|---|---|---|---|---|
| 石首农业银行 | 1930年 | 石首 | — | 发行货币 |
| 鄂西农民银行 | 1930年4月 | 石首 | 戴补天 | 发行货币、存放汇业务 |
| 中华苏维埃共和国国家银行湘鄂西特区分行 | 1931年11月 | 石首、监利、洪湖 | 崔琪 | 发行货币、存放汇业务 |
| 鄂北农民银行 | 1931年7月 | 房县 | 王守训 | 发行货币、存放汇业务 |
| 鹤峰苏维埃银行 | 1931年 | 鹤峰 | 袁建章 | 发行货币 |
| 鄂豫皖特区苏维埃银行 | 1930年10月 | 黄安七里坪、新集 | 郑位三 | 发行货币、存放汇业务 |
| 皖西北特区苏维埃银行 | 1931年5月 | 金家寨、麻埠 | 吴保才 | 发行货币、存放汇业务 |
| 鄂豫皖省苏维埃银行 | 1932年 | 新集 | 郑义斋 | 发行货币、存放汇业务 |
| 赣东北特区贫民银行 | 1930年10月 | 弋阳芳家墩、横峰 | 张其德 | 发行货币、存放业务 |
| 赣东北省苏维埃银行 | 1931年11月 | 横峰枫树坞 | 张其德 | 发行货币、存放业务 |
| 赣东北省苏维埃银行闽北分行 | 1931年冬 | 崇安大安街 | 徐福元等 | 发行货币、存放业务 |
| 闽浙赣省苏维埃银行 | 1932年12月 | 横峰枫树坞 | 张其德 | 发行货币、存放业务 |
| 闽浙赣省苏维埃银行闽北分行 | 1932年12月 | 崇安大安街 | 徐福元等 | 发行货币、存放业务 |
| 平江县工农银行 | 1930年11月 | 平江 | 黄庆怀 | 发行货币、存放业务 |
| 浏阳工农兵银行 | 1931年1月 | 浏阳 | 黄仁、李道 | 发行货币、存放业务 |

续表

| 银 行 名 称 | 成立时间 | 银行地址 | 银行负责人 | 业务范围 |
|---|---|---|---|---|
| 万载县工农兵银行 | 1931年1月 | 万载 | 钟学槐（甘雨农） | 发行货币、存放业务 |
| 宜春工农兵银行 | 1931年7月 | 宜春 | 欧阳柏 | 发行货币、存放业务 |
| 修水县工农兵银行 | 1931年5月 | 修水 | 张文（甘卓吾） | 发行货币 |
| 铜鼓县工农兵银行 | 1931年1月 | 铜鼓 | 刘先常 | 发行货币 |
| 鄂东农民银行 | 1930年9月 | 阳新金龙区 | 曹俊白 | 发行货币 |
| 阳新县福丰区农民银行 | 1930年 | 阳新福丰区 | — | 发行货币 |
| 阳新县龙燕区农民银行 | 1930年 | 阳新龙燕区 | — | 发行货币 |
| 阳新县大凤区农民银行 | 1930年 | 阳新大凤区 | — | 发行货币 |
| 阳新县沿河区农民银行 | 1930年 | 阳新沿河区 | — | 发行货币 |
| 鄂东南工农兵银行 | 1931年2月 | 阳新龙港镇 | 刘杰云、陈迪光 | 发行货币 |
| 鄂东工农银行 | 1932年3月 | 阳新龙港镇 | — | 发行货币 |
| 鄂东南工农银行 | 1932年5月 | 阳新龙港镇、通山 | — | 发行货币 |
| 武宁县工农兵银行 | 1931年11月 | 武宁 | 成瑞之 | 发行货币 |
| 瑞昌县工农兵银行 | 1932年 | 瑞昌 | — | 发行货币 |
| 大冶县工农兵银行 | 1931年 | 大冶 | 陈玉门 | 发行货币、存放业务 |
| 大冶第五区工农兵银行 | 1930年 | 大冶第五区 | — | 发行货币 |
| 通城县工农兵银行 | 1931年7月 | 通城 | — | 发行货币 |
| 通山县工农兵银行（代办所） | 1930年10月 | 通山 | 黄柯笑 | 发行货币、存放业务 |

续表

| 银行名称 | 成立时间 | 银行地址 | 银行负责人 | 业务范围 |
|---|---|---|---|---|
| 湘鄂赣省工农银行 | 1931年11月 | 修水、万载、平江 | 李国华、刘文初、涂正坤、成功 | 发行货币、存放业务 |
| 中华苏维埃共和国国家湘赣省工农银行 | 1932年1月 | 永新 | 胡湘 | 发行货币、存放汇业务 |
| 中华苏维埃共和国国家湘赣省分行 | 1933年1月 | 永新、泰和 | 胡湘 | 发行货币、存放汇业务 |
| 川陕省苏维埃政府工农银行 | 1933年12月 | 通江 | 郑义斋 | 发行货币、存放汇业务 |
| 中华苏维埃共和国川陕省工农银行 | 1933年12月 | 通江 | 郑义斋 | 发行货币、存放汇业务 |
| 中华苏维埃共和国国家银行川陕省工农银行 | 1933年12月 | 通江 | 郑义斋 | 发行货币、存放汇业务 |
| 陕甘边区农民合作银行 | 1934年11月 | 华池南梁 | — | 发行货币 |
| 陕甘省苏维埃银行 | 1935年春 | 华池南梁 | 杨玉亨 | 发行货币 |
| 陕甘晋苏维埃银行 | 1935年6月 | 安定、永坪、瓦窑堡 | 艾楚南、李青萍 | 发行货币 |
| 陕北神府特区抗日人民革命委员会银行 | 1936年4月 | 神木、府谷 | — | 发行货币 |
| 中华苏维埃共和国国家银行西北分行 | 1935年11月 | 瓦窑堡、保安、延安 | 林伯渠、曹菊如 | 发行货币、存放汇业务、经营内外贸易 |

（资料来源：姜宏业《中国地方银行史》，湖南出版社1991年版第640—646页。收录后有调整）

为了开展土地革命、保卫革命成果、破除经济封锁、发展生产和搞活经济，1928年耒阳、海陆丰等地首先成立了经济处和劳动银行。它们采取了第一次国内革命战争时期革命根据地银行的做法，通过发行货币或从没收地主豪强等的资产中抽出一部分资金,开展了生产、生活放款等各类金融服务活动。1928年5月,湘赣边界苏维埃政府在井冈山上井村设立了上井红军造币厂,用打土豪和在战争中获得的各种银制品铸造银圆,化解了广大民众缺乏货币的困境。随着农村革命根据地的不断建立和其面积的不断扩大,根据地的金融业获得了巨大发展,几乎每一个根据地都成立了自己的银行,并发行了货币。1932年2月,中华苏维埃共和国国家银行在中央苏区瑞金建立,毛泽民任行长;7月发行了国家银行的纸币。之后,国家银行颁布了《中华苏维埃共和国国家银行暂行章程》,明确了国家银行的职责,完善了机构设置;依据该银行章程,由银行管理委员会制定了银行规程和详细的办事细则。中华苏维埃共和国国家银行设立之后,其名称虽然经历了多次变更,机构也发生多次合并,但它的机构组织、管理人员、业务经营活动等一直存续下来,后来成为中国人民银行的重要组成部分(见图1-1),从此角度来说,中华苏维埃共和国国家银行的成立标志了新中国金融体系雏形的出现。

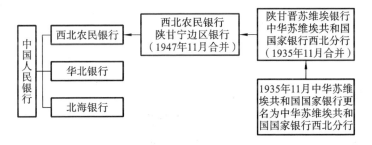

图1-1 中华苏维埃共和国国家银行演变图

随着中华苏维埃共和国国家银行的建立,原先在各个根据地设立的银行经过重组后相继改组成国家银行的分行。之后,受第五次反"围剿"失利的影响,中华苏维埃共和国国家银行被编入中央军委直属纵队第十五大队,与中央军委一起长征,保障了长征期间的各种资金需求。1935年11月,长征主力到达瓦窑堡,与陕北省苏维埃政府所属的陕甘晋苏维埃银行一起办公。同月,中华苏维埃共和国国家银行改名为中华苏维埃共和国国家银行西北分行,而陕甘晋苏维埃银行的资产、机构合并到中华苏维埃共和国国家银行西北分行,并开始发行中华苏维埃共和国国家银行西北分行的纸币,提供各类金融服务。

## 二、抗日根据地的金融业

七七事变后,中共中央领导抗日武装深入敌后,开展敌后战争,收复大片沦丧的国土,先后建立起19个抗日根据地。为了支援抗日战争、发展经济、稳定物价和方便民众生活,中共中央贯彻抗日民族统一战线政策,把中华苏维埃共和国国家银行西北分行改名为陕甘宁边区银行,并收回发行的苏维埃纸币,采用国统区发行的法币。与此同时,其他根据地中仍然存在的银行也陆续改换成相应地区的边区银行。在新开辟的抗日根据地,顺应形势又新建了一批革命根据地银行,见表1-3。

表1-3 抗日战争时期改组和建立的主要革命政权银行

| 银行名称 | 设立时间 | 行 址 | 负责人 | 业务范围 | 货币名称 |
|---|---|---|---|---|---|
| 陕甘宁边区银行 | 1937年10月 | 延安 | 曹菊如、朱理治、黄亚光 | 发行货币、存放汇业务兼营区内外贸易 | 边币、代价券、流通券 |
| 晋察冀边区银行 | 1938年2月 | 五台县、张家口、石家庄 | 关学文、何松亭 | 发行货币、存放汇业务 | 边币、流通券 |
| 北海银行 | 1938年8月 | 掖县、临沂 | 艾楚南、陈穆、陈文其、洒海秋 | 发行货币、存放汇业务 | 北海币 |
| 上党银号 | 1938年8月 | 沁县 | 薄一波 | 发行货币 | 上党银号币 |
| 冀南银行 | 1939年10月 | 黎城、涉县、武安、邯郸、石门市 | 高捷成、赖勤、胡景云、陈希愈 | 发行货币、存放业务 | 冀南币 |
| 鲁西银行 | 1940年5月 | 东平 | 吕麟、张廉方、林海云 | 发行货币 | 鲁钞、流通券 |
| 西北农民银行 | 1940年5月 | 兴县 | 刘少白、喻杰 | 发行货币,银行、财政、贸易三位一体经营业务 | 西农币 |
| 江淮银行 | 1941年春 | 盐城、如东县 | 朱毅、李人俊、骆耕漠 | 发行货币、存放汇业务 | 江淮币、流通券、代价券 |

续表

| 银行名称 | 设立时间 | 行址 | 负责人 | 业务范围 | 货币名称 |
|---|---|---|---|---|---|
| 盐阜银行 | 1942年4月 | 盐城 | 骆耕漠 | 发行货币、存放汇业务 | 盐阜币 |
| 淮北地方银号 | 1942年6月 | 皖北捆县 | 陈醒、资风 | 发行货币、存放汇业务 | 抗币 |
| 淮南银行 | 1942年2月 | 盱眙 | 龚意农、喻嵩岳、董筱川 | 发行货币、存放业务 | 淮南币 |
| 淮海地方银行 | 1941年9月 | 涟水 |  | 发行货币 | 淮海币 |
| 大江银行 | 1943年7月 | 无为 | 叶进明、金贯一、徐德明 | 发行货币 | 大江币 |
| 惠农银行 | 1942年10月 | 丹阳延陵 |  | 发行货币 | 惠农币 |
| 江南银行 | 1945年6月 | 广德 | 范醒之、管寒涛 | 发行货币 | 江南币 |
| 浙东银行 | 1945年4月 | 余姚、梁弄 | 吴山民、陆慕云、王海峰 | 发行货币、存放业务 | 抗币、兑换券 |
| 豫鄂边区建设银行 | 1941年4月 | 京山、大悟山 | 左仲修、庄果 | 发行货币、存放业务 | 边币、流通券 |
| 华中银行 | 1945年8月 | 盱眙、淮阴、山东、苏皖地区 | 陈穆、徐雪寒、龚意农、邓克生、孙更舵 | 发行货币、存放业务 | 华中币 |

(资料来源：姜宏业《中国地方银行史》，湖南出版社1991年版第739-740页；姜宏业《中国金融通史(第五卷)：新民主主义革命根据地时期》，中国金融出版社2004年版。收录后有调整)

1937年10月，中华苏维埃共和国国家银行西北分行改组为陕甘宁边区银行，拉开了抗日根据地改组和新建银行的序幕。为了保证军需、支援战争、进行边区经济建设和展开抵制敌伪货币的斗争，中国共产党领导的抗日武装力量不断在新开辟的根据地建立银行和发行货币。从七七事变到抗日战争最终取得胜利期间，在每一个抗日根据地都建立了银行和发行了货币，据统计，各个抗日根据地的银行共发行了区域本位币53种，其中地名券27种；这些地区一度流通的地方性货币有199种，两类货币合计共

252种。① 这些抗日政权的革命根据地银行和货币的发行,有力地保障了战争的供应,抵制了敌伪货币的侵入,为抗日根据地的经济建设等起到了积极作用;同时,培养了大批金融行业的人才,积累了大量有益的金融工作经验。

### 三、解放战争时期的金融业

抗日战争胜利后,中共中央顺应民意,在《双十协定》中主动让出广东、浙江、苏南、皖南、皖中、湖南、湖北、河南(豫北不包括在内)等抗日根据地。在这些地区建立的银行等也顺应形势做了调整,整合到其他根据地的银行中;而保留下来的革命根据地银行则继续存在。当国民政府挑起全面内战、撕毁协定后,中共中央采取了针锋相对的策略,把抗日根据地的武装改组为中国人民解放军,原根据地的银行也做了相应的调整。陕甘宁解放区与晋绥解放区合并后,1947年10月陕甘宁边区银行与晋绥边区西北农民银行合并为西北农民银行;晋察冀解放区与晋冀鲁豫解放区连成一片之际,晋察冀边区银行与冀南银行在1948年7月联合成为华北银行,由此奠定了中国人民银行的基础。

随着新解放区的不断开辟和范围的扩大,解放区军民又在这些区域内设立了一批新的银行,如表1-4所示。

表1-4 解放战争时期设立的革命政权银行

| 银行名称 | 设立时间 | 行址 | 负责人 | 业务范围 | 货币名称 |
| --- | --- | --- | --- | --- | --- |
| 东北银行 | 1945年11月 | 哈尔滨、沈阳 | 叶季壮、曹菊如、朱理治、王企之 | 发行货币、存放汇业务 | 地方流通券 |
| 合江银行 | 1946年1月 | 佳木斯 | 马仲、孟庆慧 | 发行货币 | 地方流通券 |
| 牡丹江实业银行 | 1946年1月 | 牡丹江 | — | 发行货币、兼营企业投资 | 地方流通券 |
| 吉林省银行 | 1946年3月 | 磐石县、吉林、图门、延吉 | — | 发行货币、存放业务 | 地方流通券 |
| 吉东银行 | 1946年4月 | 延吉 | — | 发行货币 | 地方流通券 |

---

① 许树信:《中国革命根据地货币史纲》,中国金融出版社2008年版第50页。

续表

| 银行名称 | 设立时间 | 行址 | 负责人 | 业务范围 | 货币名称 |
|---|---|---|---|---|---|
| 嫩江省银行 | 1946年4月 | 齐齐哈尔 | 曹根全 | 发行货币、代理金库 | 地方流通券 |
| 关东银行 | 1947年4月 | 大连 | 周子扬、衣钦堂 | 发行货币、存放业务 | — |
| 热河省银行 | 1946年 | 承德 | — | 发行货币 | 地方流通券 |
| 长城银行 | 1948年2月 | 林西、承德 | 史立德、申玉洁 | 发行货币 | 地方流通券 |
| 东蒙银行 | 1946年3月 | 乌兰浩特 | 孝顺阿、杨荫桂、刘凤池 | 发行货币 | 暂时流通券 |
| 内蒙古银行 | 1947年6月 | 乌兰浩特 | 胡子寿、杨荫桂、刘凤池 | 发行货币 | 内蒙币 |
| 内蒙古人民银行 | 1948年6月 | 乌兰浩特 | 胡子寿、金墨言、刘凤池、崔延绪 | 发行货币 | 新蒙币 |
| 中州农民银行 | 1948年6月 | 宝丰、郑州、武汉 | 陈希愈 | 发行货币、存放汇业务 | 中州币 |
| 裕民银行 | 1948年年底 | 大北山区 | 刘化南、黄润泽 | 发行货币 | 流通券 |
| 新陆行 | 1949年4月 | 陆丰 | 郑达忠、麦友俭 | 发行货币 | 流通券 |
| 南方人民银行 | 1949年7月 | 揭西、河婆 | 蔡馥生、赵元浩 | 发行货币、存放汇业务 | 南方券 |
| 华北银行 | 1948年4月 | 石家庄 | 南汉宸、胡景云、郑学文 | 办理原冀南银行和晋察冀边区银行业务 | 冀南币、边币 |
| 中国人民银行 | 1948年12月1日 | 石家庄、北京 | 南汉宸、胡景云、郑学文 | 发行货币、存放汇业务 | 人民币（旧币） |

（资料来源：姜宏业《中国地方银行史》，湖南出版社1991年版第740-741页。收录后有调整）

伴随各解放区的扩大和渐趋连成一片,银行机构不断合并,发行货币的主体不断减少。从1945年8月到1949年,各解放区根据地货币发行机构(不含全国性的人民币)由198个调整集中为97个,货币种类由252种减少到111种。① 伴随解放战争的节节胜利,中共中央在着手建立全国性政权的同时,展开了统一财经的工作。1947年春,成立了华北财经办事处;10月,华北财经办事处向中共中央建议统一发行货币和组建中央银行。随后,华北财经办事处成立了中国人民银行筹备处。1948年10月中共中央就中国人民银行发行人民币做出了明确指示;12月1日,华北人民政府颁布建立中国人民银行和发行人民币的布告,决定在华北银行、北海银行和西北农民银行的基础上,建立中国人民银行,并发行统一的人民币。中国人民银行的成立和人民币的发行,揭开了新中国金融体系组建的新篇章。

总体来看,革命时期的根据地金融组织不但为新中国金融体系奠定了金融组织、人才、技术基础,还在如下方面为新中国金融业发展提供了经验:一是服务经济。不管是苏维埃时期还是抗日战争时期、解放战争时期,各类金融组织的核心任务都是服务红色根据地的社会经济活动,恢复生产,促进商业流通,满足革命活动和生活需求。二是稳定经济活动。革命战争的各个时期,红色区域均受到了各种阻碍,经济上被封锁,货币上展开了诸多货币斗争。在此条件下成立的各类金融组织的首要任务都是稳定红色区域的经济活动,有利有理有节地展开货币斗争,稳定物价,发放贷款,充实物资,实现红色区域内的经济可持续发展。三是以集体或国有资金充作金融组织资本,发行货币以放大信用资金,弥补战局不稳所造成的贷款业务的不足。四是独立自主地建立和发展金融组织。在革命战争的不同阶段,只要坚持独立自主、顺应革命事业的金融活动,金融业务必定能受到社会各界的欢迎,获得较快发展。即使暂时遇到挫折,也能在新的条件下重新发展。

## 第二节 新中国金融体系的建立

1948年12月1日,在华北银行、北海银行和西北农民银行基础上建立的中国人民银行,拉开了新中国金融体系构建的序幕。《共同纲领》中明确了金融事业应受国家严格管理,货币发行权属于国家。在此纲领性文件的

---

① 许树信:《中国革命根据地货币史纲》,中国金融出版社2008年版第58页。

指引下,中国人民银行一方面在"边接管、边建行"的思路下,设立或充实中国人民银行的各级分支机构,同时,对不同类型的金融机构加以整顿和改造;另一方面发行人民币,按照不同地区的货币类型采取差异化措施予以兑换,结束国内混乱的货币制度,逐步建立起独立、统一的人民币制度。

## 一、人民币制度的统一

新中国建立之初,我国的货币制度相当混乱。

一方面,各解放区发行的货币种类尽管在人民币发行之后有所减少,但其绝对数量仍然还有100多种,解放战争时期解放区货币综合统计如表1-5所示。

表1-5 解放战争时期解放区货币综合统计(1945—1951年) 单位:种

| 解放区名称 | 货币种类 | 区域本位币种类* | 地方性货币种类 | 面额种类 | 版别数 |
|---|---|---|---|---|---|
| 华北 | 10 | 4(1) | 6 | 9 | 42 |
| 西北 | 4 | 2 | 2 | 14 | 24 |
| 华东 | 8 | 4 | 4 | 19 | 116 |
| 东北 | 30 | 6(3) | 24 | 17 | 156 |
| 内蒙古 | 16 | 2 | 14 | 13 | 40 |
| 中原 | 18 | 4(3) | 14 | 14 | 46 |
| 华南 | 25 | 1 | 24 | 17 | 103 |
| 各解放区合计 | 111 | 23(7) | 88** | 103** | 527 |
| 全国(人民币) | 2 | 1 | 1 | 12 | 65 |
| 总计 | 113 | 24(7) | 89** | 115** | 592 |

\* 区域本位币种类栏括号内数据为其中的地名券种数,人民币也按区域本位币一同统计;** 处数据引用资料存在合计错误,已修正。

(资料来源:许树信《中国革命根据地货币史纲》,中国金融出版社2008年版第94页)

另一方面,在刚解放的地区和尚未完成解放的地区,法币(金圆券)、金银、外币等混合流通,投机现象严重。如此紊乱的货币制度,严重影响了国民经济的恢复和广大人民的生活。为此,人民政府采取果断决策,对不同发行主体的货币种类实行差异化措施,迅速建立了独立统一的人民币制度,具体如下。

一是逐步收回不同解放区发行的货币。1948年12月1日,伴随人民币的发行,华北人民政府发出布告"特商得山东省政府、陕甘宁晋绥两边区政府同意,统一华北、华东、西北三区货币……统一流通。所有公私款项收付及一切交易，均以新币为本位货币。新币发行之后，冀币（包括鲁西币）、边币、北海币、西农币（下称旧币）逐渐收回"①。在人民币发行之际，人民政府就表明了在保障民众利益的前提下逐步统一货币的决心，"人民政府不但对人民银行新币负责，而且对一切解放区银行过去发行的地方货币负责。将来我们收回地方货币的时候，一定按照现在所规定的比价收兑，兑到最后一张为止"②。之后，按照"固定比价、混合流通、逐步收回、负责到底"的方针，对不同解放区发行的货币有计划按步骤地逐步收回。1949年1月华北人民政府就规定了人民币与不同解放区货币的兑换比价，见表1-6。

表1-6 人民币与不同解放区发行的货币兑换比价

| 人民币与不同解放区的货币兑换 | 兑换比价 |
|---|---|
| 与中州银行券 | 1∶3 |
| 与冀南银行券、北海银行券、华中银行券 | 1∶100 |
| 与长城银行券 | 1∶200 |
| 与晋察冀边区银行券、热河银行券 | 1∶1000 |
| 与西北农民银行券、陕甘宁边区贸易公司券 | 1∶2000 |
| 与陕甘宁边区银行币、延安光华商店代价流通券 | 1∶40000 |
| 与冀热辽边币 | 1∶5000 |
| 与东北银行、内蒙古银行地方流通券* | 1∶9.5 |

注：* 人民币与东北银行、内蒙古银行地方流通券的比价是在1951年4月规定的。

经过中国人民银行及其分支机构的努力，到1950年4月时，已收回旧币折合人民币239.5亿元，占旧币发行总额的82.95%。③ 1951年政务院颁布了收兑东北及内蒙古地方流通券的命令。这样，到1951年11月除了西藏、台湾地区外，基本完成了人民币的统一兑换工作。西藏地区，直到1959年8月10日才停止银圆、藏币的流通，统一使用人民币。

二是肃清国民政府发行的货币。从国民政府1935年11月发行法币以来，法币历经恶性通货膨胀，购买力几乎下降为零。仅在1937年6月到

---

① 尚明：《当代中国的金融事业》，中国社会科学出版社1989年版第31页。
② 《人民银行总经理南汉宸发表谈话 新币发行极受人民拥护 部分人民某些疑虑已予详尽解答》，《人民日报》，1949年1月13日第1版。
③ 戴相龙：《中国人民银行五十年——中央银行制度的发展历程》，中国金融出版社1998年版第41页。

1949年5月期间,在国民政府的统治下,法币的通货膨胀率达1400亿倍,物价上涨了85000多亿倍。为此,美国的一个新闻记者曾做过一个形象的比喻:

> 1937年,100元法币购买2头牛
> 1945年,100元法币购买2个鸡蛋
> 1946年,100元法币购买1/6块肥皂
> 1947年,100元法币只能购买1个煤球
> 1948年,100元法币只能购买1/500两大米
> 1949年,100元法币只能购买50亿分之一两大米

1948年8月发行的金圆券,在不到10个月的时间,发行量又增加了34万倍。面对如此恶性的通货膨胀,人民政府每解放一个地区,就采取坚决的措施肃清法币、金圆券等货币,确立人民币为唯一合法货币。同时,为了保障广大民众的利益,人民政府对国民政府发行的货币实行限期兑换、期限从短、比价从低、广设兑换点等措施,以减少日益严重的通货膨胀所带来的损失。

三是禁止外币在国内市场流通。旧中国时期,西方列强凭借在华特权,纷纷在我国发行货币。到1949年新中国成立前夕,在上海、天津、北平等地,流通的美钞达3亿美元,在广州及其毗邻地区流通的港币约5.8亿港元。[①] 为了维护独立自主的人民币制度,人民政府坚决取缔了外国在华发行货币和控制我国外汇经营权,以合理牌价收兑美元、英镑等外币,禁止它们在国内市场上流通和民间私自买卖。

四是严禁金银计价流通和私自买卖。国民政府统治时期,恶性通货膨胀使得法币、金圆券等急剧贬值,人们用金银来计价流通以避免损失,金银逐渐成为市场流通的主要货币。在物价急剧波动的情况下,金银投机活动猖獗。为了稳定人民币币值,中央政府明确禁止金银计价流通,打击金银投机活动;中国人民银行统一管理金银买卖、兑换和配售;金店、银楼的金银饰品可以买卖,但原料由国家统一配售。

通过以上措施,中央政府在很短的时间内就确立了独立、自主、统一的

---

① 杨希天等:《中国金融通史(第六卷):中华人民共和国时期》,中国金融出版社2002年版第38页。

人民币制度,为国民经济的恢复等工作奠定了基础。

## 二、新中国金融体系的组建

中国人民银行成立之后虽然具有国家银行的地位,但此时金融组织体系极其复杂。在老解放区,就有十几家革命政权银行;在新解放区和尚未解放的地区则有国民政府的官僚资本银行、外资银行、民族资本为主的私人行庄和保险、股票交易所等形式众多的金融组织。面对如此众多的金融组织,新中国成立之后就根据不同金融成分采取差异化措施予以整合,从而组建起新中国建立初期的金融体系。

一是把解放区的革命政权银行改组成中国人民银行的分支机构。中国人民银行由石家庄迁入北平之后,按照总行—区行—分行—支行四级建制形式,先后把原解放区建立的银行加以改组,然后在此基础上,在城市中再设立办事处、分理处、储蓄所,在农村的集镇上设营业所。到1951年,随着东北银行、内蒙古人民银行和新疆银行分别改组为中国人民银行东北区行、中国人民银行内蒙古自治区分行和中国人民银行新疆维吾尔自治区分行后,已有的革命政权银行改组完成,除西藏、台湾外,中国人民银行已经建立了相应的分支机构。这样,新中国就初步形成了一个由四级组成的相对完整的中国人民银行组织框架,为之后国民经济的恢复和发展提供了一个强有力的金融组织领导机构。

二是接管改造官僚资本金融机构。1927年南京国民政府建立以后,利用军政特权对金融业推行官办化策略。到20世纪30年代中期形成了以"四行二局一库"(中央银行、中国银行、交通银行、中国农民银行、中央信托局、邮政储金汇业局和中央合作金库)为主体,包括省、市、县银行和官商合办银行在内的官僚资本金融体系。依据《共同纲领》中没收官僚资本归人民的国家所有的规定,依据官僚资本金融机构不同财产的情况,中央政府及各级地方政府采取了有所区分的策略。对中央银行、中国农民银行、邮政储金汇业局及其他省市银行实行停业清理,其机构和人员接管后逐步改造成中国人民银行的相关业务部门;对中国银行、交通银行则在"保留原名义、原机构、原封复业,稳步改造,尽快恢复营业"的方针下,分别改组成中国人民银行领导下经营外汇业务、工矿交通事业长期信用业务的专业银行。1949年12月,中国银行总管理处由上海迁到北京,1950年划归中国人民银行领导,1953年10月《中国银行条例》公布,正式确认中国银行为我国的特许外汇专业银行;将新华信托储蓄银行、中国实业银行、四明商业储蓄银行和中国通商银行等四家官商合办银行改组成公私合营银行。此外，还接管了官僚资本保险公司，除了当时继续营业的中国保险公司和中国航联保险公司外，对其他进行了清理；而上海、天津等地的证券交易机构则到1952年7月为止先后被接管、清理和撤销。

三是取消在华外资银行的特权。自1845年英国的丽如银行(Oriental Bank，又称东方银行)在中国设立分行开始，西方列强就凭借其政治、经济特权，纷纷来华开设金融机构，发行货币，垄断外汇挂牌权，操纵金融行市等，大肆掠夺我国资产，给社会经济发展带来了巨大负面影响。为此，中央人民政府取消了它们的在华特权，准许它们在遵守我国法令的前提下继续营业，保护其合法权益，并指定中国银行为外资银行的专职管理机构。由于外资金融机构失去了在华的特权，它们以前所依托的高额垄断利益也随之丧失，这样，大批外资银行相继申请歇业，至20世纪50年代后期，除港澳台地区外，在内地(大陆)仅剩汇丰银行和麦加利银行(又称渣打银行)两家英国银行还在营业。

与此同时，我国各级政府对外资保险业进行了整顿，取消了它们在我国的特权，允许它们依据经营业务种类交存一定的保证金后按统一的章程继续经营相关业务。当然，受垄断利益丧失的影响，这些外资保险公司很快就撤出了中国保险市场。

四是整顿和改造民族金融业。新中国建立之初，我国的民族资本银行、钱庄、信托公司及其分支机构还有1032个。只是受长期战争和恶性通货膨胀等影响，它们的资本大为削弱，基本陷入业务衰退和投机经营中。在此背景下，中央政府及各级地方政府对上述民族金融业进行了分阶段的整顿、改造，如表1-7所示。

表1-7　新中国建立之初对民族金融业的整顿改造

| 时　　间 | 改造阶段 | 改造内容 |
| --- | --- | --- |
| 1950年6月之前 | 初步整顿阶段 | 业务疏导和严格管理 |
| 1950年6月至12月 | 第二阶段 | 调整民族金融业的公私关系 |
| 1951年1月至12月 | 第三阶段 | 深化民族金融业的改组，组织联合经营和联合管理 |
| 1952年 | 第四阶段 | 完成民族金融业社会主义改造 |

通过上述四个阶段的整顿和改造，民族金融组织最终组建成为一个统一的公私合营银行。之后，在中国人民银行的统一领导下，转变成对私营

工商业办理存放款业务的专业银行,由此标志着我国政府完成对民族银行业的改组,实现银行业的统一。

在民族资本保险公司方面,我国各级政府采取了与前述民族资本银行业整顿改造相似的措施,在重新登记和业务管理的基础上,民族资本保险公司数量大幅萎缩;1949年10月,新中国在香港成立了民安保险公司,1966年在澳门设立了它的分支公司。1951年7月,内地(大陆)剩余的保险公司被合并成太平、新丰两家公私合营的保险公司。

五是试办农村信用合作社。新中国建立前,我国已经在农村地区创办了一大批信用合作社,仅在新中国成立前夕全国还有800多家信用社。受到战争破坏、通货膨胀的影响,大多数信用社陷入经营困境。新中国成立后,为了恢复农业、复苏农村经济,广大农村地区急需资金上的支持。"信用社是'国家银行联系群众的桥梁',国家银行不可能一家一户挨门去联系群众,要广泛发展信用合作,建立一个广泛的农村金融网。"[①]中国人民银行在1951年提出"积极发展信用合作"的方针,力图在试点基础上逐步推广。随后,在新、老解放区,中国人民银行选择了一些经济比较发达的农村地区进行试办。经过两年多的实践,信用合作社获得了初步发展。到1953年,全国共建有信用社9400多家,信用互助组20000多个,供销社内部的信用部3000多个。入股农民有6000多万户,吸收股金1200多万元,存款7400多万元,贷款7700多万元。[②] 农村信用合作社的创办,不但推动了农村信用事业的发展,有效打击了当时农村地区盛行的高利贷盘剥活动,而且为农村经济的恢复和农村市场的活跃奠定了必要的基础。

通过以上多样化的措施,在国内外环境极其严峻的条件下,我国很快就构建起一个以中国人民银行为中心,以中国银行、交通银行等专业银行和农信社为组成要件的新中国金融体系。

## 三、外汇体制的确立

旧中国时期,西方列强凭借在华特权,长期利用其在华银行控制着中国的外汇业务,尤其是汇丰银行,它垄断了中国的外汇挂牌权。据统计,1948年天津的外汇业务,外商银行占53.7%,中国的官僚资本银行和民族

---

[①] 徐唐龄:《中国农村金融史略》,中国金融出版社1996年版第280页。
[②] 杨希天等:《中国金融通史(第六卷):中华人民共和国时期》,中国金融出版社2002年版第29页。

资本银行分别占36.4%和9.9%。[①] 外商银行操纵中国的外汇行市,严重影响了中国的对外贸易和社会经济的稳定。

新中国成立后,中国人民银行迅速制定了《外汇管理暂行办法》,首次确定了银行机构参与中国外汇业务的条件:凡能遵守中国政府法令,具有一定外汇资金,在国外设有分支机构和代理行,且有较好的信誉和经营外汇业务能力的银行,可以向中国人民银行申请为经营外汇的指定银行。根据这一条件,中国人民银行在全国范围内遴选和核准了53家银行,批准它们经营新中国的外汇业务。其中,上海商业储蓄银行、新华银行、金城银行、国华银行、中国实业银行、浙江兴业银行、中南银行、聚兴诚银行等中资银行35家,东亚银行、华侨银行、集友银行等侨资银行3家,汇丰银行、东方汇理银行、麦加利银行、华比银行、友利银行、荷兰银行等外资银行15家。

接着,中国人民银行逐步统一了全国的外汇牌价。天津解放初期,中国人民银行就在权衡当地外汇供需条件等因素基础上,率先制定了天津的外汇牌价。1949年1月19日公布了天津外汇牌价为1美元兑800元旧人民币。随着上海、广州等地的解放,中国人民银行的区行又在这些地区发布了相关的人民币汇率牌价。在此基础上,中国人民银行在天津、上海、广州等地先后成立了外汇交易所,由具备外汇经营业务的银行充作交易商,代理客户买卖外汇。经营外汇的银行,根据中国人民银行总行及其区行每天公布的人民币汇率牌价,在交易所内依照外汇供需情况,自由议价成交。之后,受外汇管理制度变迁的影响,进出口均需事先核定,外汇买卖受到计划约束,自由议价的空间很小。这样,议价制就在1950年4月取消了,改为中国人民银行统一挂牌,机动调整。统一外汇牌价后,原先成立的外汇交易所的功能丧失,机构也随之撤销。到1950年7月8日,中国人民银行统一了全国的外汇牌价,由总行统一向全国公布。

再次,建立了独立自主的外汇管理制度。在外汇管理上,新中国逐步实行了供汇与结汇制度。根据《外汇分配、使用暂行办法》的规定,全国各地的外汇,一律由中央政府统一掌握,外汇分配则按"先中央,后地方;先工业,后商业;先公后私"的顺序进行,任何部门不按规定申请并获得批准,都无权擅自使用外汇;凡是出口创汇、业务、劳务所获取的外汇及华侨、外侨

---

[①] 杨希天等:《中国金融通史(第六卷):中华人民共和国时期》,中国金融出版社2002年版第70页。

汇入的外汇,都必须卖给或存入中国银行。之后,政务院发布了《中华人民共和国禁止国家货币出入国境办法》和《中华人民共和国禁止国家货币票据及证券出入国境暂行办法》,明确规定:国内支付本币之汇票、本票、支票、存单及存折,国内所发行之公债、股票、公司债券等有价证券,以及其他国内付款之一切支付凭证,除非①经中国人民银行或其委托之中国银行(以下简称银行)核准携带或寄运出入国境之本币票据,得凭银行发给之证件,向海关申请查验放行;②经银行核准之人民币侨汇及批信携带或寄运入境时得经海关查验后放行外,都禁止私自携带或寄运出入国境。如果携带外币、外币支付凭证、外币有价证券出境,均须得到中国人民银行核准后发给"携带证"。通过这些措施,我国完全实现了统一的外汇管理并建立健全了外币等出入国境的管理制度。与此同时,新中国成立以来,各级政府非常重视侨汇工作,保护广大侨胞、侨眷的利益,为使他们免受外币贬值的损失,1950年11月起开通了人民币侨汇业务。

最后,确立了新的国际清算制度。新中国成立初期,以美国为首的西方资本主义国家对我国采取了严密的经济封锁和禁运政策,一些国家在美国的压力下拒绝接受中国银行开出的信用证,不得不改由这些国家的银行代开信用证,并按购买证条件缴纳十足的保证金。针对这一不公平的做法,新中国从自身的经济条件出发,采取了针锋相对的措施。一是全面停止使用美元,在贸易对象上逐步转向与以苏联为主的社会主义国家,实行协定记账的清算制度;二是根据双方的贸易需求,逐渐采取与亚、非、拉一些国家直接支付的贸易方式;三是采取进口时货到付款、出口时发货收款的办法,同时,对某些特定物资不使用进出口以货易货的方式。

# 第二章
# 新中国金融对国民经济恢复的贡献

伴随新中国初期构建独立自主金融体系和人民币制度统一的进程,以中国人民银行为主体的金融组织充分发挥其职能,为国民经济的恢复打下了良好的基础。我国用了不到三年的时间就使国民经济发展水平达到了旧中国的最高水平。同时,利用政治、经济等综合措施,迅速平息了持续高涨的物价和通货膨胀。在此条件下,新中国金融业获得了快速发展。

## 第一节 平息通货膨胀

新中国成立之后,大规模的军事活动仍在持续,又需接收和安置大批旧政府的人员,财政支出急剧膨胀,而税收等财经工作尚未统一,由此造成的财政赤字只能依托革命根据地银行那种惯性式的发行货币方式来弥补,从而引致了物价的迅速上升。此种局面若不加以控制,必然会影响到新生人民政权的稳定、社会经济的恢复、中国共产党和新生政权在民众中的威信。

### 一、建国初期通货膨胀的缘由

新中国成立前夕和成立初期,受到历史惯性和军事活动尚未结束等因素影响,全国先后在1949年4月、7月、10月和1950年2月发生4次大规模的物价暴涨之风。物价暴涨,严重威胁着广大人民的生活,破坏了整个国民经济的正常运转,加剧了新生政权的财政经济困难。

导致物价多次飞涨,出现恶性通货膨胀的因素很多,大致可以归结为如下几点:

第一,历史惯性引致的物价飞涨。自从1937年抗日战争全面爆发,受日本侵略势力的深入和外界的逐步割裂,面临军费的日益膨胀、缺乏外界援助和财政税收的分割等因素影响,国民政府不得不依靠发行法币来弥补财政亏空。1945年抗日战争胜利后,国民政府很快挑起了内战,导致原本财政困难的局面更显紧张,赤字大增,因而不得不进一步依赖增发钞票来弥补财政赤字,结果进一步加剧了通货膨胀。之后,随着国内战争规模的扩大,通货膨胀也日益严重。这样,在全国各地逐步产生了一大批牟取暴利、操纵市场的投机商人。他们利用国家财政困难、城市物资供应紧张的机会,囤积居奇,哄抬物价,牟取暴利。他们以大米价格带头,纱布跟进,推波助澜,造成物价居高不下。以致民间流传着一句口头禅"工不如商,商不如囤,囤不如投机"。庞大的投机群体在天津、上海、武汉、广州等几个重要城市不断掀起投机风潮,而官僚资本则依靠特权从中渔利,社会闲散资金追逐暴利。在大一些的城市中,大宗交易多用黄金、银圆,或以物易物。炒买炒卖黄金、美元和银圆的情况也十分严重,结果引起金银价格暴涨。金银价格暴涨又反过来带动了一般物价的上涨。与此同时,1948年12月1日开始发行的第一套人民币虽然在新中国成立之后很快就完成了统一混乱货币制度的任务,但其留有通货膨胀和战争环境痕迹的特征,在日常生产和商品流通中,通常要以亿元、十亿元乃至百亿元来计价和结算,这也无疑抬升了物价。

第二,生产下降,交通阻塞,物资供应缺乏。到1949年新中国宣布成立之际,国民经济已经到全面破产的地步。1949年工业产值与历史上最高年产量相比,煤产量下降为51.6%、铁产量下降为13.9%、钢产量下降为17.1%、纱产量下降为73.5%等;农业方面,1949年的粮食产量比历史上最高年产量下降了近1/4,棉花产量下降了近1/2,农具损坏殆尽,水利损失严重,以致连年受灾。1949年全国农田受灾面积1.2亿亩,灾民4000余万,其中重灾区占2800万亩,有700万灾民亟待救济。此外,生产停滞、国内交通运输处于瘫痪状态,由此导致了城乡物资交流滞塞,更进一步拉升了物价。

第三,国家财政极度困难,不得不依靠发行货币来弥补。1949年是中国人民解放战争在全国范围内取得决定性胜利的一年,但也是全国财政状况最为困难的一年,当时国家财政收入折算下来只有小米303亿斤,而财政支出却达570亿斤。此时,新生人民政权尚无统一的税收政策和税收系统,所有解放的地区也还没有完全连接起来,各解放区的财政收支等基本各自为政,各自发行货币,这些进一步加重了财政的紊乱。由此造成了人民政府的财政更加困难,在财政支出中有2/3的赤字不得不靠增发纸币来弥补。1949年6月底,人民币发行额才2800亿元,而到1949年11月底增加到了16000亿元。[①] 如此结果,一方面尽管满足了财政赤字的需要,但另一方面,则不可避免地加剧了物价的上涨。

第四,军费等支出急剧增加。新中国建立之初,除了台湾等沿海岛屿之外,全国仍有一部分国土尚未完全获得解放。国民党反动势力仍有100多万军队,占据着广东、广西、四川、贵州、云南、西康等省的全部和陕西、湖北、湖南、福建等省的一部分地区。人民革命战争还在继续进行,军费开支仍占财政支出的重要部分(1949年占一半左右)。同时,人民政府还必须对国民政府遗留下来的几百万军政人员采取全部包下来的政策,这样,连同我们自己的军政人员大约有900余万人;而交通、工矿企业也需要重点恢复,众多失业人口亟待救济。

在上述诸多因素的综合作用下,最终酝酿了新中国成立之初的多次物价大飞涨。

## 二、通货膨胀的治理

不断飞涨的物价和急剧的通货膨胀,给正在夺取政权的中共中央的执政能力带来了严峻考验。为此,中共中央迅速做出决策,明确要抑制通货膨胀。在中共七届二中全会上,决定成立中央财政经济委员会(后简称中财委),把陈云从东北调回中央,统一领导全国的财经工作。之后,中财委多次召开会议,确定了稳定货币政策,反对之前多发货币搞通货膨胀的做法。"世上没有点金术,也没有摇钱树,又要养活900万人吃饭,所以路只有两条,印钞票和增税。靠印钞票的路我们不能走,稳妥的办法是在税收上多想办法,打主意",毕竟,"收税和发钞票这两者比较,在可能限度内,多收一点税,比多发钞票,为害较小。这样做,工商业负担虽稍重,但物价平稳,对正当的工商业有好处。反之,物价波动大,任何人也不愿拿出钱去经营工商业,资金都囤积在物资上,或放在家中不用,劳动者也跟着没有活干了。这样,势必造成资金和劳动力的浪费,使生产受到严重影响。……少发行多收税,负担是重了些,但物价平稳,经济逐渐发展,则不失为一种前

---

[①] 杨希天等:《中国金融通史(第六卷):中华人民共和国时期》,中国金融出版社2002年版第40页。

进的办法"。① 这样，在陈云的领导下，中共中央制定了抑制通货膨胀的政策。

一是严厉打击投机倒把活动。针对投机分子乘全国财政经济困难之际囤积居奇、哄抬物价、投机金银等加剧通货膨胀的现象，新中国各级政府采取了有力的经济措施和必要的行政手段，进行了强有力的斗争。首先，打击银圆的黑市活动。在中国人民银行和公安部门的统一部署下，在上海、武汉、广州等大城市拉开了突击清查地下钱庄、拘捕投机分子的行动。在上海，在抛出银圆、全面取缔投机分子活动时，中国人民银行一面收兑银圆、一面举办折实存款，而贸易处出售大米、煤、盐、油，又抛出人民币吸收工业品等。同时，政府还提出了五项主张严厉打击银圆投机；陈云起草了《中共中央关于打击银元使人民币占领阵地的指示》，查封了上海证券交易所大楼，整肃了货币市场和资本市场。这样，通过统一部署、统一行动，在全国范围内有效打击了炒作银圆的不法活动，制止了银圆上涨引发的物价波动。

接着，打击粮食、棉纱涨价风。投机分子不满于银圆炒作的失败，转而把粮食、棉纱作为新的投机目标，再次掀起市场涨价风潮。在陈云的统一部署下，"一场有目的、有组织、有步骤的制止物价猛涨、打击投机商人的战斗，立即在全国打响"②。中财委迅速做出决策，组织国营贸易公司、财政和银行三方面的力量，与不法分子展开粮棉斗争。在具体措施上，贸易公司抛出物资，暂减收购；财政部门加强税收，募集公债；银行机构则吸收存款，收回贷款。这样，通过一抛一收，投机分子两面受制，结果不到半个月时间，就捉襟见肘，赔本严重，纷纷破产，最终以失败告终，从而初步稳定了金融物价，大大提升了中国共产党和人民政府在民众中的威信。

二是举办折实储蓄和发行折实公债。为了打消民众对通货膨胀的担忧，配合中财委打击投机活动，除了积极配合中财委的前述行动外，中国人民银行还从1949年4月起在天津、石家庄、北平等城市，先后开办折实储蓄。所谓折实储蓄，就是将货币折成以实物为单位的"折实单位牌价"来存取的一种储蓄。折实单位所包含的实物，各地有所不同。一般而言，每一折实单位包含白粳米一市升、生油一市两、龙头白细布一市尺、煤球一市斤。这样，民众储蓄时，根据当天的"折实单位牌价"，把货币折算成相对稳

---

① 薄一波：《若干重大决策与事件的回顾（上）》，中共中央党校出版社1991年版第92页。
② 中共中央文献研究室：《陈云传（上）》，中央文献出版社2005年版第645页。

定的"折实单位";取款时,又按当天的"折实单位牌价",把"折实单位"兑换成货币。储蓄时民众不用担心物价波动,折实储蓄深受广大民众的欢迎。这项活动从天津开办开始,到1949年年底,储蓄户数达194698户,储蓄余额为250万"折实单位"。上海市1949年11月16日物价大波动时,折实储蓄为1120万单位,到次年2月28日增加到4661万单位。同期的折实单位牌价由1855元(旧币)上升到6546元(旧币)。①

与此同时,中国人民银行还配合财政部门在1949年12月发行数量1亿"分"的"人民胜利折实公债"。折实公债"分"值以上海、天津、汉口、西安、广州、重庆等6城市的大米(天津为小米)6市斤、面粉1.5市斤、白细布4市尺、煤炭16市斤平均批发价的总和计算。②通过这一措施,基本保障了认购者的货币购买力不受损失。从1950年1月5日开始发行,很快就超额完成了首期发行计划。公债的发行,大大减少了财政赤字依赖货币发行的做法,明显起到了稳定金融物价的效果。

三是统一国家财政经济工作。在中财委的领导下,建国初期的物价高涨虽然得到了暂时的扼制,但全国的财经工作受战争影响仍然凌乱、尚未统一起来。如果财经工作得不到统一,财政收支就难以实现平衡,那刚刚稳定的物价仍有可能发生变数。在此背景下,政务院在中财委1950年2月的全国财经会议基础上于3月3日颁布了《关于统一国家财政经济工作的决定》,明确了统一国家财政经济工作的目标。围绕这一目标,中央政府通过"三平"的方式建立统一的国家财政。"三平",即①统一国家财政工作,实现全国财政收支平衡。在财政收入上,明确规定公粮、税收、库存物资和国营企业的利润收归国库,由财政部统一调配;在财政支出上,严格按照规定的编制和供给标准开支,以实现财政收支平衡,杜绝以往以增发货币方式弥补财政赤字的做法。②统一全国国营贸易工作,实现国家物资调拨平衡。贸易部负责全国国营贸易单位的业务和物资调拨,同时规定部队和国家机关不准经营商业,以利于供求平衡。③统一全国金融工作,实现全国现金收支平衡。中国人民银行代理国库,为国家现金总调度机构,负责现金和外汇管理。

中国人民银行为了保证现金的全国调度,在1950年3月召开了全国第一届金融会议,制定了统一全国金融工作的具体方针。"……实现现金

---

① 姚遂:《中国金融史》,高等教育出版社2007年版第427页。
② 杨希天等:《中国金融通史(第六卷):中华人民共和国时期》,中国金融出版社2002年版第45页。

管理,大力组织存款,经理国库,灵活调拨,扩大与巩固人民币阵地,掌握外汇,控制物资,健全制度,首先实现中央'使银行成为现金中心'的决定,并很好的组织清算、信贷工作,为工作的进一步发展打下基础,逐步使银行向现金、清算、信贷中心的方向前进。"① 根据这一部署,中国人民银行确立了"建金库、收存款和灵活调拨"的工作方向。建金库,就是把全国各地的国家财政收入通归国库,以保证国家收入的统一使用。1950年3月政务院发布《中央金库条例》,明确了全国财政金库按中央、大区、省或自治区、县(市)的行政区域分设为总金库、区金库、分金库和支金库四级,各级金库负责人由中国人民银行各级负责人兼任。同时,中国人民银行还与贸易部协商,在人民银行建立"贸易金库",要求国营贸易公司每天把销售现金交存金库,以办理上解和收付。贸易部的做法,陆续延伸到铁道部、燃料工业部、重工业部等各个行业和部门。收存款,就是贯彻现金管理制度,以便集中资金和统一使用。1950年4月7日,政务院发布《关于国家机关现金管理的决定》,要求分散在各公营企业、机关、部队、合作社的现金集中由中国人民银行统一管理。灵活调拨,就是在上述两步的基础上,中国人民银行把分散在全国各单位的现金、资金集中到各金库之后,在全国范围内灵活调拨。显然,在"建金库、收存款、灵活调拨"的过程中,中国人民银行形成了"信贷、结算、现金三大中心"的职能。这样,按信用集中于国家银行的原则,建立了纵向型的信贷分配体制,实现了国家统一财经管理体制的目标,达到了制止通货膨胀的效果,同时也使金融职能渐趋向服务财政的单一职能转化,初步出现了"管资金"的雏形。

四是理顺货币流通。在统一全国财经工作过程中,虽然实现了全国资金的集中和统一调拨,但资金的过度集中,引发了市场头寸紧张和短缺,给社会经济带来了市场萧条、私营企业经营困难和工人失业等负面影响。为此,中财委根据公私兼顾的原则,提出了四项措施和两道防线的做法,以救济失业、维持私营工商业的发展和预防社会矛盾激化。四项措施:一是掌握足够的纱布和提升增持纱布的实力,增购棉花以委托私营纱厂加工等方式,帮助私营纱厂共渡难关和减少失业;二是扩大人民币的流通领域和范围;三是吸收定期存款;四是必要时推迟军政经费发放,在短期内冻结机关、国营企业及合作社的大部分存款或限制提取数量。两道防线,其实就

---

① 杨希天等:《中国金融通史(第六卷):中华人民共和国时期》,中国金融出版社2002年版第46页。

是前三项措施为第一道防线,后一项措施为第二道防线。通过这些举措,基本化解了统一全国财经和金融工作中的负面效应,收到了活跃市场的效果。

然而,受朝鲜战争爆发和美国对中国经济封锁、限制和冻结资金等不利因素的影响,我国刚刚稳定的物价又面临着新的不确定因素。为此,中央政府迅速制定了新的财经工作方针,即"边抗、边稳、边建"的"三边"方针一个长杆("巩固国防第一,稳定市场第二,其他第三"的新财经工作策略)。中财委依据上述方针,向全国发布了《冻结现金、稳定物价措施的指示》,决定暂时冻结银行存款中的公家存款,加强现金管理,紧缩信用,开展储蓄,并针对美国对我封锁、限制、冻结资金进行反封锁、反限制、反冻结的斗争。[1] 之后,又针对农村地区出现的市场问题,中国人民银行从当时实际出发,扩大了货币在农村市场上的投放量,并厘清了货币在不同地域和单位之间的流通格局,使市场日益活跃,基本化解了社会经济中出现的新问题。在此过程中,中央政府还采取了许多政策和措施,逐步建立起一套有计划调节货币流通的制度,从而巩固了稳定物价和平息通货膨胀的最终目标。

## 第二节 国民经济恢复中的金融功能

在长期的战争破坏和恶性通货膨胀的蹂躏下,我国经济深陷工业萎缩、农业凋敝、物资奇缺等格局之中。在努力构建金融体系之际,中央政府积极利用金融功能助推国民经济的恢复。在不到三年的时间内,国民经济就恢复到旧中国时的最高水平,在很多领域还超越了过去。

### 一、信贷政策的调整以促进国民经济的恢复

新中国成立以来,中国人民银行就一直把银行信贷工作摆到支持国民经济恢复发展工作中的首位。在1950年2月和1951年年初召开的第一、二届全国金融会议上,中国人民银行更加明确了大力开展储蓄、保险、放款、汇兑等私人业务,以争取存款、积累资金,支持工农业生产的恢复,助推城乡物资的交流。在金融机构人民币信贷上,各项存款由1949年的1.49亿元增长到93.3亿元,各项贷款由1949年的1.04亿元增加到了1952年

---

[1] 杨希天等:《中国金融通史(第六卷):中华人民共和国时期》,中国金融出版社2002年版第50页。

的108亿元。① 具体而言,银行信贷政策在促进国民经济恢复发展方面,主要措施表现在如下三方面:

一是聚集资金支持国营经济和合作社经济的发展。《共同纲领》中明确规定"国营经济为社会主义性质的经济。凡属有关国家经济命脉和足以操纵国民生计的事业,均应由国家统一经营","合作社经济为半社会主义性质的经济,为整个人民经济的一个重要组成部分。人民政府应扶助其发展,并给以优待"。在此思路下,中国人民银行在信贷政策上首先支持国营经济和合作社经济的发展和壮大。从1950年到1952年,银行对国营工业的贷款增长了3倍,对国营商业部门的贷款增长了5.5倍。② 此时,中央政府虽然确立了"先工业后商业"的信贷支持策略,但从数据上来看,中国人民银行对国营经济的支持更多落实在商业领域。第一,支持国营商业逐步取代私营批发商,以抑制囤积居奇等投机倒把行为。在此方面,中国人民银行不但全力支持国营批发企业的资金需求,以加快取代私营批发企业,而且还切断了对私营批发商的信贷,收回已发放贷款,阻断它们的资金供应链。第二,全面支持国营商业扩大对私营工商业的加工、订货、统购和包销,以强化私营工商业对国营商业的依赖。第三,在降低贷款利率的基础上,中国人民银行加大对国营商业和合作社收购农副产品、土特产和出口物资等方面的贷款需求,以扩大国营商业在城乡物资交流中的作用。这样,在银行信贷政策优先支持下,国营经济获得了快速发展。到1952年年底,"全国国营工业企业达到9500多家,职工2510多万人。国营工业产值在工业总产值中的比重,达到41.5%……社会主义商业在整个销售额中所占比重,由1950年的19.4%增长到51.9%"③。

二是贯彻"公私兼顾"和利用、限制、改造私营工商业。《共同纲领》中对私营工商业做出了明确规定:"凡有利于国计民生的私营经济事业,人民政府应鼓励其经营的积极性,并扶助其发展。"根据这一方针,对于私营工商业中不同行业和对象,中国人民银行采取了有所区别的信贷政策。一方面鼓励吸收存款、开办汇兑等业务,为私营工商业提供必要的金融服务,另一方面则根据不同时期的社会经济形势适当采取"有松有紧"的贷款措施。

---

① 苏宁:《中国金融统计(1949—2005)》,中国金融出版社2007年版第1059页。

② 中国人民银行:《中国人民银行六十年(1948—2008)》,中国金融出版社2008年版第49页。

③ 杨希天等:《中国金融通史(第六卷):中华人民共和国时期》,中国金融出版社2002年版第56页。

从新中国成立前到1952年年底,中国人民银行对私营工商业的信贷政策进行了五次大的调整,见表2-1。

表2-1 中国人民银行对私营工商业信贷政策的五次大调整(1949年5月—1952年年底)

| 时　　间 | 信贷调整内容 |
| --- | --- |
| 1949年5月—8月 | 支持国营贸易扩大对私营企业的加工、订货、统购、包销,增加贷款以支持它们按期完成任务 |
| 1949年8月—1950年2月 | 提高私营企业存贷款利率,配合有关部门以打击它们的投机倒把行为 |
| 1950年3月至1950年年底 | 增加对私营企业的贷款,降低贷款利率和举办押汇业务,以重趋活跃私营工商业 |
| 1951年 | 迎合"三边"政策,灵活调整对私营工商业的信贷政策 |
| 1952年 | 配合"三反"、"五反",加强对私营工商业的信贷管理工作 |

经过中国人民银行在上述五个阶段的信贷调整工作,我国政府不但把私营工商业的大部分引入初级的国家资本主义道路,大大提升了公私合营工业在工业总产值中的比例,而且使私营工商业得到了恢复和发展,为之后私营工商业的全部公私合营改造奠定了基础。

三是配合土地改革和支持农业生产的恢复发展。《共同纲领》中对土地改革和发展农林牧副渔方面做了明确规定:"土地改革为发展生产力和国家工业化的必要条件。凡已实行土地改革的地区,必须保护农民已得土地的所有权。凡尚未实行土地改革的地区,必须发动农民群众,建立农民团体,经过清除土匪恶霸、减租减息和分配土地等项步骤,实现耕者有其田","关于农林渔牧业:在一切已彻底实现土地改革的地区,人民政府应组织农民及一切可以从事农业的劳动力以发展农业生产及其副业为中心任务,并应引导农民逐步地按照自愿和互利的原则,组织各种形式的劳动互助和生产合作。在新解放区,土地改革工作的每一步骤均应与恢复和发展农业生产相结合。人民政府应根据国家计划和人民生活的需要,争取于短时期内恢复并超过战前粮食、工业原料和外销物资的生产水平,应注意兴修水利,防洪防旱,恢复和发展畜力,增加肥料,改良农具和种子,防止病虫害,救济灾荒,并有计划地移民开垦"。按照这一要求,中国人民银行积极配合各地开展土地改革和恢复发展农业生产的资金需求,在1951年年初召开的第二届全国金融会议上明确了农村金融工作的重心,"人民银行的省分行应以组织领导农村金融工作为主,应以80%的精力抓农村金融工作,迅速将银行机构下推一层,在区一级建立营业所,同时发展信用合作事业"①。中国人民银行及其各级分支机构应根据农村金融工作的任务,大力组织农村资金,发放农业贷款,积极支持商业部门收购农副产品,以化解农业生产和农民的资金困境。这样,到1952年冬基本完成了土地改革,农业生产总值有了大幅提升,与1949年相比增长了48.5%,初步实现农业生产的恢复和发展。

## 二、灵活应用利率杠杆

中国人民银行在大力调整信贷方式以支持国民经济恢复发展之外,还灵活应用利率杠杆来助推国民经济。利率是调节资金供求的一个重要手段,从1949年5月到1952年6月,中国人民银行先后多次全面调整存放款利率以顺应不同经济形势发展的需要,组织社会资金支持生产和扩大国有经济的力量。在这一时期中国人民银行对利率调整的情况,见表2-2。

表2-2　新中国成立前后中国人民银行利率调整情况(1949年5月—1952年6月)

| 调整时间 | 调整缘由 | 利率调整程度 |
| --- | --- | --- |
| 1949年5月12日 | 针对物价持续上涨,限制市场投机行为 | 活期存款30‰—60‰(月息,下同),定期存款三个月85‰,六个月150‰,公营工业放款60‰—120‰,公营商业放款75‰—150‰,私营工业放款75‰—150‰,私营商业放款90‰—210‰,农副业货币放款75‰—150‰ |
| 1950年6月27日 | 物价下跌,存款户不愿折实存款而借款户则要求折实贷款 | 活期存款(私存)9‰,定期存款(私存)三个月18‰,六个月21‰,公营工业放款21‰,公营农业放款20‰,私营工业放款30‰,私营商业放款39‰ |

---

① 杨希天等:《中国金融通史(第六卷):中华人民共和国时期》,中国金融出版社2002年版第60页。

续表

| 调整时间 | 调整缘由 | 利率调整程度 |
|---|---|---|
| 1951年2月9日 | 顺应"三平"和物价趋稳的要求 | 对公存款利率为活期存款3‰,定期存款一年期12‰;放款利率为三个月及三个月以上抵押放款15‰,信用放款16.5‰。国家银行对私放款和私营银庄放款最高利率限额为一个月39‰,两个月及两个月以上42‰;保本保值定额储蓄一年期20‰。农业放款利率为10‰—18‰ |
| 1951年7月和9月 | 为降低工商业成本和便于动员资金 | 存息最高月息20‰,放息最高月息30‰(分两阶段完成) |
| 1952年6月21日 | 顺应"三反"、"五反"活动和物价趋稳的要求 | 活期存款公存2.4‰,私存4.5‰。储蓄存款活期4.5‰,定期六个月10.5‰,一年及一年以上12‰。对公放款,商业三个月11.1‰,六个月11.4‰,一年12‰;工业三个月6.0‰,一年9‰;对私放款,工业10.5‰—15‰,商业13.5‰—19.5‰,农业生产10‰—15‰,水利7.5‰—9.0‰ |

中国人民银行根据社会经济形势变化而迅速做出的利率调整,大大顺应了国民经济恢复和发展的需求。在此过程中,中国人民银行还根据建国初期社会经济发展现状的需求,逐步建立起多元化、多层次的利率管理体制。对于工商企业的存放款利率管理,中国人民银行在1952年6月以前明确其利率浮动界限由区行和直属分行控制;私营银钱业的利率管理,视中国人民银行与各地金融业组成的利率委员会逐步降低利率的要求,而中国人民银行不会采取其他任何限制检查;关于信用合作社和对私人借贷的利率管理,中国人民银行明确规定信用社转存银行存款利率最高不超过私人存款的10%,而信用社向银行贷款,其利率波动幅度最多不超过银行对私人放款利率的10%。1952年6月21日,中国人民银行在调整全国利率的同时,开始统一全国(东北地区除外)的利率,迅速结束了上述多元化、多层次的利率管理体制,为之后利率的全国统一、逐步取消商业信用等活动的展开与推进准备了必要条件。

此外,中央政府和中财委还充分利用新中国成立初期的保险组织,确定它们以"保护国家财产、保障生产安全、促进物资交流、增进人民福利"为业务方针。之后,各级保险组织不断改进保险条款、降低保险费率、试办农业保险和多种涉外保险业务,并根据实际对国家机关、国营企业、合作社财产和船舶、铁路车辆实行强制保险。这些措施大大促进了我国国民经济的恢复和发展。

## 第三节 外汇、保险业务的顺利开展

伴随新中国金融体系的组建和国民经济的恢复进程,中国人民银行的组织构架初步成型,在其主导下,保险、外汇等业务顺利展开,金融与经济之间的关系渐趋进入良性的循环之中。

### 一、保险业务的开展

新中国建立初期保险业务的开展,在一定程度上是建立在前述取消外资保险公司特权、进行民族资本保险公司的整顿改造和对官僚资本保险公司实行没收的基础之上的,而中国人民保险公司的成立,则拉开了我国保险业务快速发展的序幕。

首先,中国人民保险公司成立,其组织机构得以构建。在新中国建立前夕,根据全国财经会议要求,中国人民银行就已经开始筹备组建全国性国营保险公司。在1949年9月25日,中国人民银行召开了第一次全国保险工作会议,部署新中国保险业务的开展方向。之后,中共中央批准了建立全国统一保险公司的建议。1949年10月20日,中国人民保险公司成立。之后,中国人民保险公司逐步在全国各地建立起一个相对完整的组织架构。到1952年年底,中国人民保险公司的各级机构达到4416个,职工人数达3.4万人以上。[①]

其次,各种保险业务陆续开展。在中国人民保险公司尚未成立时,中国人民银行根据中央政府部署,积极利用民族资本保险公司开展保险业务。1949年5月,中国人民银行在刚刚解放的平津地区尝试以中国物产保险公司为标的,办理物产保险,并试行农业保险,为新中国保险业务的开展积累了经验。中国人民保险公司成立以后,马上在上海设立了中国保险公司,专门负责涉外保险业务。中国人民保险公司不断在全国范围内设置分

---

[①] 杨希天等:《中国金融通史(第六卷):中华人民共和国时期》,中国金融出版社2002年版第32页。

支机构,而在没有分支机构的地区则委托中国人民银行的机构负责办理,这样,新中国的保险业务范围得以迅速扩大。在城市地区,开办了财产、运输、火灾、人身等保险业务;在农村地区,从试办牲畜保险开始,逐步拓展到棉花、小麦、水稻、烟草、甘蔗、葡萄等重要农作物及其收获物的保险。1951年2月,政务院发布《关于实行国家机关、国营企业、合作社财产强制保险及旅客强制保险的决定》,4月又颁布了《铁路车辆强制保险条例》、《船舶强制保险条例》,均规定上述这些机构需强制向中国人民保险公司投保。这样,新中国的保险业务就渐趋覆盖到所有重要的业务领域。

最后,加强海外保险业务的办理和与海外国家保险业务的联系。旧中国时期,我国海外保险业务基本是由外资保险公司垄断,官僚资本保险公司在海外一些重要城市分设机构并部分参与相关业务。在取消外资保险公司特权并接收官僚资本保险公司后,新中国的海外保险业务一度呈现萎缩趋势。中国人民保险公司的设立,则加强了涉外保险业务的开拓力度:为顺应贸易、船舶等业界的需求,中国人民保险公司开办船舶、船员、货物运输等的战争险;为了配合涉外保险业务,中国人民保险公司一方面高度重视再保险业务,另一方面借助我国保险公司以前的海外关系,逐步保持、建立与伦敦等地的良好分保关系。而随着新中国海外贸易向苏联、东欧等社会主义阵营的转移,为了推动对外贸易的发展,中国人民保险公司积极与苏联、波兰、捷克、朝鲜等社会主义阵营保险公司建立多渠道的分保关系。经过上述多方面的努力,我国与海外国家保险业务的发展和与它们的保险公司的联络得到了大力推动,这确保了我国涉外保险业务的顺利开展。

## 二、外汇业务的发展

中国人民银行在逐步建立我国外汇管理制度、统一公布全国人民币汇率的条件下,完全改变了旧中国外资在华银行垄断外汇牌价、操纵外汇行市的格局,为我国外汇业务的发展奠定了必要的制度基础,推动了我国外汇业务的发展。

一是集中全国外汇由中央统一配置。针对新中国成立初期存在的外汇投机现象,中国人民银行按照中央政府的要求,逐步把分散在全国不同行业、单位的外汇收益逐级集中到总行,在中国银行的管理下,根据外汇分配顺序,统一使用,初步扭转了我国外汇匮乏而与需求之间差距拉大的困境,将有限的外汇运用到急需的领域和部门。

二是开展与社会主义阵营的外汇业务。在美国对我国展开经济封锁、挑起朝鲜战争之际,我国在对外贸易中形成的原有与国外的外汇清算规则受到了前所未有的挑战。对此,我国根据自身实际,一方面与美国等国家展开针锋相对的斗争,拒绝使用美元,改换与亚、非等国的第三方交易机制;另一方面则转变对外贸易的形式,"一边倒"地转向与苏联、东欧等社会主义国家进行贸易,改变贸易支付方式。同时,我国还积极与日本、西欧等地区的国家展开代理关系,开展外汇业务往来。

三是认真做好侨汇工作,增加外汇收入。新中国成立之初,我国对外贸易大幅萎缩、外汇短缺,为了改变这个局面,中国人民银行十分重视侨汇工作,指示中国银行加强侨汇保护工作。根据当时的实际情况,中国银行很快就建立起一套"服务侨胞、便利侨汇"的措施。首先,广泛宣传落实国家保护侨汇的政策,尤其注重保护侨汇相关人的利益;其次,疏通汇路,广泛设立解付网点,便利华侨汇款。除了中国银行普遍建立直接通汇渠道外,对原有的私营侨批局或侨汇局采取了"维持保护、长期利用"和"外汇归公,利润归私"的策略,以充分发挥它们的长处;利用侨批员(俗称水客)的便利,到一些偏僻地区向华侨收揽汇款,带回国内,通过银行结汇交给侨眷;中国银行还与美国、加拿大、西欧以及东南亚等地的代理行建立了侨汇业务代解关系,华侨可以向这些外国银行申请汇款回国。在大力沟通汇路的同时,银行加强了侨汇解付工作。[①]

这样,通过上述各项措施和中国银行的积极工作,新中国建立初期我国的外汇管理和业务工作很快取得了成效。从1950年到1952年,国家外汇收入大大增加,初步扭转了旧中国从1864年至新中国成立期间(除了1872—1876年和1948年是顺差外)外汇收支长期逆差的局面。由此,也佐证了我国在外汇业务方面的发展和外汇工作的成效。

此外,我国在银行、农村信用社等方面的业务也获得了快速发展,它们的分支机构已经遍设全国,而且存贷款业务也取得飞速发展,1949—1951年人民币信贷收支统计如图2-1所示。[②]

信贷业务的快速扩展,为国民经济的恢复发展奠定了必要的金融基础,使我国经济在极短的时间内就恢复发展到新中国成立前的最高水平,由此也表明了金融必须服务于实体经济的本质,体现了"金融活,经济活"的真谛。

---

① 杨希天等:《中国金融通史(第六卷):中华人民共和国时期》,中国金融出版社2002年版第75页。

② 苏宁:《中国金融统计(1949—2005)》,中国金融出版社2007年版第1059页。

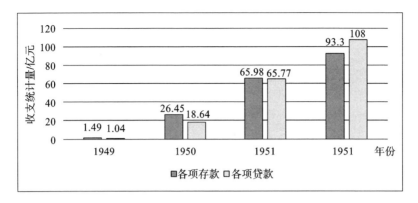

图 2-1 1949—1951 年人民币信贷收支统计图

中华人民共和国经济
与社会发展研究丛书
1949—2018

# 第二部分
Part Two

## 计划经济时期金融业的曲折发展

随着国民经济的恢复发展和财政状况的持续好转,新中国从1953年开始迅速展开大规模的经济建设,中国共产党提出了社会主义过渡时期的总路线和总任务,同年开始实施第一个五年计划。为了保证重工业建设的资金需求和壮大国营经济,我国吸取苏联的经验,建立了高度集中的计划经济管理体制。利用国家资本主义的力量,我国很快完成了三大改造,"一五"计划也提前顺利完成。在此背景下,我国经济发展中滋生的如"冒进"等种种行为,很快就上升到"大跃进"和人民公社化运动,给国民经济带来了极其严重的后果。加上三年困难时期等因素的影响,到1960年冬,国民经济几乎到了崩溃的边缘。1961年,中共中央对国民经济施行"调整、巩固、充实、提高"的方针,国民经济很快得到恢复。然而,1966年开始的长达十年的"文化大革命",再次给国民经济的发展带来了全面、长期的错误影响,耽误了经济建设中的许多有利时机,破坏和延缓了我国经济发展的进程。1976年粉碎"四人帮"后,拨乱反正为1978年以来计划经济管理体制的改革奠定了必要基础。

与国民经济的曲折发展相适应,我国在金融领域也经历了一个极其曲折的过程。为了迎合高度集中统一的计划经济管理体制需求,使全国极其分散的资金集中,我国金融组织进一步国有化、机构更加简化,快速组建起一个高度集中统一的国家银行体制,银行信用取代商业信用,一切信用集中于中国人民银行,而原隶属于财政部的中国人民建设银行仅仅存在四年之后就被撤销了。1959年中国人民保险公司停止国内一切业务,管理权也由财政部划拨给中国人民银行国外业务局,这样,全国除了由中国人民银行管理的农村信用社外实际上只剩下一家中国人民银行,几乎所有的金融管理权限都集中到了国家银行。在经营管理体制上,中国人民银行既行使货币发行、金融管理职能,又从事信贷、储蓄、结算、外汇等商业银行业务。在此高度集中的金融体制下,金融功能几乎萎缩到以出纳、结算、现金管理为核心任务的"管资金"功能。之后,受计划经济管理体制的调整和社会政治、经济环境的变化等因素影响,高度集中的金融管理体制也多次经历波动,进行过局部的改进,但其大一统的结构和"管资金"的功能则一直延续到改革开放之初,如黄金管理等办法还延续到了21世纪初。在粉碎"四人帮"之后的拨乱反正时期,我国开始整顿金融和加强银行工作,拉开了解决银行体制问题的大幕。在此期间,金融业功能的变迁主要体现在"统存"、"统贷"等构成部分的变化上。

# 第三章
# "大一统"金融体制的形成与变化

伴随高度集中统一的计划经济管理体制的建立,我国也建立了与此相适应的金融管理体制。中国人民银行几乎是当时唯一的金融机构,商业信用集中于国家银行。中国人民银行既承担吸收存款、发放贷款等商业银行的业务,又发挥着调控货币流通和信贷分配的中央银行职能。在此过程中,金融的职能越来越简化为以出纳、结算、现金管理为核心的"管资金"。

## 第一节 高度集中统一的金融机构体系的建立

在新中国金融体系组建过程中,经过接收、整顿、改造等环节之后,我国金融组织已经相当简化了。为了适应高度集中的计划经济管理体制和实现以重工业为中心的现代化建设目标,金融组织进一步国有化,金融机构更加简化,最终全国只剩下中国人民银行一家和受中国人民银行领导、分散在广大乡村地区的农村信用社;而金融职能则高度集中在信贷、结算与现金管理的范畴之内。

### 一、银行体系的整合

伴随计划经济管理体制的建立,中国金融领域也开始展开建立高度集中管理的金融体制。在思想上,社会各界普遍认为建设和实现社会主义必须有大银行,银行必须国有化,且必须掌握在无产阶级手中,"通过拥有国家资本和独享垄断权的国家银行,把信贷集中在国家手里"[①]。在实践上,

---

[①] 马克思、恩格斯:《共产党宣言》,人民出版社2009年版。

基本以苏联建设社会主义的经验为标本,在建设社会主义国家过程中把银行转化成全国性的簿记机关,全国性的产品的生产和分配的计划机关,这可以说是社会主义社会的一种骨干,没有大银行,社会主义是不能实现的。① 第二次世界大战后建立的各个社会主义国家,都在革命胜利后通过银行国有化逐步建立起社会主义银行体系,并通过社会主义银行组织和调节全国的经济活动。基于这一认识,中国在1953年完成私营金融业的社会主义改造后,进一步推进了银行的国有化进程,并最终确立中国人民银行的领导地位。

一是公私合营银行并入中国人民银行。1952年年底建立的公私合营银行,已经显示出我国高度统一的国家银行体制初步形成。1953年3月,中国人民银行向中共中央报送的《关于私营金融业社会主义改造基本完成的报告》中明确指出了"中央对私营金融业的政策很明确:'金融事业应受国家严格管理'……国家银行接防金融阵地,以加强国家对私人工商业的领导,统一管理足以操纵国计民生的金融事业。主要掌握行政管理与业务竞争两个武器,经过三个阶段贯彻了国家统一管理金融事业的方针"②。而随着私营工商业社会主义改造的日趋完成,公私合营银行所负责的私营工商业的金融业务呈现大幅萎缩趋势,不得不转向替中国人民银行办理储蓄业务。1955年2月,分布在上海、北京、天津、南京、广州、厦门、汉口、重庆、昆明、苏州、长沙、无锡、南通、青岛等14个城市的公私合营银行的分行首先与中国人民银行所在地的储蓄部合署办公。1956年7月,公私合营银行总管理处与中国人民银行总行私人业务管理局合署办公。这样,存在不到4年的公私合营银行便全面纳入中国人民银行的体系之中,完全实现了私营金融业的国有化目标。

二是中国人民银行机构的简化。中国人民银行在新中国成立初期组成的总行—区行—分行—支行四级组织结构体系,随着1954年6月大区一级政府机构的撤销,已经失去了存在的行政基础。这样,中国人民银行也随之撤销了大区行,由总行直接领导省、自治区、直辖市分行,四级机构体系简化成了总行—分行—支行构成的三级组织机构体系(见图3-1),前期的纵向管理体制转换成垂直管理体制,由此进一步强化了中国人民银行总行对全国金融活动的领导。

---

① 《列宁选集(第三卷)》,人民出版社2012年版第311页。
② 尚明、陈立、王成铭:《中华人民共和国金融大事记》,中国金融出版社1993年版第84页。

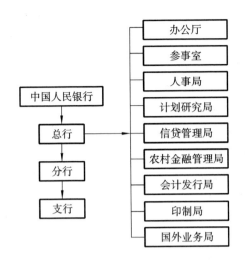

图 3-1　1956 年中国人民银行组织框架图

撤销大区行后，中国人民银行的管理权限明显越来越集中到总行，便于总行适应计划经济管理体制的需求。

三是"三立三撤"中国农业银行。在国民经济恢复时期，我国就曾设立和撤销过一次中国农业合作银行。1953 年，随着大规模经济建设活动和"一五"计划的展开，我国城乡经济快速发展，对资金需求越来越旺盛，现有银行机构筹集资金、调节货币的任务变得十分繁重。为了促进农业的社会主义改造和支援农业生产，中国人民银行总行在于 1953 年年底向中财委报送的四年来的工作回顾和 1954 年工作意见的报告中，提出"考虑准备成立农业银行，以加强对农村金融工作的领导"。[1] 同年 11 月底，中国人民银行向政务院报送的《关于建立中国农业银行的请示报告》中提出，参照苏联经验，我国必须建立一个专业的农业银行，以统一国家农业贷款和领导信用合作组织的工作，支持农业合作化运动，打击高利贷和保障农业生产的顺利进行。1955 年 3 月，国务院批准了中国人民银行的建议，正式成立中国农业银行，将其作为中国人民银行总行的一个直辖行。根据这一建议，3 月 25 日中国农业银行正式成立。

中国农业银行成立之后，在发放贫农合作基金贷款、支持农业合作化等领域做了大量工作。然而，由于我国农村商品经济发展程度低，金融业务量不大，中国农业银行经营机构又多与中国人民银行设置在农村的经营部门存在重合，涉农资金工作存在诸多不便，而且还增加了资金周转环节。

---

[1] 李德：《新中国金融业发展历程（上卷）》，人民出版社 2015 年版第 88 页。

为此,中国人民银行总行在1957年2月向国务院报送了《关于将农业银行重新和人民银行合并的请示报告》。同年4月12日国务院批复了中国人民银行总行《关于撤销中国农业银行的通知》,同意将中国农业银行的各级机构与中国人民银行同级机构合并。同年8月,中国农业银行被撤销,原先由中国农业银行经办的各项业务由中国人民银行总行设立的农村金融管理局和中国人民银行各级机构增设的涉农信贷部门经办。到国民经济"调整、巩固、充实、提高"之后,于1965年再次增设中国农业银行,但两年后又跟中国人民银行合并,涉农信贷继续由中国人民银行各级分支机构承办。改革开放前中国农业银行的"三立三撤"如表3-1所示。

表3-1 改革开放前中国农业银行的"三立三撤"

| 名 称 | 成立时间 | 撤 销 时 间 |
| --- | --- | --- |
| 中国农业合作银行 | 1951年7月 | 1952年7月,撤销,农村金融归中国人民银行管理和领导 |
| 中国农业银行 | 1955年3月 | 1957年8月,与中国人民银行合并 |
| 中国农业银行 | 1965年11月 | 1967年11月,与中国人民银行合并 |

四是中国人民建设银行的建立。随着"一五"计划的实施,基本建设领域上升到整个投资领域的首要地位。在国民经济恢复时期,由交通银行负责办理基本建设投资拨款且兼及公私合营企业财务管理和公股股权清理任务,此种局面已经无法适应大规模经济建设的需求。在此背景下,财政部于1954年5月向中财委报送《关于在交通银行原有机构和干部基础上正式建立办理基本建设投资拨款监督工作的专业银行的报告》。为了加快资金积累和拨款工作、加速推进社会主义工业化,中财委同意财政部组建并领导中国人民建设银行的建议。1954年9月政务院通过《关于设立中国人民建设银行的决定》,明确其主要任务为"(1)监督拨付国家用于基本建设的预算拨款以及企业、机关等用于基建的自筹资金;(2)根据国家批准的信贷计划,对国营及地方国营包工企业办理短期放款;(3)负责办理基本建设拨款的结算业务;(4)监督基本建设资金专款专用,并对建设单位和包工企业的资金运用、财务管理、成本核算以及投资计划完成情况进行检查监督"[1]。同年10月,中国人民建设银行正式成立,归属财政部领导,负责办

---

[1] 杨希天等:《中国金融通史(第六卷):中华人民共和国时期》,中国金融出版社2002年版第87页。

理财政基本建设投资的拨款监督工作。

通过银行机构的国有化和机构的更进一步整合，中国人民银行的核心领导地位得以明晰，基本体现了国务院副总理李先念所指出的"银行是反映财经情况的一面镜子，是国家的总会计，是国家领导企业实行经济核算的一个杠杆"①的观点，显现出金融的"管资金"角色。

## 二、农村金融体系的调整

在国民经济恢复时期，我国初步形成了一个在中国人民银行领导下由农村信用社、人民银行的基层机构和中国农业合作银行等组成的农村金融体系。中国农业合作银行以及后来成立的中国农业银行，皆因在涉农信贷业务等方面与中国人民银行基层机构高度重合，而先后被裁并，这样农村金融体系也就剩下农村信用合作社和人民银行的基层机构。

1953年以后，为了配合农业合作化运动，农村信用合作社得到了中央政府的高度重视。1954年2月，中国人民银行在北京召开了首次全国信用合作会议，明确了信用合作社的发展目标，即1954年年底信用社发展到3万至4万个，1957年达到一乡一社，基本实现信用合作化②。此后，农村信用合作社得到了快速发展，到1955年，信用合作社已发展到了16万个，全国建立信用社的乡占到全国总乡数的85%；1956年年底，全国有97.5%的乡建立了信用合作社，基本完成1954年定下的目标，创造了我国农村金融组织发展上的奇迹。

农村信用社在全国范围内的普及，大大推进了我国农业合作化运动。在中国人民银行的领导下，农村"信用社不论是在扶持生产方面，或在同高利贷作斗争方面，都是国家银行的有力助手，它不仅在相当长的时期内有存在的必要，并且还会日益发挥更大的作用"③。农村信用社的普及，也使我国建立了一个从上到下、覆盖全国范围的金融体系。一定程度上而言，信用社成为中国人民银行伸向全国广大乡镇地区的触角，进一步巩固了以中国人民银行为中心、高度集中统一的金融体系，从而推进了金融组织渗入基层，极大增强了中国人民银行吸收社会余资的能力。

---

① 尚明，陈立，王成铭：《中华人民共和国金融大事记》，中国金融出版社1993年版第115页。
② 杨希天等：《中国金融通史（第六卷）：中华人民共和国时期》，中国金融出版社2002年版第87页。
③ 尚明，陈立，王成铭：《中华人民共和国金融大事记》，中国金融出版社1993年版第115页。

### 三、保险体系的变迁

国民经济恢复期间，随着中国人民保险公司的建立和发展，以及我国保险体系得以接管、整顿和改造，保险业务获得了快速发展。然而，在农村地区，受经济发展水平低和对农保等业务的认识不足的影响，强迫投保等现象出现，引发了一些民众的不满。在此背景下，中国人民银行总行和中国人民保险公司在1953年6月向所属机构颁布了《停办农村保险工作中有关代理业务关系结束事项希遵照办理的联合指示》，决定停办农村保险业务。然而，"一刀切"的行为，深深影响了农业合作化运动的推进。为此，从1954年开始，中国人民保险公司又逐步恢复了农业保险。1956年6月，中国人民保险公司颁布《农村财产资源保险办法（草案）》，要求农民以自己支付保费的方式投保财产险。在工商业领域，随着私营工商业的社会主义改造的顺利推进，中国人民保险公司于1955年在全国范围内停办了铁路、粮食、邮电、地质、水利、交通等系统的财产险和铁路车辆、船舶的强制保险。同时，中国人民保险公司在涉外保险上则加大了发展力度，大力开展独立自主的国际再保险业务。

在"左"倾错误思想的影响下，社会各界普遍认为保险已经在社会主义经济建设中失去了作用。1958年10月，在《财政部关于人民公社建立后保险工作问题的报告（稿）》中指出："……在农村中已无继续办理各种保险的必要，应当逐步收险停办。"[①]12月29日，在《财政部、中国人民银行关于国内保险业务停办后的善后清理工作和国外保险业务一律由中国人民银行接办的报告》中提出："人民公社化以后，保险工作的作用已经消失，除国外保险业务必须继续办理外，国内保险业务应立即停办。"[②]1959年，除了上海、哈尔滨外，全国各地完全停办国内保险业务。这样，中国人民保险公司成为只为某些沿海口岸办理涉外保险业务的专业机构，其管理机构由财政部划到中国人民银行国外业务局。"文化大革命"期间，除了原有涉外保险业务因具有连续性和受国际惯例制约，其他涉外保险业务被完全终止。

由此来看，1959年以后，我国实际上已经不存在保险业务了，原有机构完全被纳入高度集中统一的金融体系之中，整个金融体系也就只剩下银行

---

① 中国社会科学院、中央档案馆：《1958—1965中华人民共和国经济档案资料选编：金融卷》，中国财政经济出版社2011年版第11页。

② 中国社会科学院、中央档案馆：《1958—1965中华人民共和国经济档案资料选编：金融卷》，中国财政经济出版社2011年版第420页。

机构了。银行机构除了中国人民建设银行外都在中国人民银行的集中统一领导下,按计划履行相应的信贷配给、结算和现金管理职能,而中国人民建设银行也在"大跃进"开始之后的1958年被撤销。这样,全国的金融组织事实上只剩下中国人民银行及其领导的农村信用社。

## 第二节　高度集中统一的金融管理体制的建立

随着金融机构体系的日益简化、机构高度集中统一到中国人民银行一家,金融管理的职能也就越来越单一,银行日益成为国家的总会计,充当信贷、结算、现金管理的出纳中心,"管资金"的职能越来越鲜明。

### 一、统存统贷制度的形成

随着高度集中统一的计划经济管理体制的渐趋建立,中国人民银行加强了以"统存统贷"为中心的信贷管理体制的建设,以与之相适应。1952年9月,中国人民银行召开了银行计划工作会议,强调中国人民银行要实行统一的计划来贯彻中央统一的政策方针。会议通过了《中国人民银行综合信贷计划编制办法(草案)》,完全确定了信贷编制计划的依据、内容、管理体系、权限划分,以及审批程序、检查制度等一整套做法。该做法从1953年开始实行,其核心内容为"各级银行吸收的存款全部集中于中国人民银行总行,由中国人民银行统一支配,贷款由中国人民银行总行统一核批指标,各级银行的存款与贷款不挂钩,各项贷款指标相互不能调剂使用。各级企业的贷款计划由企业主管部门编制并逐级上报,然后由上级主管部门会同同级中国人民银行报经国家主管部门和中国人民银行总行同意后逐级下批"[①]。这样,以"统存统贷"为内核的纵向信贷资金管理体制初步形成,中国人民银行几乎作为唯一的银行机构掌握了绝大部分的金融资源。"中国人民银行既作为中央银行又作为商业银行掌握了金融资产总额的93%,并且,城镇居民所持有现金和国有企业单位所掌握的信贷都存入其中,国有部门之间的支付也通过其来清算。"[②]此后,这一做法虽然有所变化和调整,但其核心内容则贯穿于整个计划经济时期。

至于银行信贷计划与财政预算、信贷计划与现金计划等的关系问题,

---

① 中国人民银行:《中国人民银行六十年(1948—2008)》,中国金融出版社2008年版第53页。

② 李志辉:《中国银行业的发展与变迁》,格致出版社、上海人民出版社2008年版第15页。

中国人民银行在1954年召开的全国计划会议上专门做了讨论。银行综合信贷计划纳入国家经济计划,是国家组织分配信贷资金的基本手段,反映和指导国民经济中短期信贷资金的再分配。这样,中国人民银行的信贷功能与财政行为相互配合,为经济发展提供助推力。之后,中国人民银行在执行信贷管理计划过程中对存在的问题进行了多次修正,使中国人民银行能够以信贷计划控制货币发行的数量与规模,体现出信贷政策在国民经济中的导向作用。

### 二、银行信用取代商业信用

在国民经济恢复时期,部队、机关、国营企业、团体和合作社之间就已经取消了商业信用,各单位之间资金往来采取划拨清算的方式,只是当时受制于多样化的社会经济成分,商业信用还无法完全取消。

随着1953年大规模计划经济建设活动的展开,商业信用脱离了计划经济管理体制,扰乱了资金的集中统一管理、分配,中国人民银行无法对企业资金进行必要的监督。在此背景下,中国人民银行对非国营经济商业信用采取了利用、限制的政策;对国营商业,中国人民银行联合商业部发布了《关于中国人民银行办理国营商业短期放款暂行办法中若干问题的具体规定》,除了某些特殊情况外,国营商业单位内部以及与企业之间的资金往来,统一由中国人民银行来办理结算。

之后,随着私营工商业社会主义改造的顺利推进,中国人民银行又与财政部共同通过了《关于取消国营工业间以及国营工业和其他国营企业间的商业信用代以银行结算的报告》。该报告指出,"国营工业相互间、与其他国营企业及其内部上下级间的一切交易款项,一律通过银行结算,取消货款的预收、预付、赊销和拖欠;国营商业部门包销国营工业部门的产品,在计划以内的要及时结算,在计划以外的应及时修订计划,同时解决其资金来源,做到及时清算;国营工业向外贸部门预付的进口货款、对私人资本主义企业加工订货的预付款,以及委托供销合作社向农民收购农产品或工业原料的预付款,由于涉及面较广,暂不列入取消商业信用范围之内"[①]。国务院很快批准了这一报告,将不利于贯彻计划经济管理的商业信用加以废止。中国人民银行随之取消了商业信用,规定企业一律通过中国人民银行来办理结算。在结算方式上,中国逐步采取了苏联使用的托收承付,电、

---

① 姚遂:《中国金融史》,高等教育出版社2007年版第453-454页。

信拨结算，信用证，特种账户，支票，保付结算，托收无承付，计划结算等八种结算方式。这样，到"一五"计划后期，中国基本实现了银行信用取代商业信用，一切信用集中于中国人民银行，中国人民银行也就实现了对全国资金管理的高度集中统一，顺利实现了向国民经济的"管资金"角色转换。

虽然在随后的社会政治经济环境变化中，中国人民银行"管资金"的形式时有变动，但其最核心的以出纳、结算与现金管理为内涵的"管资金"职能一直维系到改革开放之后。

## 三、货币投放回笼制度的建立

受市场规模和地域分散等因素约束，中国人民银行为了保证高度集中的计划经济体制的顺利运行，建立起一套现金管理制度。在这一制度下，货币流通被严格区分为转账和现金两部分。在生产资料的生产、分配、交换和消费部分完全遵循指令性计划，采取转账方式结算，企业之间的资金转移通过银行划拨。现金部分基本集中在消费品交易领域，在日常经济活动中只有机关团体企事业单位发放工资、采购农副产品、个人提取存款和零星费用开支才需现金支付。显然，中国人民银行要控制现金发行量，只需保持流通中现金与消费品的需求及流通相适应，就能成功实现货币信贷政策目标。

为了贯彻现金收支计划，中国人民银行在1952年10月制定了《现金出纳计划编制办法（草案）》，以推行货币有计划地投放和回笼。中财委在1953年9月发布了《关于加强现金出纳计划工作的指示》，要求全国各地对现金出纳计划进行统一管理。根据这一指示，中国人民银行开始编制现金出纳计划，在全国范围内统一实施现金管理计划。1954年7月，中国人民银行在苏联专家的帮助和建议下制定并推行了《银行现金调拨暂行办法》，以进一步加强货币发行的集中管理。1960年1月开始，"国家决定实行工资基金监督，银行配合有关部门对机关团体和国有企业的工资支出进行总额监督，以控制就业人数的增加和工资支出的过快增长"[①]。在此之后，中国人民银行又通过多种方式来加强现金收支计划的施行，确保货币的稳定。只是在"大跃进"之后，受到诸多政治经济事件的冲击，"管资金"职能被严重扭曲。

---

① 中国人民银行：《中国人民银行六十年（1948—2008）》，中国金融出版社2008年版第54页。

至于银行信贷计划与现金计划的关系,中国人民银行明确表示,"两个计划都是根据生产计划、商品流转计划、财务计划安排的,信贷计划直接影响商品生产和流通,也直接影响货币流通量;现金计划是调节货币流通的工具,直接影响物价,同时也在一定程度上影响着信贷计划"①。中国人民银行在贯彻现金出纳计划过程中,一直维系着与信贷计划的上述关系,直到计划经济管理体制改革之后。

### 四、高度集中的利率与汇率管理体制的建立

为了配合高度集中的金融管理职能的施行,中国人民银行在利率与汇率领域也制定了与此相适应的高度集中的管理机制。

在利率领域,逐步建立高度集中的利率管理体制。正如前述,在国民经济恢复时期,中国人民银行采取的是分层管理的利率制度。在具体做法上,是由中国人民银行总行定期公布一个利率范围,大区行和各省市分行则根据各地实际情况再确定具体的利率水平。为了避免利率的大幅度波动,中国人民银行在1950年至1952年曾进行过七次较大范围的利率调整。1953年,伴随计划经济管理体制的推行,中国人民银行把利率制定权限集中到总行,由其统一制定全国的利率,各地统一执行;到1956年9月,中国人民银行统一制定了存贷款利率,报国务院批准后由全国统一执行。"一五"计划期间,利率先后经历了四次较大范围的调整,利率的种类和档次逐步统一和简化,具体如表3-2所示。

表3-2 1953—1957年利率的四次调整

| 调整时间 | 调整程度 |
| --- | --- |
| 1953年10月 | 国营商业贷款利率月息由10‰—12‰调到6.9‰;<br>国营工业贷款利率月息由6‰—6.9‰调到定额内的6.3‰,超定额临时贷款利率4.8‰,不分定额与超定额的4.65‰;<br>供销社合作社贷款利率月息由9‰—10.8‰调到6.3‰;<br>工业生产合作社贷款利率月息由5.4‰—10.5‰调到4.2‰ |

---

① 杨希天等:《中国金融通史(第六卷):中华人民共和国时期》,中国金融出版社2002年版第98页。

续表

| 调整时间 | 调整程度 |
| --- | --- |
| 1955年10月 | 存款利率：<br>1年期储蓄存款年息由14.4%下调到7.92%，<br>侨汇定期储蓄3年期年息8.5%、5年期年息9%。<br>贷款利率：<br>国营工业不再分定额与超定额，月息为4.8‰，<br>国营商业等贷款月息由6.9‰下调为6‰，<br>供销合作社贷款月息统一为6‰，<br>农业生产合作社贷款月息由7.5‰下调为6‰ |
| 1956年2月 | 对农业社、农民及手工业者的贷款利率调到月息7.2‰ |
| 1957年11月 | 存款利率：<br>城乡居民储蓄存款月息统一为6.6‰。<br>贷款利率：<br>国营工业与国营商业贷款利率统一为月息6‰，<br>农村信用社贷款利率为月息5.1‰ |

当然，农村信用社的利率不在此次调整范围内，其利率由农村信用社依据市场波动情况自行决定。在具体执行过程中，农村信用社的利率一般比市场利率稍低，比银行利率又略高。此后，中国人民银行不断缩小农村信用社自行制定的利率范围，到1959年，我国规定农村信用社的利率应该与银行利率一致，不再允许它们自行制定存款利率。1965年，农村信用社利率与银行利率已经完全一致，均由中国人民银行统一制定，报经国务院批准后在全国范围内统一执行。利率管理体制的建立和统一，很明显偏离了利率作为货币政策中介的职能，基本不是用来调节货币供应量，衡量资金供需的价格，而是用来盯住物价上涨幅度以稳定存款和限制企业对资金的需求，实现控制通货膨胀的目的。

在汇率领域，渐趋形成高度集中统一的外汇管理体制。伴随私营金融业的国有化和私营进出口商的社会主义改造，原先实行的以私营金融业和私营进出口商为管理重点的外汇管理制度已经无法适应新形势的需要了。为了与计划经济管理体制相适应，必须建立高度集中的外汇管理体制。1953年6月，中国人民银行向党中央报送了《关于外汇管理工作的专题报告》和《中华人民共和国外汇管理暂行办法（草案）》，明确了外汇管理和外汇业务经营均由中国人民银行统一开展。该报告获得了党中央的认同,由此拉开了构建高度集中的、以行政手段管理为方式的外汇管理体制序幕。经过"一五"计划时期的工作,我国已经建立了统一的外汇管理体制。外汇管理体制的内容主要包括"外汇收支实行全面的指令性计划管理,统收统支,以收定支,一切外汇收入必须交售给中国银行,用汇一律由国家按计划分配,不准相互之间买卖或转让外汇;国家计委负责全国外汇收支计划的汇总和综合平衡,经国务院批准后进行纵向分配;对外贸易部、财政部和中国人民银行在国务院授权范围内共同负责外汇管理工作;外汇收支所需的人民币资金和外汇资金分开管理,人民币资金由中国人民银行管理,外汇资金由中国银行管理;对外汇汇率进行严格的管理和控制,采用行政手段管理和平衡外汇收支"①。

在高度集中统一的外汇管理体制下,我国在计划经济时期曾对人民币汇率进行过两次调整。一次是在 1953 年,除了对个别资本主义国家的货币进行调整外,基本维持了固定汇率制度;一次是在 1973 年,随着以美国为首的资本主义国家相继放弃固定汇率制、改行浮动汇率制,我国改变了过去人民币汇率以"物价对比法"制定的原则,改为依据国际货币市场汇率变化情况而以"一篮子货币"计算的方式随时调整。之后到 1984 年,我国虽然先后进行了 7 次人民币汇率的调整,但人民币与美元兑换波动幅度很小,具体如表 3-3 所示。

表 3-3　1973—1984 年 1 美元兑人民币情况

| 年　份 | 1 美元兑人民币/元 |
| --- | --- |
| 1973 | 2.0202 |
| 1974 | 1.8397 |
| 1975 | 1.9663 |
| 1976 | 1.8803 |
| 1977 | 1.7300 |
| 1978 | 1.5771 |
| 1979 | 1.4962 |
| 1980 | 1.5303 |
| 1981 | 1.7051 |

---

① 李扬等:《新中国金融 60 年》,中国财政经济出版社 2009 年版第 44 页。

续表

| 年　份 | 1美元兑人民币/元 |
|---|---|
| 1982 | 1.8926 |
| 1983 | 1.9757 |
| 1984 | 2.3270 |

如上表所示,1美元兑人民币波动幅度很小,这完全无法反映社会对外汇的需求程度,更多显示出外汇调控中的封闭性特征。

# 第四章
# 计划经济时期金融业的曲折发展

伴随我国高度集中统一的金融管理体制的形成,金融功能日益萎缩到"管资金"的职能范围之内。但它对我国社会主义三大改造的提前完成和"一五"计划的顺利实现起到了巨大促进作用;之后,受社会政治、经济环境变化的影响,我国金融业历经了一系列曲折和波动,屡有调整,但金融功能、金融业务等整体呈现衰颓之势。

## 第一节 "一五"期间的金融业

"一五"计划期间,我国逐步建立起一个与计划经济管理体制相适应的高度集中的金融管理体制。该体制对社会主义三大改造的提前完成和"一五"计划的顺利实施和完成起到了积极作用,基本符合亚历山大·格申克龙提出的落后国家实现工业化中优势替代劣势的条件,但在计划执行过程中管得过多、统得过死等弊端日益突出,引起了中央高度重视并进行了一些有针对性的调整,理顺了"管资金"功能的各个环节和各个主体之间的关系。同时,围绕"管资金"的单一职能,在"统存"、"统贷"的领域中金融业都获得了很大的发展。

### 一、金融管理体制的调整

按照苏联方式建立的高度集中统一的计划经济管理体制,虽然在大规模经济建设中起到了较好的促进作用,但在实践中也暴露了许多弊端。仅在金融领域,信贷资金"统存统贷",权限高度集中,某些计划脱离地方实际,难以执行;存款上交,中国人民银行分散在全国各地的分支机构无权支配,信贷指标只能向总行申请,导致信贷计划与地方生产计划、商品流通计划等脱节;现金计划管得过多,以致出现"银行汇款办法中,那种买醋的钱不能买酱油,汇到甲地的款不能在乙地使用的机械限制办法……"[①]如此现象,严重影响了地方、民众的积极性。对此,在中共中央努力调整计划经济管理体制中的弊端的同时,中国人民银行也对金融体制中的缺陷做了一些调整。

在结算、现金管理办法上,整个社会的资金流转集中在现金与转账两种方式上,而现金只占5%左右的比例[②]。在结算等方式上对现金管理范围等做了适当修正,以适应有限的现金使用范畴。在信贷资金管理上,中国人民银行进行了较大程度的调整,"一是农业贷款由总行下达每年最高余额和年末余额两个指标,在两个指标范围内,各地可以自行安排季度计划,以适应农贷的季节性需求;二是地方国营工业、合营工业、合营商业、手工业四项贷款,在总行下达年度计划指标下,各地可以自行安排季度计划,并可相互调剂使用;三是对重要农副产品的收购充分供应资金,不受计划指标限制;四是中国人民银行总行给各地分行一部分后备指标,主要用于解决国营工商企业年度中间贷款指标不足的需要,各地城镇储蓄存款超计划完成部分,可用于增加当年地方国营工业等四项贷款指标或增加后备贷款指标"[③]。

经过上述的调整,高度集中的金融管理体制更加吻合计划经济管理的目标,推动了国民经济的快速发展。

## 二、人民币制度的完善与调整

国民经济恢复时期,我国混乱的货币体系在短短的时间内就实现了统一,在支持国营商业充实商品库存、支持粮油棉的"统购统销"等方面铺垫了厚实的货币稳定基础。然而,1948年12月开始发行的第一套人民币在实际运行过程中存在许多问题:一是人民币有12种面额,最大面额5万元,最小面额1元,面额看似很大,其实单位面值很低,留有旧中国和革命战争时期严重通货膨胀的痕迹。在市场上虽然人民币名义上以"元"为单

---

① 张邦巨:《我国银行转账结算的研究(中)》,《陕西财经学院学报》1982年第1期第84-97页。
② 张邦巨:《我国银行转账结算的研究》,《当代社会经济科学》1982年第4期第72-79页。
③ 杨希天等:《中国金融通史(第六卷):中华人民共和国时期》,中国金融出版社2002年版第106页。

位,但在日常交易过程中已经没有标价为1元的商品,企业的商品流转、民众的日常消费等活动动辄以亿、几十亿乃至成百上千亿元计价和核算,大额面值的货币显然已经难以适应广大人民的经济生活需要;二是人民币版别多,有62种,人民群众难以识别,而纸质又差,容易破损,又容易给伪造人民币、破坏人民币制度的人以可乘之机,极大影响了人民币的稳定性;三是人民币中除了少数几种印有蒙文、维吾尔文外,其他只印汉字,导致在广大少数民族地区流通十分不便。国民经济好转、财政收支平衡,为人民币的完善奠定了良好基础。这样,推行新的人民币以替代旧的人民币,完善人民币制度就成为中共中央和国务院的一个亟待解决的问题。

实际上,在第一套人民币推出不久,我国就开始准备发行新的人民币。1950年年初中国人民银行便上报了印制新的人民币的计划,只是受制于当时条件,无法施行。之后,经过筹备,中财委在1953年8月正式向中共中央提交了改革人民币制度的建议报告;11月,又提交了《关于发行新币问题的请示报告》,指出了"由于过去通货膨胀的结果,遗留下来的货币票面额甚大,而单位价值则很低,每一百元合抗战前币值尚不及四厘,名义上虽以元为单位,而一元的价值在计算上已完全失去作用。……发行一种单位价值较高的新币来收回现行的人民币,以整理筹码,缩小票面额,实有必要"①。之后,再经过一年多的充分准备,国务院在1955年2月发布了《关于发行新的人民币和收回现行的人民币的命令》,命令责成中国人民银行自1955年3月1日起发行新的人民币(新币,第二套人民币),以收回现行的人民币(旧币,第一套人民币)。新币面额,主币分为1元、2元、3元、5元、10元5种,辅币分为1分、2分、5分、1角、2角、5角6种。每种券别版面均印有汉、藏、蒙、维吾尔4种文字,新旧币的折合比率,定为新币1元等于旧币1万元。自新币发行之日起,凡机关、团体、企业和个人的一切货币收付、交易计价、契约、合同、单据、凭证、账簿记载及国家间的清算等,均以新币为计算单位;所有在新币发行前的一切债权债务,包括国家公债在内,亦自同一日起,按法定比率折合新币计算和清算。由于前期准备充分、广泛宣传,在第二套人民币发行之后,中国人民银行广设货币兑换点和流动兑换小组,并委托国有企业、供销社、信用合作社兑换旧币,结果仅用不到100天的时间就完成了98.06%的旧币兑换任务,实现了人民币的新旧交

---

① 《陈云财政经济文稿四篇(一九四四年三月或四月)——一九五六年七月》,《党的文献》2005年第3期。

替,彻底消除了通货膨胀的残迹,保证了第二套人民币的顺利发行。

在第二套人民币推广过程中,我国采取了新旧人民币等价兑换、无差别兑换等政策,获得了广大民众的拥护,由此开创了我国货币制度的稳定格局,为国民经济的快速发展、社会主义改造和"一五"计划的提前完成创造了有利的条件。当然,第二套人民币也存在一个不足,就是新币中3元、5元、10元的票券是委托给苏联印制的。在20世纪50年代中期,随着中苏关系日益恶化,苏联经常利用这三种票券干扰、破坏我国经济建设,给广大民众的日常生活带来不便。为此,中国人民银行在1964年4月14日发出《关于限期收回三种人民币票券的通告》,限期在30天内全部收回上述三种1953年版的票券,维护了人民币制度的独立自主地位。

当然,在第二套人民币发行不久,受反右倾保守思想影响,经济工作中出现了"一大二多",急躁冒进的趋势。"一大",就是基建规模过大,1956年比前一年增长了62%,出现财政赤字约18亿元。"二多",就是职工人数增加过多,全年比计划多增加146万人;银行发放农贷、手工业贷款过多,仅农贷就比1955年增加了80%。超计划放贷,使现金投放的基建、工资支出、农贷等三个渠道都失去控制,市场现金流通量比1955年年底增长了42%。"钞票是物资的筹码,发行钞票必须有可以相抵的物资。按物资的数量来说,一九五六年比一九五五年是增加了,但是却发生了供应紧张的现象,原因就在于财政和信贷多支付了近三十亿元。"①此种情况引发了中共中央和国务院的高度重视,在1956年11月召开的中共八届二中全会上,周恩来指出,在1957年要适当压缩基建规模、调整各经济部门之间的比例关系以适应国家的财力和物力。1957年1月,陈云明确指出,1957年要采取措施化解财经工作上的"冒进"问题。具体而言,就是从现金投放渠道上开展增产节约运动、适当压缩基建投资规模和有计划控制社会购买力增长速度。在此基础上,陈云总结了财政、信贷与物资之间的综合平衡关系,"财政收支和银行信贷都必须平衡,而且应该略有结余。只要财政收支和信贷是平衡的,社会购买力和物资供应之间,就全部来说也会是平衡的"②。之后,中国人民银行召开全国分行长会议,总结了1956年金融工作中出现的问题,"会议上有人怀疑市场票子是否多了?应该肯定说是多了。票子多的主要标志是商品供应紧张,农产品收购不好,有一部分农民既存

---

① 中共中央文献研究室:《陈云文集(第三卷)》,中央文献出版社2005年版第50页。
② 中共中央文献研究室:《陈云文集(第三卷)》,中央文献出版社2005年版第52-53页。

物资又存钱"①,确定了1957年银行信贷、货币发行必须施行紧缩性安排。

通过上述有针对性的措施,投资规模、财政支出、货币发行等领域均得到了有效控制,市场货币流通量与生产、商品流通之间的关系大致相适应。

### 三、金融业务的发展与规范

伴随高度集中统一的金融管理体制的形成,金融业务的发展渐趋集中到信贷、现金管理等"管资金"领域。在"一五"计划期间,金融机构经过前述的国有化与简化过程,已经高度集中到中国人民银行,以及受它管理的农村信用社;中国人民建设银行虽然受财政部领导,但它存在时间很短,且其业务主要就是承担基建等方面的拨款和监督管理,不涉足信贷资金的筹集和现金管理领域。

从"统存"角度来看,资金来源主要集中在来自政府部门拨给的信贷基金和各类存款。信贷基金部分,财政部每年拨给中国人民银行总行一笔资金作为信贷基金,列入银行的资金来源以平衡信贷收支;各省、自治区、直辖市财政每年也拨给当地银行一定数量的信贷基金。"一五"期间信贷基金相对稳定,但整个信贷基金呈现上升趋势,1953—1978年银行信贷基金变化如表4-1所示②。

表4-1 1953—1978年银行信贷基金变化表

| 年　份 | 信贷基金/亿元 | 占存款总额的百分比/(%) |
| --- | --- | --- |
| 1953 | 15.9 | 14.8 |
| 1954 | 21.0 | 13.8 |
| 1955 | 25.9 | 18.3 |
| 1956 | 38.1 | 28.4 |
| 1957 | 54.3 | 32.8 |
| 1958 | 96.9 | 32.8 |
| 1959 | 293.8 | 73.7 |
| 1960 | 369.9 | 80.4 |
| 1961 | 183.3 | 37.5 |
| 1962 | 201.3 | 49.1 |
| 1963 | 229.7 | 55.5 |

---

① 中国人民银行金融研究所:《曹菊如文稿》,中国金融出版社1983年版第144页。

② 为全面反映其间变化情况,同时也为避免后文再列相应表格,全书部分表格截取的时间段稍长。后多处表格情况与此相同,不再备注。

续表

| 年　份 | 信贷基金/亿元 | 占存款总额的百分比/(%) |
|---|---|---|
| 1964 | 102.7 | 23.4 |
| 1965 | 106.5 | 22.1 |
| 1966 | 124.3 | 22.5 |
| 1967 | 145.4 | 25.3 |
| 1968 | 166.6 | 26.7 |
| 1969 | 193.1 | 30.1 |
| 1970 | 220.3 | 31.3 |
| 1971 | 152.3 | 19.8 |
| 1972 | 138.9 | 17.9 |
| 1973 | 183.1 | 21.2 |
| 1974 | 222.6 | 24.8 |
| 1975 | 258.1 | 26.5 |
| 1976 | 303.0 | 31.0 |
| 1977 | 359.9 | 33.8 |
| 1978 | 421.9 | 37.2 |

(资料来源:国家统计局《奋进的四十年(1949—1989)》,中国统计出版社1989年版)

各级政府拨给银行的信贷基金,事实上就充当了银行的资本金,起到了平衡收支、协调财政拨款与银行信贷之间关系的作用。

存款部分,是中国人民银行及其管理的农村信用社的一个中心任务。为了加强存款来源和资金管理,中国人民银行按照"统存"的办法,要求国家机关、团体、企事业单位把限额以上的多余现金存入银行,用银行信用替代商业信用,积极发展城乡储蓄,并把各级机构吸收的存款集中到总行,统一支配。"一五"期间,存款数额呈现出较大幅度上涨,见表4-2。

表4-2　1952—1978年全国银行存款增长速度和结构变化表

| 年份 | 年末存款总额 | 财政性存款 | | 企业存款 | | 城市储蓄存款 | | 农村存款 | |
|---|---|---|---|---|---|---|---|---|---|
| | | 金额/亿元 | 占总额比/(%) | 金额/亿元 | 占总额比/(%) | 金额/亿元 | 占总额比/(%) | 金额/亿元 | 占总额比/(%) |
| 1952 | 93.3 | 47.6 | 51.0 | 33.0 | 35.4 | 8.6 | 9.2 | — | — |
| 1957 | 165.5 | 80.0 | 48.3 | 39.7 | 24.0 | 27.9 | 16.9 | 17.9 | 10.8 |
| 1962 | 409.6 | 194.3 | 47.4 | 152.3 | 37.2 | 31.4 | 7.7 | 31.6 | 7.7 |
| 1965 | 481.0 | 196.7 | 40.9 | 181.9 | 37.8 | 52.3 | 10.9 | 50.1 | 10.4 |

续表

| 年份 | 年末存款总额 | 财政性存款 | | 企业存款 | | 城市储蓄存款 | | 农村存款 | |
|---|---|---|---|---|---|---|---|---|---|
| | | 金额/亿元 | 占总额比/(%) | 金额/亿元 | 占总额比/(%) | 金额/亿元 | 占总额比/(%) | 金额/亿元 | 占总额比/(%) |
| 1970 | 704.3 | 330.4 | 46.9 | 226.1 | 32.1 | 64.5 | 9.2 | 83.3 | 11.8 |
| 1975 | 975.1 | 360.9 | 37.0 | 362.7 | 37.2 | 114.6 | 11.8 | 136.9 | 14.0 |
| 1978 | 1134.5 | 456.8 | 40.2 | 368.4 | 32.5 | 154.9 | 13.7 | 154.4 | 13.6 |

(资料来源:国家统计局《奋进的四十年(1949—1989)》,中国统计出版社1989年版)

"一五"期间,银行存款大幅上升。从存款构成来看,此时受高度集中统一的金融管理体制的影响,财政性存款和企业存款占到绝大部分,城市和农村存款占比相对较低,但之后后者的比重呈现出上升趋势。在此期间,中国银行还从多种渠道筹集外汇资金,扩大资金来源。对华侨、侨眷的利益加以保护,以促进侨汇业务的开展,扩大侨汇的来源。

从"统贷"角度来看,银行利用"管资金"功能,制定有差别的信贷政策,重点支持国营经济的发展和促进资本主义工商业、农业、手工业的社会主义改造。在国营经济方面,中国人民银行把支持国营商业和供销合作社商业放在首位,仅在"一五"期间,银行对它们的贷款额度由1952年的93.8亿元增加到1957年的216.4亿元,增长了1.3倍。[①] 国营工业则被排在银行放贷的第二位,有计划地发放国家批准的生产计划、供应计划、销售计划和财务收支计划的实际需求资金。按照国家优先发展重工业的方针,银行又特别偏重对重工业的贷款,其比重占到银行工业信贷额的44%—60%,有效地推进了重工业的建设。

在推进资本主义工商业的社会主义改造方面,中国人民银行制定了具体的信贷支持措施。一是实行"以存定贷"的信贷原则,以加强由公到私资金的组织与监督。二是采取有差别的信贷政策。在信贷适用对象上,私营工业优于私营商业,而在私营商业上,从1953年下半年开始严格控制对私营大批发商的贷款,停止给国家确定实行国有化的批发商业贷款。三是加强对私营工商业的信贷管理。在金融市场上,从1954年起限制私营工商业开户和支票活动,严管它们的闲置资金,停止办理它们的商业委托收付货价业务。四是全力支持公私合营工商业,明确其示范效应。在中国人民银行差异化的信贷原则下,加快推进了资本主义工商业的社会主义改造

---

① 洪葭管:《中国金融史》,西南财经大学出版社2001年版第474页。

进程。

在农业的社会主义改造方面,根据中共中央和国务院的要求,中国人民银行积极支持农村合作化建设,发放各种类型的农业贷款,同时,大力促进农村信用社的发展,帮助贫困农民解决生产生活困难,打击农村高利贷活动,推进农业合作化运动的进程。与此同时,中国人民银行还对手工业的社会主义改造提供其合作化进程中所需资金,以解决它们在改造后扩大生产的资金需求。仅在1956年,中国人民银行就比前一年增加了3倍的资金以支持手工业的改造和扩大生产。

## 第二节 "大跃进"时期的金融业

"大跃进"期间,受计划经济管理体制探索中的诸多失误影响,在金融领域内出现了管理权限过度下放、金融规章制度遭遇严重破坏等问题,致使国民经济中出现了信用的过度膨胀、银行系统内存放款的混乱。对此,中共中央进行了适当调整,制定了"银行工作六条"、"财政工作六条"等有效措施,使几乎失控的金融秩序得以恢复,金融管理体制重新回归到集中统一管理的轨道。在"统存"、"统贷"等方面,金融业均遭遇了较为严重的挫折。

### 一、金融管理体制的失误与纠正

伴随社会主义改造的完成和"一五"计划的提前实现,高度集中统一的计划经济管理体制中的一些矛盾开始暴露出来,尤其表现在中央与地方的经济管理权限、积累与消费之间的矛盾。为此,中共中央和国务院在1954年开始对经济管理体制进行改进,拟议逐渐下放管理权限,调整中央与地方、国家与企业等方面的关系,以化解国民经济发展中的矛盾和理顺各个经济主体之间的关系。在此背景下,我国高度集中统一的金融管理体制也做了相应的调整。此次调整,主要体现在如下三个方面。

一是金融管理权限下放。1958年11月,中国人民银行在武汉召开的全国银行分行行长会议上集中讨论了银行信贷管理权限下放的问题。1959年,中国人民银行根据会议精神重新划分了中央与地方信贷管理的权限,确定了"存贷下放,计划包干,差额管理,统一调度"的管理原则。具体而言,第一是农业贷款管理权限的下放,贷款指标由地方统筹安排、包干使用;第二是工业贷款权限的下放,根据"下放机构、下放人员"、"统一政策、统一计划、统一管理流动资金"、"包财政任务"等方式,中国人民银行总行下放管理权限;第三是除中央财政、军队、中央企业和机关团体的存款外,其他银行存款全部划给地方充作它们的信贷收入;第四是除中央管理的部分企业所需贷款之外,其他银行贷款全部划给地方管理,存贷差额由地方包干使用;第五是中国人民银行充分供应企业扩大生产和流通所需要的资金以顺应"大跃进"的形势。当然,金融管理权限的过度下放,导致了信贷失控,出现了物价迅速上涨的趋势。

二是金融职能被严重削弱。"大跃进"时期,"共产风、浮夸风、命令风、干部特殊风、对生产瞎指挥风"的盛行,使得中国人民银行的职能被严重削弱,银行业务骨干被大规模调出,中国人民银行总行机关职工由1956年年底的2088人锐减到1959年年底的820人,内设机构只保留9个司局。① 而全国银行职工减少了近10万人,基层业务骨干基本被下放了。农村信贷权限下放,成立人民公社的信用部,由人民公社管理。这样,中国人民银行的基本业务制度和资金管理体系遭受严重冲击,削弱了中国人民银行对信贷和货币流通的宏观管理和调节,信贷等几乎处于全面失控状态,损失和浪费惊人,加剧了社会经济的困难程度。

三是金融规章制度被严重破坏。新中国成立以来,我国金融领域建立了一套行之有效的规章制度,但在"大跃进"过程中,"大破大立"、"先破后立"等行为,致使这些规范化的制度被当作束缚广大民众进行经济建设的东西而被废除。由此,导致了我国金融领域缺乏必要的制度约束,造成有章不循、无章可循的混乱状态,"无账会计"、"实物存款"、"以凭证代账"等错误行为大行其道,导致了全国信贷资金和货币发行的失控、银行系统错账和错款日益增多的现象。

针对此次金融调整中出现的"管资金"职能紊乱、职工调出等带来的金融工作失误,引致我国货币信贷失控,各类贷款均呈现大幅上涨。1960年,银行信贷资金运用高达954.4亿元,比1957年增长2.35倍,其中工业贷款增长10.9倍,商业贷款增长1.3倍,国营农业贷款增长2.1倍,农村社队贷款增长0.8倍。② 在缺乏必要的人员指导和制度约束下盲目地放贷,不但引致经济效益低下,而且还使财政收支失控,赤字严重,零售商品价格大幅上涨,国民经济陷入困境。面对这一形势,国务院采取了一系列措施

---

① 中国人民银行:《中国人民银行六十年(1948—2008)》,中国金融出版社2008年版第51页。

② 周太和:《当代中国的经济体制改革》,中国社会科学出版社1984年版第76页。

恢复高度集中统一的金融管理体制,以加强"管资金"的职能。银行管理权限下放引发的种种错误行为,促使中央和国务院明确上收管理权限的重要性,"权力不宜过于分散,下放给专县的信贷管理权限应当赶快收回。银行应当搞计划,讲核算,银行的计划、统计、会计、出纳等部门不应该削弱。合理的规章制度是国民经济计划的一种工具,规章制度的改革必须采取求实与慎重的方针"①。1960年9月,国务院批转了中国人民银行《关于严格实行现金管理制度的报告》,严格现金管理;1961年4月中国人民银行发出《关于改变信贷管理体制的通知》,加强信贷季度计划管理。之后,中共中央在1962年1月的"七千人大会"、1962年2月的"西楼会议"等会议上更进一步确立了金融领域集中管理的做法。1962年3月,发布了《中共中央、国务院关于切实加强银行工作的集中统一,严格控制货币发行的决定》,即"银行工作六条"。

在"银行工作六条"中,中央明确指出了"必须采取断然措施,实行银行工作的高度集中统一,把货币发行权真正集中于中央,把国家的票子管紧,而且在一个时期内,要比一九五〇年统一财经时管得更严更紧,才有利于国民经济的调整和发展"。具体来说,有如下六条:"(一)再次重申。收回几年来银行工作下放的一切权力,银行业务实行完全的彻底的垂直领导。中国人民银行的各个分支机构,在党的工作和行政工作方面,仍然受当地党委和人民委员会的领导。但是,在有关业务的计划、制度和现金管理等方面,必须受中国人民银行总行的垂直领导。……(二)严格信贷管理,加强信贷的计划性。非经人民银行总行批准,任何地方、部门和企业、事业单位,不得在计划以外增加贷款,各级党政机关不得强令银行增加贷款。……在批准计划的范围内,各部门、各地区必须层层控制,层层负责,不准突破。中央各部门所属企业的贷款指标,由各主管部门和人民银行总行下达给企业和企业所在地的银行,由当地银行在指标范围内,逐笔审查,核实贷放。各省、市、自治区的贷款指标,由省、市、自治区人民委员会负责在总行下达的指标范围内,掌握分配,从严控制。……(三)严格划清银行信贷资金和财政资金的界限,不许用银行贷款作财政性支出。银行信贷不同于财政收支,银行发放贷款,必须以能够按期偿还为前提。一切非偿还性的开支,只能使用财政预算资金,按财政制度办事,不得挪用或挤占银行贷

---

① 尚明,陈立,王成铭:《中华人民共和国金融大事记》,中国金融出版社1993年版第183-184页。

款。……(四)加强现金管理,严格结算纪律。一切机关、团体、企业、事业、学校、部队都必须严格执行现金管理制度。超过规定限额的库存现金,必须随时存入人民银行。一定数量以上的交易往来,必须通过人民银行转账结算,不得直接支付现金。……(五)各级人民银行必须定期向当地党委和人民委员会报告货币投放、回笼和流通的情况;报告工商贷款的增减和到期归还的情况,报告工资基金的支付情况;报告企业亏损的财政弥补情况;报告违反制度把银行贷款挪作财政性开支的情况和其他有关的重要情况。……(六)在加强银行工作的同时,必须严格财政管理。财政和银行都要按计划办事。谁的支出谁安排,谁的漏洞谁堵塞,财政要坚持收入按政策,支出按预算,追加按程序。……财政收入和支出都必须落实,防止任何虚假现象,真正做到预算和信贷的平衡。"①

1962年4月,发出了《中共中央、国务院关于严格控制财政管理的决定》,进一步厘清了银行工作与财政工作之间的关系。"既把银行信贷的漏洞堵住,又把财政的漏洞堵住,才有利于国民经济的调整,有利于促进企业裁并单位,精减人员,挖掘潜力,改善经营管理。"②通过上述措施,以前权限下放等引起的不良后果基本得到调整,重新恢复了银行工作的集中统一领导,下放的银行干部得以回归,中国人民银行的职能和地位得到进一步明确,核销呆坏账和加强了信贷管理。"国务院批准豁免的1961年以前的农村欠款总额为91亿元,其中:银行农业贷款为45亿元,信用合作社贷款为10亿元,商业部门赊销、预付、预购定金为36亿元。"③经过这些工作,混乱的金融秩序得以恢复,重新步入正常的运行轨道。

## 二、货币失调与治理

发端于1958年的"大跃进"和人民公社化运动,给我国金融工作带来了严重冲击。1958年3月开始,中国人民银行先后召开多次会议,要求金融系统紧跟"大跃进"形势,要大胆支持、充分供应企业扩大生产和流通所需的流动资金,导致金融领域中瞎指挥、浮夸风等盛行,造成信贷额度和货币发行失控。此时,各级财政出现了"挤占银行"的现象,"因为财政可以说

---

① 《中共中央、国务院关于切实加强银行工作的集中统一,严格控制货币发行的决定》,http://www.china.com.cn/guoqing/2012-09/12/content_26747202.htm。
② 《中共中央、国务院关于严格控制财政管理的决定》,http://www.china.com.cn/guoqing/2012-09/12/content_26747195.htm。
③ 中国人民银行:《中国人民银行六十年(1948—2008)》,中国金融出版社2008年版第51页。

没有钱,银行则不能这样说;花财政的钱心痛,而花银行的钱不大心痛;财政可以挤银行,银行却无处可挤,只能扩大信贷规模,多发票子,造成通货膨胀"。① 财政挤占银行资金,引发货币发行进一步失控,造成了全国货币失调、现金管理失控等严重问题。

为了治理货币失调等问题,中共中央和国务院根据社会经济形势的变化不断发布有效措施加以应对。1960年下半年,中共中央就决定压缩基建,加强农业生产,国民经济计划不再搞两本账,不能留缺口。1961年国民经济发展刚开始施行"调整、巩固、充实、提高"的方针时,对财经困难认识不充分,执行效果不理想,为此,邓小平在1961年8月进一步明确调整国民经济计划中的高指标、坚决压缩基建投资、精简职工和城镇人口等目标。为了实现财政、信贷平衡,中共中央和国务院十分重视财政、银行的作用,采取继续冻结机关和团体在银行的存款、清仓核资和清理拖欠、企业扭亏为盈、节约非生产性开支和压缩社会集团购买力等多项有力措施;同时,中国人民银行要进一步加强现金管理,实现工资基金监督,以实现减少和控制货币投放的目的。1962年2月,中共中央和国务院根据社会经济形势的变化,针对较大的通货膨胀压力,陈云在"西楼会议"上明确提出了"一是严格管理现金,节约现金支出;二是尽可能增产人民需要的生活用品;三是增加高价商品,品种要少,回笼货币要多;四是坚持同投机倒把活动作斗争……"② 同年3月,中共中央和国务院发布了上文提到的"银行工作六条",把货币发行权集中到中央,严格管控信贷投放、现金规模。4月,为了防范挤占财政行为,又发布了《中共中央、国务院关于严格控制财政管理的决定》,即"财政工作六条"。

中共中央和国务院除了采取上述财经政策措施外,在实践过程中还实行凭票证供应商品和高价供应商品的特殊措施,以回笼货币和保障民众的生产生活需求。对于生活必需品,采取凭票证供应;对于非生活必需品则实行高价供应。在凭票证供应商品方面,商品的种类随社会经济形势变化而呈现出不断扩大趋势,到1964年之后又随经济形势好转而逐步缩小,以保证民众最低限度的基本生活需要,稳定物价,减轻通货膨胀给民众带来的危害。在高价供应商品方面,基本跟凭票证供应商品的做法一样,商品种类先扩大后再根据社会经济形势好转的情况而渐趋退出。"高价是个临

---

① 杨希天等:《中国金融通史(第六卷):中华人民共和国时期》,中国金融出版社2002年版第132页。

② 薄一波:《若干重大决策与事件的回顾(下)》,中共党史出版社1993年版第1050页。

时办法,有副作用。……价格高一点,能敞开卖……总比有票子没有东西买好。从实际的结果来看,它既不损害人民大众的最基本的利益,又使手中钱多的人能够改善一点生活条件,国家又可多回笼一点货币,对缓解通货膨胀也有一定好处,是比较成功的措施。"[①]

通过上述货币治理的措施,我国在1962年就实现了财政收支平衡,并略有结余;1964年,银行也实现了信贷收大于支,货币略有回笼。这样,物价日益平稳,通货膨胀得到了有效治理。

### 三、金融业的变化与调整

"一五"计划期间建立起来的高度集中统一的"管资金"职能体系,机构单一、信用高度集中。1958年的"大跃进",则开始将金融管理权限下放,给金融体系和金融业的发展造成了巨大的不良冲击,之后经过调整才渐趋回归金融正常的发展轨道上。

在"统存"领域,"一五"计划期间,各级政府拨给的信贷基金基本各自保留和管理,"大跃进"时期则改变了这一方式,信贷基金管理权下放给地方,留存给地方使用,导致了财政挤占银行的现象,引发货币发行失控。银行存款方面,在瞎指挥风、浮夸风等影响下,存款事业遭遇严重冲击。一是许多地方的银行拆柜台、并机构之风盛行,而有的地方的银行则不记账、不点款,搞无人储蓄;二是城乡储蓄工作大搞高指标,出现存款虚增现象,由此导致了这一时期我国城乡储蓄出现了大幅上升的假象,如表4-3所示。

表4-3　1958—1965年全国城乡储蓄存款表

| 年　份 | 金额/亿元 | 增幅/(%) |
| --- | --- | --- |
| 1958 | 55.2 | 56.8 |
| 1959 | 68.3 | 23.7 |
| 1960 | 66.3 | -2.9 |
| 1961 | 55.4 | -16.4 |
| 1962 | 41.1 | -25.8 |
| 1963 | 45.7 | 11.2 |
| 1964 | 55.5 | 21.4 |
| 1965 | 65.2 | 17.5 |

(资料来源:国家统计局《奋进的四十年(1949—1989)》,中国统计出版社1989年版)

---

[①] 《李先念论财政金融贸易(一九五〇——九九一年)(下卷)》,中国财政经济出版社1992年版第11页。

在"大跃进"期间,我国城乡储蓄存款大幅增长,然而,在"政治动员"下推动的储蓄业务的发展,"共产风"流行,在某些地方出现了取消储蓄利率、单位不记账等现象,导致利率政策遭遇扭曲和僵化,影响了民众存款的积极性。因此经过金融管理权限上收和整顿之后,储蓄存款就出现了较大幅度回落的状况。

在"统贷"领域,1958年中国人民银行对国营企业的流动资金实行"全额信贷"管理,改变了1955年在国营工商业流动资金中施行的财政、银行分别供应的原则,即定额以内的由财政拨款,超过定额的资金需求由银行贷款支持。1959年1月,"全额信贷"制度在全国铺开,国企流动资金由中国人民银行统一管理,直到1963年下放的管理权限上收,"全额信贷"管理制度才被取消,银行继续保留财政拨给的信贷基金,而国营企业划拨的信贷基金则重新划给各自企业。

在转账与现金管理上,转账结算制度被任意革除。"实行支票抵用,送款上门换取支票,废除支票抬头人背书,拒付不审查理由,同城托收无承付用于商品交易等五花八门的做法。"在异地结算方式上,"片面强调服务,放弃监督,盲目标榜和加速资金周转,造成银行大量垫付资金,助长了弄虚作假、买空卖空的歪风,严重破坏了结算工作的正常秩序……"①。之后,经过三年的调整,被破坏的金融发展环境得以恢复。

## 第三节 "文化大革命"及拨乱反正时期的金融业

1966年5月开始的"文化大革命",在"左"倾错误的严重泛滥下,全国各地的"革命群众组织"普遍展开了"夺权"斗争,社会经济遭受严重影响。国务院虽然严令维护银行业务秩序、保持银行体系的完整,但在全国"革命群众组织"的冲击下,金融机构被削减、工作人员被下放、各种规章制度被破坏,金融功能被否定,给金融工作、业务政策、资金管理和组织机构等带来了巨大的混乱。这期间,九一三事件之后,在国务院总理周恩来主持下和1975年邓小平主持中央和国务院工作期间有过两次短暂调整的机遇,但"四人帮"的破坏使金融工作再次受挫。1976年粉碎"四人帮"之后到中共十一届三中全会召开期间,我国初步对"左"倾错误行为进行了拨乱反正,受对"左"倾错误认识不够深刻等因素影响,金融领域的调整效果不太

---

① 姚遂:《中国金融史》,高等教育出版社2007年版第465页。

理想,但为1978年之后的金融职能转型等奠定了必要的基础。

## 一、金融管理体制的冲击

1966年5月发起的"文化大革命",在"革命大批判"下,搞所有制"升级",大搞"割资本主义尾巴",刚刚得到恢复的金融管理体制又遭遇严重冲击和破坏。银行工作的集中统一被斥为"条条专政",信贷原则被说成"见物不见人"、"管钱不管线",金融规则制度则被当作"管、卡、压"的工具。银行的各级分支机构遭到"群众运动"的冲击,金融职能遭到批判,业务指挥系统被严重削弱。在此背景下,中共中央和国务院为了维持正常的银行工作秩序,向中国人民银行各级机构派驻军代表,实行军事管制,并由他们对银行工作进行全面领导。

伴随国内社会经济形势的日益恶化,1969年,对中国人民银行总行进行了一次组织机构的大撤并,之前的九个局仅保留了政工和业务两个部分(见图4-1),总行除了保留87人勉强负责业务工作外,其余人员全部下放到"五七"干校劳动。中国人民银行的各级地方机构,在政治建行的目标下,机构萎缩,人员下放,众多规章制度被废除。同年7月,中国人民银行总行与财政部合署办公,而中国人民银行的各级分支机构则由各省、自治区和直辖市自行决定。在省一级的分行中,有的银行与财政合并成立财政金融局;有的直接把银行并入财政局,只保留部分银行业务管理职能;只有少数仍然维持了银行与财政的相对独立设置。在地区与县的层面上,中国人民银行的营业机构基本维持独立经营状态。

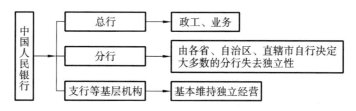

图4-1 1969年中国人民银行组织机构图

中国人民银行经过此次机构、职能变动,基本上丧失了独立执行金融职能的能力。之前相对完整的组织体系已经变得支离破碎,上下机构组织之间无法构成一个独立的集中统一机制,完全失去了金融与经济之间的综合平衡作用。在金融体系中人为造成的紊乱,给国民经济的发展带来了严重影响和冲击。

出现上述状态之后,中共中央和国务院对金融管理体制中出现的问题曾进行过两次较大范围的整顿和改进,在金融管理体制上出现明显的转机。

一是在九一三事件之后,在国务院总理周恩来的主持下,采取了多项加强银行信贷管理的措施。1972年年初,国务院就要求中国人民银行加强信贷管理工作;同年9月,中国人民银行召开了全国银行工作会议。会上,国务院副总理李先念等人就强调中国人民银行必须正确认识到银行职能的作用,加强银行工作的独立性,统一调拨全国信贷资金,统一现金结算,统一管理全国外汇、金银,纠正银行管理工作中出现的前述问题。会后,中国人民银行发布了《信贷、现金计划管理办法(试行草案)》,进一步明确了现金计划、信贷计划的管理原则,改进信贷计划管理体制,恢复被破坏的现金编制计划制度。经过中共中央和国务院的大量有效纠正措施,被破坏的金融制度和金融管理职能逐步得到恢复,重新回到高度集中统一的金融管理体制的轨道上,社会经济发展也出现了转机。然而,之后展开的"批林批孔"等政治运动又打乱了刚刚恢复的金融秩序,金融系统和金融工作再一次陷入一片混乱之中。

二是1975年邓小平主持中共中央和国务院工作期间所采取的金融整顿工作。根据毛泽东主席要把国民经济搞上去的指示和要求,1975年6月开始,国务院召开了多次计划工作务虚会,明确财政、金融工作的重要性。据此,财政部和中国人民银行在上海、北京等地多次召开财政银行工作碰头会,力求在不增发或少发钞票的条件下实现财政收支平衡。在此要求下,中国人民银行和财政部向国务院上报了《财政金融部门汇报提纲》;之后,根据国务院的要求,中国人民银行和财政部相继起草了《关于整顿财政金融的几个问题》(简称"财政金融十条"),以及有关银行体制、货币流通、资金管理、放款办法、现金管理、结算制度、工资基金监督支付等一整套整顿方案;同年10月召开的全国财贸工作座谈会,在对上述整顿方案讨论的基础上,传达了这些方案内容。在这些有力措施下,中国人民银行集中统一的方针得以明确,这对财经工作的恢复起到了明显的促进作用,金融职能的作用大大加强,货币流通有所改善,信贷资金使用效率得以提高,扭曲的"管资金"职能得以转变。然而,好景不长,1976年在全国展开的"批邓、反击右倾翻案风"中,金融秩序、金融制度再次遭遇严重冲击,使稍有转机的金融工作再次陷入绝境。

## 二、货币稳定性的冲击与整顿

1966年5月开始的长达十年的"文化大革命",给社会经济带来了严重影响。1967年经济主义歪风在全国掀起,随后打、砸、抢、抄、抓之风席卷全国。在此背景下,财经工作遭遇了严重冲击,仅在1967年、1968年两年内,"财政收支发生赤字,银行信贷支大于收,又货币发行偏多,两年增发票子25.6亿元,市场现金流通量与社会商品零售额比例又下降到1∶6左右,商品供应紧缺的问题日益严重"①。之后,基建规模不断扩大,导致1971年年末出现了"三个突破",即全民所有制企业职工突破5000万人、职工工资总额突破300亿元、粮食销售突破4000吨,导致了市场紊乱、货币失控、物价波动等严重问题。

针对失控的货币信贷等问题,中共中央和国务院在不同时期采取了一些相应的措施,但整体来看,派驻军代表来保护银行等措施做法效果不甚理想,真正具有实际效果的还是前面提到的两次短暂调整。

一是1972年,在国务院总理周恩来主持下进行的纠偏。当时,针对"三个突破"所造成的信贷、货币等的失控现象,采取了压缩基建投资计划、加强基建制度管理、严格控制新增职工、强化工资基金管理、加强国营企业经济核算、推行高度集中统一的粮食管理体制、恢复和加强银行信贷与现金管理等措施。与此同时,中国人民银行增强了银行工作的独立性,纠正了信贷偏松的状况。在这些有利措施下,货币、信贷等失控的状况得到有效控制,货币有所稳定,市场呈现好转趋势。之后出现的"批林批孔"等运动,又给刚刚得到控制的信贷、货币带来严重冲击,出现了市场上货币偏多、商品供应趋紧的恶劣状况。

二是1975年邓小平主持中共中央和国务院工作时期采取的纠错措施。邓小平主持工作期间,排除"四人帮"的干扰,召开多次务虚会,猛抓整顿,强调集中。中国人民银行和财政部向国务院报送了《财政金融部门汇报提纲》,施行控制货币投放、平衡信贷收支的严格措施。在国务院和银行及财政职能部门的强力推动下,货币失控等问题得到了一定程度的纠正,社会经济呈现出趋好的态势。1976年,在"批邓、反击右倾翻案风"的影响下,城市开始批判"资产阶级法权",农村大搞"割资本主义尾巴"。在此背景下,原来有所好转的财经形势,重又陷入崩溃的境地。银行增发货币,信贷扩张,市场上流通的货币偏多、物价上涨等问题再次袭来。

---

① 杨希天等:《中国金融通史(第六卷):中华人民共和国时期》,中国金融出版社2002年版第138页。

## 三、金融业务的冲击与变化

"文化大革命"期间,在"以阶级斗争为纲,实行无产阶级对资产阶级全面专政"的口号下,受"革命群众组织"的冲击,我国金融业务遭遇了严重影响。

一是本来就为数不多的金融机构被迫关门。正如前文所述,经过金融组织国有化之后,我国建立了高度集中统一的金融机构体系,组织机构基本只留存中国人民银行一家,其他金融组织即使以某一种形式存在,到"文化大革命"爆发之后也被撤销或并入中国人民银行,具体如表4-4所示。

表4-4 "文化大革命"期间金融机构的变动

| 机 构 名 称 | 成立或恢复时间 | 撤销或并入时间 |
| --- | --- | --- |
| 华侨投资公司 | 1957年成立 | 1970年被撤销 |
| 中国人民建设银行 | 1962年恢复 | 1970年被并入中国人民银行 |
| 中国农业银行 | 1965年恢复 | 1967年被并入中国人民银行 |

中国银行虽然保留了下来,但它只是作为中国人民银行的一个国外业务部,负责外汇业务管理。农村信用社虽然获得一定程度发展,但其管理权由中国人民银行下放给基层,施行"闫庄经验"中的贫下中农管理,信用社资金由人民公社统一调剂使用,给社员和生产队提供贷款,直到1974年这种基层管理权才重新划转给中国人民银行及其各级分支机构。

二是金融业务萎缩。在保险领域,1968年6月,中国人民银行发出了《关于对出口运输保险一律不保罢工险的通知》的同时,运行良好的"援外设备和出国展览物资保险"被停办;向海外保险公司进行再保险的业务遭遇严重冲击。由此,导致了与我国有再保险关系的国家由32个缩减到17个,有业务往来的国外公司由67家减少到20家,业务合同由219份缩减到49份。[①] 在银行领域,储蓄业务遭到严重破坏,储蓄取息被看作资产阶级剥削行为,一些银行推行无息存款和代保管现金业务,甚至动员民众"自愿上缴"个人储蓄存款,在"大跃进"中,经过整顿后获得正常发展的储蓄业务已经难以展开。"定期储蓄只保留半年以上和一年以上两个利率档次……将国营、集体和个体的工业、商业、农业长短期各项贷款利率,仅归并为三个档次,信用社贷款利率归并为两个档次,同时取消了机关、团体、学

---

① 袁远福、缪明杨:《中国金融简史》,中国金融出版社2005年版第275页。

校等单位的存款利息,取消了企业贷款逾期加息的规定。……有人提出储蓄利息是剥削收入,有些地方银行储蓄所一度设立'有息存款'和'无息存款'两个窗口,无形中给广大储户施加了政治压力,有的储户因此不敢收取到期利息。"①之后,经过中共中央和国务院的前述两次调整,储蓄业务才有所恢复,但纵观整个"文化大革命"期间,储蓄存款业务都在曲折中发展,存款数额有一定程度增长,如图4-2②所示。

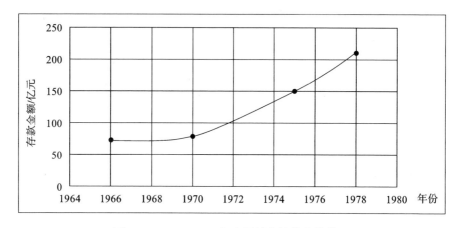

图 4-2　1966—1978 年全国城乡储蓄存款情况

在银行资金来源构成中,财政性存款和国营企业存款远远超过了城乡储蓄存款,排在前两位,二者加总占据全国存款总额的75%以上,如图4-3③所示。

新中国成立以来,外汇业务一直受到中央政府的高度重视。因受国际环境和国内政治经济因素影响和冲击,国家外汇业务波动很大。侨汇方面,"文化大革命"之前各级政府都极其重视侨汇工作,多方保护华侨、侨眷的正当权益。"文化大革命"爆发以来,侨汇业务遭受严重冲击,办理侨汇被说成"为外国资本家服务",甚至把侨汇当作"敌特活动经费",要中断侨汇工作,而原先较为发达的私人侨汇业务被强制停办。"1966 年以前,全国有私营侨汇业 318 家,他们经营的侨汇占全国侨汇的 40%左右。'文革'一开始,有些地区就取消了这个行业,由银行承办他们的业务。1972 年 5 月

---

① 姚遂:《中国金融史》,高等教育出版社2007年版第489页。
② 根据国家统计局:《奋进的四十年(1949—1989)》(中国统计出版社1989年版第459页)相关数据制作。
③ 根据国家统计局:《奋进的四十年(1949—1989)》(中国统计出版社1989年版第430页)相关数据制作。

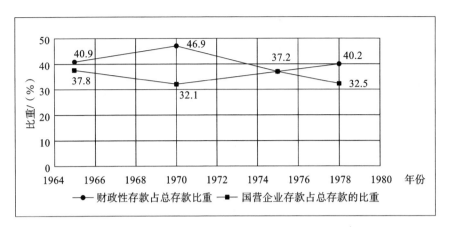

**图 4-3　1965—1978 年财政性存款、国营企业存款占全国银行总存款的比重**

8日,全面取消了'私营侨汇业'……"①这样,在不正常的政治经济因素的冲击下,外汇业务呈现大幅萎缩趋势。

在资金放贷和现金管理上,信贷管理被当作"管、卡、压"来批判,有效的信贷管理制度被抛弃,造成思想混乱。在改革城乡商业贷款、结算中,"允许基层供销社在城乡两地开户,可以两头贷款和还款,农副产品收购贷款改'上贷下转'为'下贷上转',实行'四就'(就地收购、就地贷款、就地销售、就地还款)办法,削弱了信贷管理监督"②。在国营企业放款上,基本延续了财政负责定额内流动资金的部分,银行负责贷放超额资金部分的做法。"文化大革命"期间,出现了财政挤占银行的现象,由此导致了银行给国营企业放贷的增多,如图 4-4 所示③。

在国营商业流动资金的信贷上,来自银行的贷款占据绝大多数。由此造成的信贷失控现象,极大地影响了物价的稳定,出现了通货膨胀的趋势。虽然经历过前述两次短暂的调整和整顿,但其效果并没有持续多久,很快又被新的"政治运动"所干扰,重新陷入混乱、失控状态。

三是货币的作用被否定。早在"大跃进"时期,有些人在企图过早地"进入共产主义"的同时,企图过早地取消商品生产和商品交换,过早地否定商品、价值、货币、价格的积极作用,这种错误思想,遭到了中共中央和国务院的否定。在"文化大革命"爆发以来,全国范围内大搞"反修防修、防止

---

① 姚遂:《中国金融史》,高等教育出版社 2007 年版第 485 页。
② 杨希天等:《中国金融通史(第六卷):中华人民共和国时期》,中国金融出版社 2002 年版第 186 页。
③ 根据历年《中国统计年鉴》相关数据制作。

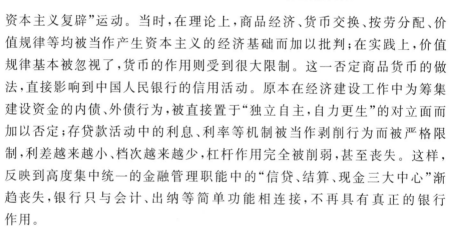

图 4-4 1965—1978 年国营工业流动资金占用状况

资本主义复辟"运动。当时,在理论上,商品经济、货币交换、按劳分配、价值规律等均被当作产生资本主义的经济基础而加以批判;在实践上,价值规律基本被忽视了,货币的作用则受到很大限制。这一否定商品货币的做法,直接影响到中国人民银行的信用活动。原本在经济建设工作中为筹集建设资金的内债、外债行为,被直接置于"独立自主,自力更生"的对立面而加以否定;存贷款活动中的利息、利率等机制被当作剥削行为而被严格限制,利差越来越小、档次越来越少,杠杆作用完全被削弱,甚至丧失。这样,反映到高度集中统一的金融管理职能中的"信贷、结算、现金三大中心"渐趋丧失,银行只与会计、出纳等简单功能相连接,不再具有真正的银行作用。

### 四、拨乱反正时期的金融整顿

1976 年粉碎"四人帮",为国民经济的整顿、发展扫清了政治障碍。然而,对"文化大革命"所造成的严重后果估计不足,没有彻底清算"左"倾错误思想,在实践上又提出了脱离实际的高指标和盲目引进外国先进技术设备,由此在金融领域上造成了货币发行过多过快和银行信贷规模严重失控的后果。在此背景下,中共中央和国务院展开了整顿金融行业、厘清"管资金"职能的行动。

首先,整顿中国人民银行金融职能与机构设置。1976 年 10 月,中国人民银行在沈阳召开了全国银行工作碰头会,确立了改革银行信贷管理体制的三项原则:货币发行权集中于中央、全国统一计划和综合平衡、对财政资金和信贷资金实行分口管理。1977 年 12 月,国务院决定中国人民银行总行作为国务院部委一级单位与财政部分设,人民银行分设在各地的分支机构比照办理。这样,就初步形成了人民银行工作以总行领导为主、总行与所在地政府双重领导的体制,业务上加强金融管理体系和银行工作的集中统一,由此为改革开放以后金融组织的发展奠定了良好基础。

其次,加强现金管理和转账结算制度整顿。1976年10月,中共中央发布《关于冻结各单位存款的紧急通知》,并按国务院要求在1977年把多发的货币回笼,实现财政收支平衡。1977年,国务院、中国人民银行等发布了一系列有关整顿现金管理和转账结算制度的文件,如表4-5所示。

表4-5 1977年发布的一些整顿现金管理和转账结算制度的重要文件

| 时 间 | 发文单位 | 文件名称 |
| --- | --- | --- |
| 7月30日 | 财政部、中国人民银行 | 《关于实现今年回笼一些票子的请示报告》 |
| 10月28日 | 中国人民银行 | 《中国人民银行结算办法》 |
| 11月28日 | 国务院 | 《关于整顿和加强银行工作的几项规定》和重新发布《关于实行现金管理的决定》 |

通过这些文件,我国加强了现金管理和转账结算制度的整顿,实现了货币发行稳定,规范了转账、结算制度,为后期改革奠定了必要基础。

再次,加强信贷、出纳等管理。1977年3月,财政部强调金融要加强工商信贷管理,降低工业企业的流动资金占用水平。之后,中国人民银行重申贷款的政策界限与贷款原则,信贷管理方面要严格执行全国统一规定的制度,增强信贷管理与流动资金管理。与此同时,中国人民银行颁发了《关于进一步加强发行出纳工作的意见》、《关于开展清资金、清账务、清财务工作的意见》等文件,以提升金融行业的出纳、会计工作质量。

最后,强化金融业务工作。通过金融领域的拨乱反正工作,逐步认识到组织存款、集聚资金是中国人民银行的首要任务。为此,中国人民银行除了加强现金管理外,还强调发展城乡储蓄的重要性。通过纠正"文化大革命"时期的错误做法,中国人民银行明确贯彻储蓄政策,维护广大储户的利益,重申个人合法收入存入银行永远归于个人,并受国家法律的永久保护。与此同时,中国人民银行及其领导的农村信用社还加强了资金放款业务,以促进工农业的发展。

中华人民共和国经济
与社会发展研究丛书
1949—2018

第三部分
Part Three

走向市场经济时期的

金融业发展

1976年粉碎"四人帮"之后,我国展开了拨乱反正工作,纠正过去各种错误做法,为我国经济改革等奠定了必要的基础。1978年12月中共十一届三中全会召开,做出了全党工作重心转移到经济建设上来的战略决策,拉开了我国经济体制改革的序幕。之后,我国开始实行对外开放、对内搞活经济的重大改革。在1993年之前,我国经济体制改革在计划与市场之间摇摆;中共十四届三中全会通过的《中共中央关于建立社会主义市场经济体制若干问题的决定》,明确建立社会主义市场经济体制的战略决策。1998年,我国经济发展实现了由短缺型经济向供给型经济的转换,国内开始表露出有效需求不足的态势。2001年,我国加入WTO,加快了我国经济国际化进程,进出口贸易顺差迅速扩大,外汇储备急剧增加。2002年,十六大报告提出,要完善社会主义市场经济体制,推动经济结构战略性调整;2003年,中共十六届三中全会通过《中共中央关于完善社会主义市场经济体制若干问题的决定》,继续推进社会主义市场经济体制建设和制度创新。伴随我国社会经济体制的改进和完善,在2013年之前,我国经济发展经历了35年年均9%以上的高速增长,GDP(国内生产总值)总量、人均GDP分别从1978年的3678.7亿元、385元增加到2013年的59.3万亿元和43684元。2004年年初步完成工业化,开始尝试经济结构转型、升级。受2007年美国次贷危机影响,国内采取的4万亿元强刺激措施虽然实现了短期的保增长、稳就业等目标,但大大延缓了我国经济结构调整的步伐。2013年我国经济发展进入新常态,经济增长速度由过去长期高速增长向中高速增长转化,呈现向高质量发展过渡,至今我国经济增长一直维持在6.5%的水平,经济发展的动力则由过去"三驾马车"拉动向创新、效率驱动转变。2009年上海自贸区建设试点,到2019年7月已经扩展12个省份,形成了"1+3+7+1"的雁阵引领开放新格局。2013年提出的"一带一路"倡议,2016年进行的供给侧结构性改革等举措,标志着我国进一步开展对内深化改革和对外扩大开放。这些措施的推行必将为我国社会经济的发展打下必要的制度等基础。当然,2018年以来,我国经济发展外部环境恶化,如美国发动的贸易战等给我国社会经济发展带来不利影响,但也给国内产业的转型带来一定的机遇。

顺应经济体制改革,我国高度集中统一的金融管理体制渐趋由单一的"管资金"向金融体系多样化发展的"调市场"转换,以满足经济日益多元化发展的金融需求。在经历短暂的金融领域拨乱反正之后,中国人民银行组织机构体系首先从财政部分离,拉开了金融改革的序幕。邓小平提出"银行应该抓经济,现在只是算账、当会计,没有真正起到银行的作用。银行要成为发展经济、革新技术的杠杆,要把银行真正办成银行"。在这一思想的指引下,我国开始有计划、渐进式地开展金融体制改革。1984年,经过四大专业银行的分设,中国人民银行逐步办成中央银行;到1993年,我国多元化的金融体系渐趋形成。但在此期间,为与有计划的社会主义商品经济相适应,金融职能仍在"管资金"与"调市场"之间摇摆,对金融业的发展产生了诸多不良影响。1994年,与建立社会主义市场经济体制相一致,金融管理职能逐渐向"调市场"转化。中国人民银行渐趋确立了中央银行的职能和地位,并建立现代中央银行制度;银行类机构步入了快速发展和深化改革的时期,按照财务重组—股份制改造—引入战略投资者—上市的步骤,四家国有商业银行,大部分股份制银行,若干家城市商业银行、农村商业银行等先后实现改革目标,资产状况得到改善,大大增强了竞争力和服务社会经济发展的能力;非银行类机构种类不断增加,各类金融组织得到全面发展,金融市场日益健全;与国际性、区域性金融组织以及国外金融机构之间的交往更加广泛,积极参与国际金融组织的改革之中,2016年10月1日,人民币正式加入SDR,成为国际货币基金组织的"一篮子货币"成员,在国际金融中的影响力日益增大。2013年,互联网金融在我国爆发式增长,迅速提升了我国金融创新和国际竞争能力。同时,互联网金融的快速发展也给银行、保险、证券等现代金融组织带来巨大的冲击与机遇,两者在现代信息技术的应用下呈现出融合发展趋势,共同推动了我国金融业的持续创新与快速发展。

# 第五章
# 中央银行制度的确立与完善

粉碎"四人帮"之后,伴随经济领域的拨乱反正,金融领域也开始调整和整顿。中共十一届三中全会做出了工作重心转向经济领域的决定,围绕"必须把银行真正办成银行"①的思想,金融体制改革拉开序幕。中国人民银行由改革开放之前的双重职能集于一身逐步向强化中央银行职能转变,1984年随着中国工商银行的成立,中国人民银行初步确立中央银行的地位;之后到1993年,中国人民银行向专门行使中央银行的职能转化。1994年以来,与建立社会主义市场经济体制相适应,中国人民银行最终从制度、职能等方面完全确立中央银行的地位,构建起现代中央银行体制。在此过程中,中国人民银行的职能渐趋由"管资金"领域向以宏观调控、维护金融稳定等"调市场"领域转化和拓展。

## 第一节 中央银行地位的确立

改革开放以来,中国人民银行确立中央银行地位经历了三个明显的阶段。1984年之前,中国人民银行在继续赋有双重职能的条件下不断加强中央银行职能;1984年至1993年,中国人民银行的商业银行职能逐步被剥离,开始专门行使中央银行的职能;1994年至今,中国人民银行完全确立中央银行地位,最终构建和完善现代中央银行制度;2018年以来中国人民银行的"超级央行"地位日益强化。

---

① 邓小平:《邓小平文选(第二卷)》,人民出版社2008年版第200页。

## 一、中央银行制度的形成

中国人民银行在"管资金"时期,具有双重职能。改革开放之后,围绕"必须把银行真正办成银行"的思路,渐趋推动中国人民银行朝专职中央银行职能转变。这一过程,中国人民银行的职能定位不是一步到位,而是经历了一个不断与社会经济体制改革相适应的时期。

首先,中国人民银行重新构建了组织机构体制。1978年1月,中国人民银行正式与财政部分开办公,恢复以前被裁撤的组织机构。之后,中国人民银行在地方的各级分支机构也相应与各地财政部门分设,形成一个相对完整的组织机构框架,如图5-1所示。

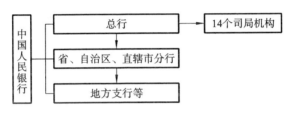

图5-1 中国人民银行组织机构体系(1978年)

通过与财政部门的分离,中国人民银行重新实现了自上而下的垂直领导体系,加强了金融管理上的集中领导原则。伴随组织机构的恢复和健全,以前各级机构中被下放的职工陆续回归到相应岗位,混乱的金融秩序得到扭转。到1979年年底,中国人民银行共有干部职工33万多人,机构1.5万多个。其中省级分行29个,市级分支行148个,中心支行220个,县级支行2277个,城市办事处886个,分理处2042个,储蓄所6790个,县辖办事处2883个。① 这样,经过短短的两年时间,原先零散的组织机构重新建立起来,为中国人民银行行使中央银行职能奠定了组织基础。

其次,中国人民银行不断弱化商业银行职能。在高度集中统一的金融管理体制下,中国人民银行既履行中央银行职能,又兼营商业银行业务。随着计划经济体制改革的展开,这种双重职能集于一身的做法已经无法适应社会经济发展需求,中国人民银行适时推进了弱化商业银行职能的改革,把原先集中在中国人民银行身上的商业化职能分离给不断恢复、建立的国有金融机构。家庭联产承包责任制在农村地区的推广,拉开了我国社会经济快速发展的大幕,催生了大量的金融需求。为了把农业搞上去、管

---

① 杨培新:《中国的金融》,人民出版社1982年版第19页。

理好支农资金,中国人民银行首先向国务院提出了恢复中国农业银行、发展农村信用合作社的建议。1979年3月,中国农业银行恢复,之后在其领导下,农村信用合作社得到了快速发展。为了适应对外开放、大规模基建、保险等方面的需求,中国银行、中国人民建设银行、中国人民保险公司等逐步分设出来。与此同时,信托投资公司、金融租赁公司等非银行类金融机构也适应社会经济发展需求而衍生出来。这样,到1983年时,金融体系由原先只有一家中国人民银行的状况逐步发展到一个多样化的金融格局;与此相适应的是高度集中的金融管理职能渐趋分散到不同的金融组织之中,使中国人民银行具有的商业化职能越来越弱化,如图5-2所示。

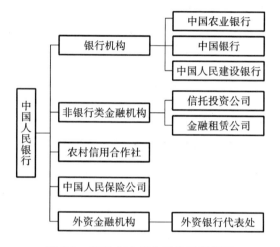

**图5-2　1983年中国金融体系框架图**

再次,中国人民银行增强中央银行职能。在弱化商业银行职能的同时,中国人民银行根据社会经济体制和金融体制改革需求,不断强化中央银行职能。

一是增强"银行的银行"职责,在日益恢复和新建的金融组织承担它们的商业性职能之际,中国人民银行渐趋转向对它们进行监管和提供相应服务。"商业性金融机构的成立是中央银行改革的前提基础以及主要步骤,商业性金融机构的独立性,直接决定了中央银行的独立性。商业银行的健康发展反过来需要中央银行充分发挥自身应有的职能……"[①]这一时期,中国人民银行展开探索金融法制建设,积极推行异地委托收款结算和限额结算等支付结算方式,逐步建立以中国人民银行为中心、各专业银行为主体、

---

① 李志辉:《中国银行业的发展与变迁》,格致出版社、上海人民出版社2008年版第33页。

多种金融机构并存的新型金融机构体系。

二是配合财税体制改革,健全国家金库机构,充实人员,使经理国库职能逐步走向规范化。1979年,国家财政施行"利改税"试点;1980年推行"划分收支、分级包干"的预算管理体制。中国人民银行为适应这一财税体制改革趋势,恢复了独立会计、正常账表等各项业务制度,渐趋加强了"国家的银行"职能。

三是渐趋加强对人民币发行和流通的管理,以充实和加强"发行的银行"职能。随着市场化改革的推进,价格机制的作用日益突出,作为价格机制构成框架的货币制度得到不断发展。这点,集中体现于货币存量的增加上。1978年至1984年中国通货变化如图5-3①所示。

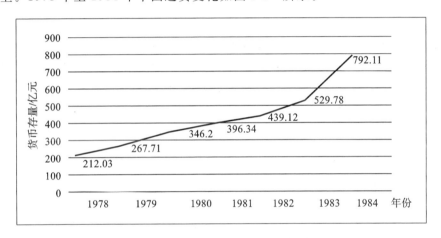

**图 5-3　1978—1984年中国通货变动图**

最后,中国人民银行专门行使中央银行职能。随着其他金融组织的恢复和新建,中国人民银行职能逐步向专门行使中央银行职能转变。1981年1月,姚依林副总理就曾指出:"人民银行总行要积极发挥中央银行的作用,各省、市、自治区人民银行分行,也要在总行领导下发挥这个作用。"②国务院发布了《关于切实加强信贷管理严格控制货币发行的决定》,明确提出中国人民银行要认真执行央行职责;1982年7月,国务院明确了"中国人民银行是我国的中央银行,是国务院领导下统一管理全国金融的国家机关"③。

---

① 根据国家统计局官网相关年份数据编制而成。
② 杨希天等:《中国金融通史(第六卷):中华人民共和国时期》,中国金融出版社2002年版第216页。
③ 中国人民银行:《中国人民银行六十年(1948—2008)》,中国金融出版社2008年版第57-58页。

之后，针对中国人民银行是维持现状、恢复高度集中统一的金融管理体制，还是专门履行中央银行职能的不同意见，经过多轮论证，国务院最终在1983年9月17日颁布了《国务院关于中国人民银行专门行使中央银行职能的决定》，明确了中国人民银行专门行使中央银行职能的地位。在决定中，规定了中国人民银行的主要职能，即研究和拟订金融工作的方针、政策、法令、基本制度，经批准后组织执行；掌管货币发行，调节市场货币流通；统一管理人民币存贷利率和汇价；编制国家信贷计划，集中管理信贷资金；管理国家外汇、金银和国家外汇储备、黄金储备；代理国家财政金库；审批金融机构的设置或撤并；协调和稽核各金融机构的业务工作；管理金融市场；代表我国政府从事有关的国际金融活动。同时，成立中国工商银行，承担原来由人民银行办理的工商信贷和储蓄业务。1984年1月，中国人民银行成立理事会，以加强其领导和决策地位。中国工商银行及其分支机构的成立，使中国人民银行摆脱一般银行业务，开始专门行使中央银行的职责，由此我国金融领域舍弃大一统的银行体制，实行与有计划的商品经济相适应的中央银行体制。1994年2月，中国人民银行发布《信贷资金管理暂行办法》，确立了货币信贷总量控制机制。之后，金融规章制度的修订与调整使中国人民银行的工作重心转到了宏观调控和金融监管领域。

### 二、中央银行制度的进一步加强

从1984年1月中国人民银行正式专门行使中央银行职能，直至1993年中共十四届三中全会确立《中共中央关于建立社会主义市场经济体制若干问题的决定》这一时期，仍处于过渡阶段，没有脱离金融管理职能在"管资金"与"调市场"之间的摇摆。"信贷规模和现金发行额的控制仍然是中央银行的主要政策工具；各地方和部门受其自身经济的需要，对金融业有不同程度的干预，使中国人民银行对宏观金融的调控难以到位；同时，中国人民银行还承担了部分专项贷款工作，分支机构还开办了一些融资性的经济实体。"[①]中国人民银行履行中央银行职能虽然受到了某些制约，但它的中央银行职能还是得到了一定程度的强化。

1984年，按照《中共中央关于经济体制改革的决定》，国务院成立以刘鸿儒为组长的金融体制改革研究小组。当时，改革研究小组提出了如下一

---

① 中国人民银行：《中国人民银行六十年（1948—2008）》，中国金融出版社2008年版第59页。

些改革意见:政企分开,银行实行企业化;在中央银行信贷政策、利率政策允许范围内,金融机构有权决定贷款数量、利率和其他服务费率,有权决定融投资方式,政府不能干预;专业银行按总行、分行、中心支行的三级经营方式运营;全面放开商业信用,实行商业信用票据化;允许企业采取发行股票、债券的方式直接融资,试办证券交易所;建立多种金融机构;完善中央银行宏观调控体制,既应用货币供应量,又发挥利率杠杆、存款准备金率、通知放款等控制手段。① 1985年6月,中国人民银行废除了1984年在地级以下各县市级机构(除极少数经济和金融业发达的地区外)不再单设机构的做法,全部重新设立中国人民银行分支机构,由此中国人民银行再次形成从中央到省地县全覆盖的大系统,大大强化了中国人民银行自上而下的垂直领导体制,如图5-4所示。

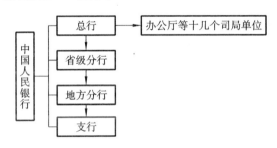

**图 5-4 中国人民银行组织机构体系(1985年)**

1986年1月,国务院颁布《中华人民共和国银行管理暂行条例》,再次表明了中国人民银行是我国的中央银行,在第二章第五条明确了它具有的十二种职责:一、研究拟订全国金融工作的方针、政策,报经批准后组织实施;二、研究拟订金融法规草案;三、制定金融业务基本规章;四、掌管货币发行,调节货币流通,保持货币稳定;五、管理存款、贷款利率,制定人民币对外国货币的比价;六、编制国家信贷计划,集中管理信贷资金,统一管理国营企业流动资金;七、管理外汇、金银和国家外汇储备、黄金储备;八、审批专业银行和其他金融机构的设置或撤并;九、领导、管理、协调、监督、稽核专业银行和其他金融机构的业务工作;十、经理国库,代理发行政府债券;十一、管理企业股票、债券等有价证券,管理金融市场;十二、代表政府从事有关的国际金融活动。同时,该条例还对专业银行、其他金融机构、货币发行等活动进行了系统的制度化管理。同年12月,邓小平再次强调"要

---

① 刘鸿儒:《突破——中国资本市场发展之路(上卷)》,中国金融出版社2008年版第30-32页。

把银行真正办成银行","我们过去的银行是货币发行公司,是金库,不是真正的银行"①。根据这一建议,中国人民银行在1987年提出了建立新型金融体制和改革的目标。"一是建立以间接调控为主要特征的,宏观调控有力、灵活自如、分层次的金融控制和调节体系。二是建立以银行信用为主体,多种渠道、多种方式、多种信用工具筹资和融通资金的信用体系。三是建立以中央银行为领导,各类银行为主体,多种金融机构并存和分工协作的社会主义金融体系。四是建立金融机构现代化管理体系。"②按照这一改革目标,中国人民银行的职能得到进一步加强。

1992年10月,党的十四大确立了建立社会主义市场经济体制改革目标;1993年11月,中共十四届三中全会通过了《中共中央关于建立社会主义市场经济体制若干问题的决定》。与此相适应,国务院加快建立适应社会主义市场经济要求的金融体制。同年12月,发布了《国务院关于金融体制改革的决定》。该决定明确了深化金融体制改革,首要的任务是把中国人民银行办成真正的中央银行。中国人民银行的主要职能是:制定和实施货币政策,保持货币的稳定;对金融机构实行严格的监管,保证金融体系安全、有效地运行。对此,国务院确立了金融体制改革的目标,建立在国务院领导下,独立执行货币政策的中央银行宏观调控体系;建立政策性金融与商业性金融分离,以国有商业银行为主体、多种金融机构并存的金融组织体系;建立统一开放、有序竞争、严格管理的金融市场体系。金融体制改革的决定,拉开了中国人民银行快速向现代中央银行体制转型的序幕。

### 三、现代中央银行制度的定型

在1993年年底国务院确定金融体制改革目标之后,中国人民银行按照法制化、规范化的方向,以完善宏观调控、强化金融监管为重点,对人民银行的组织机构、职能操作等体系进行系统性改革和调整。1994年1月,中国人民银行正式发布《人民银行分支行转换职能的意见》,全面转换中国人民银行分支机构职能,主要行使金融监管、调查统计分析、横向头寸调剂、经理国库、现金调拨、外汇管理和联行清算等职能。与此同时,中国人民银行总行还从以下几方面完善了中央银行的职能:一是强化宏观调控职能,以保持货币信贷的集中管理,增强货币政策的统一性;二是中国人民银

---

① 邓小平:《邓小平文选(第三卷)》,人民出版社2008年版第193页。
② 李德:《新中国金融业发展历程(上卷)》,人民出版社2015年版第147页。

行取消了利润留存制度,实行独立的财务预算管理制度;三是理顺货币政策与财政政策的关系,从1994年开始停止财政部向中国人民银行透支,1995年开始停止财政部向中国人民银行借款;四是建立规范化的金融组织体系,以加强对不同类型的金融组织进行监管;五是理顺货币政策和投资政策的关系;六是成立国家开发银行、中国进出口银行和中国农业发展银行三家政策性银行,以接管中国人民银行兼任的政策性业务。①

1995年3月18日,第八届全国人民代表大会第三次会议正式通过了《中华人民共和国中国人民银行法》(以下简称《中国人民银行法》)。法律第一条就明确了制定本法的目的,为了确立中国人民银行的地位和职责,保证国家货币政策的正确制定和执行,建立和完善中央银行宏观调控体系,加强对金融业的监督管理。《中国人民银行法》对中国人民银行的性质、地位、职能、组织机构、货币政策与金融监管等做出了明确规定。这是中国的中央银行法,是新中国成立以来首部金融大法,首次以国家立法的形式确立中国人民银行作为中国中央银行的地位,由此也标志中国金融事业进入法制化、规范化轨道。② 根据《中国人民银行法》,中国人民银行建立了货币政策委员会,按国务院规定确定其职责、组成和工作程序,明确了金融分业监管的体制。1997年4月,国务院发布了《中国人民银行货币政策委员会条例》,明确了货币政策委员会是中国人民银行的咨询议事机构,其职责是在综合分析宏观经济形势的基础上,依据国家的宏观经济调控目标,讨论下列货币政策事项,并提出建议:货币政策的制定和调整、一定时期内的货币政策控制目标、货币政策工具的运用、有关货币政策的重要措施、货币政策与其他宏观经济政策的协调。同年7月,中国人民银行发布了《中国人民银行货币政策委员会议事制度》,为了施行货币政策委员会的职责,货币政策委员会采取例会制度,并在每季度的第一个月份中旬召开,以确定货币政策的导向。

随着我国社会主义市场经济体制的渐趋确立,中国人民银行原先按照行政区划设置的组织机构体系已经无法适应社会经济发展的需要。为此,国务院在1997年11月召开的第一次全国金融工作会议上,推动了中国人民银行向真正的中央银行转变,深化了金融体制改革。1998年,依据国务

---

① 中国人民银行:《中国人民银行六十年(1948—2008)》,中国金融出版社2008年版第59-60页。

② 杨希天等:《中国金融通史(第六卷):中华人民共和国时期》,中国金融出版社2002年版第222页。

院金融体制改革建议,中国人民银行推进了组织机构改革,"强化中央银行的垂直领导,跨行政区设立一级分行,撤销省级分行,强化中国人民银行实施货币政策的独立性;强化对商业银行、合作金融机构等各类金融机构的监督职能,并强调运用金融电子信息化手段,建立金融风险监测体系、预警体系;对全社会资金流量、流向和金融业务活动进行监控、分析,提高中国人民银行的管理水平,为金融系统和全社会提供更加准确、安全、快捷的支付清算等金融服务"①。根据这一改革重点要求,中国人民银行于1998年6月提出撤销人民银行省级分行、设立跨省(自治区、直辖市)分行的方案。10月17日,国务院批准了这一改革方案。11月18日,上海分行首先成立;12月18日,中国人民银行9家跨省分行全部设立,并相继撤销31家省级分行并对原有支行的职能进行调整。经过这一改革,中国人民银行总行下设有9个分行和2个营业管理部,326个中心支行,1827个县(市)支行,组织机构体系如图5-5所示。中国人民银行组织机构体系的大幅调整,明显扩大了中国人民银行总行的权限,金融宏观调控职能进一步集中,货币政策的决策和实施进一步统一,从而保证了中央银行独立、公正地履行金融监管职责。

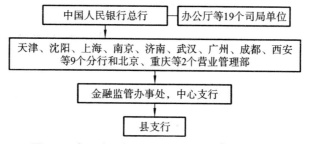

图 5-5 中国人民银行组织机构体系②(1998年)

2003年10月,中共十六届三中全会做出了《中共中央关于完善社会主义市场经济体制若干问题的决定》,继续推进社会主义市场经济体制建设和制度创新。与此相适应,我国加强了中央银行建设,推进金融改革、开放和发展,完善金融宏观调控,维护金融体系稳定。一方面,国务院将中国人

---

① 中国人民银行:《中国人民银行六十年(1948—2008)》,中国金融出版社2008年版第60页。

② 天津分行管辖天津、河北、山西和内蒙古地区;沈阳分行管辖黑龙江、吉林和辽宁地区;上海分行管辖上海、浙江和福建地区;南京分行管辖江苏和安徽地区;济南分行管辖山东和河南地区;武汉分行管辖江西、湖南和湖北地区;广州分行管辖广东、广西和海南地区;成都分行管辖四川、贵州、云南和西藏地区;西安分行管辖新疆、甘肃、青海、宁夏和陕西地区。

民银行对银行业金融机构监管的职能分离出来,与 1998 年成立的中央金融工委的相关职能加以整合,建立中国银行业监督管理委员会(简称中国银监会);另一方面,决定对 1995 年颁发的《中国人民银行法》等法律法规进行修改,并通过了《中华人民共和国银行业监督管理法》,以制度形式确保金融体制改革的成果。修改后的《中国人民银行法》,自 2004 年 2 月 1 日起执行。

修改后的《中国人民银行法》,立法目的仍然与 1995 年一样,是"为了确立中国人民银行的地位,明确其职责,保证国家货币政策的正确制定和执行,建立和完善中央银行宏观调控体系,维护金融稳定";而其职能则更加明确为"制定和执行货币政策,防范和化解金融风险,维护金融稳定"。为了更好地履行中国人民银行的中央银行职能,《中国人民银行法》的修改集中体现在"一个强化、一个转换和两个增加"。"一个强化"就是增强中国人民银行制定和执行货币政策的职责权限,改变以前中国人民银行货币政策委员会仅仅是中国人民银行咨询议事机构的状况,其职责得到明显加强和扩大,"中国人民银行货币政策委员会应当在国家宏观调控、货币政策制定和调整中,发挥重要作用"。"一个转换"就是与金融分业监管体制相适应,把以前对银行业金融机构设立审批、业务审批和高级管理人员任职资格审查及日常监督管理等直接监管职能,转换为施行金融宏观调控、防范和化解金融风险、维护金融稳定等间接调控的职责。"两个增加"就是增加了反洗钱和管理信贷征信业两项职能。显然,修改后的《中国人民银行法》更加明确了中国人民银行作为中央银行的职能,完全确立了中国人民银行的现代中央银行制度地位。

为顺应中国人民银行新的职能定位,健全和明确中国人民银行各分支机构间的职能配置,2003 年,中国人民银行设立了金融稳定局,以加强对金融风险的防范、监测与评估。2004 年,中国人民银行恢复了福州、杭州、石家庄、郑州、深圳等 5 家中心支行与 9 大分行一致的行政级别,但人事权仍隶属于相关的分行;2005 年 8 月撤销了上海分行,建立中国人民银行上海总部,以扩大上海金融市场的影响力和推进上海国际金融中心建设。同时,中国人民银行推动了它的直属企业的现代企业制度改革步伐,强化了相关直属单位对中国人民银行履行中央银行职责的支撑作用。2008 年,针对全球金融风暴,中国人民银行进一步健全了货币政策体系,加强了金融监管协调机制,进行了相应的职责调整。之后,为了应对混业经营、分业监管的困局,中国人民银行在国务院的批准下于 2013 年建立由其牵头的金融监管协调部际联席会议制度,以加强"一行三会"之间的监管政策的协调。2017年设立国务院金融稳定发展委员会,国务院在中国人民银行内部设立金融稳定发展委员会办公室。这样,到2017年,中国人民银行的组织机构体系出现了一定程度的变化,如图5-6所示。

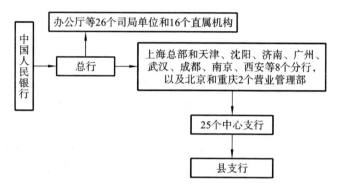

图5-6 中国人民银行组织机构体系图(2017年)

2018年2月召开的中共十九届三中全会明确做出了机构改革的决定,在3月召开的两会上通过了机构改革决议,银监会与保监会合并组成中国银行保险监督管理委员会(简称中国银保监会),把以前归属银监会、保监会的法规制定等权力划归中国人民银行,中国银保监会主席兼任中国人民银行党委书记,"大央行"格局初步形成,由此进一步增强了中央银行的职权,在金融管理机构上则形成了"一委一行两会"的监督管理架构,强化了金融风险管理,达到了金融回归服务实体经济的目标。

为了配合中国人民银行的中央银行职能强化、组织机构的变迁和社会经济日益多元化的需求,中国人民银行从1978年以来就极其重视金融人才的培养、干部队伍的建设。在人才培养方面,不但设立大量培养金融人才的大专院校,而且在人才层次上不断提升本硕博人才所占的比例;在干部队伍上,2008年,中国人民银行提出了学习型、研究型、专家型、务实型、开拓型等"五型"干部队伍和"创建学习型组织、争做知识型职工"的目标,大大推进了金融人才的用人机制建设,与时俱进地培养职工的宏观意识、全球视野和研究能力。2010年5月,中国人民银行专门召开人才工作会议,部署"人才强行"战略,加快推进中国人民银行"五型"干部人才队伍目标的建设。2011年1月,中国人民银行会同银监会、保监会、证监会共同发布了《金融人才发展中长期规划(2010—2020年)》,明确了今后十年金融人才发展的战略目标。而从中国人民银行历届行长情况来看,已经实现了

"专家"型人才的转型,如表 5-1 所示。

表 5-1 改革开放以来中国人民银行行长介绍

| 姓名 | 任职时段 | 学历背景 | 担任中国人民银行行长前主要经历 |
| --- | --- | --- | --- |
| 李葆华 | 1978—1982 | 大专 | 水电部副部长 |
| 吕培俭 | 1982—1985 | 大专 | 财政部副部长、党组副书记 |
| 陈慕华 | 1985—1988 | 高中 | 国务委员、对外经济贸易部部长 |
| 李贵鲜 | 1988—1993 | 本科 | 辽宁省省委书记、安徽省省委书记 |
| 朱镕基 | 1993—1995 | 本科 | 国家经委副主任,上海市市长,国务院副总理 |
| 戴相龙 | 1995—2002 | 本科 | 中国农业银行副行长,交通银行总经理、副董事长,中国太平洋保险公司董事长,中国人民银行副行长 |
| 周小川 | 2002—2018 | 博士 | 国家外汇管理局局长,中国人民银行副行长,中国建设银行行长,证监会主席 |
| 易纲 | 2018—至今 | 博士 | 北京大学教授,国家外汇管理局局长、党组书记,中国人民银行党委副书记、副行长 |

为了更有效地发挥货币信贷政策与其他经济政策的整体效率,中国人民银行还努力提高科学决策和执行能力,与时俱进地提升金融服务的效率和水平。2013 年,互联网金融崛起,中国人民银行展开了系统的调研,加强与银监会、保监会、证监会的联动能力,制定出台诸多顺应金融创新的引导、管制措施,确保金融的平稳发展。

经过长期的中央银行职能方面的强化与调整,以及组织机构的改进,中国人民银行作为现代中央银行的制度已经完全定型,形成了以"国家的银行"、"银行的银行"和"发行的银行"为核心的"调市场"中的宏观调控职能,完全改变了改革开放之前中国人民银行赋有双重职责、以"管资金"为中心的高度集中统一的金融管理体制。随着社会经济形势的变化,中国人民银行的中央银行制度必将更进一步改进和完善。

## 第二节 中央银行职能的变迁

伴随中国人民银行独立行使中央银行职能制度的形成、发展与定型,它所具有的中央银行职能也不断得到调整和发展。至今,它的传统央行职能得到强化,宏观调控体系渐趋完善,在国际合作和防范金融风险方面已经取得了显著成就。

## 一、中央银行职能的调整

中国人民银行作为我国的中央银行,其职能从改革开放至今已经发生了巨大变化,前后大致经历了如下几个大的调整阶段。

1978年之前,中国人民银行既从事商业银行业务,又履行中央银行职能。它的双重职能,在高度集中统一的金融管理体制下,事实上仅仅充当财政的司库,"管资金"成为它唯一的职能。改革开放之后,伴随多元化金融体系的渐趋形成,"管资金"的职能已经无法适应社会经济快速发展及金融领域日益复杂的需求。在此背景下,国务院顺应我国金融发展的趋势,在1984年之前正如前述那样,不断把商业化业务划分给已恢复或新建的国有金融组织,这样,中国人民银行明显加强了中央银行制定和执行货币政策、管理国库、发行和管理人民币、监管金融业等方面的职能,但它仍然兼具某些商业银行的职能。显然,中国人民银行定位不明给它的正常运行和宏观调控职能的发挥带来了诸多的不便。

1984年至1993年,中国人民银行开始专门执行中央银行的职能,但受到社会经济体制改革等方面的约束,它仍然处在一个向现代中央银行制度过渡的阶段。此时,中国人民银行明显强化了货币政策的制定与执行、防范金融风险和监管金融行业、人民币的发行和管理等领域的中央银行职能,不再对企业和个人办理信贷业务,但它仍然承担政策性贷款、为财政部门提供借款和透支等方面的业务,在金融管理上延续着传统的资金切块分配方式,调控资金总量和流向,明显在"管资金"与"调市场"职能之间摇摆。

1994年至2002年,中国人民银行朝着现代中央银行职能转变。首先,中国人民银行把以前承担的政策性业务分离给国家开发银行、中国进出口银行和中国农业发展银行等政策性金融机构。同时,逐步停止了给财政部门透支和借款的业务。其次,中国人民银行加快了法制化、规范化建设的步伐。1995年颁布的《中国人民银行法》,将中国人民银行的职能明确定位为制定和实施货币政策、对金融业实施监督管理两个方面,渐趋明确了分业监管的体制。其具体的职能有11项,如图5-7所示。

从这十一项职能构成来看,其职能已经向"国家的银行"、"银行的银行"和"发行的银行"等三大方向转型。当然,这一时期受金融混业经营格局的影响,中国人民银行在金融监管上不但需要监督管理各类金融市场,而且还需要监督管理各类金融机构。这一混合职能,与中央金融工委等金融管理机构存在很大的重叠,难以起到有效的监管效果,造成了这一时期金融监管"一管就死,一放就乱"的困局。

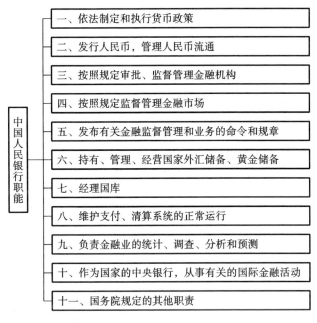

图 5-7 中国人民银行的职能(1995 年)

2003年至今,中国人民银行完成了向现代中央银行的职能转变,中央银行制度完全确立和定型。2003年修改后的《中国人民银行法》将中国人民银行的职能调整成制定和执行货币政策、维护金融稳定和提供金融服务三个方面。与1995年相比,中国人民银行的职能发生了很大变化。与金融分业经营、分业监管相适应,中国人民银行将对金融业的监管职能划分给银监会、证监会与保监会。这样,中国人民银行更加突出了货币政策的执行、防范金融风险与维护金融稳定、提供金融服务的职能。顺应这一变动趋势,中国人民银行的职能也发生了一定程度的变化,如图5-8所示。

伴随向分业化监管体制的转换,中国人民银行明确强化了中央银行的职能,缩减了与此无关的监管业务,增强了货币政策的制定与执行、金融稳定的维护等方面的职能。2014年通过、2015年1月1日起施行的《存款保险条例》,明确了存款保险基金存放在中国人民银行,存款保险基金管理机构参加金融监督管理协调机制,与中国人民银行等金融管理部门建立信息共享机制,以加强金融的稳定发展。之后,中国人民银行不断顺应社会经济发展需求,强化和完善"国家的银行"、"银行的银行"、"发行的银行"等中央银行的传统职能,突出了以货币政策为核心的宏观调控职能。至2019年6月,中国人民银行的职能更加专业化,如表5-2所示。

图 5-8 中国人民银行的职能(2003 年)

表 5-2 中国人民银行职能表(2019 年 6 月)

| 中国人民银行主要职能 | 拟订金融业改革和发展战略规划,承担综合研究并协调解决金融运行中的重大问题、促进金融业协调健康发展的责任,参与评估重大金融并购活动对国家金融安全的影响并提出政策建议,促进金融业有序开放 |
|---|---|
| | 起草有关法律和行政法规草案,完善有关金融机构运行规则,发布、履行与职责有关的命令和规章 |
| | 依法制定和执行货币政策,制定和实施宏观信贷指导政策 |
| | 完善金融宏观调控体系,负责防范、化解系统性金融风险,维护国家金融稳定与安全 |
| | 负责制定和实施人民币汇率政策,不断完善汇率形成机制,维护国际收支平衡,实施外汇管理,负责对国际金融市场的跟踪监测和风险预警,监测和管理跨境资本流动,持有、管理和经营国家外汇储备及黄金储备 |
| | 监督管理银行间同业拆借市场、银行间债券市场、银行间票据市场、银行间外汇市场和黄金市场及上述市场的有关衍生产品交易 |

| | |
|---|---|
| 中国人民银行主要职能 | 负责会同金融监管部门制定金融控股公司的监管规则和交叉性金融业务的标准、规范,负责金融控股公司和交叉性金融工具的监测 |
| | 承担最后贷款人的责任,负责对因化解金融风险而使用中央银行资金机构的行为进行检查监督 |
| | 制定和组织实施金融业综合统计制度,负责数据汇总和宏观经济分析与预测,统一编制全国金融统计数据、报表,并按国家有关规定予以公布 |
| | 组织制定金融业信息化发展规划,负责金融标准化的组织管理协调工作,指导金融业信息安全工作 |
| | 发行人民币,管理人民币流通 |
| | 制定全国支付体系发展规划,统筹协调全国支付体系建设,会同有关部门制定支付结算规则,负责全国支付、清算系统的正常运行 |
| | 经理国库 |
| | 承担全国反洗钱工作的组织协调和监督管理的责任,负责涉嫌洗钱及恐怖活动的资金监测 |
| | 管理征信业,推动建立社会信用体系 |
| | 从事与中国人民银行业务有关的国际金融活动 |
| | 按照有关规定从事金融业务活动 |
| | 承办国务院交办的其他事项 |

显然,中国人民银行完全顺应了分业监管的体制,在加强制定和执行货币政策、维护金融稳定职能的同时,更加注重金融服务职能的完善。伴随2018年金融监管机构的改革,中国人民银行的职能必将发生较大程度的调整,强化金融法规的制定和货币政策作用的发挥,以适应防范金融风险、促进金融创新和服务实体经济的发展目标。

纵观改革开放以来中国人民银行职能变迁的历程,它的阶段性变化完全与我国社会经济体制改革和国内外经济形势的变化相一致。

## 二、宏观调控体系的健全

伴随中国人民银行职能的阶段性变迁过程,其宏观调控的目标更加明确,调控工具更加多样化,越来越顺应在币值稳定的基础上促进社会经济发展的总目标的实现,即"调市场"的功能更加明确,从而为改革开放以来我国社会经济持续稳定快速的发展准备了必要条件。

（一）货币政策目标的变化

改革开放之前,我国的货币政策目标就是利用信贷、利率与行政手段来维护财政收支、物资产销与银行信贷的综合平衡,从而达到发展经济、稳定物价的目的。改革开放以来,货币政策在实践中历经多次的变化之后,才逐步明确"保持货币价值的稳定,并以此促进经济增长"的目标。

1. 货币政策最终目标的变化

在改革开放之初,中国人民银行尚未从双重职能中分离开来。此时,货币政策仍受历史惯性影响,以发展经济、稳定物价为最终目标。之后,随着多元化金融组织体系的渐趋形成,中国人民银行制定的货币政策最终目标逐步脱离了原来双重职能体制下的"管资金"职能,如表5-3所示。

表5-3 改革开放以来我国货币政策最终目标的变化

| 时 间 | 政 策 | 最终目标内涵 |
| --- | --- | --- |
| 1986年 | 《中华人民共和国银行管理暂行条例》 | 发展经济、稳定货币、提高经济效益 |
| 1993年12月 | 《国务院关于金融体制改革的决定》 | 保持货币的稳定,并以此促进经济增长 |
| 1995年3月 | 《中国人民银行法》 | 保持货币价值的稳定,并以此促进经济增长 |

1986年,根据《中华人民共和国银行管理暂行条例》规定,中国人民银行的最终目标是"发展经济、稳定货币、提高经济效益"。这一多重目标成为货币政策的最终目标,显然是一个极为粗略的表述,且各个目标之间充满矛盾。很快,多重目标就转变为"稳定货币,发展经济"的双重目标。这一目标缺乏先后性,在实践上也难以实现。这样,到1993年,我国在《国务院关于金融体制改革的决定》中明确以"保持货币的稳定,并以此促进经济增长"作为货币政策的最终目标。之后,这一目标在1995年、2003年的《中国人民银行法》中得到确定。从这一目标构成来看,明显区分了货币稳定与经济发展之间的关系,明确了促进经济增长是建立在货币稳定的前提下,从而化解了各个目标之间的矛盾,为充分发挥货币政策在宏观调控中的作用夯实了基础。

2. 货币政策中介目标的变化

货币政策工具作用于最终目标,往往会产生一个比较漫长的政策时滞,中央银行通常会设立一些中介目标以降低时滞的影响。在实践中,中央银行货币政策中介目标有数量指标和价格指标两类。数量指标主要就是货币供应量、基础货币、支付准备金、信贷规模等,而价格指标则是利率、汇率等。

1978年以前,中国人民银行货币政策的中介指标就是在整个国民经济计划综合平衡中,借助财政、信贷与物资的平衡来实现货币稳定。显然,财政收支、物资产销与银行信贷的平衡充当了货币稳定和经济发展的中介目标。中国人民银行的职能基本就是"守计划,把口子",人为控制货币政策的传导,中介指标简单且变动小,作用不大。1978年至1984年,伴随各类金融组织的成立,中国人民银行开始把货币政策中介目标的设立提上日程,并在实践中把中介目标确立在现金控制上。中国人民银行专门行使中央银行职能之后,货币政策的中介目标开始扩展到信贷规模与现金供应量上。但在1993年以前,中国人民银行的货币政策中介目标并不十分明确。当时,中国人民银行主要采取领导讲话的方式来披露货币政策方针,而民众则在此基础上进行推测以形成预期,促进货币政策中介目标的形成和实施。1993年,中国人民银行才开始向社会公布货币供应量指标,并逐步缩小信贷规模控制范围,引进外汇公开市场操作。1996年,中国人民银行正式采用货币供应量作为我国的货币政策中介目标。之后,中国人民银行每月中旬公布上一个月的M0、M1和M2[①]的实际增长率,金融机构短期、中长期贷款、企业贷款、储蓄存款和外汇储备等月度金融统计数据。当然,从实践操作来看,我国公布的货币供应量目标与实际执行效果之间存在一定程度的差距,如表5-4所示。

表5-4　1996—2006年我国货币供应量M1、M2年增长率的目标值和实际值

单位:%

| 年　　份 | M1年增长率 | | M2年增长率 | |
|---|---|---|---|---|
| | 目标 | 实际 | 目标 | 实际 |
| 1996 | 18 | 18.9 | 25 | 25.3 |
| 1997 | 18 | 16.5 | 23 | 17.3 |
| 1998 | 17 | 11.9 | 17 | 15.3 |
| 1999 | 14 | 17.7 | 14.5 | 14.7 |
| 2000 | 14 | 16 | 14 | 12.3 |

---

① M0指通货;M1是M0+活期存款、银行支票和其他可签发支票的存款;M2就是M1+货币市场共同基金余额、储蓄存款以及小额定期存款。

续表

| 年份 | M1 年增长率 | | M2 年增长率 | |
|---|---|---|---|---|
| | 目标 | 实际 | 目标 | 实际 |
| 2001 | 15.5 | 12.7 | 13.5 | 14.4 |
| 2002 | 13 | 16.8 | 13 | 16.8 |
| 2003 | 16 | 18.7 | 16 | 19.6 |
| 2004 | 17 | 13.6 | 17 | 14.6 |
| 2005 | 15 | 11.8 | 15 | 17.6 |
| 2006 | 14 | 17.5 | 16 | 16.9 |

（资料来源：依据相关年份的中国金融年鉴、货币政策执行报告、中华人民共和国国民经济和社会发展统计公报等资料整理数据而得）

1998年，随着中国人民银行货币政策转向间接调控，相应取消了对国有商业银行的贷款控制规模，正式编制基础货币规划。这样，在货币政策的中介指标上，中国人民银行就不再把现金发行量作为货币信贷的控制指标，完全转到货币供应量上，其年度余额变化如图5-9所示。

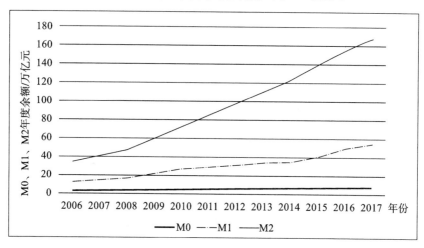

图5-9　2006年以来中国M0、M1和M2的年度余额变化①

我国广义货币供应量增加很快，到2017年已经达到167.7万亿元，成为目前世界上货币发行量最大的中央银行。2018年以来，中国人民银行适应国内外经济环境的变化，不断调整货币供给量。仅到2018年7月，中国人民银行在4月、6月利用定向降准等方式释放了两次货币供应量。

① 根据《2006年以来历年第四季度货币政策执行报告》相关数据制作而成。

与此同时,中国人民银行还把利率、汇率等价格指标纳入中介目标范围之内。之后,中国人民银行虽然不时根据货币政策的需求调整中介目标、指标,但其总的中介目标并没有发生根本性变换。2013年以来,互联网金融的崛起和快速发展,在某种程度上改变了中国人民银行货币供应量作为货币政策中介指标的做法,今后必将会加大利率等指标作为中介指标的作用。

(二)货币政策工具的变革

新中国成立以来,中国人民银行在行使货币政策过程中所采取的政策工具并不是完全一致的,而是随着社会经济的发展和中央银行职能的不断完善呈现出日益多样化趋势,如表5-5所示。

表5-5　新中国成立以来我国主要货币政策工具变革

| 时间 | 货币政策工具 |
| --- | --- |
| 改革开放前(1978年以前) | 信贷计划和现金计划<br>信贷政策<br>利率政策<br>行政手段 |
| 1979—1997年 | 信贷计划和现金计划<br>再贷款<br>利率政策<br>存款准备金<br>信贷政策<br>再贴现<br>公开市场操作<br>"窗口指导"<br>特种存款 |
| 1998年至今 | 再贷款<br>利率政策<br>存款准备金<br>信贷政策<br>再贴现<br>公开市场操作<br>"窗口指导"<br>特种存款<br>常备借贷便利(2013年设立)等 |

1978年以前,货币政策工具极其简单,在实际操作上受"管资金"职能的约束而日益简化。改革开放之初,货币政策工具日益多样,但中国人民银行在1993年金融改革之前主要采取再贷款和信贷限额政策。之后,随着金融改革的日益深化,除继续沿用之前的货币政策工具外,再贴现、公开市场操作、利率政策、"窗口指导"、常备借贷便利、定向降准等货币政策的工具才逐步被引入。

1. 信贷管理体制变革

根据社会经济体制改革的深入,我国信贷管理体制进行了多次变更,如表5-6所示。

表5-6 我国信贷管理体制变革历程

| 时间 | 信贷管理体制变革内涵 |
| --- | --- |
| 1978年以前 | 统存统贷、统收统支 |
| 1979年 | 变革单纯以行政方式干预和全国银行"吃大锅饭"的状况 |
| 1981年 | 统一计划,分级管理,存贷挂钩,差额包干 |
| 1985年 | 统一计划,划分资金,实贷实存,相互融通 |
| 1988年9月 | 恢复对金融机构贷款的限额管理,取消流动资金贷款"多存多贷"的办法,贷款限额权限集中于中国人民银行总行 |
| 1994年 | 资产负债比例管理和资产风险管理制度 |
| 1998年 | 计划指导、比较管理、自求平衡、间接调控 |

1978年之前,适应高度集中统一的计划经济体制,中国人民银行在信贷管理体制上实行了"统存统贷、统收统支"的货币政策工具。1979年,顺应社会经济体制改革的需求,中国人民银行开始展开对信贷管理体制的改革,初步改变了过去单纯以行政方式办事和全国银行"吃大锅饭"的现状。

1981年,中国人民银行在全国范围内推行了"统一计划,分级管理,存贷挂钩,差额包干"的信贷管理办法。"差额包干"改变了长期以来重贷轻存的做法,激发银行吸存的积极性。"由于这种体制多存可以多贷,而当时尚未实行存款准备金制度,因而很难把存款的派生作用控制在合理的程度之内,这样贷款总量也就缺乏有效的制约机制,从而给金融宏观调控带来较多问题。"①之后,信贷管理体制又进行了多次改革,直到1998年中国人民银行取消对国有独资商业银行的贷款限额管理,转向间接调控的信贷管理办法。当然,在实践中,受货币供应量在不同经济周期中的不对称影响,中国人民银行并没有完全放弃信贷控制手段,在投资增长较高的通货膨胀时期,人民银行更偏重对银行信贷的控制。

2. 公开市场操作

公开市场操作是一国中央银行吞吐基础货币,调节市场流动性的主要货币政策工具之一。我国的公开市场操作空间包括人民币操作和外汇操作两个部分。外汇公开市场操作在1994年3月开始被正式引入货币政策工具范畴之中,而人民币公开市场操作则在1996年正式启动。因受债券市场规模小、国债期限结构不合理等因素影响,到1997年中国人民银行都没有开展过公开市场操作。1998年,中国人民银行放弃信贷控制措施,在5月26日正式恢复公开市场操作交易,规模逐步扩大。1999年以来,我国公开市场操作获得快速发展,到2018年12月为止已经成为中国人民银行货币政策日常操作中的主要工具之一,在调节银行系统的流动性水平、引导货币市场利率走势、促进货币供应量的合理增长等方面发挥了积极的作用。

1998年,中国人民银行开始建立起公开市场业务一级交易商制度。最初参与的只有40家存款类金融机构;之后,交易商队伍不断扩大,至今已经扩展到了银行、券商、保险公司等金融市场的各个主体。在交易方式上,中国人民银行公开市场业务操作包括回购交易、现券交易和发行中央银行票据等方面;在交易品种上,公开市场操作包括国债、中央银行票据和政策性金融债。中国人民银行于2002年6月开始进行公开市场正回购操作,以稳定基础货币增长率。同年9月,受债券不足制约,中国人民银行将公开市场业务未到期的正回购品种转换为中央银行票据。2013年1月,中国人民银行创设了"短期流动性调节工具"(short-term liquidity operations, SLO),作为公开市场常规操作的必要补充工具。当然,根据我国货币调控和金融环境的需求,中国人民银行不断对公开市场操作进行创新,比如发行远期央行票据、定向票据等,以提升人民银行公开市场操作的效率和货币政策的有效性。时至今日,公开市场操作虽然较迟才被引入货币政策工

---

① 中国人民银行:《中国人民银行六十年(1948—2008)》,中国金融出版社2008年版第63页。

具中,但它已经成为我国货币政策中重要的工具之一,在宏观调控中发挥着越来越重要的作用。

### 3. 存款准备金制度

存款准备金是指金融机构为保证客户提取存款和资金清算需要而准备的资金。金融机构按规定向中央银行缴纳的存款准备金占其存款总额的比率就是法定存款准备金率。旧中国时期,在中央银行成立之前存款准备金是分散在中国银行、交通银行等不同银行的,1928年11月中央银行成立之后存款准备金逐步集中到中央银行、中国银行、交通银行、中国农民银行;新中国成立之后,受高度集中的金融管理体制的约束,所有资金均汇集到中国人民银行而无所谓存款准备金功能。改革开放以来,银行机构日益多样化,我国存款准备金制度也在1984年建立起来。当时,我国存款准备金率按存款种类而有所不同,农村存款为25%、储蓄存款为40%、企业存款为20%。1985年,中国人民银行统一将存款准备金率调整为10%。之后两年,中国人民银行将存款准备金率分别上调到12%和13%,以平抑过高的通货膨胀率。1998年,中国人民银行对存款准备金制度进行了一次重大改革。其内容主要有如下七项:一是合并"准备金存款"和"备付金存款"①账户,统一为"准备金存款"账户;二是法定存款准备金率从13%下调到8%,超额部分由各个银行自行确定;三是统一按法人考核各个金融机构的法定存款准备金;四是法定存款准备金按旬考核;五是法定存款准备金统一存入中国人民银行的存款低于上旬末一般存款余额的8%,不足部分按每日万分之六的利率处以罚息;六是存款准备金缴存中国人民银行的存款利率统一为5.22%;七是调整金融机构一般存款的范围。在此期间,我国对金融机构存款准备金实行时点法考核,金融机构存款准备金需每日达到法定要求。即按每月的5日、15日、25日的时点缴纳存款准备金,依据月末、10日和25日的存款基数,实行多退少补的原则。2004年4月25日,中国人民银行实行差别存款准备金率制度,将存款准备金率与各类金融机构的资本充足率、资产质量状况等指标直接挂钩,以此激励和促进金融机构的健康持续发展。2015年9月15日,中国人民银行改革了存款准备金考核制度,由时点法改为平均法考核。平均法考核,即维持期内,按法人存入的存款准备金日终余额算术平均值与准备金考核基数之比,不得低

---

① 存款准备金,是限制金融机构信贷扩张和保证客户提取存款及资金清算需要而准备的资金;备付金是指商业银行除按存款的一定比例向中央银行上缴法定存款准备金外,为了业务支付的需要,还要在中央银行储存一定数额应付日常业务需要的备付金,一般称超额储备。

于法定存款准备金率。2016年7月15日起,人民币存款准备金的考核基数由考核期末一般存款时点数调整为考核期内一般存款日终余额的算术平均值,以增强金融机构流动性管理的灵活性,平滑货币市场波动。

存款准备金制度经过1998年的系统改革,已经成为我国中央银行货币政策工具中使用频率较高的工具之一,1985年至2011年3月25日存款准备金率变化如图5-10所示。

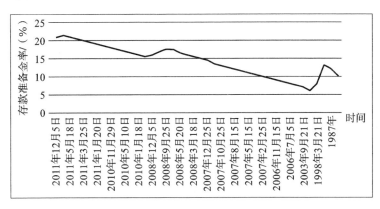

**图5-10　1985年至2011年3月25日存款准备金率变化图**

2011年前六个月,存款准备金率每月上调了一次,至6月已经达到了21.50%。从2011年11月30日开始,存款准备金率开始进入下调通道,到2016年2月29日共下调了9次,降到16.50%。由此可见,存款准备金制度在我国货币政策工具中的重要性。之后,中国人民银行又在此制度基础上,拓展和优化出定向降准制度,这样就能为某一特定目的,对符合条件的商业银行实施定向降准政策。2014年推出定向降准政策,在2014年4月和6月、2015年6月先后施行了三次;2017年9月30日,中国人民银行根据国务院为支持金融机构发展普惠金融业务的目标而对符合这一条件的商业银行实施了定向降准政策;2018年3月、4月和6月、10月先后施行了四次定向降准;2019年1月、5月、9月再次采取定向降准措施。存款准备金制度的变化,明显增强了中国人民银行对货币政策的调控作用,使它能够更加精准地实施相应的货币政策调控方式,以实现特定的宏观经济目标。

4. 再贷款

再贷款就是中国人民银行对金融机构的贷款,曾经是中国人民银行调控基础货币最为重要的渠道之一。中国人民银行通过适时调整再贷款的额度及利率,吞吐基础货币,实现货币信贷总量调控目标,合理引导资金流向和信贷投向。1984年,中国人民银行专门行使中央银行职能以来,再贷款就成为我国中央银行的重要货币政策工具。在1994年以前,中国人民银行主要就是通过直接增加或减少对商业银行的再贷款来实现扩张或紧缩的货币政策目标。在1994年外汇管理体制改革之后,受我国基础货币投放中外汇占款构成渠道的约束,中国人民银行通过增减再贷款的对冲来调控基础货币的能力越来越弱。在此背景下,中国人民银行通过发行中央银行票据、升降存款准备金率等工具来弥补再贷款在调控基础货币上的功能萎缩,而再贷款措施则更多用于维护金融的稳定。

2004年3月25日,中国人民银行在国务院授权的范围内实行再贷款浮息制度,即根据宏观经济金融形势,中国人民银行在再贷款基准利率基础上,适时确定并公布中央银行对金融机构贷款利率加点的幅度。该制度的引入理顺了中央银行和借款人之间资金借贷的利率关系,提高了中央银行引导市场利率的能力。之后,再贷款在维护金融稳定方面的作用越来越突出,中国人民银行既可以通过再贷款为金融机构提供流动性方面的支持,又可以通过再贷款来阐明中国人民银行对金融市场运行情况的做法。

5. 再贴现

再贴现是中央银行对金融机构持有、未到期已贴现的商业汇票予以贴现的行为,能够解决银行机构的准备金不足和流动性差的问题。再贴现是中央银行的重要货币政策工具之一,在完善货币政策传导机制、促进信贷结构调整、引导扩大中小企业融资、推动票据市场发展等方面发挥了重要作用,在一定程度上发挥了中央银行最后贷款人的作用。1986年,中国人民银行发布了《中国人民银行再贴现试行办法》,决定在北京、天津、上海等10个城市对商业银行试办再贴现业务。1995年年底,中国人民银行规范再贴现业务操作,开始把再贴现作为货币政策工具体系的重要组成部分之一,注重通过再贴现来传递货币政策的信号,以发挥"告示效应",表明中央银行的货币政策意向,以此影响银行业或社会公众的预期。1998年,中国人民银行制定了一系列完善商业汇票、再贴现管理的政策。改革再贴现、贴现利率生成机制,使再贴现利率成为中央银行独立的基准利率,为再贴现率发挥传导货币政策的信号作用准备了条件。2008年,中国人民银行进一步完善再贴现管理:适当增加再贴现转授权窗口,以便于金融机构尤其是地方中小金融机构法人申请办理再贴现;适当扩大了再贴现的对象和机构范围,使城乡信用社、存款类外资金融机构、存款类新型农村金融机构,以及企业集团财务公司等非银行金融机构均可向中国人民银行申请再贴现;拓宽商业承兑汇票的使用,促进商业信用的票据化;通过票据选择明确再贴现支持的重点金融机构,对涉农票据、县域企业和金融机构及中小金融机构签发、承兑、持有的票据优先办理再贴现;进一步明确再贴现可采取回购和买断等两种方式提升业务经营效率。

6. 特种存款

特种存款是指中央银行按金融机构信贷资金的情况,根据现金松紧、资金调度的需求,以特定的方式向这些机构集中一定数量的资金。作为中央银行货币政策的重要工具之一,中国人民银行在1987年和1988年两次向农村信用社、中国人民银行广东省分行等机构开办各50亿元特种存款,以达到调整信贷结构的目的。2007年12月27日,中国人民银行再次向农村信用社、城市商业银行等金融机构开办特种存款,期限为3个月期和1年期,年利率分别为3.37%和3.99%。中国人民银行通过特种存款,大大增强了回笼流动性的货币政策工具的职能,更加灵活地配合了中国人民银行公开市场操作业务。

7. 窗口指导

窗口指导是指中国人民银行根据产业政策、金融形势和金融市场动向等,通过劝告和建议来影响商业银行信贷行为的一种货币政策工具。作为一种货币政策可供选择的工具,窗口指导只是一种建议性和指导性的措施。1987年,中国人民银行与国有专业银行建立了比较稳定的联席会与碰头会制度。在这些会议上,国有专业银行向中央银行报告即期的信贷进展情况,中国人民银行则向国有专业银行说明对经济、金融形势的看法,通报货币政策的意向,以改进专业银行信贷业务管理和调整信贷投向。

窗口指导虽然不具有法律效应,但通常金融机构都会接受这些建议或劝告,窗口指导已成为中央银行与金融机构及时互通情况、贯彻货币政策的有效途径。1998年以来,伴随中国人民银行货币政策操作由直接调控向间接调控转换,窗口指导成为中国人民银行传递货币政策的一个重要工具。2003年,中国人民银行曾对商业银行的贷款进行严格的窗口指导,以规范其贷款结构和数量。2004年,中国人民银行根据行业特征,继续有选择地推进窗口指导。2010年,中国人民银行加强了对金融机构的窗口指导,引导它们均衡把握信贷投放节奏,完善信贷管理制度,充分发挥信贷政策对国民经济的积极作用。之后,中国人民银行依据金融机构的信贷结构、股市波动、社会经济形势等情况,较为频繁地通过窗口指导措施来规范信贷资金的流向、股市的波动,以此阐明中央银行货币政策的意向,从而达到货币政策调控的目标。

8. 常备借贷便利

常备借贷便利是中国人民银行近年来创新性发展出来的一个重要的货币政策工具。它的主要作用就是为了提高货币政策的调控效果,有效地防范银行体系的流动性风险,增强对货币市场利率的调控效率,客观上还需要不断创新和完善流动性供给及其调控机制,以不断提高应对短期流动性波动方面的能力,为维持和保障金融体系的正常运转提供必要的流动性支持。借鉴国际做法,中国人民银行在2013年年初创立了常备借贷便利。刚一创立,它便成为中国人民银行正常的流动性供给渠道之一,以满足金融机构期限较长的大额流动性需求。常备借贷便利工具操作的对象主要是政策性银行和全国性商业银行,期限为1—3个月。利率水平根据货币政策调控、引导市场利率的需要等综合性因素来确定。常备借贷便利通常以抵押方式发放,合格抵押品则包括高信用评级的债券类资产、优质信贷资产等。2015年2月11日,中国人民银行宣布在全国范围内推广分支机构常备借贷便利,以向符合条件的中小金融机构提供短期流动性支持。根据中国人民银行货币政策调控目标的变化,常备借贷便利已经成为一个由长期、中期、短期等构成的多样化调控工具,以顺应货币政策宏观调控的需求,促进社会经济的可持续性发展。

## 三、积极利用货币政策以应对社会经济的波动

中国人民银行的宏观调控体系日益完善,同时维护金融稳定的职能也得到了强化。从新中国成立至今,中国人民银行均能根据国内外经济形势妥善应对历次金融风暴,在国内外赢得了较高的声誉。

在改革开放之前,中国人民银行的职能虽然简单集中于"管资金",但它在历次危机中均能配合中央政府和国务院对经济的调整需求,避免国民经济的崩溃。改革开放以来,中国人民银行在针对社会经济波动之际,能够主动地创新和利用货币政策工具,顺利化解各类经济危机,如表5-7所示。

表5-7  1979年以来中国人民银行货币政策执行情况

| 时间 | 货币政策 | 实施年限/年 |
| --- | --- | --- |
| 1979—1984年 | 宽松 | 6 |
| 1985年 | 紧缩 | 1 |

续表

| 时间 | 货币政策 | 实施年限/年 |
|---|---|---|
| 1986—1988年 | 宽松 | 3 |
| 1989—1991年 | 紧缩 | 3 |
| 1992—1993年6月 | 宽松 | 1 |
| 1993年7月—1997年 | 紧缩 | 5 |
| 1998—2003年 | 宽松 | 6 |
| 2004—2008年上半年 | 中性偏紧 | 4 |
| 2008年下半年—2010年 | 适度宽松 | 3 |
| 2011年至2019年 | 稳健 | 8 |

货币政策主要有宽松和紧缩以及介于两者之间的一些形态。从1979年至今我国的货币政策施行情况来看，基本以宽松为主，紧缩政策仅仅在通货膨胀时采用。

货币政策紧缩期间大致分为如下几个时段：1985年，随着"放权让利"改革的推进，社会需求呈现高亢态势，社会总物价呈现上升压力。为了平抑物价，中国人民银行采取了催收贷款、压缩新贷款和降低货币供给增长等形式的紧缩货币政策，使上升的物价势头趋于平稳。1989—1991年，为了治理1988年价格改革闯关所引发的快速上升的物价水平，中国人民银行选择了优先控制物价高企的措施以配合中央提出的"治理整顿"的方针。通过紧缩的货币政策，社会经济很快就回归到正常的发展轨道。1993年7月至1997年，面对经济过热和物价居高不下的状况，中国人民银行采取了严格控制信贷规模、大幅提高存贷款利率和整治金融秩序等紧缩性货币政策措施，大幅收紧了银根，使宏观经济摆脱了过热的现状，顺利实现了经济发展的软着陆。2004—2008年上半年，针对经济局部过热，物价水平呈现上升态势，中国人民银行对金融机构的信贷政策采取有差别的存款准备金率政策，适度调低货币供应量目标，从而抑制了过快上涨的物价水平。

在宽松的货币政策期间，虽然经历了较多时段，但真正引人关注的是1997年的亚洲金融危机和2007年以来的次贷危机。在亚洲金融危机期间，我国经济很快呈现出低速增长的态势，有效需求不足和通货紧缩成为1998年以来经济发展的主要趋势。在此背景下，中国人民银行迅速采取了宽松的货币政策，取消了前期控制贷款限额的措施，增强金融机构自主放贷的能力，4次降低法定存款准备金率，1997年开始还连续8次降低存贷款利率,加大公开市场操作力度,及时调整操作方向,充分发挥信贷政策、窗口指导的重要引导作用。与此同时,中国政府向国际社会表明人民币汇率不贬值的决心,以支持深陷危机中的国家和防止危机对我国社会经济的不利影响。人民币贬值弊大于利。中国老百姓最怕货币贬值、物价上涨。人民币贬值就是向老百姓发出一个信号:中国经济不行了。而且,会影响到东南亚国家货币再一次贬值,特别是对香港地区影响大,会造成金融市场的混乱。① 为此,中国政府施行稳定的汇率政策,主动收窄人民币汇率浮动区间,积极采取各种有效措施以鼓励出口和吸引外资。在宽松的货币政策环境下,我国很快就克服了此次危机带来的不利影响,成功保持了国民经济的较快增长,赢得了香港汇率保卫战的胜利。

2007年次贷危机爆发以来,金融危机给我国经济带来了巨大冲击。出口部门遭遇严重影响,经济发展整体存在下行压力,物价由升转降,房市持续低迷,投资增长率大幅下滑。在此情况下,中国人民银行迅速从适度从紧的货币政策转向积极的宽松政策。从2008年10月9日起,连续多次调低存款准备金率,降低存贷款利率,增加货币供应量,扩大金融机构的贷款规模。"截至2009年8月末,我国货币供应量增长28.53%,增幅比2008年年末高10.71个百分点;狭义货币供应量同比增长27.72%。贷款规模增长更是惊人。1—8月,人民币各项贷款增加8.15万亿元,同比多增5.04万亿元。"②同时,中国政府还积极响应国际社会的诉求,主动参与此次危机的应对行动。一方面中国不断增加国际货币基金组织增资要求,给国际货币基金组织提供应急资金支持;另一方面妥善应对国际社会提出的金融援助要求,先后签署8份总规模达8035亿元人民币的双边本币互换协议③,同时积极参与G20等组织平台,与各国采取共同行动以应对危机的冲击。这样,通过量化宽松措施,我国很快就从危机中恢复过来,为世界经济的发展做出了巨大贡献。

2013年以来,互联网金融快速崛起,经济进入新常态,我国社会经济和金融领域隐藏的各种风险逐步显露出来。为了避免区域性和系统性金融风险,中国人民银行在促进互联网金融合理发展的同时,在2015年7月联手银监会、证监会、保监会等十部委共同发布《关于促进互联网金融健康发展的指导意见》。之后,各主体对互联网金融的各个监管领域相继出台监

---

① 朱镕基:《朱镕基讲话实录(第三卷)》,人民出版社2011年版第137-138页。
② 李扬等:《新中国金融60年》,中国财政经济出版社2009年版第426页。
③ 李德:《新中国金融业发展历程(下卷)》,人民出版社2015年版第443页。

管细则,从而改变了互联网金融发展中的"无准入门槛、无行业标准、无监管规则"状态。2017年4月25日,中共中央总书记习近平在主持以维护国家金融安全为主题的第四十次集体学习中明确指出,金融安全是国家安全的重要组成部分,是经济平稳健康发展的重要基础。维护金融安全,是关系我国经济社会发展全局的一件带有战略性、根本性的大事。金融活,经济活;金融稳,经济稳。在这次会议上,习近平提出了6条加强金融稳定的措施,对于中国人民银行加强金融监管和积极使用货币政策来应对社会经济危机、妥善处置金融风险等具有很强的指导性意义。在2017年7月召开的第五次全国金融工作会议和10月召开的党的十九大上,均明确表明了今后金融调控中要守住不发生系统性金融风险的底线。2018年,更是把防范金融风险作为金融宏观调控的主线,促进金融降杠杆和服务实体经济的作用。2019年,继续把防风险作为政府三大重点攻坚的任务之一,对包商银行这样处于高风险的金融组织加以接管,以防范风险的扩散。

## 四、加强国际合作

中国人民银行在加强宏观调控和维护金融稳定的同时,积极加强与国际性、区域性金融组织、各国中央银行的合作,以推动我国中央银行职能的完善和提升我国金融的国际化水平、影响力和话语权。

(一)加入国际性和区域性金融组织

改革开放以来,中国人民银行就开始谋求加入国际性、区域性金融组织。当时,中国人民银行把恢复我国在国际货币基金组织(IMF)、世界银行(World Bank)的合法席位,逐步加入其他国际性金融组织,作为我国参与国际金融事务的起点,表达我国在国际金融事务中的主张,体现我国参与国际金融合作的愿望和履行国际义务的能力。1980年年初,以中国银行的名义邀请国际货币基金组织负责人访华;3月25日,以亚洲部敦辛为团长的国际货币基金组织代表团来京,就恢复我国在国际货币基金组织的合法席位问题进行了磋商。1980年4月4日,以中国银行副行长兼国家外汇管理总局副局长王伟才为代表的中方与敦辛团长签署了备忘录。1980年4月17日,国际货币基金组织恢复了中华人民共和国在该组织中的合法席位。1980年5月15日,世界银行董事会通过了恢复我国在世界银行合法席位的决议。随后,我国又相继加入国际开发协会(International Development Association)、国际金融公司(The international financial)等金融组织,如表5-8所示。

表 5-8　新中国重返或参加国际性、区域性金融组织情况

| 金融组织 | 金融组织名称 | 加入时间 |
| --- | --- | --- |
| 国际性金融组织 | 国际货币基金组织 | 1980 年 4 月 17 日 |
| | 世界银行 | 1980 年 5 月 15 日 |
| | 国际清算银行 | 1996 年 9 月 9 日 |
| | 国际开发协会 | 1980 年 5 月 |
| | 国际金融公司 | 1980 年 5 月 |
| | 巴塞尔银行监督管理委员会 | 2009 年 3 月 16 日 |
| | 金融稳定理事会 | 2009 年 4 月 2 日 |
| 区域性金融组织 | 亚洲开发银行 | 1986 年 2 月 17 日 |
| | 非洲开发银行 | 1985 年 5 月 |
| | 东亚及太平洋地区中央银行行长会议组织 | 1992 年 |
| | 亚欧财政会议 | 1997 年 9 月 |
| | G20 | 1999 年 9 月 |
| | 东南非贸易与开发银行 | 2000 年 8 月 |
| | 亚太经合组织财长会议 | 2001 年 10 月 |
| | 西非开发银行 | 2004 年 11 月 |
| | 伊斯兰金融服务委员会 | 2004 年成为该组织的观察员国 |
| | 加勒比开发银行 | 1998 年 1 月 |
| | 泛美开发银行 | 2008 年 10 月 |
| | 东南亚中央银行组织 | 2011 年 1 月 25 日 |
| | 中亚、黑海及巴尔干地区央行行长会议组织 | 2011 年 4 月 |
| | 欧洲复兴开发银行 | 2016 年 1 月 15 日 |
| | 东南亚-新西兰-澳大利亚中央银行组织 | 1987 年 |
| | 中国、美国、日本、澳大利亚、新加坡和中国香港组成的"六方市场会议" | 2008 年 |
| | 中国、日本、澳大利亚、马来西亚、泰国与中国香港组成的"六方行长会议" | 2008 年 |

在加入国际性金融组织的同时,我国还积极参与区域性金融组织。

1985年5月,我国加入非洲开发银行,并积极参与非洲开发银行的业务活动和决策,加强与它的交流、合作。1986年2月17日,我国自1983年展开与亚洲开发银行的多次谈判和交涉后,终于成为亚洲开发银行的正式成员。之后,我国又相继加入其他区域性金融组织,以及亚太地区几个设有常设办事机构的中央银行组织,并在其中起到积极作用,进一步扩大了我国在国际和区域金融组织中的影响力。

(二)加强与别国中央银行的合作

改革开放以来,中国人民银行加强了与其他国家中央银行的联系和合作。至今,中国人民银行已经跟美、英、德、日、意大利、加拿大、澳大利亚等所有发达国家的中央银行以及欧洲中央银行建立了紧密的双边交往关系;同时,跟俄罗斯、印度、南非、巴西等金砖国家,韩国、新加坡等新兴经济国家,以及大多数亚非拉发展中国家的中央银行也建立了稳定的双边交往机制。到2017年5月,中国人民银行还跟委内瑞拉、印度、俄罗斯、捷克等40多个国家或地区的中央银行签订了投资等方面的系列协议,巩固和发展了彼此之间的合作关系,加强了金融信息、技术等方面的交流。在次贷危机发生之后,中国人民银行积极与其他国家中央银行进行合作,以应对国际金融风暴。到2019年年初,中国人民银行已经跟37个国家或地区的中央银行签订了双边货币互换协议,如表5-9所示。

表5-9 中国人民银行与其他国家(地区)的中央银行首次签订的双边货币互换协议

| 签订日期 | 国家或地区 | 金额/亿元 |
| --- | --- | --- |
| 2009年3月11日 | 白俄罗斯 | 200 |
| 2009年3月23日 | 印度尼西亚 | 1000 |
| 2009年4月2日 | 阿根廷 | 700 |
| 2010年6月9日 | 冰岛 | 35 |
| 2011年4月18日 | 新西兰 | 250 |
| 2011年4月19日 | 乌兹别克斯坦 | 7 |
| 2011年6月13日 | 哈萨克斯坦 | 70 |
| 2011年10月26日 | 韩国 | 3600 |
| 2011年11月22日 | 中国香港 | 4000 |
| 2011年12月22日 | 泰国 | 700 |
| 2011年12月23日 | 巴基斯坦 | 100 |
| 2012年1月17日 | 阿拉伯联合酋长国 | 350 |

续表

| 签订日期 | 国家或地区 | 金额/亿元 |
|---|---|---|
| 2012年2月8日 | 马来西亚 | 1800 |
| 2012年2月21日 | 土耳其 | 100 |
| 2012年3月20日 | 蒙古国 | 100 |
| 2012年3月22日 | 澳大利亚 | 2000 |
| 2012年6月26日 | 乌克兰 | 150 |
| 2013年3月7日 | 新加坡 | 3000 |
| 2013年3月26日 | 巴西 | 1900 |
| 2013年6月22日 | 英国 | 2000 |
| 2013年9月9日 | 匈牙利 | 100 |
| 2013年9月12日 | 阿尔巴尼亚 | 20 |
| 2013年10月10日 | 欧洲中央银行 | 3500 |
| 2014年7月21日 | 瑞士 | 1500 |
| 2014年9月16日 | 斯里兰卡 | 100 |
| 2014年10月13日 | 俄罗斯 | 1500 |
| 2014年11月8日 | 加拿大 | 2000 |
| 2015年3月18日 | 苏里南共和国 | 10 |
| 2015年3月25日 | 亚美尼亚 | 10 |
| 2015年4月10日 | 南非 | 300 |
| 2015年5月10日 | 白俄罗斯 | 70 |
| 2015年5月25日 | 智利 | 220 |
| 2015年9月3日 | 塔吉克斯坦 | 30 |
| 2016年5月11日 | 摩洛哥 | 100 |
| 2016年6月17日 | 塞尔维亚 | 15 |
| 2016年12月6日 | 埃及 | 180 |
| 2018年4月27日 | 尼日利亚 | 150 |

中国人民银行与上述国家或地区签订的货币互换协议年限均为3年，多数协议到期后均签订续订协议。比如，中国人民银行与欧洲中央银行在2016年9月27日进行了展期，期限延长到2019年9月。

中国人民银行在伦敦、纽约、东京、法兰克福、悉尼等地区设立了代表处，以强化中国人民银行与该地区的中央银行的交流，深化彼此之间在市场调研、人才培训、跨国监管、外汇资金的操作等领域的合作。韩国、日本、朝鲜、挪威、俄罗斯等八国或地区的中央银行也在北京或上海设立了代表处,以加强与我国央行之间的合作,促进双边金融合作与经贸关系的进一步发展。

(三)展开国际金融合作

改革开放以来,中国人民银行积极主动开展国际金融领域的合作。一是力争国际或区域性金融组织和机构的支持,扩大我国国际性融资渠道。在恢复国际货币基金组织、世界银行等国际性金融组织的合法席位之后,中国人民银行就力争从这些金融组织中获取各种优惠资金来支持国内经济建设。至今,我国从国际货币基金组织中得到了多次资金援助。1981年,我国向 IMF 借用 4.5 亿特别提款权(约 5.5 亿美元)的备用信贷安排和 3.1 亿特别提款权(约 3.8 亿美元)的信托基金以弥补当时的国际收支逆差。1986 年,我国再次从 IMF 借入 5.98 亿特别提款权(约 7.3 亿美元)的备用信贷安排来促进我国社会经济发展,至今已经全部偿还。[①] 中国作为一个发展中国家,也从世界银行获得了大量低息优惠贷款,仅到 2019 年 6 月 30 日就曾获得大约 650 亿美元的低息贷款。同时,我国还从亚洲开发银行等区域性金融组织中获得过各种优惠贷款。当然,在争取各种资金支持的过程中,中国人民银行还从这些国际性或区域性金融组织中引进先进技术和管理经验,以提升我国金融业的发展水平。

二是借鉴国外中央银行的先进经验,完善中国人民银行制度建设。中国人民银行曾多次派遣人员到国际货币基金组织、世界银行等国际性金融组织以及其他国家的中央银行进行交流,就货币政策、经济热点、人才培养、制度建设、金融监管等方面进行深入系统探讨,以提升我国中央银行体系构建。在金融监管方面,我国已经采纳了巴塞尔银行监管委员会制定的标准;在金融统计等方面,则采纳了国际上的各种先进方式和标准,如中国人民银行正式采纳国际货币基金组织数据公布特殊标准(SDDS)。这样,我国完全采纳 SDDS 的全部程序,按照 SDDS 标准公布相关统计数据。

三是中国人民银行在参与各类金融组织的过程中,还积极参加或主办各种国际或区域性金融会议。在恢复国际货币基金组织、世界银行等国际性金融组织席位后,中国人民银行几乎参与了其所有的活动。同时,我国

---

[①] 中国人民银行:《中国人民银行六十年(1948—2008)》,中国金融出版社 2008 年版第 80 页。

还参与或主办 G20 峰会以及非洲开发银行等各类金融组织的会议。1989年 5 月在北京举办了亚洲开发银行第 22 届年会;1997 年 11 月在上海主办了第三届东亚及太平洋中央银行行长会议;同年 9 月在香港举办了第 52 届国际货币基金组织和世界银行联合年会;2007 年 5 月由上海承办非洲开发银行集团理事会年会;2015 年 5 月 14 日至 16 日,中国人民银行首次在上海主办中亚、黑海及巴尔干地区央行行长会议组织第 33 届行长会;2016 年 9 月 13 日,中国在杭州举办 G20 峰会,等等。这些会议,大大提升了我国金融在国际金融中的地位和话语权。

四是履行国际义务,促进国际金融合作。从国际社会获得大量资金支持的同时,我国根据社会经济发展程度,积极向亚洲开发银行、非洲开发银行、加勒比开发银行等区域性金融组织提供各类无偿贷款;同时,我国在 20 世纪 90 年代以来还向国际货币基金组织提供大量资金以支持特定项目。1994 年,中国人民银行向 IMF 提供了 1 亿特别提款权的贷款以支持重债穷国的债务调整,同时还向该贷款的贴息账户捐款 1200 万特别提款权;1997 年,中国在 IMF 框架下向泰国政府贷款 10 亿美元;1999 年,中国又向 IMF 捐助 1313 万特别提款权以继续支持穷国减债计划;2005 年,中国政府积极对 IMF 的"冲突后和自然灾害紧急援助贴息账户"注资,为受灾国提供援助。次贷危机爆发之后,我国主动向世界各国提供必要的资金援助。2013 年,习近平提出"一带一路"倡议以来,我国先后出资在北京设立丝路基金、亚投行等区域性金融机构,以帮助"一带一路"沿线国家和地区建设各类基础设施。2017 年 5 月,在北京举办"一带一路"高峰论坛期间,我国给丝路基金新增 1000 亿元人民币,为"一带一路"倡议的推进起到巨大促进作用。

此外,中国人民银行还积极推进我国金融业的"走出去"步伐,有步骤地把国外金融机构"引进来"。到 2018 年为止,我国已经完全放开人民币业务,在资本项目上按 IMF 的分类标准(共 7 大类 40 项)已实现可兑换、基本可兑换、部分可兑换的项目达到 37 项,占到全部交易项目的 92.5%。今后,我国必将会按照内外一致、准入前国民待遇和负面清单的管理模式,加快金融业开放的步伐。

# 第六章
# 银行业的改革与发展

改革开放以来,我国银行业基本遵循社会经济体制改革的进程,顺应从计划经济向市场经济的转变,渐进实现银行业改革的目标。按照企业拨改贷的思路,首先从中国人民银行中分离出中国农业银行、中国银行、中国工商银行,从财政部分离出中国建设银行,这四家国有专业银行经过商业化改革逐步转变成四家国有商业银行[①],1998年以来四家国有商业银行通过债务剥离、增资、财务整合、公司制改造、引进战略投资者和上市,已经成为治理结构较为完善的国有商业股份制银行;接着,我国相继成立交通银行等14家股份制商业银行;20世纪90年代以后又在城市信用社基础上组建了大批城市商业银行;1996年农村信用社从中国农业银行的管辖中分离,经营管理体制在深化改革中渐趋成为独立法人组织,之后村镇银行、小额贷款公司等兴起,进一步增强了农村金融实力。与此同时,外资银行等也相继进入中国,完全改变了我国改革开放之前单一的银行体制,形成了银行业中的多元化格局。伴随银行业的改革、发展,它们的资源配置功能日趋市场化,更加符合我国经济日益多元化发展的需求。

## 第一节 国有银行的恢复、改革与发展

高度集中统一的金融体制、经过长期运作所积累的低效率,使得金融体系维持"管资金"职能的成本已经远远高于其收益。在此背景下,我国在

---

① 下文如无特殊说明,四家国有商业银行均指中国工商银行、中国建设银行、中国农业银行、中国银行。

长期制度的惯性下,逐步推进银行体系的改革。为了降低制度运行成本,首先将中国人民银行的职能划分成中央银行职能和商业银行职能,之后从中剥离出不同的专业银行来承担相应的商业性职能,由单一银行制度过渡到国有专业银行与中国人民银行并存的二元银行体系。1984年之后,受政策性与商业性业务并存的影响,国有专业银行开展了企业化改革,打破了大锅吃饭、行业限制的约束,渐趋向国有商业银行转变。1995年以来,为了提升经营效率,国有专业银行成功改组为国有独资商业银行;2003年国有商业银行开展股份制改造,完善公司治理,渐趋向国有控股的股份制银行转化。四家国有银行相继上市,至今它们仍然在不断完善公司治理结构,深化改革。

## 一、国有专业银行的分设

改革开放以来至1984年是中国国有专业银行的构建时期。在中共十一届三中全会确立以经济建设为中心的目标之后,我国开始了对"大一统"经济体制的改革,社会经济朝多元化方向快速推进。在此条件下,高度集中统一的金融管理体制已经无法满足日益多元化的经济主体需求,亟须改变单一的"管资金"功能,向"调市场"转化。中国人民银行顺应这一趋势,不断强化金融宏观调控职能,把依附在它身上的商业银行业务剥离出来,逐步构建起一个宏观金融体系。

在此过程中,国务院把从中国人民银行中分离出来的商业银行业务分配给最初的四家国有专业银行。1979年3月,中国农业银行率先从中国人民银行中分离出来,直属国务院,由中国人民银行监管。它的主要任务就是负责以前由中国人民银行承担的涉农金融业务,即统一管理支农资金,集中办理农村信贷,领导农村信用社,发展农村金融事业。随后,中国人民银行又相继把外汇、工商等商业性银行职能剥离出去,分别设立中国银行和中国工商银行以承担其相应业务;与此同时,中国(人民)建设银行也从财政部中分离,以负责固定资产投资信贷和储蓄等业务,如表6-1所示。

表6-1 我国国有专业银行的分设情况

| 银行名称 | 分设时间 | 核心任务 |
| --- | --- | --- |
| 中国农业银行 | 1979年3月 | 统一管理支农资金,集中办理农村信贷,领导农村信用社,发展农村金融事业 |

续表

| 银 行 名 称 | 分设时间 | 核 心 任 务 |
|---|---|---|
| 中国银行 | 1979年3月 | 组织、运用、积累和管理外汇资金,经营一切外汇业务,从事国际金融活动,为社会主义现代化建设服务 |
| 中国人民建设银行(1996年改为中国建设银行) | 1983年1月 | 主管固定资产投资信贷业务和储蓄业务 |
| 中国工商银行 | 1984年1月 | 依据国家的方针政策筹集资金和运用资金,支持工业生产发展和商品流通扩大,支持集体、个体工商业和服务性行业的发展 |

经过五年的改革和商业性业务的剥离,到1984年1月中国工商银行的建立,标志着中国人民银行完全剥离出其商业性业务,"大一统"的金融机构体系完全被打破,建立起独立的中央银行体制,形成了一个由中国人民银行和四家国有专业银行组成的二元银行格局,这成为我国商业银行发展的真正起点,初步形成了宏观金融体系。

四家国有专业银行相继分设或建立以来,它们的业务一开始并不是按照商业银行的经营思路,而是根据计划经济的行业分工进行安排,基本集中在农村、外汇、基本建设和工商企业等各自指定的领域内,为社会经济的发展提供必要的政府资金支持。拨改贷等措施的实施,使国有专业银行的信贷业务有了很大扩展。"拨改贷的实施,使银行信贷在经济建设资金来源中的比重迅速上升,1981—1992年,国家预算内资金在全社会固定资产投资来源中的比重从28%下降到4.3%,国内贷款的比重则由12.69%上升到27.4%。"[①]银行信贷渐趋替代国家预算内资金的做法,使以前"统收统支、统存统贷"向1980年"统一计划、分级管理、存贷挂钩、差额控制"的管理体制过渡,到1983年,在国家专业银行系统内实行了"全额利润流程制度",各项考核与利润留存挂钩,国家专业银行内部初步确立了风险、成本与利润等的经营目标,金融功能得到逐步恢复和扩展。

与此同时,国有专业银行的分设,也使我国银行业逐步摆脱了之前长期与外界基本隔绝的状态,开始了主动与世界的接触。改革开放之初,中国银行业仅在我国香港、澳门,以及伦敦和新加坡四地设有境外分支机构;

---

① 易纲:《中国金融改革思考录》,商务印书馆2009年版第282页。

1979年6月3日,中国银行在卢森堡设立的分行开业,成为新中国成立后中国银行设立的第一个海外分行。随后,中国银行纽约分行、巴黎及东京代表处相继设立;1984年9月,中国银行还以0.8亿澳门元收购澳门大丰银行50%股权,揭开了中国银行业境外收购的序幕。国有专业银行的国际化步伐不但为中国经济的发展提供了必要的外汇支持,还拓展了中国银行业境外业务。

## 二、国有专业银行的企业化改革

1985年至1993年是中国国有专业银行企业化改革的阶段。在这一时期,国有专业银行的改革充满了曲折,虽然尚未完全打破专业化经营的格局,但已经部分改变了原先经营的框架,在"放权让利"上取得了明显进展,极大地扩大了银行自主经营的范围。

一是扩大国有专业银行的自主经营权。1984年10月,中共十二届三中全会出台了《中共中央关于经济体制改革的决定》,有力地推动了"有计划的商品经济",国有专业银行业务得到了快速发展。之后,开始了以扩大国有专业银行经营自主权的企业化改革,使国有专业银行向"自主经营、自担风险、自负盈亏、自我约束"的目标推进。1985年,国家实行"拨改贷",停止向国有企业法人注资,银行统一管理企业流动资金,成为企业资金来源的主渠道。为了适应这一变化,中国人民银行实施了四家国有专业银行业务可以适当交叉、"银行可以选择企业,企业可以选择银行"的政策措施,鼓励和支持四家专业银行之间展开适度竞争,打破各家银行资金在各自业务范围内"统收统支"的"供给制"运行方式,提高专业银行的经营效率、管理水平和服务水平,满足改革开放以来蓬勃发展的乡镇企业、民营企业等多种类型经营主体的资金需求。同时,国有专业银行在计划、资金、财务等内部管理制度领域也进行了一系列改革,推动国有专业银行行政化管理向企业化管理转变。1986年,中央尝试对国有专业银行推行行长负责制、目标经营责任制等方式,以加快企业化改革进程;12月,邓小平提出"金融改革的步子要迈大一些。要把银行真正办成银行。我们过去的银行是货币发行公司,是金库,不是真正的银行"。[①] 按此要求,银行逐步被明确定位为"经营货币的特殊企业"。1987年,实行核定"成本率、综合费用率、利润留存与增补信贷基金或保险周转金比率"等"三率"制度和下放"业务经营自

---

① 邓小平:《邓小平文选(第三卷)》,人民出版社2008年版第193页。

主权、信贷资金调配权、利率费浮动权、内部机构设置权、留存利润支配权、中层干部任免及职工招聘与奖惩权"等"六权",从而大大突破了过去金融单一的"管资金"职能,国有专业银行的责、权、利逐步统一,经营机制进一步得到改善,责任制初步确立。

1988年以来,受国内外经济形势变化的影响,在财政紧张的情况下各级政府需要利用国有专业银行及其分支机构来筹集政策性经济建设资金。这样,在行政化干预加强的情况下,国有专业银行的企业化改革的步伐日渐缓慢;而1989年开始的三年金融秩序整顿,使国有专业银行管理上的行政化管理做法再次占据主导地位,国有专业银行的改革陷入了停滞不前的状态。1992年,邓小平的南方谈话再次打破国有专业银行企业化改革的僵局,重新确立了国有专业银行企业化改革中的市场化取向。1993年12月,发布了《国务院关于金融体制改革的决定》,明确了国有专业银行商业化改革的方向。

二是逐步突破国有专业银行的信贷资金管理体制。1985年,中央改变了1980年实行的"存贷挂钩,差额包干"信贷管理办法,在全国范围内施行统一计划、划分资金、实贷实存、相互融通、限额管理、以存定贷等政策。它的核心是"实贷实存",国有专业银行在中国人民银行开立存款账户,实现货币发行与信贷业务、信贷计划与信贷资金分开管理的制度。这样,初步解决了过去国有专业银行在信贷资金上完全依靠中国人民银行的问题,使国有专业银行建立起以资金利用率、费用开支和利润增长为主的经济指标。1986年1月,国务院颁布了《中华人民共和国银行管理暂行条例》。该条例专门把专业银行单列一章,以规范国有专业银行的业务范围、基本职责、总分支机构设置与退出的条件,加强对专业银行的管理,保证专业银行事业的健康发展,促进和服务我国社会主义现代化事业的建设。

1989年,中国人民银行为了贯彻中共十三届三中全会整顿金融秩序、深化金融改革的精神,对信贷资金管理做了一定程度的变动,施行了"努力增加存款来源,对信贷要控制总量、调整结构、保证重点、压缩一般、适时调节"的措施,建立社会信贷总量的监控制度和加强信贷计划管理,对贷款实行"限额管理、以存定贷",确立最高控制限额的办法。1994年3月,根据社会经济形势的变化,中国人民银行又对国有专业银行的信贷资金管理体制进行了适度调整,制定和颁布了《信贷资金管理暂行办法》。该办法确立了"总量控制,比例管理,分类指导,市场融通"的信贷资金管理基本原则,采取严格控制货币信贷总量与固定资产贷款规模,实行限额管理下的资产负债比例管理。到1998年,中国人民银行才取消贷款规模的控制,改成计划指导、自求平衡的比例管理制度,严格实行资产负债比例管理和风险管理措施。

显然,经过这一阶段国有专业银行企业化的改革,国有专业银行的各项业务获得了很大发展,四家专业银行之间开始呈现出"农行进城、工行下乡、中行上岸、建行进厂"的业务交叉竞争格局,为国有专业银行向国有独资商业银行转变奠定了必要的制度基础。

### 三、国有商业银行的建立

1994年至2002年是国有专业银行向国有商业银行转化的阶段。在这一时期,我国完全打破了国有专业银行专业化经营格局,实现了业务经营职能的商业化取向。

(一)政策性业务与商业性业务的分离

国有专业银行从中国人民银行分设出来之后,四家国有专业银行在从事商业化业务的同时,有时还需承担诸如农产品收购等方面的政策性业务,而国有专业银行也往往利用这一时机把商业性经营业务里的种种损失归咎到政策性贷款领域。同时,大力向中国人民银行争取再贷款及各项财政性补贴,以降低自身商业性经营压力。这种道德风险和逆向选择行为严重影响了国有专业银行的商业性经营动力,增加了银行经营中的各种不良性亏损。在此背景下,为了把银行真正办成银行,顺应中共十四届三中全会提出的建立社会主义市场经济的目标,1993年12月25日,国务院发布的《国务院关于金融体制改革的决定》中正式提出建立以国有商业银行为主体的金融体系,实施由国家专业银行向国有商业银行的战略性转变。1994年,我国相继设立国家开发银行、中国进出口银行和中国农业发展银行等三家政策性银行,以承担四家国有商业银行的政策性业务。

三家政策性银行的建立,初步实现了国有银行政策性业务与商业性业务的分离,建立了国有银行统一法人的制度。1995年7月,《中华人民共和国商业银行法》(以下简称《商业银行法》)颁布实施,从法律上明确了工、农、中、建四家国有银行是实行"自主经营、自担风险、自负盈亏、自我约束"的国有独资商业银行。

(二)国有商业银行的制度建设

《商业银行法》明确了我国商业银行的市场准入、最低资本金规定、业务范围、管理监督、撤废等方面的制度条件。按照这一规定,四家国有专业银行确立了向国有独资商业银行转变的方向。1994年,中央明确了国有专业银行的自有资金①就是它们的资本金,与银行提留的呆账准备金等附属资本一起构成它们的所有者权益,由此明晰了国有专业银行向国有独资商业银行转变的资本前提。之后,为了加强国有商业银行的资本与风险管理,1988年,财政部颁布了《关于国家专业银行建立贷款呆账准备金的暂行规定》,开始对我国银行系统进行信贷资产分类管理。此次划分,按照贷款期限将信贷资产划分成正常、逾期、呆滞与呆账等四类。在实际执行中,这一方法存在诸多的不足之处,对此,中国人民银行在1999年发布了《关于全面推行贷款五级分类工作的通知》。根据这一通知,信贷资产划分由传统方式向动态风险监督的"五级分类"转变,将贷款分成正常、关注、次级、可疑、损失等五级。"五级分类"工作,要求四家国有独资商业银行和政策性银行在1999年年底完成,而其他银行机构则到2002年年底前完成。

在按照"五级分类"划分信贷资产的条件下,国有独资商业银行的不良资产率居高不下。"亚洲金融风暴时,虽然商业银行报告的不良资产率是25%,但考虑到当时的贷款分类标准、会计标准、财务纪律等方面的问题,25%很可能是低估的,市场的估计基本在35%—40%。"②国有商业银行如此高的不良资产率,甚至被某些西方评论家看作"技术上破产了"。这样,降低居高不下的不良资产率就成为国有商业银行维持持续发展的一个核心任务,成为维持我国金融稳定的关键所在。不良资产率居高,而资本充足率又与《商业银行法》第三十九条(一)所规定的资本充足率不得低于百分之八存在很大差距,具体如图6-1所示。

显然,四家国有商业银行居高不下的不良资产率与偏低的资本充足率,严重影响到它们的进一步发展。它们的资本回报率(ROA)与国外大银行之间存在很大差距(见图6-2),大大约束了国有商业银行的独立性和竞争力。

按照金融改革决定的目标,四家国有专业银行要真正实现向国有独资商业银行转变,就必须遵循商业化经营规律,实现国有商业银行机构的可持续发展。为此,国务院一方面采取财税措施,以提升国有独资商业银行的盈利能力。"1997年,财政部下调了国有商业银行的企业所得税税率,从

---

① 我国商业银行的资本金在1994年存在明显的不同来源。改革开放之前的信贷基金,由财政每年拨给;1984年财政不再拨款,改由银行在利润留存中提取一部分作为信贷基金,又称为自有资金。

② 朱民、蔡金青、艾梅霞:《中国金融业的崛起——挑战及全球影响》,中信出版社2010年版前言中第30页。

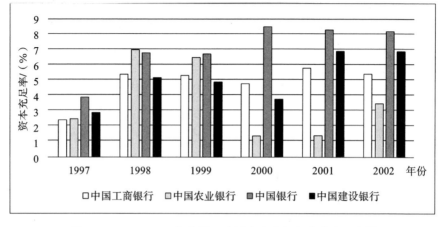

图 6-1　1997—2002 年我国四大国有商业银行资本充足率①

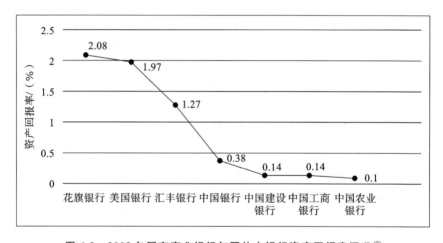

图 6-2　2003 年国有商业银行与国外大银行资产回报率概况②

原来的 55%（外加 7% 的调节税）下调至一般工商企业 33% 的所得税税率，同时将营业税税率由原来的 5% 适当上调至 8%。"③通过降低银行奇高的税率，明显改善了银行经营的盈利能力，按比例提高了银行的自有资金数量。另一方面，中央政府根据四家国有商业银行资产结构中不良资产比例高的状况，展开初始的财务重组。在 1997 年召开的第一次全国金融工作

---

① 根据李志辉的《中国银行业的发展与变迁》（格致出版社、上海人民出版社，2008 年版第 97 页）相关数据制作而成。

② 根据《中国金融年鉴（2003）》的相关数据制作而成。

③ 李志辉：《中国银行业的发展与变迁》，格致出版社、上海人民出版社 2008 年版第 97 页。

会议上,中央明确了设立资产管理公司以剥离国有商业银行的不良资产、补充它们的资本金,取消贷款规模,实行资产负债比例管理等重要改革举措。按照这一思路,1998年,中国政府发行2700亿元特别国债以补充四家国有商业银行资本金不足;1999年,剥离四家国有商业银行13939亿元不良资产,并成立华融、长城、东方、信达等四家资产管理公司以专司四家国有商业银行不良资产的处置工作(见表6-2)。

表6-2　1999年四家国有商业银行不良资产剥离对应的机构

| 银 行 名 称 | 不良资产剥离对应的资产管理公司 |
| --- | --- |
| 中国工商银行 | 华融资产管理公司 |
| 中国银行 | 东方资产管理公司 |
| 中国建设银行 | 信达资产管理公司 |
| 中国农业银行 | 长城资产管理公司 |

通过对四家国有商业银行不良资产的初步剥离,国有商业银行的不良资产比率有所改善,但受体制和机制的约束,不良资产率很快反弹,到2002年再次面临高企的局面,大大制约了国有商业银行的竞争力和股份制改造的推进,如图6-3所示。

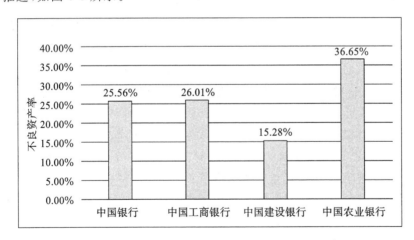

图6-3　2002年四家国有商业银行的不良资产率①

伴随着向国有独资商业银行的转变,四家国有商业银行根据市场化规则对分支机构进行了重新布局,加大了对国内经济发达地区的分支机构建

---

① 根据中国人民银行官网上公布的相关数据制作而成。

设,大幅减少了基层和经济欠发达地区的经营机构,"从1998年至2002年,我国国有独资商业银行的营业性机构数量共减少了约1/3以上,工作人员数量共减少了约18%"①。经过机构整顿,四家国有商业银行逐步迈上了真正的商业银行商业化经营之路。

### 四、国有控股股份制商业银行的确立

2003年至今是国有商业银行股份制改造和进一步深化改革、构建普惠金融体系的时期。这一时期,根据国有商业银行的改革进程,大致可以划分成两个阶段:2003年至2010年为国有商业银行股份制改造阶段,2011年至今则是进一步深化改革、加快信息化和构建普惠金融体系的时期。

#### (一)国有商业银行的股份制改造

2001年,中国正式加入WTO,在五年过渡期结束后,中国完全对外资金融机构放开人民币等金融业务,这样必然给国有独资商业银行带来全新的挑战和激烈的竞争。为此,国务院在2002年召开的第二次全国金融工作会议上提出了要按照"产权清晰、权责明确、政企分开、管理科学"的现代金融企业制度要求,把国有独资商业银行改造成治理结构完善、运行机制健全、经营目标明确、财务状况良好、具有较强国际竞争力的现代金融企业。2003年以来,国有独资商业银行基本按照这一思路展开对国有商业银行的股份制改造。股份制改造基本是按照财务重组、建立国有股份制商业银行、引进战略投资者和上市的步骤循序渐进地推进的。

财务重组是我国国有商业银行股份制改造的首个环节。为了应对2006年之后来自外资银行的全面挑战、竞争以及全面完成国有商业银行股份制改造的目标,中央政府针对国有商业银行不良资产在2002年以来再次上升和不良贷款率达到24.13%的局面,再次展开了财务重组的工作。2003年,我国成立中央汇金投资有限责任公司(以下简称汇金公司),代表中央政府向中国银行、中国建设银行注资450亿美元,以推动国有银行的股份制改造;2005年,汇金公司再次代表中央政府向中国工商银行注资150亿美元。与此同时,为了降低国有商业银行的财务负担,中央政府对进行股份制试点改革的国有商业银行通过核销原有资本金以及返还当年利润等方式对冲坏账,并对剩余的不良资产再次进行剥离,仅中国银行、中国建设银行、中国工商银行三家国有银行就剥离了1万亿元的不良资产。中

---

① 李志辉:《中国银行业的发展与变迁》,格致出版社、上海人民出版社2008年版第96页。

国农业银行在 2004 年首次向国务院提出股改方案以来,到 2008 年 11 月获得了中央汇金公司 1300 亿元人民币的等值美元注资,同时与财政部共同成立共管基金,将 8000 亿元不良资产划入共管基金账户,以实现不良资产的剥离。通过注资和不良资产剥离,四家国有商业银行的资产质量得到明显改善,资本充足率均达到 8% 的监管要求,为后续的股份制改革和上市准备了良好的条件。

第二步是建立国有股份制商业银行。中央政府对四家国有商业银行的注资等财务重组行动,完全改变了国有商业银行资本质量欠佳的状况。2002 年,第二次全国金融工作会议明确表示推进国有独资商业银行的综合改革,必须紧紧围绕改革管理体制、完善治理结构、转换经营机制、改善经营绩效等中心环节,逐步把四家国有商业银行转变成一个资本充足、内控严密、运营安全、服务和效益良好、具有较强国际竞争力的现代化国有股份制商业银行。按照现代企业制度的要求,国有独资商业银行拉开了股份制改革的序幕。2003 年,国务院确定中国银行、中国建设银行作为首批股份制改革的试点银行,国有银行正式开始了股份制改造。2004 年 8 月,中国银行由汇金公司独家控制发起成立中国银行股份有限公司,揭开了国有独资商业银行股份制改造的序幕,如表 6-3 所示。

表 6-3 四家国有商业银行改组成为国有独资股份制商业银行时间表

| 银 行 名 称 | 改 组 时 间 |
| --- | --- |
| 中国银行 | 2004 年 8 月 26 日 |
| 中国建设银行 | 2004 年 9 月 15 日 |
| 中国工商银行 | 2005 年 10 月 25 日 |
| 中国农业银行 | 2009 年 1 月 15 日 |

2004 年 9 月,中国建设银行正式进行股份制改造,由汇金公司、中国建银投资有限公司(中国建投)、宝钢集团、国家电网和长江电力等共同发起成立中国建设银行股份有限公司。2005 年 4 月,国务院批准中国工商银行正式进行股份制改造,到 10 月完成股份制改造。2007 年 1 月,在第三次全国金融工作会议上明确了中国农业银行围绕"坚持面向'三农'、整体改制、商业运作、择机上市"的原则,展开股份制改造;2008 年 10 月,国务院批准中国农业银行的股份制改造方案;11 月,汇金公司向中国农业银行注资;2009 年 1 月,汇金公司与财政部一同发起成立中国农业银行股份有限公司,中国农业银行股份有限公司的建立标志着中国国有商业银行的股份制

改革基本完成。股份制有限公司的改造,基本厘清了国有资本与银行之间的关系,实现了国家借助汇金公司行使出资人的权利,以出资额为限承担有限责任,改变了过去由国家承担无限责任的状况。

第三步是引进战略投资者,完善股权结构。随着四家国有商业银行股份制改造的先后完成,按照国务院国有商业银行股份制改革的整体思路,"引进国内外战略投资者,改变单一的股权结构,实现投资主体多元化"是股权改革的必要一环。通过引进战略投资者特别是国外战略投资者,可充实资本金,优化国有商业银行的产权结构、引入国际先进管理经验和提高公司治理水平。国有股份制商业银行积极开展引进战略投资者的工作,在充分论证、考察等基础上,中国建设银行、中国银行、中国工商银行先后完成了外资战略投资者的引进工作,如表6-4所示。

表6-4 国有商业银行外资战略投资者引进一览表

| 银行名称 | 外资战略投资者 | 出资额 | 持股比例 |
| --- | --- | --- | --- |
| 中国工商银行 | 美国高盛集团、德国安联集团、美国运通公司 | 37.8亿美元 | 10% |
| 中国银行 | 苏格兰皇家银行 | 31亿美元 | 10% |
| | 瑞士银行集团 | 5亿美元 | 1.6% |
| | 亚洲开发银行 | 0.75亿美元 | 0.24% |
| | 淡马锡 | 31亿美元 | 10% |
| 中国建设银行 | 美洲银行 | 25亿美元 | 9% |
| | 淡马锡 | 14.66亿美元 | 5.1% |

注:中国银行和中国工商银行均存在以全国社保基金作为战略投资者的投资,全国社保基金在前者投入100亿元人民币,持有3.58%的股份;在后者投入180.25亿元人民币。

中国农业银行则根据自身的实际,在顺利完成股份制改造之后,虽然有着引进国外战略投资者的思路和行动,但在实际操作过程中并没有真正采取引进战略投资者的动作,而是直接进入国内外上市的环节。

第四步是国有股份制商业银行在国内外上市。为了充分发挥资本市场的约束、监督和促进作用,建立一整套崭新的市场激励和约束机制,国有股份制商业银行纷纷迈出谋求国内外上市的步伐,以促使它们进一步转换经营机制,真正成为市场化经营的主体。之后,根据四家国有股份制商业银行整体改组的进度,从2005年10月起,到2010年7月止,我国四家国有股份制商业银行均先后成功实现了国内外上市的目标,如表6-5所示。

表 6-5　四家国有商业银行的国内外上市情况

| 银行名称 | 上市时间 | 总融资额/亿美元 |
|---|---|---|
| 中国建设银行 | 2005年10月（H股） | 169.55 |
| | 2007年9月（A股） | |
| 中国银行 | 2006年6月（H股） | 136.77 |
| | 2006年7月（A股） | |
| 中国工商银行 | 2006年10月27日（H股和A股同时上市） | 219.68 |
| 中国农业银行 | 2010年7月15日（A股） | 221 |
| | 2010年7月16日（H股） | |

显然，四家国有股份制商业银行通过股份制改造，先后完成国内外上市，国有银行股份制改造取得了显著的进展，补充了银行资本金，增强了银行实力，改善了银行员工的经营管理理念，建立了一个完整的由股东大会、董事会、监事会、经营管理层组成的公司治理结构，优化了国有股份制商业银行的公司治理机制，引进了国外先进管理经验和技术，提高了银行的风险控制水平，基本达到了国有银行股份制改造的"引资"、"引智"、"引制"、"引技"的目标，为之后国有银行业的持续健康发展打下了良好的基础。

(二) 国有股份制商业银行的全面发展

2004年至今，国有股份制商业银行在积极推进股份制改革的同时，业务上也取得了全面的发展。四家国有股份制商业银行的分支机构已经全面覆盖到国内所有的省、自治区、直辖市，银行职员的知识结构日益改善，业务上通过设立子公司、控股等方式已经扩展到所有的金融业务。

1. 资产规模增大，实力增强

2004年以来，国有商业银行的资产总量获得了快速增长，从2003年的15万多亿元，增加到2018年的98万多亿元，在16年之内增加了6倍多，如表6-6所示。

表 6-6　国有商业银行总资产和占金融机构*总资产的比重变化

| 年份 | 总资产/亿元 | 占金融机构总资产的比重/(%) |
|---|---|---|
| 2003 | 151940.6 | 54.90 |
| 2004 | 169320.5 | 53.60 |
| 2005 | 196579.7 | 52.50 |
| 2006 | 225390.4 | 51.30 |

续表

| 年份 | 总资产/亿元 | 占金融机构总资产的比重/(%) |
|---|---|---|
| 2007** | 280070.9 | 53.20 |
| 2008 | 318358.0 | 51.00 |
| 2009 | 400890.2 | 50.90 |
| 2010 | 458814.6 | 48.70 |
| 2011 | 536336.0 | 47.30 |
| 2012 | 600401.0 | 44.93 |
| 2013 | 656005.0 | 43.34 |
| 2014 | 710141.0 | 41.21 |
| 2015 | 781630.0 | 39.21 |
| 2016 | 865982.0 | 37.29 |
| 2017 | 928145.0 | 36.77 |
| 2018*** | 983534.0 | 36.70 |

注：* 金融机构包括政策性银行、国有商业银行、股份制商业银行、城市商业银行、农村商业银行、城市信用社、农村信用社、非银行金融机构、邮政储汇局和外资金融机构。

** 2007年之后国有商业银行包括交通银行。

*** 2018年数据来自中国银保监会网站（http://www.cbrc.gov.cn/chinese/newShouDoc/CDF5FDDEDAE14EFEB351CD93140E6554.html）。

（资料来源：根据中国银行监督管理委员会官网（http://www.cbrc.gov.cn/chinese/home/docViewPage/110009&current=2）相关年份数据统计而成）

国有商业银行总资产绝对值呈现快速上升，但其资产在整个金融机构中的比重却呈现下降趋势，由2003年的54.9%下降到了2018年的36.7%，在15年之内下降了18.2个百分点，由此说明了中国金融业多元化的快速发展程度，逐步改变了改革开放之初国有商业银行完全垄断的格局，在金融业内部形成了一个多元竞争的局面，大大提升了金融机构的经营效率和服务实体经济的质量。

我国国有商业银行资产规模不断壮大，银行实力得到明显提升，在国际上的影响力也日益增强。中国银行1995年位列《财富》500强排名榜中的第207位，到1999年，中国工商银行也进入排名榜的第160位。之后，国有商业银行在排名榜中的地位不断提升，四家国有商业银行股份制改造完成并上市，交通银行在2007年被纳入国有大型商业银行，在次贷危机以后，这五家国有商业银行连续多年在排名榜中位列全球银行业的前列，中国工商银行蝉联全球最大的商业银行称号,到2017年,五家国有股份制商业银行的实力继续领先于全球银行业,如表6-7所示。

表6-7 2017年五家国有商业银行《财富》500强排名及其营业收入

| 银 行 名 称 | 《财富》500强排名位次 | 营业收入/百万美元 |
| --- | --- | --- |
| 中国工商银行 | 22 | 147675.1 |
| 中国建设银行 | 28 | 135093.3 |
| 中国农业银行 | 38 | 117274.9 |
| 中国银行 | 42 | 113708.2 |
| 交通银行 | 171 | 52989.6 |

在英国《银行家》杂志世界1000家大银行核心资本的排名中,我国四家国有商业银行一直排在全球大银行的前列,在2017年的排名中,中国工商银行、中国建设银行、中国银行、中国农业银行分别排在第一、二、四、六位,继续雄踞全球大银行的前列,并跻身全球系统性重要银行名单。根据金融稳定委员会公布的全球系统重要性银行名单,2012年我国只有中国银行进入所属第一层级的名单,接受额外1%的资本缓冲要求,而到2016年四家国有商业银行均被列入了全球系统重要性银行名单,中国工商银行还被列为第二层级银行,接受额外1.5%的资本缓冲要求。[①]

2. 国际化程度加深

一方面,根据业务发展程度,国有股份制商业银行加快了内延式国际化发展步伐,即加大在国外和我国港澳台地区铺设分支机构的进程,如表6-8所示。

表6-8 截至2018年1月五家国有商业银行在国外和我国港澳台地区设立分支机构概况

| 银 行 名 称 | 国家和地区数/个 | 设立分支机构数/个 |
| --- | --- | --- |
| 中国工商银行 | 45 | 53 |
| 中国银行 | 53 | 92 |
| 中国建设银行 | 29 | 38 |
| 中国农业银行 | 13 | 16 |
| 交通银行 | 16 | 21 |

---

① 《径山报告》课题组:《中国金融开放的下半场》,中信出版社2018年版第70页。

在"一带一路"沿线国家和地区中,五家国有商业银行在其中一些国家设立了一些分支机构(见表6-9),是我国金融机构参与"一带一路"建设的主要金融力量,但设立的数量不多,具有巨大的发展空间。

表6-9 截至2017年年初国有商业银行在"一带一路"沿线设立金融机构概况

| 所属地区 | 国别 | 中国银行 | 中国农业银行 | 中国工商银行 | 中国建设银行 | 交通银行 |
|---|---|---|---|---|---|---|
| 南亚8国 | 不丹 | | | | | |
| | 尼泊尔 | | | | | |
| | 阿富汗 | | | | | |
| | 孟加拉 | | | | | |
| | 巴基斯坦 | | | √ | | |
| | 印度 | | | √ | | |
| | 斯里兰卡 | | | | | |
| | 马尔代夫 | | | | | |
| 东南亚11国及蒙古 | 缅甸 | √ | | √ | | |
| | 菲律宾 | √ | | | | |
| | 文莱 | | | | | |
| | 印度尼西亚 | √ | | √ | | |
| | 新加坡 | √ | √ | √ | √ | √ |
| | 马来西亚 | √ | | √ | | |
| | 越南 | √ | √ | √ | | √ |
| | 泰国 | √ | | √ | | |
| | 老挝 | √ | | | | |
| | 柬埔寨 | √ | | √ | | |
| | 东帝汶 | | | | | |
| | 蒙古 | √ | | | | |
| 独联体(中亚)5国 | 土库曼斯坦 | | | | | |
| | 哈萨克斯坦 | √ | | √ | | |
| | 乌兹别克斯坦 | | | | | |
| | 吉尔吉斯斯坦 | | | | | |
| | 塔吉克斯坦 | | | | | |

续表

| 所属地区 | 国　别 | 中国银行 | 中国农业银行 | 中国工商银行 | 中国建设银行 | 交通银行 |
|---|---|---|---|---|---|---|
| 独联体<br>（欧洲）7国 | 俄罗斯 | √ | √ | √ | √ | |
| | 乌克兰 | | | | | |
| | 白俄罗斯 | | | | | |
| | 摩尔多瓦 | | | | | |
| | 格鲁吉亚 | | | | | |
| | 阿塞拜疆 | | | | | |
| | 亚美尼亚 | | | | | |
| 西亚、北非<br>17国及<br>希腊 | 土耳其 | √ | | √ | | |
| | 伊朗 | | | | | |
| | 叙利亚 | | | | | |
| | 伊拉克 | | | | | |
| | 阿联酋 | | | | | |
| | 沙特阿拉伯 | | | √ | | |
| | 卡塔尔 | | | √ | | |
| | 巴林 | √ | | | | |
| | 科威特 | | | √ | | |
| | 黎巴嫩 | | | | | |
| | 阿曼 | | | | | |
| | 也门 | | | | | |
| | 约旦 | | | | | |
| | 以色列 | | | | | |
| | 巴勒斯坦 | | | | | |
| | 埃及 | | | | | |
| | 希腊 | | | | | |
| | 塞浦路斯 | | | | | |

续表

| 所属地区 | 国　别 | 中国银行 | 中国农业银行 | 中国工商银行 | 中国建设银行 | 交通银行 |
|---|---|---|---|---|---|---|
| 中东欧16国 | 波兰 | √ |  | √ |  |  |
|  | 捷克 | √ |  |  |  |  |
|  | 斯洛伐克 |  |  |  |  |  |
|  | 匈牙利 | √ |  |  |  |  |
|  | 斯洛文尼亚 |  |  |  |  |  |
|  | 克罗地亚 |  |  |  |  |  |
|  | 罗马尼亚 |  |  |  |  |  |
|  | 保加利亚 |  |  |  |  |  |
|  | 塞尔维亚 |  |  |  |  |  |
|  | 黑山 |  |  |  |  |  |
|  | 马其顿 |  |  |  |  |  |
| 中东欧16国 | 波黑 |  |  |  |  |  |
|  | 阿尔巴尼亚 |  |  |  |  |  |
|  | 爱沙尼亚 |  |  |  |  |  |
|  | 立陶宛 |  |  |  |  |  |
|  | 拉脱维亚 |  |  |  |  |  |

（资料来源：根据中国银监会官方网站2018年3月1日公布的相关数据统计而成）

国有商业银行"走出去"的步伐，使它们在中国金融全球化和"一带一路"建设中发挥着越来越大的作用。

另一方面，国有商业银行也加大了外延式全球化步伐，即加快了对国外和我国港澳台地区金融机构的兼并、控股和设立子公司的进程。

中国银行在改革开放之初从中国人民银行分离出来，之后，就积极地采取"走出去"策略，1984年9月，它以0.8亿澳门元收购了澳门大丰银行50%股权，拉开了境外并购的序幕，目前，它已经成为中国银行机构中国际化和多元化程度最高的银行。

中国工商银行从1998年并购港澳地区的友联银行开始，到2017年年底先后完成了16次境外并购，地区横跨欧美发达国家及南非、拉美等地区，成为我国境内银行业中并购次数最多的银行机构，并与全球147个国家和地区的1611家银行机构建立了良好的银行间交往关系，对外代理行遍布对华投资和贸易往来95%以上的国家和地区。

中国建设银行以境外自设网点为主体推动全球化，并从2002年并购香港建新银行、2006年并购美国银行（亚洲）股份公司开始，加快了全球化建设步伐，至今境外机构已经涵盖了美、欧、亚、非、大洋洲等主要国家和地区，建立了16家境外子公司。

中国农业银行则根据业务发展的实际需求，分别在2011年12月和2014年9月在英国伦敦、俄罗斯莫斯科设立了全资子公司，以加强境外业务发展，特别是为"走出去"的中资企业和与中国密切联系的外资企业提供全方位服务。

交通银行"走出去"相对晚于其他四家国有商业银行，2015年5月收购巴西BBM Bank全部发行在外约80%的股份，迈出了境外并购的步伐，至今，它已经在16个国家和地区设立了21家境外分行及代表处。

3. 资产质量改善但仍需增强风险防范意识

伴随国有股份制商业银行制度建设的日益完善，银行资产质量得到了明显改善，资本充足率有了较大幅度的提升，不良贷款率则呈现下降趋势。国有商业银行资本充足率和不良贷款率变化情况如表6-10所示。

表6-10 国有商业银行资本充足率和不良贷款率变化表

| 年　份 | 资本充足率/(%) | 不良贷款率/(%) |
| --- | --- | --- |
| 2004 | — | 15.57 |
| 2005 | — | 10.49 |
| 2006 | — | 9.22 |
| 2007 | — | 8.05 |
| 2008 | — | 2.81 |
| 2009 | 11.40 | 1.80 |
| 2010 | 12.20 | 1.31 |
| 2011 | 12.70 | 1.00 |
| 2012 | 13.25 | 0.95 |
| 2013 | 12.19 | 1.00 |
| 2014 | 14.10 | 1.23 |
| 2015 | 14.16 | 1.66 |
| 2016 | 14.23 | 1.68 |

续表

| 年份 | 资本充足率/(%) | 不良贷款率/(%) |
|---|---|---|
| 2017 | 14.65 | 1.53 |
| 2018* | 15.70 | 1.41 |

注：2007年及以后包括交通银行，之前仅指四家国有商业银行；2014年第二季度四家国有商业银行和交通银行采取资本管理高级方法；2013年及之前的资本充足率采取的是全国的数据，同时资本充足率相关指标是按照《商业银行资本管理办法（试行）》计算的数据，与历史数据没有直接可比性，但还是能够反映出一种趋势。

* 2018年数据来自中国银保监会网站（http://www.cbrc.gov.cn/chinese/home/docView/2ED43A31B3CA4071A1D76901502E3A7A.html）。

（资料来源：根据中国银监会官网相关年份数据统计而成）

2003年以来，国有商业银行经过不良资产剥离和补充资本金，资产质量得到了明显提高。2008年次贷危机爆发之后，国有商业银行的资本充足率得到大幅度提升，较好地保障了银行资产的安全。银行不良贷款率从2004年逐步下降，特别是在2007年呈现出巨大幅度的缩减，之后不良贷款率维持在较低的范围内，但自2013年以来不良贷款率又呈现小幅上升趋势，2008年以来国有商业银行不良贷款率变化趋势如图6-4所示。

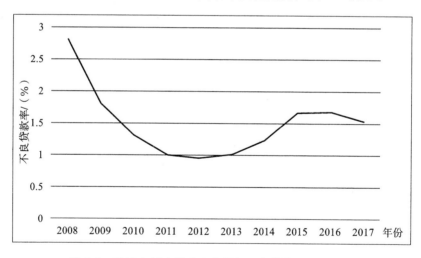

图6-4　2008年以来国有商业银行不良贷款率变化趋势

2013年以后，不良贷款率虽然增长缓慢，但其隐含的风险仍然很大。在2018年之后的几年内，五家国有商业银行必然会与2017年7月在北京召开的第五次全国金融工作会议和党的十九大精神的步调一致，强化风险防范和自身的内控机制建设，守住不发生系统性风险的底线，积极服务实体经济。

在完成股改和上市以来,国有股份制商业银行一方面仍然继续加强公司治理结构的改革,强化内部治理和制度建设,提升防范风险的能力;另一方面加强银行信息化建设,促进"金融＋互联网"的发展态势。

目前,五家国有商业银行均建立了自身的自助银行、网上银行、手机银行、电话银行等网上银行业务,构建了银行的App,在互联网金融快速发展的形势下积极把最新的信息科学技术应用到银行业务之中。中国农业银行普遍将人脸识别、语音识别等技术应用到了自动取款机,借助信息技术重构了网点柜台,创造了线下所有业务均能集中化办理的"超柜台";中国建设银行与华为公司合作推出了"华为Pay";中国银行大力推广网点机器人、智能客服、人脸识别、反洗钱侦测、信用卡欺诈风险防控等服务;中国工商银行构建的金融信息技术平台在国际上领先。

2017年6月四家国有商业银行都建立了普惠金融事业部,并与阿里巴巴、腾讯、京东、百度等四家互联网金融公司建立了战略合作,共同推动科技金融的发展。2018年6月,中国建设银行建立了建信金融科技有限责任公司,专门从事软件科技、平台运营、金融信息服务等业务,进一步加深了银行利用信息科技的程度。在此过程中,国有商业银行还根据市场化导向,不断优化其实体分支机构,从2017年开始不断根据业务情况在北上广等地关停了一批分理处和社区银行,同时加大了智能化发展投入,以提升其服务效率。

## 第二节　股份制银行的建立与发展

改革开放以来,中国经济日益多元化发展,需要更加多样化的金融组织来满足日益复杂的融资主体的资金需求。中国政府顺应这一趋势,除了加大金融体制内的改革外,还加强体制外金融增量的发展。1987年,交通银行在北京成立,拉开了股份制商业银行建立的序幕。1987年到2005年的几年是我国股份制商业银行普遍设立的阶段,先后设立了14家,构建起一个横跨全国的股份制商业银行网络;2004年则为我国股份制商业银行重组上市,加快信息化,建立普惠金融体系的时期。与国有商业银行分设之初的定位不同,股份制银行一开始就以市场化为经营发展目标。

### 一、股份制银行的建立

随着我国改革开放的逐步展开,1984年中共十二届三中全会提出了

"有计划的商品经济",使原先被高度抑制的各种非国有经济成分得到政策的认同,由此获得了快速发展,在国民经济总值中的比重也不断攀升,自然要求有新的金融组织为其提供各类金融服务。1978—1995 年体制外工业产出比重如图 6-5 所示。

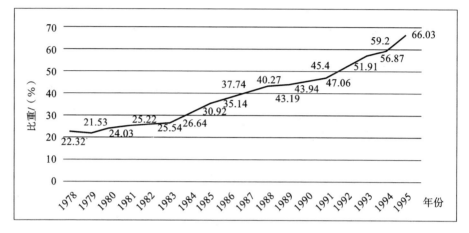

**图 6-5　1978—1995 年体制外工业产出比重**①

在此背景下,非国有经济金融服务需求不断增加,而我国现有金融组织供给的严重滞后,迫使我国开始重新塑造金融行业,培育多样化的金融形式。1986 年 7 月,财政部以公有制形式重组了交通银行②,并于次年 4 月在北京成立,由此拉开了全国性股份制银行建设的序幕。之后 10 年,我国相继设立了 14 家股份制商业银行③,加上 2005 年在天津建立的渤海银行,共有 14 家,如表 6-11 所示。

**表 6-11　我国全国性股份制商业银行的情况**

| 银行名称 | 设立时间 | 注册地点 | 初始资本/亿元 |
|---|---|---|---|
| 交通银行 | 1987 年 4 月 | 上海***** | 742.63 |
| 中信银行 | 1987 年 4 月 | 北京 | 467.87 |

---

① 根据《中国改革与发展报告(1978—1994):中国的道路》(中国财政经济出版社,1995 年版)相关数据制作而成。

② 交通银行作为首家全国性股份制商业银行,在 2007 年之前是纳入股份制商业银行来考量的,之后则被纳入国有商业银行范畴。

③ 虽然海南发展银行在成立后不到三年就倒闭清理,但是此处主要考虑到海南发展银行在成立之初具有全国性股份制商业银行的性质,故把它纳入其中;徽商银行的前身是蚌埠住房储蓄银行,考虑其主要是以城市商业银行和信用社为主体组建而成,此次没有把它列入其中。

续表

| 银行名称 | 设立时间 | 注册地点 | 初始资本/亿元 |
|---|---|---|---|
| 招商银行 | 1987年4月 | 深圳 | 215.77 |
| 平安银行* | 1987年11月 | 深圳 | 51.23 |
| 广东发展银行 | 1988年6月 | 广州 | 114.08 |
| 兴业银行 | 1988年7月 | 福州 | 107.86 |
| 中国光大银行 | 1992年4月 | 北京 | 404.35 |
| 华夏银行 | 1992年10月 | 北京 | 68.50 |
| 上海浦东发展银行 | 1993年1月 | 上海 | 186.53 |
| 海南发展银行** | 1995年8月 | 海口 | 16.77 |
| 中国民生银行 | 1996年1月 | 北京 | 283.66 |
| 恒丰银行*** | 1987年10月 | 济南 | 10.00 |
| 浙商银行**** | 2004年 | 杭州 | 100.00 |
| 渤海银行 | 2005年 | 天津 | 50.00 |

注：* 平安银行是在1987年11月成立的深圳发展银行于2012年1月吸收合并平安银行（平安银行是由深圳城市商业银行和福建亚洲银行合并而成的）基础上改制而成的。

** 海南发展银行成立2年10个月后，倒闭清算。

*** 恒丰银行系烟台住房储蓄银行更名而成。

**** 浙商银行系由1993年成立于宁波的浙江商业银行在2004年改组而成，改组后总行设在杭州。

***** 交通银行总管理处最初在北京，但设立后不久就迁到上海。2007年在中国人民银行的统计中则被纳入了国有银行范畴，与中、农、工、建并列为五家国有商业银行；2007年之后，全国性股份制商业银行则剩下12家，下文的数据在此之后均不包括交通银行，其相关论述也放入了国有商业银行部分。

这些全国性股份制商业银行的相继成立，完全不像国有专业银行那样是出于构建独立的中央银行而把商业性业务分离出来的；它们一开始就是按照1986年颁布的《中华人民共和国银行管理暂行条例》的准入条件规范设立的。它们的注册资本相当明确，均遵循中国人民银行规定的最低资本金要求。1995年之后成立的股份制商业银行则是按照《中华人民共和国商业银行法》的规定来筹建的。在这些股份制商业银行的初始股东中，虽然除了民生银行是由民营企业主导，其他银行均由中央或地方财政部门或地方国有企业主导，但它们多样化的股权结构形式使我国银行业在产权制度上突破了前期单一的国有产权形式，初步形成了多元化的产权结构，我国全国性股份制商业银行的初始股权结构如表6-12所示。

表 6-12　我国全国性股份制商业银行的初始股权结构情况

| 股份制商业银行名称 | 主要的股权结构 |
| --- | --- |
| 交通银行 | 财政部、汇丰银行、全行社保基金理事会是其前三大股东,占比 60% 弱 |
| 中信银行 | 中信公司是其主要股东,西班牙对外银行参股 |
| 招商银行 | 招商集团是其第一大股东,但无实际控制人 |
| 平安银行 | 中国平安保险(集团)股份有限公司及其控股子公司是其控股股东 |
| 广东发展银行 | 广东省财政厅控股,山东联大、上海申华、江苏苏钢等 55 家参股 |
| 兴业银行 | 福建省财政厅控股,多家企业参与 |
| 中国光大银行 | 中国光大集团 |
| 华夏银行 | 首都钢铁公司 |
| 上海浦东发展银行 | 上海财政局、上海国际信托投资公司、上海久事公司、申能股份有限公司、宝山钢铁总厂、上海汽车工业总公司、上菱冰箱总厂、上海航空公司等 18 家参股 |
| 海南发展银行 | 海南省政府控股,中国北方工业总公司、中国远洋运输集团公司、北京首都国际机场等 43 家参股 |
| 中国民生银行 | 新希望、东方集团、中国泛海控股集团、中国船东互保协会等企业发起的首家民营银行 |
| 恒丰银行 | 前身由中国银行、中国农业银行、中国工商银行、中国建设银行四家国有商业银行和中国人民保险公司等金融企业发起 |
| 浙商银行 | 22 家股东,其中 21 家为民营企业 |
| 渤海银行 | 天津泰达投资控股有限公司、渣打银行(香港)有限公司、中国远洋运输(集团)总公司、国家开发投资公司、宝钢集团有限公司、天津信托有限责任公司和天津商汇投资(控股)有限公司等 7 家股东 |

在股份制银行的治理结构上,这些银行一开始就建立起一个由股东大会、董事会、监事会与管理层为主体的"三会一层"制度;在银行分支机构的铺设上,打破了国有专业银行按行政区划布局的格局,基本按照效益原则

来设置机构;在银行业务运作上,市场化运作机制初步形成。之后,随着股份制银行在全国各地广设分支机构,大大提高了银行业的区域覆盖率和服务人群,为我国银行业内部形成一个多元化竞争的格局奠定了必要基础,逐步打破了国有银行垄断的局面,有效提升了四家国有银行的服务效率,部分满足了不同经济主体的资金供求。

当然,这些股份制商业银行成立后,很快就遇到了1997年的亚洲金融危机,它们不得不面对市场波动的冲击。在这次危机中,才成立2年10个月的海南发展银行被迫倒闭清算,由此表明,即使有政府充作股东的银行,若经营不善,也是会破产的。海南发展银行倒闭事件,无疑给我国银行业带来了巨大冲击,不但打破了国有银行不会破产清算的观念,还为银行业的经营管理和风险防范提供了有益的经验。

## 二、股份制银行的改革与快速发展

与国有商业银行不同,股份制商业银行在全国范围内建立的同时,它们中有些严格按照上市规则来运作,成功地在国内外上市,为我国银行业的后续机构上市提供了经验;而大部分则在2002年之后按照国务院的战略部署,遵循国有商业银行上市的步骤推进,到2018年年初12家股份制银行中仅剩广东发展银行、恒丰银行与渤海银行三家银行尚未上市。在此期间,股份制商业银行的业务获得全面快速的发展,至今已经成为我国银行业的重要组成部分,在服务实体经济和促进整个金融业的改革等活动中发挥着越来越重要的作用。

(一) 股份制银行的上市

交通银行在1987年成立拉开了中国股份制商业银行在全国范围内设立和发展的序幕。此后,中国设立的股份制商业银行的上市大致分为两类。

一类是成立时就向社会公开招股,然后直接上市。以这种方式上市的全国性股份制商业银行仅有深圳发展银行(简称深发展)一家。深发展是在深圳特区6家信用社改制基础上设立的;1987年5月银行筹建时就以自由认购形式首次向社会公开发售了人民币普通股。发行之初,没有引起社会的注意和认同,股票主要是依靠深圳市政府动员党员干部带头认购。1988年4月深圳证券公司成立,深发展成为新中国首只挂牌流通、真正意义上的股票。1991年4月,深发展向社会公众公开发行股票并正式在深交所上市交易,由此标志着深发展成为新中国成立以来国内首家上市的银行,为之后国内银行上市积累了许多有益经验。

另一类则是在成立之后,根据银行业务的发展,经过改造之后在国内外上市。1993年成立的上海浦东发展银行(简称浦发展)是第二家上市的股份制商业银行。成立之后,浦发展经过6年的改革和创新,资本结构、公司治理机制等得到了全面的改良,资本实力获得了快速提升。在此条件下,经过中国人民银行、中国证监会的批准,其于1999年在上海证券交易所(后简称上交所)成功上市,由此拉开了股份制商业银行改制上市的序幕,全国性股份制商业银行国内外上市情况如表6-13所示。

表6-13 全国性股份制商业银行国内外上市情况

| 上市类型 | 银行名称 | 上市时间 | 上市情况 |
| --- | --- | --- | --- |
| 成立时上市 | 平安银行* | 1988年4月 | A股 |
| 股份制改造后上市 | 上海浦东发展银行 | 1999年9月 | A股 |
| | 中国民生银行 | 2000年12月<br>2009年11月 | A股<br>H股 |
| | 招商银行 | 2002年4月<br>2006年9月 | A股<br>H股 |
| | 华夏银行 | 2003年9月 | A股 |
| | 交通银行 | 2005年6月<br>2007年5月 | H股<br>A股 |
| | 兴业银行 | 2007年2月 | A股 |
| | 中信银行 | 2007年4月 | A股和H股 |
| | 中国光大银行 | 2010年8月 | A股 |
| | 浙商银行 | 2016年3月 | H股 |
| 尚未上市 | 广东发展银行 | — | — |
| | 恒丰银行 | — | — |
| | 渤海银行 | — | — |

注:*平安银行是在1987年12月成立的深圳发展银行基础上,于2012年1月吸收合并平安银行(平安银行是由深圳城市商业银行和福建亚洲银行合并而成的)改制而成的,故此处其上市时间是以深圳发展银行的时间来界定的。

1996年成立的中国民生银行是首家遵循国际惯例编制财务报表,由普华会计公司进行审计的商业银行。在经过严格的内控机制、财务制度、资产负债管理等方面改革之后,中国民生银行的资产质量、资本结构等得到了完善,于2000年在上交所成功上市。

招商银行在经过四次增资扩股后,于2002年4月在上交所成功上市,成为国内首家采用国际会计标准上市的公司,大大推进了我国银行业上市的规范化进程。

华夏银行在成立三年之后,于1995年完成股份制改造,成为首家改造完成的股份制商业银行。通过改造,华夏银行的资本结构、公司治理机制等得到很大程度的完善,并于2003年在上交所成功上市。

交通银行作为首家成立的股份制商业银行,从2004年开始,按照国有商业银行上市步伐,先后完成了"财务重组—引进战略投资者—公开上市"三部曲,于2005年6月在香港联合交易所(下简称联交所)成功上市,成为我国首家完成财务重组的国有控股银行、首家引进境外战略投资者的大型商业银行和首家在境外公开上市的内地商业银行。在此之后,根据银行业务发展程度、公司治理结构的改善情况,我国股份制商业银行陆续展开了在国内外上市的工作,至2018年2月为止,除交通银行外的12家股份制商业银行中仅剩恒丰银行、渤海银行与广东发展银行等三家全国性股份制商业银行尚未上市。

伴随我国一些股份制商业银行的成功上市,银行资本结构和资产质量等虽然有了很大改善和提升,但随着社会经济形势的变化,特别是我国正式加入WTO以后,外资金融机构带来了全面挑战,我国股份制商业银行为了进一步改善银行资本结构,提升公司治理水平抑或继续谋求国内外上市,开始主动引进战略投资者。

1996年12月中国光大银行首开引进战略投资者的先河,成功引进亚洲开发银行。之后,股份制商业银行引进境外战略投资者大致分成三种情况。一是在上市之后根据银行业发展的实际需求,经过考察后相继引进战略投资合作者,浦发银行、民生银行与深发展三家银行就属于这一类型。二是在银行建立过程中直接引进境外战略投资合作者,渤海银行就属于这一类型,在2005年成立时,它就已经引入渣打银行作为境外战略投资者,渤海银行是我国首家在发起设立阶段就引入外资战略投资者的国内股份制商业银行。三是为了配合股份制改造和上市工作,在上市之前引进境外战略投资合作者,这是我国股份制商业银行中最普遍的做法。全国性股份制商业银行引进战略投资者情况如表6-14所示。

表 6-14　全国性股份制商业银行引进战略投资者情况

| 引进战略投资者类型 | 银行名称 | 引入时间 | 引进战略投资者及其股份占比 |
|---|---|---|---|
| 筹建时引进 | 渤海银行 | 2004 年 12 月 | 渣打银行（香港）有限公司（19.99%） |
| 筹备上市或上市过程中引进 | 交通银行 | 2004 年 11 月 | 汇丰银行（19.9%） |
| | 华夏银行 | 2005 年 10 月 | 德意志银行和萨尔·奥彭海姆银行（14%） |
| | 广东发展银行 | 2006 年 2 月<br>2006 年 8 月 | 花旗银行（20%）、IBM 信贷（4.74%）<br>亚洲开发银行（0.5%） |
| | 兴业银行 | 2003 年 12 月 | 恒生银行（15.98%）、新加坡政府直接投资公司（5%）、IFC（4%） |
| | 中国光大银行 | 1996 年 12 月 | 亚洲开发银行（3.29%） |
| | 中信银行 | 2006 年 11 月 | 西班牙毕尔巴鄂维茨卡亚对外银行（5%） |
| | 恒丰银行 | 2008 年 | 新加坡大华银行（15.4%） |
| 上市后引进 | 上海浦东发展银行 | 2003 年 9 月 | 花旗集团（4.62%） |
| | 深圳发展银行 | 2004 年 5 月<br>2005 年 10 月 | 新桥投资（17.89%）<br>GE（7%） |
| | 中国民生银行 | 2004 年 7 月<br>2004 年 11 月 | IFC（1.08%）<br>淡马锡控股公司（4.55%） |
| 没有专门引进 | 浙商银行 | — | 中外合资银行改组而成 |
| | 招商银行 | — | 招商集团控股 |

股份制商业银行通过引进战略投资合作者，直接使这些具有丰富管理经验的战略投资合作者参与银行的经营、业务合作、风险控制、技术支持等，极大改善了股份制商业银行的公司治理结构、风险控制水平，提升了业务经营能力，拓展了国际业务合作领域，大大增强了股份制商业银行在国内外的影响力和竞争能力。

(二) 股份制商业银行业务的快速发展

随着股份制商业银行改革的深入,各个银行均获得了很大程度的发展,分支机构基本以沿海发达地区为中心,大多数股份制商业银行的业务已经扩展到全国各个省、直辖市、自治区,见表6-15。

表6-15  2018年2月之前全国性股份制商业银行在全国分支机构铺设情况

| 银 行 名 称 | 全国辐射的省、自治区、直辖市数/个 |
|---|---|
| 招商银行 | 30 |
| 广东发展银行 | 20 |
| 上海浦东发展银行 | 31 |
| 兴业银行 | 30 |
| 华夏银行 | 30 |
| 中国民生银行 | 31 |
| 平安银行 | 23 |
| 恒丰银行 | 13 |
| 中国光大银行 | 31 |
| 中信银行 | 20 |
| 浙商银行 | 14 |
| 渤海银行 | 12 |

随着股份制商业银行分支机构的快速铺设,它们的业务得到了全面发展。目前它们借助互联网等信息科学技术手段,建立了手机银行、网上银行等智能化平台,金融服务覆盖全国范围。在此过程中,银行资产总量迅速上升,在整个金融机构中的比重有了显著提高。股份制商业银行总资产和占金融机构总资产比重如表6-16所示。

表6-16  股份制商业银行总资产和占金融机构*总资产的比重变化

| 年　份 | 总资产/亿元 | 占金融机构总资产的比重/(%) |
|---|---|---|
| 2003 | 38168.3 | 13.80 |
| 2004 | 46972.2 | 14.90 |
| 2005 | 58125.2 | 15.50 |
| 2006 | 71419.0 | 16.20 |
| 2007** | 72494.0 | 13.80 |
| 2008 | 88130.6 | 14.10 |

续表

| 年 份 | 总资产/亿元 | 占金融机构总资产的比重/(%) |
|---|---|---|
| 2009 | 117849.8 | 15.00 |
| 2010 | 148616.9 | 15.80 |
| 2011 | 183794.0 | 16.20 |
| 2012 | 235271.0 | 17.61 |
| 2013 | 269361.0 | 17.80 |
| 2014 | 313801.0 | 18.21 |
| 2015 | 369880.0 | 18.55 |
| 2016 | 434732.0 | 18.72 |
| 2017 | 449620.0 | 17.81 |
| 2018*** | 470202.0 | 17.50 |

注:* 金融机构包括政策性银行、国有商业银行、股份制商业银行、城市商业银行、农村商业银行、城市信用社、农村信用社、非银行金融机构、邮政储汇局和外资金融机构。

** 2007年以来的股份制商业银行不再包括交通银行,而是指其余的12家。

*** 2018年数据来自中国银保监会网站。

(资料来源:根据中国银行监督管理委员会官网相关年份数据统计而成)

伴随股份制商业银行资产规模的扩大和总资产在全国金融机构占比的上升,银行实力显著增强。它们在国内和国际上的影响力有了很大提升,2017年在英国《银行家》杂志"世界1000家大银行"排名如表6-17所示。

**表6-17 全国性股份制商业银行2017年在《银行家》杂志"世界1000家大银行"中的排名情况**

| 银 行 名 称 | 排 名 |
|---|---|
| 招商银行 | 23 |
| 中信银行 | 25 |
| 上海浦东发展银行 | 27 |
| 兴业银行 | 28 |
| 中国民生银行 | 29 |
| 中国光大银行 | 49 |
| 平安银行 | 59 |
| 华夏银行 | 67 |
| 广东发展银行 | 93 |

续表

| 银 行 名 称 | 排 名 |
|---|---|
| 浙商银行 | 131 |
| 恒丰银行 | 145 |
| 渤海银行 | 200 |

在《银行家》杂志"世界1000家大银行"排名中,我国全国性股份制商业银行进入前100名的就有9家,剩下3家也进入了前200名。显然,以核心资本为排名依据的股份制商业银行,在最长不到30年、最短12年的发展中已经显示出了勃勃生机和强大实力。它们的资产规模扩大、实力增强,通过银行的改组,它们的资本充足率不断提升,不良贷款率也明显下降,如表6-18所示。

表6-18 股份制商业银行资本充足率和不良贷款率变化表

| 年 份 | 资本充足率/(%) | 不良贷款率/(%) |
|---|---|---|
| 2004 | — | 4.94 |
| 2005 | — | 4.22 |
| 2006 | — | 2.81 |
| 2007 | — | 2.15 |
| 2008 | — | 1.35 |
| 2009 | 11.40 | 0.95 |
| 2010 | 12.20 | 0.70 |
| 2011 | 12.70 | 1.10 |
| 2012 | 13.25 | 0.99 |
| 2013 | 12.19 | 1.00 |
| 2014 | 11.23 | 1.12 |
| 2015 | 11.41 | 1.53 |
| 2016 | 11.62 | 1.74 |
| 2017 | 12.26 | 1.71 |
| 2018* | 12.76 | 1.71 |

注:2006年之前包括交通银行,2007年及以后仅指12家股份制商业银行;2014年第二季度交通银行与招商银行采取资本管理高级方法,其他银行仍然采取以前的方法;2013年的资本充足率采取的是全国的数据,同时资本充足率相关指标是按照《商业银行资本管理办法(试行)》计算的数据结果,与历史数据没有直接可比性,但作为一种趋势还是能够反映出来。

* 2018年数据来自中国银保监会网站。

(资料来源:根据中国银监会官网相关年份数据统计而成)

由表 6-18，股份制商业银行资本充足率自 2008 年以来基本稳定在 12% 左右，达到了《巴塞尔协议》中规定的商业银行资本充足率要求。2004 年至 2010 年，股份制商业银行的改组，特别是 2005 年开始的股权分置改革，使银行资产质量得到很大改善，不良贷款率呈现大幅下降趋势。

之后，特别是 2013 年以来，随着我国经济进入新常态，不良贷款率有所上升，这说明了我国经济的转型和升级使股份制商业银行所面临的风险不断加大。2017 年以来，股份制商业银行在理财、贷款等方面出现的违规事件数量呈现上升趋势，如上海浦东发展银行成都分行涉及 775 亿元不良贷款，这类事件所造成的影响，无疑会推进股份制商业银行加强规范经营、内控制度、信息披露等方面的建设，以化解金融风险，促进其自身的可持续发展，回归服务实体经济的本质。

随着资本实力的不断增强，股份制商业银行在境内展开机构扩张之际，也在走向境外金融大舞台。1993 年 11 月广东发展银行在澳门设立分行，成为首家在境外开设分行的股份制商业银行，由此揭开了股份制商业银行的全球化序幕。股份制商业银行的全球化与国有商业银行的步伐有点相似，都是先在港澳台地区设立分支机构，然而扩展到欧美发达国家、新兴国家和其他发展中国家。到 2017 年时除了恒丰银行尚未筹备在国外和我国港澳台地区设立分支机构，其他 11 家全国性股份制商业银行均开始筹建或已经设立了境外分支机构，并与境外银行建立了代理行等关系，在"一带一路"建设和全球化进程中起到了越来越重要的作用。截至 2017 年年底，全国性股份制商业银行在国外及我国港澳台地区设立分支机构的情况如表 6-19 所示。

表 6-19　截至 2017 年年底全国性股份制商业银行在国外及我国港澳台地区设立分支机构情况

| 银 行 名 称 | 国外及我国港澳台地区设立分支机构情况 |
| --- | --- |
| 招商银行 | 香港、纽约、新加坡、卢森堡、伦敦、悉尼等 6 地共设立 6 家分行，控制了在香港设立的永隆银行 |
| 广东发展银行 | 澳门设立分行、香港设立代理处 |
| 上海浦东发展银行 | 香港、新加坡设立分行，伦敦设代表处；建立了浦银国际 |
| 兴业银行 | 香港设立分行 |
| 华夏银行 | 在国外及我国港澳地区设立建立代理行 |
| 中国民生银行 | 香港地区设立分行；收购天顺证券集团公司 |
| 平安银行 | 香港地区设立代理处 |

续表

| 银 行 名 称 | 国外及我国港澳台地区设立分支机构情况 |
|---|---|
| 中国光大银行 | 香港、首尔设立分行,建立了光银国际;光银欧洲、卢森堡分行正在筹建 |
| 中信银行 | 香港设有中信银行(国际)有限公司、信银(香港)投资有限公司,在香港、澳门、纽约、洛杉矶和新加坡等地区设40多家营业网点 |
| 浙商银行 | 筹建香港分行 |
| 渤海银行 | 设立香港分行 |
| 恒丰银行 | 尚未设立分支机构 |

与此同时,股份制商业银行在外延式扩展中也迈出了坚实的一步,在海外并购中取得了一定的成效,这大大加快了它们的全球化进程,如表6-20所示。

表 6-20 全国性股份制商业银行境外并购情况

| 银 行 名 称 | 并购时间 | 并购地区 | 金额/亿美元 | 并购事件 |
|---|---|---|---|---|
| 中国民生银行 | 2007年10月 | 美国 | 3.17 | 以3.17亿美元并购美国联合银行9.9%的股份,完成了对美国联合银行的前两轮投资,原预计第三步达到持股19.9%,因2009年美国联合银行倒闭而终止,中国民生银行的首次境外并购宣告失败 |
| 招商银行* | 2008年5月 | 中国香港 | 46.4 | 以193.02亿港元收购香港永隆银行53.12%的股份 |
| 招商银行 | 2008年10月 | 中国香港 | 46.4 | 以170亿港元增持香港永隆银行44.7%股份,两次收购使招行共持有永隆银行97.82%的股份 |
| 中信银行 | 2009年10月 | 中国香港 | 19.05 | 以147.65亿港元收购中信国际金融控股有限公司70.32%的股份 |

续表

| 银行名称 | 并购时间 | 并购地区 | 金额/亿美元 | 并购事件 |
|---|---|---|---|---|
| 招商银行 | 2013年10月 | 荷兰 | 0.88 | 以0.636亿欧元增持招商基金管理有限公司21.6%的股份 |
| 招商银行 | 2013年10月 | 中国香港 | 0.23 | 以1.42亿元人民币收购招商信诺50%的股份 |

注：招商银行在2007年5月首次并购招商基金管理有限公司的股份，是通过向中国电力财务有限公司、中国华能财务有限责任公司、中远财务有限责任公司和招商证券分别收购招商基金管理有限公司的10%、10%、10%及3.4%的股份，以1.977亿元人民币完成并购的，故不属于境外行动。

股份制商业银行的外延式全球化程度尽管还无法跟国有商业银行相比，它们起步晚，境外并购次数少，规模不大，但零星的并购行动也显示出股份制商业银行谋求全球化发展的策略。

## 第三节　城市商业银行的建立与发展

改革开放之后，为了适应城市个体、私营经济的快速发展，中国在1979年开始设立城市信用社，以满足中小企业融资需求，向地方经济提供资金。之后，经历了城市信用社全面发展、城市信用社重组为城市商业银行、城市商业银行改组上市和向信息化快速迈进等阶段。它们的迅速发展、资本实力的提升，特别是它们服务地域经济的特色性定位，在推动中国社会经济的发展中发挥了重要作用。

### 一、城市商业银行的前身——城市信用社阶段

改革开放之初，全国仅有中国人民银行及附属在它身上的一些金融机构。资金配置完全是"管资金"的保管与出纳的角色。之后，随着社会经济在全国各地的快速发展，"管资金"的唯一职能已经无法适应我国经济多元化发展的实际。在此背景下，中央政府除了把依附在中国人民银行身上的商业性职能加以分离，还加快了推进城市信用社的设立工作。

改革开放以来，各种类型的经济形式在城市里蓬勃发展。为了给城市私营、个体、集体经济等活动提供金融服务，各地城市从1979年开始纷纷建立城市信用社，以服务地方经济的发展。1979年，河南省在驻马店成立了全国首家城市信用社。1983年，在沈阳、长春、郑州等城市先后试办了一

大批集体性质的城市信用合作社。1986年11月,温州首先尝试民营性质的城市合作社,以股份制方式组建了东风城市信用社、鹿城城市信用社。之后,城市信用社迅速由一线城市扩展到二、三线城市,在全国范围内兴起一股创办城市信用社的热潮。

城市信用社的大规模创立,对所在城市的资金紧张局面起到了一定的缓解作用,部分弥补了国有金融机构服务上的不足,增加了金融供给主体,为我国有序推进经济改革和开放区域,起到了一定的资金保障作用。当然,受政策在"管资金"与"调市场"之间游移的影响,城市信用社的经营管理体制受所在地政府的干扰较为严重,经营效率不高,资金配置中计划色彩较浓,资本较少,资产质量较低,制约了它们对所在地经济发展发挥的应有作用。

1992年,邓小平南方谈话打破了"姓资"与"姓社"的争论,党的十四大确立了市场经济发展的框架。在此背景下,城市信用社逐步由单一形体向城市信用社联社转变,而全国各地城市信用社联社的成立,则标志着我国城市信用社体系的形成。到1995年城市信用社向城市合作银行过渡前夕,我国已经建立了5000多家城市信用社。之后,符合条件的城市信用社陆续被改组为合作银行、城市商业银行,2012年3月宁波象山县绿叶城市信用社改制为宁波东海银行股份有限公司,这标志着我国基本完成城市信用合作社的改组工作。城市信用社作为一个金融机构主体退出了金融发展的历史舞台,但它们为特定时期城市经济的发展起到了明显的促进作用。

## 二、城市商业银行的设立

城市信用社在全国范围内的大规模设立,受体制、机制、内部管理和文化差距等诸多因素的影响,长期积累的风险给地方经济带来了巨大冲击。1993年12月底,发布了《国务院关于金融体制改革的决定》,其中明确指出要推进城市信用社逐步改组为城市合作银行。在此背景下,为了化解地方金融风险和对城市信用社进行有效整合,维持城市经济的稳定和可持续发展,从1995年开始,中国人民银行在条件成熟的地方推动城市信用社重组改制为城市合作银行。

1995年,发布了《国务院关于组建城市合作银行的通知》,中国人民银行首先在全国35个城市展开了以城市信用社为基础组建城市合作银行的试点工作。1995年6月22日,我国第一家城市合作商业银行——深圳城市合作商业银行在16家城市信用社基础上组建而成,由此揭开了城市信用社改制的序幕。同年12月底,上海银行在城市信用社的基础上改制而成,成为首家以城市名称命名的城市合作银行,大大推进了全国城市信用社改制为城市合作银行的步伐。1998年3月,城市合作银行更名为城市商业银行,实现了城市合作银行向股份制银行的转变。

2002年,浙江台州以市场化方式组建了首家政府不控股的城市商业银行——台州银行,我国城市信用社改制形式由此变得更加丰富。之后,为了加快城市信用社的改制工作,中国人民银行,特别是成立于2003年的中国银监会出台法规以促进城市信用社的改组工作。2005年11月,中国银监会、中国人民银行、财政部、国家税务总局联合制定并发布了《关于进一步推进城市信用社整顿工作的意见》。该意见明确提出了推进城市信用社的整顿工作,推进被撤销和停业整顿城市信用社的市场退出工作等要求。全国各地兴起新一轮的城市信用社的改制高潮,并且在条件成熟的地区加快了城市商业银行与城市信用社共同组建为股份制商业银行的进程。

在城市商业银行组建之初,它们的业务完全局限在一城一市。随着城市商业银行业务的扩张,该种发展格局极大压制了城市商业银行的发展空间,不利于不良资产的消化、银行资源的优化配置、风险的控制和贷款集中度的降低。对此,城市商业银行根据各地的实际情况,基本遵循跨县或跨市到跨省、再到覆盖全国和跨越国境的发展路径,逐步发散其分支机构的设置。2005年12月28日,安徽省首先在6家城市商业银行和7家城市信用社基础上组建股份制商业银行——徽商银行;2006年4月26日,上海银行在宁波设立分行,拉开了城市商业银行跨越省市设立分支机构的序幕;2012年4月,外商独资的宁波国际银行改组为宁波通商银行,成为全国首家改制为中资城市商业银行的外商独资银行。至今,城市商业银行的改组形式更加多样化,它们多是从银行本身和所在城市的实际出发,采取合并重组、兼并收购或自我扩张等方式以实现规模的扩大、经营区域的延伸,像北京银行、宁波银行、上海银行等城市商业银行的扩展已经完全超越了省界,大大推进了城市商业银行在国内谋篇布局的发展步伐。

到2017年年底,我国共设立了133家城市商业银行,它们的分支机构已经覆盖了全国所有的省、自治区、直辖市,对地方经济的发展起到了极其重要的推动作用。

## 三、城市商业银行的改革与上市

随着城市商业银行内部的整合,资产规模不断扩大,资产质量得到有效改善。从 20 世纪 90 年代末开始,城市商业银行展开了股份制改组,之后引资、引入战略投资者的城市商业银行开始谋求境内外上市。首家以所在城市冠名的上海银行分别在 1999 年 9 月和 2001 年 12 月吸收了国际金融公司、汇丰银行等外资金融机构作为投资者,大大改善了股权结构,完善了公司治理机制。经过精心准备,2007 年 7 月,南京银行、宁波银行分别在上交所、深交所上市,由此拉开了城市商业银行境内上市的序幕。9 月,北京银行在上交所成功上市。随着南京、宁波、北京三家城市商业银行相继在 A 股上市,监管层考虑到市场风险较大,之后连续 8 年暂停了批复国内城市商业银行的上市申请。在境内上市无望的情况下,2013 年开始,重庆银行、徽商银行、哈尔滨银行、盛京银行等一批城市商业银行转而在香港谋求上市,以突破境内无法上市的困境,直到 2018 年 1 月,先后已有 10 家城市商业银行成功登录 H 股。2015 年 6 月,齐鲁银行成功上市,成为首家登录新三板的城市商业银行,由此也标志着城市商业银行重新拉开了境内上市的序幕,之后,城市商业银行上市步伐加快。截至 2018 年年初部分城市商业银行的上市情况如表 6-21 所示。

表 6-21 截至 2018 年年初部分城市商业银行上市情况

| 银 行 名 称 | 上 市 时 间 | 上 市 情 况 |
| --- | --- | --- |
| 宁波银行 | 2007 年 7 月 | A 股 |
| 南京银行 | 2007 年 7 月 | A 股 |
| 北京银行 | 2007 年 9 月 | A 股 |
| 齐鲁银行 | 2015 年 6 月 | 新三板 |
| 贵阳银行 | 2016 年 8 月 | A 股 |
| 江苏银行 | 2016 年 8 月 | A 股 |
| 杭州银行 | 2016 年 10 月 | A 股 |
| 上海银行 | 2016 年 11 月 | A 股 |
| 重庆银行 | 2013 年 11 月 | H 股 |
| 徽商银行 | 2013 年 11 月 | H 股 |
| 哈尔滨银行 | 2014 年 3 月 | H 股 |
| 盛京银行 | 2014 年 12 月 | H 股 |
| 锦州银行 | 2015 年 12 月 | H 股 |
| 青岛银行 | 2015 年 12 月 | H 股 |
| 郑州银行 | 2015 年 12 月 | H 股 |

续表

| 银行名称 | 上市时间 | 上市情况 |
|---|---|---|
| 中原银行 | 2017年7月 | H股 |
| 甘肃银行 | 2018年1月 | H股 |

城市商业银行的有序改组和上市,改善了城市商业银行的整体资本结构、公司治理机制,资产规模呈现快速上升趋势,到2018年,城市商业银行的总资产突破了34万亿元,占整个金融机构总资产的12.80%。2004年以来,城市商业银行总资产和占金融机构总资产比重情况如表6-22所示。

表6-22  2004年以来城市商业银行总资产和占金融机构*总资产的比重

| 年　份 | 总资产/亿元 | 占金融机构总资产的比重/(%) |
|---|---|---|
| 2004 | 17056.3 | 5.40 |
| 2005 | 20366.9 | 5.40 |
| 2006 | 25937.9 | 5.90 |
| 2007 | 33404.8 | 6.40 |
| 2008 | 41319.7 | 6.60 |
| 2009 | 56800.1 | 7.20 |
| 2010 | 78525.6 | 8.30 |
| 2011 | 99845.0 | 8.80 |
| 2012** | 123469.0 | 9.24 |
| 2013 | 151778.0 | 10.03 |
| 2014 | 180842.0 | 10.49 |
| 2015 | 226802.0 | 11.38 |
| 2016 | 282378.0 | 12.16 |
| 2017 | 317217.0 | 12.57 |
| 2018*** | 343459.0 | 12.80 |

注:* 金融机构包括政策性银行、国有商业银行、股份制商业银行、城市商业银行、农村商业银行、城市信用社、农村信用社、非银行金融机构、邮政储汇局和外资金融机构。

** 2012年深圳发展银行与原平安银行合并为平安银行,但数据没有进行调整。

*** 2018年数据来自中国银保监会网站。

(资料来源:根据中国银行监督管理委员会官网相关年份数据统计而成)

城市商业银行资产规模迅速扩大,在短短的14年中,增加了17倍多,增长速度远远快于国有商业银行。随着资产规模的扩大,城市商业银行主动利用信息技术提升对广大民众、实体经济等的服务质量和效率,对社会经济的发展明显起到了越来越重要的推动作用,贷款数量逐年增加。

伴随城市商业银行整体实力的不断提升,在2017年英国《银行家》杂志"世界1000家大银行"榜单中,按一级资本额排名,北京银行、上海银行2家银行进入前100名;江苏银行、南京银行、徽商银行、宁波银行、盛京银行、天津银行等6家进入前200名;锦州银行、厦门国际银行、杭州银行、哈尔滨银行、中原银行、包商银行、重庆银行等7家进入前300名;大连银行、成都银行、贵阳银行、广州银行、郑州银行、吉林银行、江西银行、苏州银行、长沙银行、河北银行、青岛银行、汉口银行、东莞银行、兰州银行、西安银行等15家进入前400名;另外,还有34家进入前1000名。进入前1000名的城市商业银行数量占到整个城市商业银行的近一半,这充分显示了城市商业银行的实力不断增强。与此同时,它们的资产质量也得到了明显改善,资本充足率逐年提升,基本保持在12%左右;不良贷款率从2005年开始到2011年呈现出快速下降态势,之后有所上升,如表6-23所示。

表6-23 城市商业银行资本充足率和不良贷款率变化表

| 年 份 | 资本充足率/(%) | 不良贷款率/(%) |
| --- | --- | --- |
| 2005 | — | 7.73 |
| 2006 | — | 4.78 |
| 2007 | — | 3.04 |
| 2008 | — | 2.33 |
| 2009 | 11.20 | 1.30 |
| 2010 | 12.20 | 0.91 |
| 2011 | 12.70 | 0.60 |
| 2012 | 13.25 | 0.72 |
| 2013 | 12.19 | 0.86 |
| 2014 | 12.19 | 1.16 |
| 2015 | 12.23 | 1.43 |
| 2016 | 12.42 | 1.48 |
| 2017 | 12.75 | 1.52 |
| 2018* | 12.80 | 1.79 |

注:2013年的资本充足率采取的是全国的数据,同时资本充足率相关指标是按照《商业银行资本管理办法(试行)》计算的数据结果,与历史数据没有直接可比性,但作为一种趋势还是能够反映出来。

*2018年数据来自中国银保监会网站。

(资料来源:根据中国银监会官网相关年份数据统计而成)

2013年起,城市商业银行采取了更加严格科学计算不良贷款率数据的方法,虽然与2013年之前的无法直接比较,但2013年以来的数据无疑也反映出其不良贷款率小幅上升的趋势,这说明了城市商业银行的经营风险在增大,亟须监管层和其自身加以有效防范。2019年5月24日,包商银行被中国人民银行、中国银保监会接管,尽管这是个个案,但也凸显了城市商业银行的信用风险。

当然,面对城市商业银行的快速发展,监管层以及城市商业银行自身一开始就不断加强规范化建设。一方面,中国人民银行、中国银监会加强了对城市商业银行法律法规的规范化建设和管理。1995年颁布的《中华人民共和国商业银行法》,到2005年进行了重新修订和发布;为强化对城市商业银行的监督管理,还不断制定和颁布了相关性监管法规。2017年第五届全国金融工作会议,特别是党的十九大均明确提出要加强金融风险防范;而银监会等各级监管主体则加大了对城市商业银行违规违纪的治理,仅在2018年年初就对河南涉及虚假黄金案的城市商业银行做出了巨额罚款等处罚。另一方面,2013年,城市商业银行在中国银行业协会下设立了城市商业银行工作委员会,加强行业自律,以促进城商行金融机构稳健持续发展为宗旨,遵守法律、法规和国家的经济金融政策,整合成员单位资源,畅通成员单位相互沟通渠道,配合有关部门维护成员单位合法权益,维护城商行金融市场秩序,提高服务水平,提升核心竞争力,支持我国经济社会全面可持续发展。同时,城市商业银行内部还加大了公司治理、风险防控等内控机制建设,以消除长期积累的风险。

## 第四节 农村金融机构的改革与发展

新中国成立以来,我国农村金融机构的发展就一直没有中断,成为我国金融机构的重要组成部分,在农村、农民、农业经济发展中发挥出巨大的作用。改革开放以后,农村金融机构得到了全面发展,不但农村信用社、中国农业银行获得了全新发展,农村商业银行、村镇银行、小额贷款公司等金融机构也得以萌生和快速壮大;到2017年第三季度,农村金融机构的总资产达到了32.36万亿元,在整个金融机构总资产中的比重为13.09%。在此期间,它们在农村地区虽然曾一度充当城市金融的"虹吸管",但其对农村经济的作用是任何金融机构也无法替代的。

## 一、农村信用社的恢复与发展

改革开放以前,我国农村信用社得到了一定程度的发展,在平衡城乡金融关系上起到很大作用。受"管资金"功能的制约,其管理体制虽然经历了多次重大调整,但它在绝大多数时间内仍归中国人民银行管理,部分承担了人民银行基层机构的作用。改革开放之后,随着中国农业银行从中国人民银行中分离,农村信用社划归中国农业银行管理。在改变管理体制之后,农村信用社得到较快恢复和发展。1984年8月,国务院转发中国农业银行《关于农村信用社管理体制的报告》,提出把农村信用社办成"自主经营、自负盈亏"的群众性合作金融组织,由此掀开了农村信用社改革的序幕,推进了农村信用社的快速发展。

农村信用社功能的明确定位,预示着农村信用社揭开了发展的序幕。之后到1993年,我国农村信用社的数量、资产规模均得到了较大发展。农村信用社的发展,不但对农业、农村经济的快速发展起到了明显的促进作用,而且为乡镇企业的崛起奠定了资金基础。当然,受前期定位不清、地方政府干预、资金规模小、"调市场"定位不明等诸多因素约束,农村信用社的发展极不平衡,也不充分,由此改变了之前相对稳定、平衡发展的城乡金融关系,开始出现了城乡金融关系分割的趋势。1992年,我国明确了建立社会主义市场经济的目标。1993年,中共十四届三中全会上提出了加快金融体制改革的任务,大大推进了农村金融机构的改革。

按中共十四届三中全会的部署,1993年12月颁布了《国务院关于金融体制改革的决定》,明确提出了根据农村商品经济发展的需要,在农村信用合作社联社的基础上,有步骤地组建农村合作银行。要制订《农村合作银行条例》,并先将农村信用社联社从中国农业银行中独立出来,办成基层信用社的联合组织。农村合作银行目前只在县(含县)以下地区组建。国有商业银行可以按《农村合作银行条例》向农村合作银行参股,但不能改变农村合作银行的集体合作金融性质。根据这一要求,国务院在1996年决定农村信用社脱离与中国农业银行的行政隶属关系,改归中国人民银行、省联社等统一管理,以此促进农村信用社的合作金融改制。这样,我国农村信用社管理体制开始走上按合作制原则规范发展的轨道。1996年8月,下发了《国务院关于农村金融体制改革的决定》,明确指出了改革的重点是改革农村信用社管理体制,把农村信用社改造成为真正的合作金融组织。

1997年亚洲金融危机爆发,国家对金融改革的重心转向了防范风险和加快国有商业银行的改制上。1998年，国家对农村合作基金会等进行强制清理整顿，这进一步影响了农村信用社的改革。在此期间，农村信用社虽然得到了一定程度的发展，但受历史因素等影响，它们的资产质量不容乐观，到2001年，全国有46%的农村信用社亏损，58%的农村信用社资不抵债。① 同时，农村信用社基本背离了为社员服务的方向，在利润机制的导向下，它们更多的是在农村吸收资金、城市放贷，呈现出"虹吸效应"。在管理上，农村信用社也没有真正建立起"一人一票"的民主管理制度，无法真正代表社员或股东的利益。2001年，中国正式加入WTO，金融业迎来外资金融机构的全面竞争。为了使农村信用社真正服务社员和为"三农"提供必要的资金支持，中央政府再次提出了改革农村信用社的要求，以使农村信用社能够实现可持续发展。

2003年6月，国务院发布了《深化农村信用社改革试点方案》，按照"明晰产权关系、强化约束机制、增强服务功能、国家适当支持、地方政府负责"的框架，首先在浙江、江苏、山东、江西、吉林、重庆、贵州、陕西等8省、直辖市启动农村信用社改革试点。2004年8月，《关于进一步深化农村信用社改革试点的意见》明确了农村信用社市场化改革的方向。在前期试点改革取得良好效果的条件下，国务院把农村信用社改革在全国范围内推广开来。到2006年年底，已经在全国的29个省、直辖市推开，到2007年年底，中国人民银行累计给农村信用社发行专项中央票据1656亿元，发放专项借款12亿元，以支持把农村信用社建设成为服务"三农"的社区和地方金融机构。通过中央资金支持政策，农村信用社的财务状况得到明显改善，抗风险能力大幅提升，极大提升了涉农信贷业务水平。

随着三级联社在全国范围内的推广，农村信用社在产权关系、管理体制上的改革取得了明显的成效。它们不但为农村地区积累了大量资金，在服务"三农"上起到巨大作用，而且还增强了农村金融的实力、巩固和培育了一大批服务"三农"的金融人才。到2017年，全国共有1373家农村信用社，资产规模达到了10万亿元，资本质量得到明显改观，资本充足率有了明显提升、不良贷款率有了较大幅度的下降。与此同时，农村信用社的快速发展，为它们在向农村商业银行等转型、城乡金融关系的改善、新型城乡关系的构建等方面提供了必要的金融支撑。

---

① 李志辉：《中国银行业的发展与变迁》，格致出版社、上海人民出版社，2008年版第154页。

## 二、农村新型金融机构的建立与发展

我国在加强农村信用社改革的同时,在沿海和经济较为发达的农村、城郊等地区鼓励和支持农村信用社向商业银行、合作银行转型,"成熟一家发展一家";在条件成熟的地区,建立小额贷款公司,支持现有商业银行牵头组建村镇银行,以改善农村地区的"融资难"、"融资贵"的状况,扩大金融对人群、地域服务的覆盖面。

(一)新型农村金融机构的建立

2000年以来,我国开启了农村金融机构的存量改革与增量发展,即农村信用社先后经历了在部分省市的改组试点和组建合作银行、商业银行等银行化改革,以及建立小额贷款公司和村镇银行等的渐进过程。

一是农村合作银行和农村商业银行的建立与发展。2005年8月,上海在之前农村信用社的基础上组建成立了上海农村商业银行股份公司,揭开了农村信用社组建农村商业银行的序幕;到2007年年底,全国已经组建了农村商业银行17家,农村合作银行113家。2013年,我国加快合作银行和农村商业银行的建设步伐,到2017年,已经在全国范围内建立了859家农村商业银行、71家农村合作银行。农村信用社逐步向银行改组和转变,建立和逐步完善公司化运作机制,股权结构日益合理,经营效率明显提高,分支机构得到明显扩大,初步形成了一个覆盖全国城郊和广大农村地区的农村金融基层服务网络。随着新型城镇化的发展,人口的重新排布,出现了一些农村商业银行在城郊和偏远山区的分理处因业务萎缩而停止营业的现象,仅在2017年11月到2018年2月的四个月内就有73家分理处被关停。与实体机构萎缩相反的是,农村商业银行等的网络化、智能化程度日益提高,"e农商行"趋势得到了较大程度的强化。

二是新型村镇银行的建立。村镇银行是经中国银监会按照相关法律、法规批准,由境内外金融机构、境内非金融机构企业法人、境内自然人出资,在农村地区设立的主要为当地"三农"经济发展提供金融服务的银行业金融机构。我国村镇银行的布局与国有专业银行分设不同,它们完全是在规范化的轨道上推进的。一开始,中国银监会就颁布了相关法规,规范了村镇银行的市场准入条件、业务经营范围和监管规则。按照中国银监会颁发的《村镇银行管理暂行规定》,在地(市)设立的村镇银行,其注册资本不得低于5000万元人民币;在县(市)设立的村镇银行,其注册资本不得低于300万元人民币;在乡(镇)设立的村镇银行,其注册资本不得低于100万元人民币。

2006年12月20日,中国银监会出台了《关于调整放宽农村地区银行业金融机构准入政策 更好支持社会主义新农村建设的若干意见》。该意见明确提出在湖北、四川、吉林、青海、甘肃和内蒙古等6个省、自治区的农村地区施行设立村镇银行试点的工作。之后,中国银监会在2007年又先后发布了《村镇银行管理暂行规定》、《村镇银行组建审批工作指引》,为村镇银行的筹建和经营管理提供了必要的制度保障,同时又把试点地区扩大到31个省、直辖市、自治区。2007年3月1日,全国首批3家村镇银行正式开业;随后,国家开发银行在甘肃平凉设立了第一家村镇银行,汇丰银行在湖北随州开始了在中国农村地区设立村镇银行的布局。2007年年底,全国新设立村镇银行19家,2008年年底,设立了村镇银行91家,2009年设立57家。之后,村镇银行的建立逐步推进,到2013年年底,全国共组建村镇银行1071家;2017年,我国村镇银行总数达到1311家,资产规模超过1万亿元,对所在地区的惠农、服务"三农"和精准扶贫攻坚等起到了巨大的推动作用。

三是小额贷款公司的建立和发展。按照国务院的部署,从2005年开始,我国先后在山西、四川、贵州、陕西、内蒙古等5个省、自治区开展小额贷款公司试点;到2007年年底,试点的五省、自治区已经成立了7家小额贷款公司。2008年5月,中国人民银行、中国银监会发布了《关于小额贷款公司试点的指导意见》,有力地推动了小额贷款公司的发展。2009年6月,中国银监会出台《小额贷款公司改制设立村镇银行暂行规定》,允许符合条件的小额贷款公司转制为村镇银行。之后,小额贷款公司一方面在条件符合的情况下改制为银行,另一方面小额贷款公司的数量迅速增加,到2017年年底,达到了8551家,分布在31个省、直辖市、自治区,实收资本8720亿元,贷款余额9799亿元。

四是农业产业基金的设立。为了促进现代农业的发展,引进多样化的资金支持,2009年北京市农业投资有限公司、金石投资、建阳信托等发起成立北京农业产业投资基金,之后河南、广东、山东、浙江、吉林、重庆等省市也相继设立了农业产业基金。2012年,由中国农业发展银行、财政部、中信集团和中国信达等出资设立了首家全国性农业产业基金——中国农业产业发展基金。这些产业基金的设立,极大地丰富了我国支撑"三农"的现代金融组织,推进了城镇化进程。

总体来看,农村新型金融机构的建立与发展,在短短的十几年内已经形成一个覆盖全国城郊和广大农村地区的金融网络。与国有商业银行、股份制商业银行和城市商业银行等发展路径和定位不同,它们在深耕"三农"的明确定位和国家优惠政策的有力支持下,在农村地区仍具有很大的扩展空间。2018年1月9日,中国银监会向全国印发了《关于开展投资管理型村镇银行和"多县一行"制村镇银行试点工作的通知》,在全国范围内推出了投资管理型村镇银行和"多县一行"制村镇银行的试点工作政策。这必然会大大推进农村金融机构的重新布局,为弥补普惠金融体系构建中的农村地区的盲区,起到巨大的促进作用。

(二)新型农村金融机构的发展

在新型农村金融机构的类型中,资金实力最强、经营最规范的应当是农村商业银行。其他新型农村金融机构经营地域范围偏小,覆盖人群少,但它们在惠农和服务"三农"中确实起到了一定的积极作用。农村商业银行网点较多,均按公司治理方式组建,产权关系明确,到2018年资产规模超过34万亿元,成为当前农村金融机构中的领航者。经过十几年的快速发展,农村商业银行资产质量得到了明显改善,如表6-24所示。

表6-24 农村商业银行的资产质量情况

| 年　份 | 资本充足率/(%) | 不良贷款率/(%) |
| --- | --- | --- |
| 2013 | 12.91 | 1.67 |
| 2014 | 13.81 | 1.87 |
| 2015 | 13.34 | 2.48 |
| 2016 | 13.48 | 2.49 |
| 2017 | 13.30 | 3.16 |
| 2018 | 13.20 | 3.96 |

注:2013年资本充足率指标用全国商业银行的指标替代。
(资料来源:根据中国银监会官网相关资料整理。)

因2013年以前的农村商业银行资本充足率指标是按照旧的标准制定的,故表6-24从2013年开始展示。从2013年以来的数据来看,资本充足率基本呈现上升态势。不良贷款率的数据虽然不高,但其趋势是上升的,这表明经营中的风险仍然较大,今后必然要加强公司法人治理机制,及股权结构、内控机制等领域的建设,严防区域性和系统性金融风潮。

伴随农村金融机构实力增强、规模增大、机制改善,一些农村商业银行开始积极谋求上市,以补充资本金,推动进一步改革和制度建设。2010年,重庆农村商业银行在港交所成功上市,成为我国首家公开募股的农村商业银行。之后,农村商业银行的上市一度趋缓,到 2017 年 1 月才有江阴银行、无锡银行、常熟银行、吴江银行、张家港银行等 5 家银行在 A 股上市。2018 年,江苏紫金农商银行、浙江绍兴瑞丰农商银行、青岛农商银行、江苏大丰农商银行、厦门农商银行等 20 多家农村商业银行积极筹备上市,预计今后一段时间内会出现农村商业银行的上市高潮。

在互联网等信息科技及网点、人工等高成本因素的冲击下,农村金融机构为了自身生存和发展,必然会加大"触网"进程,大力推进互联网金融服务业务建设。各省、自治区、直辖市联社、农村商业银行纷纷推出移动支付、互联网贷款、直销银行、电商平台等金融服务业务,互联网将给农村信用社、农村商业银行等农村金融机构带来新的发展动力。今后,农村金融机构仍有巨大的发展空间,特别是在信息技术应用上。一方面,为了解决农村地区尤其是偏远山区金融服务"最后一公里"问题,需要加大推进农村地区的乡村便利店、自助店和助农存取款服务点的建设;另一方面,一些实体分理处等分支机构则会在高成本等因素的约束下出现关停的趋势。今后,农村金融机构应该深入改革、转型,强化市场定位,积极培育合格的农村金融市场主体,充分激活农村金融资源,支持农业供给侧结构性改革,避免农村资金游离于农村,防范资金脱实就虚,支持它们在惠农、服务"三农"、精准扶贫攻坚等方面起到更加积极的作用。

## 第五节　其他银行机构

除了前述四类银行机构外,随着社会经济日益多元化,我国金融功能呈现出市场化态势,为满足社会经济发展的金融需求,新式银行机构不断涌现,一些是为了承接国有银行所担负的政策性业务而建立的政策性银行,而以前附属在邮政系统中的邮政储蓄则在 2007 年独立为中国邮政储蓄银行;另一些则是在 2013 年之后逐步建立起来的民营银行。这些银行机构的出现,使我国银行机构更加多元化,其资产总额、整个银行类金融机构中的比重均呈现持续增长趋势,到 2018 年,达到 53 万多亿元和 20.11%[1]。随着实力的增强,它们越来越顺应不同地区、人群、企业的金融

---

[1] 这里的银行机构包括政策性银行、民营银行、邮政银行、外资银行、非银行金融机构和资产管理公司。

需求。

## 一、政策性银行的变革

1994年政策性银行的成立,使商业性与政策性业务彻底分离,完全改变了我国的宏观金融体系。之后,我国政策性银行顺应社会经济发展要求,不断改革,至今已经明确了它们的功能地位、经营范围,强化了风险防控,为社会经济发展做出了巨大贡献。

### (一)三家政策性银行的建立

在1994年我国成立政策性银行之前,我国政策性金融业务全部由中国人民银行或后来从中分离的或新建立的国有专业银行来承担。中国人民银行或国有专业银行一身兼任政策性与商业性业务的状况,严重影响了中国人民银行独立行使中央银行的职责和国有专业银行商业化职能的充分发挥。在此背景下,国务院在1993年12月发布《国务院关于金融体制改革的决定》,明确了国有商业银行商业化改革的方向。1994年,国务院决定由国家出资设立三家政策性银行,其注册资金和股东如表6-25所示。

表6-25　中国政策性银行的注册资本与股东情况

| 银行名称 | 注册资本额/亿元 | 股东 |
| --- | --- | --- |
| 国家开发银行 | 4212.48 | 财政部、汇金公司、梧桐树投资平台有限公司和全国社会保障基金理事会 |
| 中国农业发展银行 | 200 | 财政部等 |
| 中国进出口银行 | 1500 | 财政部等 |

由国家出资在1994年相继设立的国家开发银行、中国农业发展银行、中国进出口银行等三家政策性银行均根据国务院金融改革计划承担相应领域的政策性任务,见表6-26。

表6-26　中国政策性银行设立时间、资金来源和主要职能情况

| 设立时间 | 名称 | 资金来源 | 主要职能 |
| --- | --- | --- | --- |
| 1994年3月 | 国家开发银行 | 财政部拨付的资本金、重点建设基金,向社会发行的国家担保债权和向金融机构发行的金融债券等 | 办理国家重点建设项目(包括基本建设和技术改革项目)的政策性贷款及贴息业务 |

续表

| 设立时间 | 名　　称 | 资金来源 | 主要职能 |
|---|---|---|---|
| 1994年4月 | 中国进出口银行 | 财政专项资金,向金融机构发行的金融债券等 | 为大型机电成套设备进出口提供买方信贷和卖方信贷,为中国银行的成套机电产品出口信贷办理贴息及出口信用担保等业务 |
| 1994年11月 | 中国农业发展银行 | 财政支农资金、农业政策性贷款企业的存款、向金融机构发行的金融债券等 | 承担国家粮棉油储备和农副产品合同收购、调销、加工、农业开发等业务的政策性贷款,代理财政支农资金的拨付及监督使用等业务 |

三家政策性银行的成立,表明我国国有专业银行的政策性与商业性业务开始分离,政策性银行在各自领域范围内开始承担以前由国有专业银行兼任的职责。之后,政策性银行在我国经济转型过渡中的作用日益重要。国家开发银行在基础设施建设、棚户区改造、新型城镇化建设、支持"走出去"和"一带一路"等经济建设重点领域提供了大量资金支持,凸显了以中长期投融资业务为主的开发性金融的重要作用;进出口银行在扩大机电产品、成套设备和高新技术产品的进出口中,支持我国企业"走出去",促进了对外经贸关系的发展,在国际经贸合作等领域发挥了重要作用;中国农业发展银行在服务"三农",尤其是支持粮棉油收储、农业开发和农业农村基础设施建设等方面起到了无可替代的作用。

当然,随着国内外社会经济环境的变化,三家政策性银行也面临着一些问题,特别是它们在政府担保下不按市场规则来评估项目、以行政化方式配置资金、与商业银行之间形成了诸多不公平竞争等,亟须改革,以明确它们的职能定位和业务经营范围,防范金融风险的发生。

(二)政策性银行的改革

随着我国社会主义市场经济的日益完善,政策性银行的功能定位争论开始引发社会各界的广泛关注。2001年国务院专门成立了调研小组,以研究政策性银行的功能定位问题。在实践中,三家政策性银行的业务有了一定程度的拓展。2005年10月召开的中共十六届五中全会明确加快了政策性金融改革，重点推进国家开发银行的改革，按照现代金融企业制度的要求，建立规范的公司治理结构，全面推进商业化运作，主要从事中长期业务，自主经营、自担风险、自负盈亏。按照这一深化改革的思路，政策性银行根据自身实际稳步推进改革目标。2007年，汇金公司对国家开发银行进行了200亿美元的增资；2008年12月，国家开发银行股份有限公司成立，标志着国家开发银行的改革取得了明显的进展。在2008年10月召开的中共十七届三中全会上，国务院提出拓展农业发展银行支农领域，加大政策性金融对农业开发、农村基础设施建设的中长期信贷支持。

2013年中共十八届三中全会提出推进政策性银行改革。2014年国务院启动了三家政策性银行的深化改革，围绕提高资本准备金和明确它们的职能定位、业务范围、风险控制等三个战略点展开系统改造工作。2015年4月12日国务院批准三家政策性银行的综合改革方案，由此拉开了三家政策性银行改革的序幕。三家政策性银行根据国务院的要求，深化其内部改革，以改造成为资本充足、治理规范、内控严密、运营安全、服务优质、资产优良的银行机构。这一改革方向，明确了政策性银行的定位，划清了它们的经营业务范围，如表6-27所示。

表6-27 政策性银行改革的定位和经营业务范围

| 银行名称 | 定位 | 经营业务范围 |
| --- | --- | --- |
| 国家开发银行 | 开发性金融 | 市场化运作支持国家战略 |
| 中国进出口银行 | 坚持以政策性业务为主体 | 政策性与商业性分账管理，支持外贸业务和实施"走出去"战略 |
| 中国农业发展银行 | 强化政策性职能 | 政策性业务和自营性业务实施分账管理、分类核算，明确责任和风险补偿机制 |

与此同时，三家政策性银行还根据自身实际，各自在遵循10.5%的资本充足率的前提下，确立了各自的发展要求。国家开发银行提出了"合理补充资本金，强化资本约束机制"、中国进出口银行明确了"提升资本实力，建立资本充足率约束机制"、中国农业发展银行提出了"确立以资本充足率为核心的约束机制"等要求。2015年7月，国家外汇管理局给国家开发银行注资480亿美元；2016年12月，国务院批准《国家开发银行章程》；2017年4月，国家开发银行改为国家开发银行股份有限责任公司。中国农业发

展银行和中国进出口银行在各自综合改革方案的指引下,有序推进其改革目标。2017年11月,中国银监会发布了《国家开发银行监督管理办法》、《中国进出口银行监督管理办法》和《中国农业发展银行监督管理办法》,按照这三个办法的规定,它们都建立由董事会、监事会和高管层构成的"两会一层"公司治理结构,不设立股东大会;增设部委董事,强调部委董事在董事会中的作用,实行外派监事会制度。2018年以后,政策性银行必然会围绕党的十九大深化金融改革的要求,稳健推进它们的改革。

(三)政策性银行业务的发展

伴随政策性银行的改革不断深入,它们的业务发展得到了很大提升。一是它们的分支机构基本覆盖全国,在"走出去"和机构国际化上取得了很大进展,如表6-28所示。

表6-28 截至2018年年初政策性银行的境内外分支机构铺设情况

| 银行名称 | 境内分支机构 | 国外和港澳台地区分设机构情况 |
| --- | --- | --- |
| 国家开发银行 | 31个省、直辖市、自治区设有37家一级分行和3家二级分行 | 设有香港分行,以及开罗、莫斯科、里约热内卢、加拉加斯、伦敦、万象等6家代表处 |
| 中国农业发展银行 | 31个省、直辖市、自治区设立了分支机构 | 与国外26个国家的银行建立代理关系,并与亚太农协等国际金融组织建立了密切联系 |
| 中国进出口银行 | 28个省、直辖市、自治区设立29家营业性分支机构 | 设有香港代表处、巴黎分行、东南非代表处、圣彼得堡代表处、西北非代表处 |

二是资本实力不断增强。经过23年的发展,到2017年第三季度时,三家政策性银行的资产总额达到了25.12万亿元,占整个银行业金融机构总资产的9.84%;贷款总额达17.41万亿元,在我国社会经济发展中发挥出了巨大作用,特别是在与"走出去"和"一带一路"建设相关的业务中发挥了更加明显的作用。

三是政策性银行的影响力日益增强。政策性银行不仅在国内具有较大的影响力,而且在国际上也具有很强的辐射力。中国农业发展银行曾在2014年进入《财富》杂志世界500强榜单;国家开发银行则在2015年进入《财富》杂志世界500强榜单,这些均显现了它们的特有影响力。

## 二、邮政储蓄银行的建立与发展

改革开放之初,经济快速增长,在货币投放上出现了过热的现象。中国人民银行为了稳定通货,于 1986 年与邮电部合办邮政储蓄,以回收社会游资,转存中国人民银行,由此至 2007 年期间,邮政储蓄除了吸储外,并不开展其他银行业务,仅处于非银行金融机构发展阶段。根据邮政储蓄业务的发展,降低转存获息给中国人民银行所带来的较高利息成本,2007 年邮政与储蓄分离,成立了中国邮政储蓄银行,经过改造上市,至今中国邮政储蓄银行已经成为我国第六大国有商业银行,对社会经济的发展起到巨大的促进作用。

(一) 中国邮政储蓄银行的建立

中共十一届三中全会确立了以经济建设为中心的政策,社会经济快速发展。为适应这一趋势,中国人民银行扩大货币供应,仅从 1978 年到 1984 年,货币供应量就增加了 2 倍多,由 212 亿元增加到 792 亿元。货币供应的大幅增长,引发经济过热。为了平稳通货,在中国人民银行刚刚确立中央银行的过程中缺乏必要宏观调控工具的条件下,不得不通过银行机构来收缩银根,但这一做法制约了经济发展速度。为此,中国人民银行在 1986 年 1 月与邮电部分别以业务监督者和投资所有者的身份,在国务院的强力支持下发布了《关于开办邮政储蓄的协议》,力图借助邮政系统分设在全国各地的分支机构向社会吸收储蓄,转存中国人民银行以达到收紧银根的效果。按照以上协议,邮电部在北京、天津等 12 个城市首先试办邮政储蓄业务。1986 年年底,《中华人民共和国邮政法》通过,明确了邮政储蓄业务成为邮政企业的法定业务之一。这样,邮政储蓄业务迅速推广到全国,邮政机构渐趋成为一个事实上的"准银行"系统。

邮政系统刚开始办理储蓄业务时,任务就是帮助中国人民银行吸收社会过多的游资,起到了公开市场操作的功能,达到稳定通货的效果。邮政吸收储蓄,转存中国人民银行,除按国家规定计付存款利息外,中国人民银行还按月累计日平均余额的 0.22% 作为手续费支付给邮政储蓄,邮政储蓄则获取固定的利差收益而不向社会发放贷款。刚开始,邮政储蓄吸收储蓄数量较少,但因中国人民银行给邮政储蓄超过商业银行存款的超高利息,再加上邮政储蓄利用分布在全国范围内的分支机构,吸收的储蓄存款数额快速上升,到 2000 年时达到了 4578 亿元,这无疑给中国人民银行带来了日益沉重的利息支出。对此,中国人民银行从 20 世纪 90 年代以来曾多次调整邮政储蓄转存的利息政策,逐步与其他银行利息政策统一起来,以降低利息成本,如表 6-29 所示。

表 6-29　中国人民银行调整邮政储蓄转存款利息政策变化

| 年份 | 转存款利息政策调整 |
| --- | --- |
| 1993 | 自 1993 年 7 月 11 日起,邮政储蓄转存在中国人民银行的长期存款实行分段计息,调整日前按年利率 10.80% 计付利息,调整日后按年利率 12.42% 计付利息;同时,活期存款利率调整为年利率 3.15% |
| 1996 | 自 1996 年 5 月起,邮政储蓄转存在中国人民银行的存款利率调整为 10.53% |
| 1997 | 自 1997 年 10 月,邮政储蓄转存在中国人民银行的存款利率调整为 7.452% |
| 1998 | 自 1998 年 3 月 25 日起,邮政储蓄转存在中国人民银行存款的年利率下调到 7.218% |
| 1999 | 邮政储蓄转存款利率仍按 5.922% 执行,至 1999 年年底再作调整 |
| 2002 | 自 2002 年 2 月 21 日起,邮政储蓄转存款利率下调 0.2538 个百分点,由现行的 4.6008% 下调到 4.347% |
| 2003 | 自 2003 年 8 月 1 日起,邮政储蓄新增存款转存中国人民银行的部分,按照金融机构准备金存款利率 1.89% 计息;<br>2003 年 8 月 1 日以前的邮政储蓄老转存款暂按现行转存款利率 4.131% 计息;<br>从 2003 年 8 月 1 日起,邮政储蓄新增存款由邮政储蓄机构自主运用 |

同时,随着中国人民银行作为独立的中央银行的职能日益完善,货币政策目标渐趋明确,宏观调控工具越来越丰富,货币供应得到有效调控。在此背景下,中国人民银行继续沿用邮政储蓄系统来吸收社会游资的方式已经不再适应宏观调控需求,亟须对邮政储蓄系统加以改革;而邮政储蓄系统自 2003 年中国人民银行转存款政策的改革,新增存款不再享受以前那种稳定的利差收益,故到 2004 年邮政储蓄吸收存款上升到 8000 亿元后,不得不谋求新的存款出路。

国务院顺应了这一趋势,推进了邮政与邮政储蓄的机构改革。邮政储蓄从邮政中分离出来,邮政储蓄业务部分专门设立邮政储蓄银行以承担储蓄等金融业务。2007 年 3 月 20 日,中国邮政储蓄银行总行正式挂牌成立。随后,邮政储蓄银行根据公司化改革的要求,重点推进公司治理机制的建设和在全国范围内的分支机构组建工作。经过近一年的筹建准备,到2007年年底,中国银监会批准了邮政储蓄银行在全国范围内筹建36家一级分行以及其所属的20405家分支机构。这样,曾专门办理储蓄业务的邮政与邮储系统正式分离,邮政储蓄银行开始走上了国有商业银行的道路,成为我国第六大国有商业银行。

(二) 邮政储蓄银行的重组与上市

自从2007年邮政储蓄业务重组为中国邮政储蓄银行以来,按照国务院银行改革的部署,中国邮政储蓄银行在明确职能定位后,按照国有商业银行"重组—引进战略投资者—上市"的股份制改革步骤,渐趋推进其重组与上市。

首先,明确了邮政储蓄银行的职能定位。邮政储蓄银行依托其庞大的分支网络,明确定位在服务社区、服务中小企业、服务"三农",致力于为中国社会经济转型中最具活力的客户群体提供全方位金融服务。通过十几年的深耕,邮政储蓄银行当前已经发展成为我国领先的大型零售银行。与此同时,邮政储蓄银行还积极服务于大型客户并参与重大项目建设,为中国经济的改革和发展发挥出越来越重要的作用。

其次,进行股份制改造。2007年中国邮政储蓄银行成立之初,中国邮政集团独家控股,各省、直辖市、自治区分行行长绝大多数由所在地省级邮政公司党组成员或党委委员兼任。之后,经过近五年时间的摸索,中国银监会在2011年12月31日批准了中国邮政储蓄银行的股改方案;2012年1月21日中国邮政储蓄银行正式更名为中国邮政储蓄银行股份有限公司。

再次,引进战略投资者。股改之时,邮储银行的资产规模超过3.2万亿元,存贷比不到20%,不良贷款率极低,资产质量极好。随着邮储银行的股份制改造,存贷比快速上升,资本充足率指标出现明显下降,增加资本、引进战略投资者就成为邮储银行的紧迫任务。经过三年的准备和考察,在综合考虑战略协同、交易价格、财务实力、品牌影响力等因素的基础上,邮政储蓄银行于2015年12月引入了10家战略投资者,其中包括瑞银集团、摩根大通、星展银行、加拿大养老基金投资公司、淡马锡、国际金融公司等6家国际知名金融机构,中国人寿和中国电信2家大型国有企业,蚂蚁金服和腾讯公司2家互联网龙头企业。通过此次引进多元化的战略投资者,邮政储蓄银行共募集到451亿元资金,发行比例达到16.92%,是中国金融企业单次发行规模最大、自2015年近5年里总体规模最大的股权融资。多元化战略投资者的引入,大大充实了邮政储蓄银行的资本金,完全改善了邮政储蓄银行公司治理机制,提高了资本充足率等指标。

最后,成功上市。战略投资者的引进,促使邮政储蓄银行不断完善公司章程、股东大会议事规则、董事会议事规则,制定董事会秘书工作制度、高级管理层信息报告管理办法、独立董事工作规则等规章制度,初步建立起一套内容科学、体系完备的公司治理制度体系,从而大大提升了邮政储蓄银行的综合实力和竞争力。股本结构渐趋合理,公司治理结构不断完善,由此构建的"三会一层"更趋合理。在此条件下,中国邮政储蓄银行在2016年9月在香港联交所成功上市,正式登录国际资本市场。

(三)邮储银行的业务发展

邮储银行的股份制改造和上市,极大地改善了银行的治理结构,提升了银行的经营效率,银行机构得到了有效整合。到2017年,邮政储蓄银行的分支机构覆盖全国,是当前拥有最多分支机构的银行金融机构,营业网点近4万个,服务个人客户超过5亿人次,资产质量优异,未来发展潜力显著。

面对互联网、物联网、大数据、人工智能等信息技术的快速发展和来自互联网金融的强有力冲击,邮储银行主动加快信息化进程。目前,已经构建起一个涵盖网上银行、手机银行、自助银行、电话银行、"微银行"等在内的全方位电子银行系统,形成了一个电子渠道与实体网络互联互通,线下实体银行与线上虚拟银行齐头并进的金融服务网络,在当前构建普惠金融体系中起到了引领性作用。

邮储银行服务"三农"、小微企业等的明确定位,为新农村建设、精准扶贫和党的十九大以来实施乡村振兴战略提供了强有力的金融支撑。邮政储蓄银行的精准定位,得到了中央政府的充分肯定。在过去连续15次的中央一号文件中,有12次提及了改组前的邮政储蓄部门和改组后的邮政储蓄银行。在2016年的中央一号文件中明确提出,支持中国邮政储蓄银行建立"三农"金融事业部,打造专业为农服务体系;2018年的中央一号文件明确提出,"加大中国农业银行、中国邮政储蓄银行'三农'金融事业部对乡村振兴支持力度"。为了落实2018年中央一号文件的要求,邮储银行明确提出了深化"三农"金融事业部的体制机制建设,持续加大"三农"重点领域信贷资金的投放力度,积极服务农业供给侧结构性改革,助力乡村振兴战略。①

---

① 《邮储银行将制定支持乡村振兴战略实施意见》,《金融时报》2018年2月9日。

显然,邮政储蓄银行经过重组上市之后,资本实力明显增强,境内外影响力快速上升。在境内,邮政储蓄银行已经成为我国六大国有商业银行之一;境外,2017年英国《银行家》杂志"全球银行1000强排名"中,邮政储蓄银行总资产位居第21位;在《财富》"全球银行500强"的排名中以1896亿元的收入位居34位。

### 三、民营银行的兴起

随着我国社会经济的快速发展,原有金融机构已经难以满足社会资金的供需需求,"融资难"问题长期困扰我国。为了缓解中小企业的"麦克米伦缺口",2013年6月19日,国务院常务会议明确鼓励民间资本开设民营银行,引导信贷资金支持实体经济。7月,国务院发布《关于金融支持经济结构调整和转型升级的指导意见》,提出"将尝试由民间资本发起设立风险自担的民营银行等金融机构"。在有利政策的推动下,大批民营企业参与到筹设民营银行的行动之中。到2013年11月,全国共有23家民营银行获得工商管理总局的预核准。之后,经过论证等工作,中国银监会通过指定的方式,允许10家公司进行试运行。截至2015年,前海微众银行、天津金城银行、温州民商银行、浙江网商银行、上海华瑞银行等5家民营银行先后获得了银行经营许可证,如表6-30所示。

表6-30 最初设立的5家民营银行的基本情况

| 民营银行名称 | 发起者 | 定位 | 资本额/亿元 | 设立时间 |
| --- | --- | --- | --- | --- |
| 前海微众银行 | 腾讯、百业源、立业等 | 个存小贷 | 30 | 2014年12月 |
| 天津金城银行 | 华北、麦购等 | 公存公贷 | 30 | 2015年4月 |
| 温州民商银行 | 正泰、华峰等 | 助力小微、服务"三农"、扎根社区 | 20 | 2015年3月 |
| 浙江网商银行 | 蚂蚁小微金融服务集团、上海复星工业技术发展有限公司、万向三农集团有限公司和宁波市金润资产经营有限公司等 | 小存小贷 | 40 | 2015年6月 |

续表

| 民营银行名称 | 发起者 | 定位 | 资本额/亿元 | 设立时间 |
|---|---|---|---|---|
| 上海华瑞银行 | 上海均瑶(集团)有限公司和上海美特斯邦威服饰股份有限公司,以及其他10家民企参与 | 特定区域存贷款(贸易金融、小微金融和互联网金融等) | 30 | 2015年5月 |

5家民营银行的相继成立,给我国企业、民众等带来了一种全新的体验。与传统银行不同,它们均是由民营企业发起,公司治理结构较为完善,风控技术先进,施行差异化的市场定位和特色化的经营业务,采取了先进的信息技术来支撑银行服务和全新的经营模式,改变了过去银行的信贷做法。前海微众银行根据腾讯社交数据的信用评级分数来发放贷款;浙江网商银行则依托阿里的大数据,特别是蚂蚁金融服务集团的技术优势给顾客提供金融服务。它们都是线上运营,没有线下分行。其他3家民营银行则根据自身的特色,开展与原有银行完全不一样的服务。为了加强民营银行之间的沟通和发展,2015年11月5家民营银行在上海联合发布了《中国民营银行发展公约》,倡导普惠民生、差异发展、互利合作,共同推进社会经济的发展。

2016年以来,我国监管部门又相继批准了第二批12家民营银行。到2017年年底,重庆富民银行、四川新网银行、湖南三湘银行、安徽新安银行、福建华通银行、武汉众邦银行、北京中关村银行、江苏苏宁银行、威海蓝海银行、吉林亿联银行、辽宁振兴银行均得到了国务院的正式批复,其中前8家已经开业,大大增强了我国民营银行的实力。

前海微众银行等首批5家民营银行自2015年开业以来,业务发展迅速,到2016年年底,已全部实现盈利,资产总额达到了1720.7亿元,不良贷款率0.58%,资本充足率16.75%,远远好于同期的其他金融机构。除前述5家外,全国累计共有17家民营银行获批筹建,8家已开业,其总资产规模达到1825.59亿元,较2016年增长了129.83%。[①] 它们的资产质量继续维持在所有金融机构的前列,在2017年年底时不良贷款率为0.53%,

---

① 《首批5家民营银行全部盈利 去年实现净利润9.8亿元》,《人民日报》2017年12月26日第10版。

资本充足率24.25%。目前,民营银行的资产规模虽然很小,但它们全新的经营方式却越来越顺应社会经济发展的趋势,获得社会大众的广泛认同,给我国金融业的发展带来了明显的"鲶鱼效应",驱动着金融行业的创新浪潮。当然,这些民营银行的经营方式,在外部环境和社会经济快速变化下,也面临着较高的经营风险,今后需要不断加强金融风险防范和控制。

## 第六节 银行业的对外开放

改革开放以来,中国政府顺应社会经济的多元发展态势,从1979年开始就逐步放开了外资银行机构准入制度,而它们进入我国则有直接设立和参股两种方式,至今两者方式均得到了全新发展。在此期间,根据外资在华银行业的发展程度,我国不断出台法律法规以规范其发展,到2017年年底,它们已经成为境内银行业的一个重要组成部分,在服务实体经济、便利民众生活等方面发挥着越来越重要的作用。

### 一、外资银行业的进入与规范发展

外资银行最初进入是通过来中国境内直接设立代理处或分支机构,2006年之后则根据我国的法律法规要求向法人机构转变,2017年,已经在中国境内设立了210家外资银行机构,资产规模3万多亿元,大大丰富了我国银行金融机构类型,成为我国金融机构的一个重要组成部分。

(一)外资银行的进入与初步发展

伴随中国改革开放政策的施行,外资银行开始进入中国。1979年,日本输出入银行被批准在中国设立常驻代表机构;1981年中国香港南洋商业银行在深圳设立分行,由此拉开了外资、侨资金融机构在我国境内设置代表处或分行的序幕。之后,侨资、外资金融机构相继被引进并发展起来,到1996年时已经在我国25个城市设立了528个代表处。

顺应外资、侨资银行机构逐步进入中国的趋势,在1985年4月国务院发布了《中华人民共和国经济特区外资银行、中外合资银行管理条例》,以规范外资银行机构的管理。1990年9月,中国人民银行发布《上海外资金融机构、中外合资金融机构管理办法》,加强对外资金融机构等的规范管理。1994年4月,为了加强和完善对外资金融机构的管理,适应对外开放和经济进一步发展的需要,中国人民银行在前述法规基础上制定和颁布了《中华人民共和国外资金融机构管理条例》,规定了外资银行在我国境内经营的市场准入条件及其终止、业务范围和监管标准,标志着我国对外资金融机构的审批和管理进入了法制化和规范化的阶段。

1996年,中国人民银行颁布了《上海浦东外资金融机构经营人民币业务试点暂行管理办法》,开放了外资银行面向外资企业及境外居民的人民币业务,大大推进了外资金融机构在我国的发展进程。2001年,我国加入WTO,之后我国加快放开了对境外银行业务;12月,我国取消了外资银行在中国境内办理外汇业务的地域和对象限制,允许外资银行经营对我国企业和居民的外汇业务;同时,我国逐步对外资银行放开人民币业务,如表6-31所示。

表6-31 我国对外资银行放开人民币业务概况

| 时 间 | 放 开 区 域 |
| --- | --- |
| 2001年年底 | 上海、深圳、天津、大连 |
| 2002年年底 | 广州、青岛、珠海、南京、武汉 |
| 2004年年底 | 昆明、北京、厦门、沈阳、西安 |
| 2005年年底 | 汕头、宁波、哈尔滨、长春、兰州、银川、南宁 |
| 2006年年底 | 取消了外资银行经营人民币业务的地域和客户限制,允许其向所有客户提供人民币业务服务 |

2001年年底和2002年年初,我国相继颁布了《中华人民共和国外资金融机构管理条例(修订版)》、《中华人民共和国外资金融机构管理条例实施细则(修订版)》。之后到2006年,我国依据WTO规则和国内法规,完全向外资金融机构放开了国内市场,实行全面的"国民待遇"。当然,在此期间,进入我国的外资银行仍然没有改变只设分支机构的格局,到2005年时共有19个国家和地区的68家外资银行来华设立了170家分行、24家支行、24家法人机构,在中国境内初步构建起一个外资银行的经营网络。

(二)外资银行业的壮大与快速发展

2006年之前,外资在华银行均以代理处和分行等形式经营,不具备独立法人资格。2006年11月,我国颁布了《中华人民共和国外资银行管理条例实施细则》,明确了在华设立外资独资银行或中外合资银行的市场准入条件、实施细则,并将我国境内的外资银行的分行改制为由其总行单独出资的外商独资银行,做出了明确的规定,指出了改制应遵循的规则。按照以上细则,我国对外资银行在中国境内机构展开了法人银行导向的改革。经过一年多的改革试点,我国境内设立的外资银行已经实现了由"分行主导"向"法人主导"的平稳过渡。之后,通过对已有外资银行分行等机构的平稳改革,外资银行分支机构进入我国的速度加快,到 2007 年年底,共有 47 个国家和地区的 193 家银行在中国境内设立了 242 家代表处,外商独资银行 24 家、合资银行 2 家和外商独资财务公司 3 家;另有 23 个国家和地区的 71 家外资银行在中国境内设立了 117 家分行。

之后,受次贷危机、欧债危机等全球性金融危机的影响,外资银行在中国境内设立分支机构的速度渐趋放缓,业务发展平稳推进。到 2015 年年底,共有 15 个国家和地区的银行机构在中国境内设立了 37 家外商独资银行、2 家合资银行和 1 家外商独资财务公司;26 个国家和地区的 69 家外资银行机构在中国境内设立了 114 家分行;46 个国家和地区的 153 家银行机构在中国境内设立 174 家代表处;38 家外资法人银行、86 家外国银行分行获准在中国境内从事人民币业务;31 家外资法人银行、31 家外国银行分行获准在中国境内从事金融衍生产品的交易业务;6 家外资法人银行获准在中国境内发行人民币金融债券;4 家外资法人银行获准在中国境内开办信用卡的发卡业务、1 家外资法人银行获准在中国境内开办信用卡的收单业务。外资银行已经在我国 27 个省、直辖市、自治区的 69 个城市设立了营业机构,基本形成了一个具有一定覆盖面和市场深度的由总行、分行、支行构成的服务网络,营业网点达到了 1044 家。

随着欧美发达经济体、新兴国家和发展中国家的经济渐渐复苏,外资在中国境内设立分支机构的活动又有所恢复。为了促进外资银行在中国境内业务的发展,中国银监会在 2017 年 3 月发布了《关于外资银行开展部分业务有关事项的通知》,允许外资在中国境内法人银行投资境内银行业金融机构,以强化对外资金融机构在中国境内设立银行等的监督管理。这样,在制度化建设日益规范的条件下,外资在中国境内银行机构有了较大发展。到 2017 年 11 月底,我国共设有外资银行业金融机构 210 家,其中包含外资法人银行 39 家、外资新型农村金融机构 17 家、外资非银行金融机构 31 家以及外国银行分行 123 家。此外,另有 100 多家含有外资成分的银行业法人机构。

随着外资银行机构在我国的缓慢和规范发展,它们的总资产量得到了较快提升,如表 6-32 所示。

表 6-32 2007 年以来外资在中国境内银行总资产变化趋势表

| 年 份 | 外资银行总资产/万亿元 |
| --- | --- |
| 2007 | 1.24 |

续表

| 年份 | 外资银行总资产/万亿元 |
| --- | --- |
| 2008 | 1.37 |
| 2009 | 1.44 |
| 2010 | 1.90 |
| 2011 | 2.34 |
| 2012 | 2.46 |
| 2013 | 2.58 |
| 2014 | 2.81 |
| 2015 | 2.77 |
| 2016 | 3.17 |
| 2017 | 3.24 |

（资料来源：根据国家统计局网站相关数据整理得到）

从外资银行分支机构改组为法人银行以来的10年间，外资银行在中国境内的资本规模增加至原来的两倍多，对我国社会经济的发展产生了一定的影响力，但它在我国银行业资产中的占比很低，且呈现不断下降趋势，如图6-6所示。

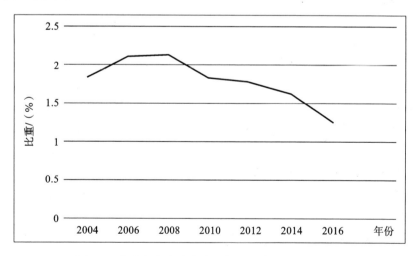

图6-6　外资银行资产占全国银行业资产的比重变化

与此同时，外资在中国境内银行及其分支机构的资产质量得到了较大程度的改善，从2013年以来的数据来看，资本充足率有了较大幅度的提高，不良贷款率则明显下降，如表6-33所示。

表 6-33　外资银行的资产质量情况

| 年　　份 | 资本充足率/(%) | 不良贷款率/(%) |
|---|---|---|
| 2013 | 12.91 | 0.51 |
| 2014 | 17.08 | 0.81 |
| 2015 | 18.48 | 1.15 |
| 2016 | 18.58 | 0.93 |
| 2017 | 17.83 | 0.70 |
| 2018 | 18.40 | 0.69 |

注：2013年资本充足率指标用全国商业银行的指标替代，其他年份均使用外资银行的资本充足率。

（资料来源：根据中国银监会官网数据统计而成）

与我国各类银行机构的资产质量相比，外资银行的资本充足率和不良贷款率均优于同期我国的银行机构，特别是不良贷款率，外资银行呈现出明显的下降趋势，而我国的银行机构则从2013年以来出现了小幅上升趋势，这说明外资银行在风险防范和内控机制建设方面较为完善。随着我国金融开放程度日益深入，外资银行机构必将更加快速地发展，对我国社会经济的转型起到更为积极的作用。

## 二、外资金融机构对中国银行业的战略性投资

外资金融机构除了来中国境内直接设立分支机构或建立独资银行和合资银行外，它们还可以直接参股我国银行机构。为了弥补外资金融机构在中国境内业务网点、人民币资金、客户信息等方面的不足，增强自身的竞争实力和影响力，外资金融机构很早就与我国金融机构展开了合作。特别是在1996年以来，外资金融机构抓住我国金融业深化改革的机会，以战略投资者的角色介入我国金融机构之中。同年，亚洲开发银行入股中国光大银行，由此揭开了外资金融机构投资我国银行机构的序幕。

1996年至2003年，外资金融机构投资我国银行机构并没有得到相关法律法规的准许。此时，外资金融机构进入我国银行机构的数量较少，占比不高，属于初步探索阶段。为了规范境外金融机构投资入股中资金融机构的行为，优化中资金融机构的资本结构，我国经过一段时间的研究和探索，经国务院批准，中国银监会在2003年12月颁布了《境外金融机构投资入股中资金融机构管理办法》，明确规定了入股中资金融机构的资格和持股比例。该办法的第八条和第九条明确规定单个境外金融机构向中资金

融机构投资入股比例不得超过20%,多个境外金融机构对非上市中资金融机构投资入股比例合计达到或超过25%的,对该非上市金融机构按照外资金融机构实施监督管理。多个境外金融机构对上市中资金融机构投资入股比例合计达到或超过25%的,对该上市金融机构仍按照中资金融机构实施监督管理。

伴随2002年第二次全国金融工作会议推进我国金融改革,我国银行机构纷纷展开股份制改革,引进战略投资者成为其中的重要一环。在此背景下,外资金融机构加快了对我国国有银行、全国性股份制银行、城市商业银行、农村商业银行等银行机构的投资步伐。顺应这一趋势,中国银监会等监管主体加强了对外资金融机构入股中资银行的规范化建设。2006年4月,中国银监会发布了《国有商业银行公司治理及相关监管指引》,该指引第六条明确提出了国有商业银行引进战略投资者必须遵循的五个标准:①战略投资者的持股比例原则上不低于5%;②从交割之日起,战略投资者的股权持有期应当在3年以上;③战略投资者原则上应当向银行派出董事,同时鼓励有经验的战略投资者派出高级管理人才,直接传播管理经验;④战略投资者应当有丰富的金融业管理背景,同时要有成熟的金融业管理经验、技术和良好的合作意愿;⑤商业银行性质的战略投资者,投资国有商业银行不宜超过两家。同年12月,中国银监会修订了《中资商业银行行政许可事项实施办法》,把"发起人股东中应当包括合格的境外战略投资者"改为"发起人股东中应当包括合格的战略投资者"。2017年12月,经国务院批准,中国银监会宣布将放宽对除民营银行外的中资银行和金融资产管理公司的外资持股比例限制,首次明确实施内外一致的股权投资比例规则,从而大大推进了外资金融机构在我国的发展。2018年3月,李克强总理在政府工作报告中再次明确将进一步放宽或取消银行、证券、基金管理、期货、金融资产管理公司等外资股份比例限制。在4月召开的亚洲博鳌论坛上,中国人民银行行长易纲表明,推进外资持股我国金融机构的比例在年内落实,"取消银行和金融资产管理公司的外资持股比例限制,内外资一视同仁;允许外国银行在我国境内同时设立分行和子行。……将证券公司、基金管理公司、期货公司、人身险公司外资持股比例的上限放宽到51%,三年以后不再设限"[①]。这必将推进外资参与我国金融机构的步伐。

---

① 易纲:《取消银行和金融资产管理公司的外资持股比例限制》,http://www.dzwww.com/xinwen/guoneixinwen/201804/t20180411_17249063.htm。

随着对外资金融机构入股中资银行的日益规范,对持股比例、业务范围、牌照数量等管制的不断放松,外资金融机构已经完成渗入我国六大国有商业银行中的五家(除了中国农业银行)、12家全国性股份制商业银行中的11家(除了招商银行)、大多数城市商业银行和农村商业银行,并积极参与设立村镇银行。在银行类金融机构中,外资金融机构的入股已经成为所在银行的一个重要组成部分,在我国银行机构的公司治理和股权结构的改善、风险防控能力的提升、加大与境外金融机构的合作、经营效率的提高和资本金的充实等方面起到了积极的推动作用。2018年以来,尽管受到中美贸易战等不利因素的影响,外资金融机构进入我国的速度等有所降低,但在我国不断加深改革开放的政策支撑下,它们在我国的发展存在巨大空间和机遇。

# 第七章
# 非银行金融机构的建立与发展

非银行金融机构是中国金融业的重要组成部分,自改革开放以来,它们在金融改革与深化过程中随社会经济的发展而逐步恢复或产生,至今已经形成了一个由保险、证券、信托、基金、金融租赁、企业集团财务公司、资产管理公司等组成的多元化非银行金融机构体系。它们在支持实体经济、推动技术创新、促进消费和投资、丰富金融产品等方面起到了独特的桥梁和纽带作用,在诸多领域弥补了银行机构难以覆盖的空白和不足,到2017年年底非银行金融机构在整个金融体系中的地位得到了明显提升,在社会经济转型发展中扮演着越来越重要的角色。

## 第一节 保险业的恢复与发展

改革开放以来,中国人民保险公司的恢复和业务的扩展拉开了保险业务发展的序幕。1986年之后,各类型的保险公司纷纷设立,打破了中国人民保险公司独家经营的格局,大大推动了中国保险市场的形成和发展。20世纪90年代以来外资保险公司的准入,使中国保险市场的经营主体更加多元化。至今,中国已经形成了一个业务齐全、经营多样、种类繁多的保险市场,资产规模位居全球保险市场第三位,对社会经济的发展和人民群众的生活工作等起到了保驾护航的作用。

### 一、保险业的恢复与发展

1979年至1995年,是中国保险业恢复发展的阶段。中共十一届三中全会以来,随着社会经济的多元化发展,中国保险业逐步恢复。1979年4

月25日中国人民银行发出《关于恢复国内保险业务和加强保险机构的通知》，决定恢复和加强中国人民保险公司及其分支机构的建设；之后，中国人民保险公司得以恢复，并首先恢复了国内财产保险业务；1982年又恢复了人身保险业务。由此，中断了20年的国内保险业务得到了全面恢复。在1985年之前，中国保险市场上仅有中国人民保险公司一家垄断经营。在此之后到1995年《中华人民共和国保险法》（以下简称《保险法》）颁布，我国保险业的发展相对缓慢，基本都是围绕中国人民保险公司和银行机构展开各类保险业务，而其他保险公司的数量较少。改革开放至1995年，我国恢复或设立的国内保险公司概况如表7-1所示。

表7-1　改革开放至1995年设立/恢复的国内保险公司

| 设立/恢复时间 | 保险公司 | 附 注 |
| --- | --- | --- |
| 1979年 | 中国人民保险公司 | 1949年10月成立；1979年中国人民保险公司国内业务得以全面恢复，并迅速建立起了各级机构 |
| 1986年 | 新疆生产建设兵团农牧保险公司 | 1992年更名为新疆兵团保险公司；2002年更名为中华联合财产保险 |
| 1986年 | 平安保险公司（深圳） | 1992年更名为中国平安保险公司，是我国第一家股份制保险公司 |
| 1991年 | 中国太平洋保险公司 | 1987年恢复交通银行保险部，1991年从中分离、单独建制而成 |
| 1994年 | 天安保险股份有限公司 | 总部上海 |
| 1994年 | 大众保险股份有限公司 | 总部上海 |

其他保险公司的陆续设立，逐步打破了中国人民保险公司独家经营的格局，促进了中国保险业务的发展，在中国保险市场上逐步形成了中国人民保险公司、平安保险公司、中国太平洋保险公司三分天下的保险市场格局。与此同时，外资保险公司也在20世纪90年代开始在中国设立代表处或办事机构。1992年，美国国际集团（AIG）旗下子公司友邦保险公司（AIA）在上海设立了友邦保险上海分公司。它是首家获准在中国大陆营业的外国保险公司，在上海的办事处取得了全资寿险和非寿险业务的执照。友邦保险上海分公司的设立，把保险营销方式引入了中国，为中国保险市场上培养了第一批保险营销人才，推动了中国本土保险业的创新和发展。1994年，日本东京海上日动火灾保险公司获准在上海经营分支机构，但其

主要为在华日本公司提供相关保险服务。1996年,瑞士丰泰保险公司在上海设立办事处,成为在中国提供财产险业务的第一家外国公司。

随着保险主体的日益增多,中国保险市场在无配套的法律保障的环境下呈现出混乱之势。为了加强保险业务的规范发展,1995年6月30日,第八届全国人民代表大会常务委员会第十四次会议通过了《保险法》,并于同年10月1日起执行。《保险法》的颁布施行,从根本上结束了中国长期以来保险立法支离破碎、诸多领域无法可依的局面,成为中国保险业发展史上的一个重要分水岭。

## 二、中国保险业的重组与平稳发展

1996年至2003年是中国保险业重组与多元化发展的阶段。

一是多元化保险格局的形成。《保险法》的颁布实施,促进和规范了中国保险业的发展,同时也迈出了保险行业分业化重组的步伐。1996年7月,按《保险法》分业经营的要求,中国人民保险公司改组为中国人民保险集团公司,下设中保人寿保险公司、中保财产保险公司、中保再保险公司、中保海外机构,由此开启了中国保险业的分业经营时代。同年,泰康人寿、新华人寿、华泰财产、永安保险、华安保险等五家股份制保险公司的设立,标志着中国多元化保险市场的初步形成。之后,国内分业化经营的保险公司设立数量明显加快,大大增强了中国保险市场的实力,保险市场的发展也日益规范。

二是外资在华保险公司以更加多元化的方式获得快速发展。这一时期,外国保险公司除了继续在中国设立办事处或分支机构外,还以以下两种方式进入中国。一种方式是与中国公司或外资公司合作,来华设立合资保险公司。大部分外国保险公司选择合资方式进入中国保险市场,也有许多保险公司与非保险领域的国内公司建立联盟,以保证外国保险公司拥有更大的自由度来管理企业和确定企业的整体发展战略。1996年,宏利人寿保险公司与中国对外经济贸易信托有限公司合作,成为在中国设立中外合资保险公司的第一家外国保险公司。之后,来华设立合资保险公司的国家和公司的数量日益增多,参与的地区日益广泛,投资方式也从前期的"中外合资"向"外外合资"等扩展,极大地丰富了中国保险市场的主体。另一种方式是一些外国保险公司通过国内保险公司引进战略投资者而进入中国的保险市场,2005年及之前通过这种方式进入中国的部分外国公司如表7-2所示。

表 7-2　2005 年及之前借助战略投资方式进入中国保险市场的部分外国公司

| 时间 | 中国保险公司名称 | 外国公司 | 投资金额 | 占股份数 |
|---|---|---|---|---|
| 1994 年 | 平安保险公司 | 高盛、摩根史丹利 | 7000 万美元 | 15% |
| 2000 年 | 新华保险公司 | 苏黎世保险公司、国际金融公司、日本明治安田生命保险公司、荷兰金融服务公司 | 1.169 亿美元 | 24.9% |
| 2000 年 | 泰康保险公司 | 瑞士丰泰人寿与养老保险公司、新加坡政府投资公司、软银集团 | 1.45 亿美元 | 24.9% |
| 2003 年 | 中国人民财产保险公司 | 美国国际集团 | 6.138 亿美元 | 9.9% |
| 2005 年 | 中国太平洋寿险公司 | 凯雷集团、保诚金融公司 | 4.10 亿美元 | 24.98% |

三是中国保险管理体系的建立。伴随中国保险业的快速发展,国务院和中央政府加强了对保险业的管理。1998 年 11 月,直属国务院的中国保险监督管理委员会成立,依法统一监督管理全国保险市场,以此加强商业保险监督管理职能。之后,伴随保监会在各省市自治区派出机构的建立,一个覆盖全国的保险监督管理体系正式形成。2001 年 2 月中国保险行业协会在北京成立,标志着中国保险业进入政府监管下的自律性发展。保险行业协会配合监管部门维护行业利益、促进行业发展,提高保险行业服务实体经济的能力和效率。

与金融业分业管理相适应,中国人民保险集团公司分拆为中国人民财产保险公司、中国人寿保险公司、中国再保险公司、香港中保集团等四家独立的保险法人机构。其他已有的保险公司也顺应分业监管体制的需求,做了相应的机构和业务调整。

四是国有保险公司的股份制改革与上市。根据国务院金融改革的部署,国有保险公司加快了股份制改革。1999 年 1 月,中国人民财产保险有限责任公司正式更名为中国人民保险公司;3 月,中国人寿保险有限公司更名为中国人寿保险公司。2003 年 7 月,中国人民保险公司经过重组后更名为中国人保控股公司,同时成立了中国人民财产保险股份有限公司和中国人保资产管理股份有限公司。11 月,中国人民财产保险股份有限公司在香港挂牌上市,成为中国保险行业中的保险第一股。与此同时,中国人寿保险公司也进行了重组,发起成立了中国人寿股份有限公司,于 12 月 17 日和

18日在纽约和香港上市,成为2003年全球股票市场上最大规模的上市。

五是保险业务的平稳发展。保险经营方式更加丰富,由前期的直销、个人中介等扩展到兼业代理、经纪人、经纪公司等多样化形式。保险业务则由20世纪80年代仅有企业财产保险、运输工具保险、种植业保险、简易人身保险等130余种产品,发展到包括责任险、意外伤害险、信用保障险等在内的3000多个品种;在出口信用保险保障方面,中国也建立起一个有政策性和商业性担保的保险保障网络。1988年,中国第一家提供出口信用的保险公司——中国人民保险公司建立,1992年中国人民保险公司与中国进出口开发银行共同办理出口信用保险业务,2001年成立中国出口信用保险公司。2013年,我国放开对有实力的商业保险公司从事短期出口信用担保业务,目前有中国人保控股公司、太平洋保险公司、平安财险、大地财险四家商业保险公司参与到出口信用担保业务中来。由最初的政策性担保逐渐向政策性担保和商业性担保共同发展的营业模式转变。随着保险业务的平稳发展,这一时期中国的保险保费收入呈现出了平稳增长趋势,如图7-1所示。

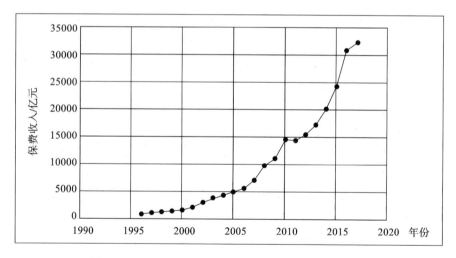

图7-1 1996—2017年10月中国保费收入变化示意图

注:2006年前为保险保费收入,2007年及之后为原保险保费收入(按照《企业会计准则(2006)》设置的统计指标,指保险企业确认的原保险合同保费收入)。2017年的原保险保费收入仅是1月到10月的总额,其余各年均为全年数据。

(资料来源:根据中国保险监督管理委员会官网相关年份数据制作而成)

与此同时,中国保险的密度与深度也呈现出与此相似的趋势。其中,保险深度是保费收入与GDP的比例,保险密度是保费收入与人口的比例。

其1996—2016年变化趋势如图7-2、图7-3所示。

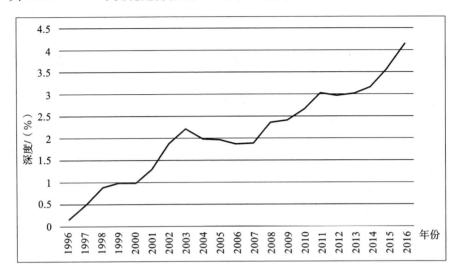

图7-2 1996—2016年中国保险深度变化趋势图

（资料来源：保费收入数据来自中国保险监督管理委员会官网相关年份数据，历年GDP的数据来自国家统计局官网，本图根据两者数据计算并制作而成）

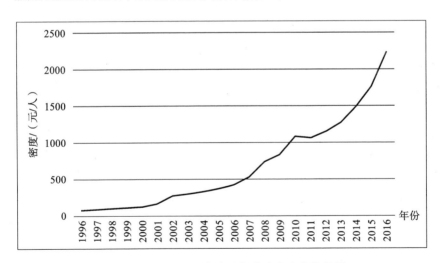

图7-3 1996—2016年中国保险密度变化趋势图

（资料来源：保费收入数据来自中国保险监督管理委员会官网相关年份数据，历年人口数据来自历年统计年鉴，本图根据两者数据计算并制作而成）

## 三、保险业的快速发展

2003年，"一行三会"监督管理体制形成，中国金融业的发展正式进入分业经营状态。在此期间,中国的保险业获得了飞速发展,各大保险公司的实力迅速提升,保险规模日益增大,中国保险市场已经成为世界保险市场上的一支重要力量。

一是中国保险公司加快机构重组和上市进程。伴随中国人保控股公司、中国人寿保险公司在海外的相继上市,其他中资保险公司也通过增资扩股、吸收民营资本和外资参股等方式不断优化其股权结构,加强"三会一层"建设,完善公司治理机制。在此基础上,中资保险公司积极加快上市步伐,到2017年年底为止,除了政策性保险公司——出口信贷保险公司外,其他中资保险公司均实现了股份制改造,中国平安保险、中国太平保险、中国人寿保险、新华保险、中国太平洋保险、中国人民保险、中国财险、中国再保险等8家保险公司还在国内外上市,其中中国人寿保险在纽约、中国香港、上海三地联合上市。

二是中国加大保险市场的开放力度。一方面,中国的保险业务顺次开放。2001年中国加入WTO以来,中国保险市场的开放力度不断加大。到2004年11月,中国已经全面放开对外资保险公司的经营地域限制,允许外国寿险公司向中国公民和外国公民提供健康险、团体险、养老金和年金险服务;2005年,中国保险业全面开放。之后,中国新设立的保险业务不断顺应开放步伐,向外资保险公司开放。另一方面,外资来华设立的保险公司越来越多,世界上知名的保险公司均在中国设立了相应的机构。2003年,在《财富》杂志公布的世界500强企业中的46家保险公司中,就有27家已经在中国设立了分支机构;截止到2017年10月,共有16个国家和地区的境外保险机构在中国设立57家外资保险机构,业务涵括了人身险、财产险、资产管理等各个保险品种。虽然外资在华保险公司的资产规模不断扩大,但它们在中国保险业资产中的比重仍然很低,如图7-4所示。2018年11月,中国银保监会正式批准了德国安联保险集团筹建安联(中国)保险控股有限公司,该公司成为我国首家外资保险控股公司,进一步推进了保险市场的开放程度。

三是中国保险业的国际化程度越来越高。自1980年1月中国人保集团在伦敦设立联络处,中国保险业"走出去"步伐越来越大,经营地域更加广泛。刚开始,中国保险业"走出去"的区域主要集中在新加坡等少数几个国家和我国港澳地区,目前已经扩展到美国、日本等国家和欧洲地区。在境外上市的中资保险公司数量越来越多。2000年6月,中国太平保险集团股份有限公司在香港联交所挂牌上市,拉开了中国保险公司在境外上市的

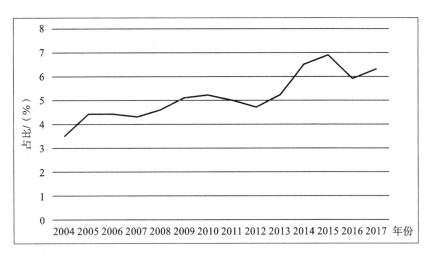

图 7-4　外资保险占中国保险业资产比重

序幕;2013 年 7 月,中国人民保险集团股份有限公司在香港联交所整体上市,由此加快了中国保险公司境外上市的步伐。

与此同时,中国保险公司在境外的投资更加多元化。改革开放之初,中国保险公司在境外主要是设立分支机构,21 世纪以来则向多元化投资推进。2013 年 7 月,平安保险以 2.6 亿英镑收购英国伦敦金融城地标性建筑劳埃德大厦,这是中国保险资金首次投资海外不动产领域;安邦保险在 2014—2015 年先后完成了包括对美国华尔道夫酒店收购在内的 7 起海外收购活动;2014 年 5 月,复星国际收购了葡萄牙最大保险集团旗下的 Fidelidade、Multicare 及 Cares 各 80% 的股份和投票权,后者占据了葡萄牙国内 26% 的保险市场份额,由此大大推进了中国保险行业的全球化进程。至今,中国保险公司国际化步伐明显加快并日趋多元化,已经成为国际保险市场上的重要力量。今后,中国保险公司应该主动对接"一带一路"建设、自由贸易区建设等国家重大规划,推动保险企业和保险监管"走出去"步伐,充分利用互联网技术和不断创新"走出去"形式,开创高水平双向开放新格局,以更加理性的方式服务于中国经济的全球化。

四是中国保险监管制度的不断完善。以中国保监会及其在各省市派驻机构为主体的监督管理机构覆盖全国,到 2018 年 3 月与银监会合并时,中国保监会总部内设 16 个职能机构和 2 个事业单位,在全国省、自治区、直辖市、计划单列市设有 36 个保监局,在苏州、烟台、汕头、温州、唐山设有 5 个保监分局。在国务院的领导下,保监会的职能日益完善,到 2018 年 3 月与银监会合并时,保监会已经形成了相对完整的十项监督管理职能(见

表7-3）。为今后保险监管的改革打下了坚实的制度基础。

**表 7-3　中国保监会的主要职能**

①拟定保险业发展的方针政策，制定行业发展战略和规划；起草保险业监管的法律、法规；制定业内规章。

②审批保险公司及其分支机构、保险集团公司、保险控股公司的设立；会同有关部门审批保险资产管理公司的设立；审批境外保险机构代表处的设立；审批保险代理公司、保险经纪公司、保险公估公司等保险中介机构及其分支机构的设立；审批境内保险机构和非保险机构在境外设立保险机构；审批保险机构的合并、分立、变更、解散，决定接管和指定接受；参与、组织保险公司的破产、清算。

③审查、认定各类保险机构高级管理人员的任职资格；制定保险从业人员的基本资格标准。

④审批关系社会公众利益的保险险种、依法实行强制保险的险种和新开发的人寿保险险种等的保险条款和保险费率，对其他保险险种的保险条款和保险费率实施备案管理。

⑤依法监管保险公司的偿付能力和市场行为；负责保险保障基金的管理，监管保险保证金；根据法律和国家对保险资金的运用政策，制定有关规章制度，依法对保险公司的资金运用进行监管。

⑥对政策性保险和强制保险进行业务监管；对专属自保、相互保险等组织形式和业务活动进行监管。归口管理保险行业协会、保险学会等行业社团组织。

⑦依法对保险机构和保险从业人员的不正当竞争等违法、违规行为以及对非保险机构经营或变相经营保险业务进行调查、处罚。

⑧依法对境内保险及非保险机构在境外设立的保险机构进行监管。

⑨制定保险行业信息化标准；建立保险风险评价、预警和监控体系，跟踪分析、监测、预测保险市场运行状况，负责统一编制全国保险业的数据、报表，并按照国家有关规定予以发布。

⑩承办国务院交办的其他事项

（资料来源：中国保险监督管理委员会官方网站）

在国务院和保监会的统一监管下，我国出台和颁布了一系列法律法规，在保险行业内建立起了一个初步的保险监管法律框架。2001年制定和发布了《中华人民共和国外资保险公司管理条例》；2006年，制定和颁布了《机动车交通事故责任强制保险条例》。2008年，重新修订了《保险法》，并以此为契机强化和规范了中国的保险监管规章制度。2012年通过了《农业保险条例》。2015年，又对《保险法》进行了全面修订，以此加强对中国保险市场的监管，促进保险业的健康持续发展，把各种涉保风险控制在可控范围之内。今后,中国将更加强化和完善以公司治理、偿付能力和市场行为核心的"三支柱"监管制度,建立全面风险管理体系,牢牢守住不发生系统性与区域性金融风险底线,为广大民众的生产、生活保驾护航。

面对我国金融领域出现的混业经营的趋势,国务院为了加强金融风险防范,在2018年的两会上,做出了改革保险管理机构的决定,保监会与银监会合并共同组成中国银行保险监督管理委员会(简称中国银保会),并把它们的法规制定职能划给中国人民银行,新组建的中国银保将会更多地承担机构监管职能,强化保险微观监管。

五是中国保险业的发展更加有序和多元化。中国保险业的发展逐步改变了前期"摸着石头过河"式的发展路径,渐趋形成了顶端设计的有序发展格局。2006年,国务院颁布了《国务院关于保险业改革发展的若干意见》,明确了保险业改革发展思路。按此意见,保监会在2006年首次发布了中国保险行业发展规划《中国保险业"十一五"发展规划纲要》。2011年,保监会又在《中华人民共和国国民经济和社会发展第十二个五年规划纲要》和2006年《国务院关于保险业改革发展的若干意见》的基础上,制定和颁布了《中国保险业发展"十二五"规划纲要》。2014年,国务院发布了《关于加快发展现代保险服务业的若干意见》,以纲领性文件的形式确立了现代保险服务业在经济社会发展全局中的重要地位,明确指出了"保险是现代经济的重要产业和风险管理的基本手段,是社会文明水平、经济发达程度、社会治理能力的重要标志"。2016年,保监会根据《中华人民共和国国民经济和社会发展第十三个五年规划纲要》、2014年颁布的《关于加快发展现代保险服务业的若干意见》制定和公布了《中国保险业发展"十三五"规划纲要》,明确了中国保险业在"十三五"时期(2016-2020年)的发展目标、重点任务和政策措施。"到2020年,全国保险保费收入争取达到4.5万亿元左右,保险深度达到5%,保险密度达到3500元/人,保险业总资产争取达到25万亿元左右。"

与此同时,中国保险业也获得了全面快速发展,保险系统机构数平稳增加(见图7-5),保险保费收入、保险密度和深度均有了大幅提升,保险规模不断壮大,到2015年,中国保险市场规模已经先后超过了德国、法国、英国,全球排名由第六位升至第三位。中国保险服务能力大幅增强,保险生态环境明显改善,保险实力迅速增强。2003年,中国人寿保险首次进入《财富》世界500强排名;2006年,中国人寿保险跻身全球寿险业的第一位;到2017年,中国保险公司进入《财富》世界500强排行榜中的有中国平安保险

(第39位)、中国人寿保险(第51位)、中国人保(第114位)、安邦保险(第139位)、中国太平洋保险(第252位)、友邦保险(第383位)、国泰人寿(第411位)、新华人寿(第497位)等8家。中国保险业的现代化水平不断提升,从一开始的手写保单到打印保单,再到现今的电子保单,互联网保险的突破性发展已经显示出引领全球保险业的发展趋势。

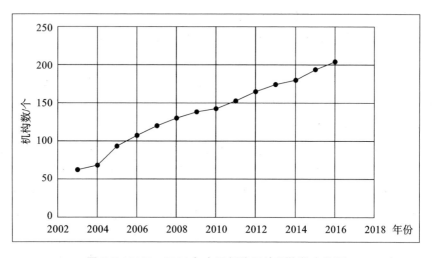

图7-5 2003—2016年中国保险系统机构数变化图
(资料来源:系根据国家统计局网站数据制作而成)

显然,改革开放以来中国保险业的快速发展,与中国金融职能由"管资金"向"调市场"的转变密切相关。经济社会的快速发展,是中国保险业成长的必要基础;为经济社会的发展担当"稳定器"与"助推器",为广大人民群众的安康撑起一把"保护伞",是中国保险业前进的动力。目前,中国正从保险大国向保险强国迈进。保险业在快速发展壮大的过程中,要不断发挥出自身特有的功能,加强保险资金应用的创新,避免脱离服务实体经济的假创新与伪创新,使保险资金真正服务于经济社会发展的全局。伴随2018年金融监管体制的改革,银监会与保监会合并,4月8日正式建立中国银行保险监督管理委员会,进一步明确了监管目标,找准监管定位,打好防范化解金融风险的攻坚战;着力深化改革、推进保险行业的开放力度,引导保险业提升服务实体经济质效,在新的起点上开启新的征程。

## 第二节 证券公司的建立与发展

证券公司是中国资本市场上的重要载体,是中国金融创新中的重要业态组成部分。伴随中国金融职能由"管资金"向"调市场"的逐步转变,证券公司首先是作为有价证券兼营机构出现的,之后随着我国沪深股市的建立向专营机构转变,至今已经成为中国资本市场中的一个规范化的重要参与主体,在资本市场上起着越来越重要的作用。

## 一、证券公司的萌芽和建立

从改革开放到1991年证券交易所成立这一期间,为中国证券公司的萌芽和初步建立阶段。改革开放以来,中国社会经济快速发展,对资金的需求呈现出大幅增长的态势。在此背景下,国务院结束了长达20年无债发行的时代,财政部于1981年重新恢复发行公债。公债发行之后,在很长一段时间内都是依靠行政手段强制推销,并没有真正形成债券交易市场。之后,深圳、北京、上海等地股份公司的出现,以及股票、公司债等的发行则大大丰富了资本市场上的交易品种。中国股市规模的扩大、股票债券等投资工具的扩充、投资群体的增加,亟须改变场外交易的混乱现象,迫切要求成立专业化证券公司。顺应社会经济发展趋势,深圳首先向中国人民银行提出设立证券公司的申请。很快,深圳就获得了中国人民银行的回复,同意以人民银行下属单位和公司的形式设立证券公司。1985年1月,深圳经济特区证券公司成立并开始试营运,由此拉开了中国证券公司发展的序幕。

深圳经济特区证券公司设立之初,对公司证券业务并不了解,公司基本只承担国债发行流通工作,员工主要行走于城乡之间以推销国债为任务。随着中国股份公司的增多,一、二级交易市场初步形成,证券公司代理买卖股票业务才逐步提上议事日程。1987年5月,深圳发展银行公开向社会发行股票。一开始股票募集无人响应,公司只能鼓励党员带头认购。1988年4月,深圳经济特区证券公司开始代理深圳发展银行股票转让业务,股票交易才开始引起人们的狂热追求,由此也促成了证券公司的大批设立。

为了配合国债交易和发展证券交易市场,中国人民银行及其在上海、北京等地的分行积极推动证券公司的创设。1988年,中国人民银行批准设立上海万国证券公司,并成为首家股份制证券公司。由此一直到沪、深证券交易所成立这一期间,中国大陆就组建了43家证券公司;同时,中国人民银行还批准部分银行、信托公司兼营证券交易业务。这样,就初步形成了一个由专业化证券公司和兼营机构共存的证券交易格局。为了加强对证券交易业务的管理,中国人民银行总行在1990年制定和颁布了《证券公司管理暂行办法》等一系列法律法规,明确规定了证券公司的准入条件、经营业务范围和监督管理措施,初步形成了证券公司的监督管理构架,标志着中国证券公司由无序向规范化发展的转变。

## 二、证券公司的初步发展和整顿

1992年至2003年,为中国证券公司的初步发展与规范化阶段。沪、深证券交易所的成立,大大促进了中国证券公司的发展。在此期间,中国证券公司数量大幅增加,全国性证券公司普遍设立。1992年,华夏、国泰、南方三大证券公司的设立,标志着我国证券公司开始全方位开展证券承销、经纪和自营业务,公司网点也由前期局限在某一地区向全国范围扩展。全国证券公司数量在1992年年初时不到50家,到2003年年底,"全国证券公司数量增加到132家,证券营业部3020个"[①]。股票承销金额呈现大幅上涨趋势。1991年全年承销有价证券金额为554.7亿元,到2003年时仅122家证券公司的股票基金交易总金额就达到了58078.36亿元。同时,证券公司的国际化也获得了很大进展。2003年6月上海申银万国证券公司成为首家合格境外机构投资者(QFII)境内证券投资代理商,同年7月9日,瑞士银行通过申银万国专用席位完成了QFII第一笔交易。

证券公司的迅速增加,部分公司打破了业务经营的合规范围,延伸到了实业、房地产等投资领域和参与代理发售柜台债、国债回购等违规活动,形成了大量的不良资产,给证券公司的发展埋下了诸多隐患。为此,1992年成立的国务院证券委员会和中国证券监督管理委员会(简称中国证监会)与中国人民银行一起联合发布了《关于人民银行与所办城市信用社、证券公司、经济实体彻底脱钩的通知》,以推动银行、证券、保险的分业经营。为了加强证券公司的管理,中国证券管理机构还先后出台了一系列有关证券公司业务经营的管理办法。针对1995年"三二七"国债期货事件[②]中中国经济开发信托投资公司做多与上海万国证券公司做空的行为,财政部和中国证监会在缺乏积极有效的监督管理机制的情况下,采取行政叫停国债期货交易的措施引发了严重的后果和恶劣的市场影响,大大延缓了中国资

---

① 李扬等:《新中国金融60年》,中国财政经济出版社2009年版第178页。
② "三二七"国债期货事件是指1995年2月23日由中国经济开发信托投资公司对在上海证券交易所上市的1992年发行、1995年6月到期的三年期国库券做多与万国证券做空的较量中,引发的蓄意投机恶性事件。

本市场发展的速度。之后,"为了规范证券发行和交易行为,保护投资者的合法权益,维护社会经济秩序和社会公共利益,促进社会主义市场经济的发展",1998年12月,全国人民代表大会制定和颁布了《中华人民共和国证券法》(以下简称《证券法》)。《证券法》第七条明确规定了"国务院证券监督管理机构依法对全国证券市场实行集中统一监督管理。国务院证券监督管理机构根据需要可以设立派出机构,按照授权履行监督管理职责"。第六条正式确立了分业经营的原则:证券业和银行业、信托业、保险业实行分业经营、分业管理,证券公司与银行、信托、保险业务机构分别设立。国家另有规定的除外。这样,证券公司就由前期的混业经营向分业经营转变,实行严格的分类管理,按照证券公司的类型划分成综合类、经纪类。与此同时,国务院统一了中国证券管理机构,由中国证监会统一监管全国证券市场和证券经营机构。2001年,中国证监会颁布了《证券公司管理办法》、《证券公司检查办法》等一系列法律法规,明确对证券公司的行为加以监督和管理。2003年,中国证监会发布了针对证券公司违规经营的三大铁律"严禁挪用客户交易结算资金、严禁挪用客户委托管理的资产、严禁挪用客户托管的债券"。[①]

伴随证券公司的规范化发展,一些优质的证券公司在这一时期开始公开向社会募集股份和上市。2002年12月13日,经中国证监会核准,中信证券向社会公开发行4亿股普通A股股票,2003年1月6日在上海证券交易所正式挂牌上市交易,成为中国首家上市的证券公司,大大推动了中国证券公司发展的步伐。与此同时,随着中国加入WTO,中国的证券公司也迈开了国际化步伐。一方面,加快外资证券公司对境内机构的投资,促进境内证券公司与外资证券公司建立合资证券公司。2002年,湘财证券公司与法国里昂证券公司合资建立了华欧国际证券有限公司,促进了境内证券公司的国际化程度;另一方面,境内证券公司加快了"走出去"的步伐,一些优质证券公司开始谋求境内外上市。

### 三、证券公司的快速规范发展

2004年至今,为中国证券公司综合治理和规范发展的阶段。随着2003年中国证券公司的调整,证券市场在2003年到2004年表现出持续低迷状态,证券公司多年积累的风险则呈现出集中爆发态势,以南方、闽发等

---

[①] 李扬等:《新中国金融60年》,中国财政经济出版社2009年版第178页。

证券公司问题暴露为标志,首次出现行业性危机。为了从根本上解决证券公司的问题,2003年8月中国证监会召开了证券公司规范发展座谈会,随后公布了前述的"三大铁律"。2004年1月,国务院颁布了《关于推进资本市场改革开放和稳定发展的若干意见》,明确加强证券公司的监管和推进证券公司规范化经营,由此迈出了中国证券公司综合治理的步伐。

2004年,中国证监会制定了创新类、规范类证券公司的评审标准。8月,中国证监会召开全国证券监管工作座谈会,部署和启动了证券公司综合治理工作。9月底,中国证监会联合其他部委发布了《个人债权和客户证券交易结算资金收购意见》。2005年7月,国务院出台《证券公司综合治理工作方案》,由中国证监会、中国人民银行牵头,联合公安部、财政部、银监会、最高人民法院和国务院法制办共同组建证券公司综合治理专题工作小组,规范和整治中国的证券公司,争取到2007年年底基本化解证券公司的现有风险,为它们的持续、规范、稳定发展打好基础。2005年8月,中国借鉴国外经验,发布了《证券投资者保护基金管理办法》,成立了中国证券投资者保护基金有限责任公司,为综合治理证券公司提供了保障。

通过2004年至2005年上半年对证券公司风险的全面摸底排查工作,到2006年年底,基本完成了证券公司的各项整改工作。"104家证券公司中,中金公司等4家公司无整改事项;中信证券等76家公司全部完成整改;华西证券等3家公司基本完成整改,仅存个别事项后续履行相关手续;银河、西南、大通证券等21家重组、新设类公司进行现场检查验收,并履行相关程序,陆续转入常规监督。"[①]这样,经过三年的综合治理,证券公司长期积累的风险和隐患得到了有效的控制和解决,对违法的证券公司进行严肃查处,共有19家证券公司被关闭(见表7-4),7家公司被撤销,4家公司被撤销业务许可,14家公司和9家营业部被暂停业务活动。[②]

表7-4 综合治理期间被关闭的证券公司统计表

| 公 司 名 称 | 公 司 名 称 |
| --- | --- |
| 大鹏证券 | 德恒证券 |
| 南方证券 | 恒信证券 |

---

① 胡汝银:《中国资本市场的发展与变迁》,格致出版社、上海人民出版社2008年版第190页。

② 胡汝银:《中国资本市场的发展与变迁》,格致出版社、上海人民出版社2008年版第193页。

续表

| 公 司 名 称 | 公 司 名 称 |
|---|---|
| 亚洲证券 | 武汉证券 |
| 北方证券 | 甘肃证券 |
| 汉唐证券 | 昆仑证券 |
| 五洲证券 | 广东证券 |
| 民安证券 | 天勤证券 |
| 闽发证券 | 西北证券 |
| 云南证券 | 兴安证券 |
| 天同证券 | — |

(资料来源：胡汝银《中国资本市场的发展与变迁》，格致出版社、上海人民出版社2008年版)

在综合整治期间，中国证监会等部门还制定和颁布了《证券公司监督管理条例》、《证券公司风险处置条例》、《证券投资保护条例》等一系列法律法规，中国证券公司的法制结构初步形成，从而有效促进了证券公司的规范化发展。

随着中国证券公司的规范发展，证券公司治理结构日益优化，业务创新得以有效推进，证券公司合格境内机构投资者（QDII）等业务得到全新扩展，证券公司的数量平稳增加，由2006年的104家，增加到2016年12月31日的129家；优质证券公司的上市步伐明显加快，在2008年年底，仅有宏源证券、中信证券、海通证券、长江证券、国元证券、东北证券、光大证券等7家证券公司上市。之后，到2017年第三季度为止，中国上市的证券公司达到了30家，如表7-5所示。

表7-5　截至2017年第三季度中国上市证券公司统计表

| 上市公司名称 | 上市公司名称 |
|---|---|
| 申万宏源证券 | 东北证券 |
| 国元证券 | 国海证券 |
| 广发证券 | 长江证券 |
| 山西证券 | 西部证券 |
| 国信证券 | 中信证券 |
| 国金证券 | 西南证券 |
| 海通证券 | 华安证券 |
| 东方证券 | 太平洋证券 |

续表

| 上市公司名称 | 上市公司名称 |
|---|---|
| 招商证券 | 浙商证券 |
| 国泰君安 | 中原证券 |
| 兴业证券 | 东吴证券 |
| 东兴证券 | 华泰证券 |
| 光大证券 | 中国银河证券 |
| 方正证券 | 第一创业证券 |
| 国投安信 | 绿庭投资 |

（资料来源：《2017年3季度上市公司行业分类结果》，http://www.csrc.gov.cn/pub/newsite/scb/ssgshyfljg/201711/t20171114_326991.html）

自2007年完成综合治理以来，中国证券公司步入了平稳规范发展阶段。这期间，受中国股市波动的影响，一些证券公司在业务经营上仍会采取违规操作做法以谋取高额收益。在2015年股灾期间，中信证券的高层就曾有内幕交易、泄露内幕信息等各种违规操作，而引致其高层中多人被查，并引出了泽熙私募高层内幕交易事件；海通证券、广发证券、方正证券、华泰证券等也因场外违规配资而被证监会行政处罚，其中海通证券被证监会没收违法所得2865万元，并处以8596万元罚款。

为了保障证券公司的规范化发展，中国证监会不断根据股市变化、证券公司业务创新等情况出台相应的法律法规，2015年还对《证券法》进行了修订，以保证证券公司的持续稳定发展。在此背景下，中国的证券公司获得了较快发展，互联网证券快速崛起，证券公司国际化步伐加快。2015年10月，中国太平洋证券股份有限公司投资设立的太平洋特别并购公司在纳斯达克交易所成功上市，成为中国证券公司在美国上市的第一家壳公司，而到2016年年底，中国已经有13家证券公司在香港上市。与此同时，证券公司资产质量不断改善，资产规模有了大幅上升。到2016年年底，我国证券公司的总资产、净资产和净资本分别达到了5.79万亿元、1.64万亿元、1.47万亿元。截至2017年8月，中信证券、国泰君安、海通证券、华泰证券、广发证券、招商证券、申万宏源证券、中国银河证券、国信证券等9家证券公司的资本规模超过千亿元；其中营业收入超过百亿元的有4家。

根据第五次全国金融工作会议精神和党的十九大报告"守住不发生系统性金融风险的底线"的要求，证券公司必将在深化证券公司改革的同时加强风险监管；同时，伴随证券公司资产质量的改善，公司上市步伐加快，国际化程度也将加深,竞争会更加激烈。在2018年3月的政府机构改革中,为了加强对证券公司、证券市场等的监督管理,中央政府不但保留了中国证监会,而且还加强了它的监督管理职能。

## 第三节　信托公司的建立与发展

自1979年以来,中国信托业经历了一个相对曲折的发展过程。在经过早期五次大规模整顿之后,至2017年年底全国68家信托公司控制的资产规模达到了26.28万亿元,已经成为中国金融市场上的一支重要创新力量,共同推动中国金融业的发展,在支持社会经济发展中起到了越来越重要的作用。

### 一、信托公司的设立

改革开放以来,社会经济体制的改革,促进了社会经济的快速发展。顺应经济形势的需求,中国信托业逐步恢复。在此之后直到1993年,为中国信托业混业经营阶段。

1979年,北京成立了北京经济建设总公司,浙江成立了浙江省信托投资公司,由此掀开了中国信托业恢复发展的序幕。同年10月,中国国际信托投资公司在北京成立,这标志着中国信托业正式步入恢复和新建的初始阶段。与此同时,中国银行总行设立了信托咨询部,之后又被改组成中国银行信托咨询公司。1980年6月,国务院发布了《关于推动经济联合的通知》,明确银行要试办各种信托业务,融通资金,推动经济的联合发展。为了推动银行创办信托业务,中国人民银行总行于1980年9月发布了《关于积极开办信托业务的通知》,要求各银行在有条件的地区积极开办信托业务。银行机构和地方政府积极响应中央创办信托公司的号召,在全国范围内兴起了一股创办信托公司的浪潮,到1982年年底全国大部分省市创立了信托机构。在短短的时间内仓促成立的大量信托公司,由于缺乏对信托业务的了解,"信托业务品种大多有信托之名却无信托之实,或者名实皆无,主要被银行用作突破信贷计划管理的工具"[①]。在此条件下,信托机构与银行之间普遍存在抢资金、挤业务、争地盘等问题,对实现中国人民银行对信贷总量控制的目标产生了极大影响,引发了资金投放的混乱,严重冲

---

① 李扬等:《新中国金融60年》,中国财政经济出版社2009年版第112页。

击了正常经济增长秩序。为了维护正常的金融发展秩序,避免无谓竞争,推动信托业的良性发展,国务院和中国人民银行在1982年2月开始对信托业进行清理整顿,至1999年,中国政府共进行了五次大规模的信托整顿,具体情况如表7-6所示。

表7-6　1979—1999年对信托公司的五次整顿

| 时间 | 缘由 | 清理整顿的重点 | 相关法规、措施 |
| --- | --- | --- | --- |
| 1982年 | 违规吸收资金 | 行业清理,即清理非银行金融信托机构,一律停止地方所办信托业务,加强和协调银信关系 | 《关于整顿国内信托投资公司业务和加强更新改造资金管理的通知》等 |
| 1985年 | 信托公司推动的信贷膨胀 | 业务清理,即停止发放新的信托贷款,停止新增信托投资 | 《关于进一步加强银行贷款检查工作的通知》、《金融信托投资机构资金管理暂行办法》等 |
| 1988年 | 信托公司违规吸收资金、发放信贷 | 业务清理和行业清理,即清理整顿期间一律不准成立信托机构及其他类型的非银行金融机构,一律停止发放信托贷款、投资和拆出资金 | — |
| 1993年 | 违规拆借、违规揽存、违规放贷 | 分业经营与分业管理,即信托业与银行业分开,切断银行与信托公司间的资金关系 | 《中华人民共和国商业银行法》、《金融信托投资机构资产负债比例管理暂行办法》、《信托资金管理办法》等 |
| 1999年 | 经营混乱 | 规范经营行为,即明确信托投资公司"受人之托、代人理财"的定位,信托业与证券业分业,规范经营,分类处置 | 《中国人民银行关于整顿信托投资公司方案的通知》、《中华人民共和国信托法》、《信托投资公司管理办法》、《信托投资公司资金信托业务管理暂行办法》等 |

1982年2月,国务院开始整顿信托业的资金管理,清理非银行信托机构,强化银信关系。经过初步整顿,信托业在1984年又获得了较快发展,当年就新建了15家信托公司,1985年又成立了5家信托公司,信托业的快

速发展推动了信贷膨胀,为此中央政府在1985年对信托业进行了第二次整顿。这次整顿力度较小,没有遏制住信托公司快速增加的趋势,1986年新设立9家信托公司,1987年新设立11家信托公司,1988年信托公司仍然延续快速增加的态势。对此,中央政府在1988年对信托业进行了第三次整顿。此次整顿力度较大,到1990年信托业基本处于停业和半停业状态,也没有新的信托公司设立,过度设立信托公司的状况得到了完全控制和改善,1990—1999年中国新设信托投资公司统计如表7-7所示。

表7-7 1990—1999年中国新设信托投资公司统计表

| 年　　份 | 新设信托投资公司数/家 |
| --- | --- |
| 1990 | 0 |
| 1991 | 3 |
| 1992 | 2 |
| 1993 | 1 |
| 1994 | 1 |
| 1995 | 1 |
| 1996 | 1 |
| 1997 | 3 |
| 1998 | 1 |
| 1999 | 0 |

经过这次整顿,信托公司数量得到了有效控制,但业务经营方向等问题却一直没有得到有效解决。对此,中央政府在1993年6月再次对信托业进行了第四次大规模的整顿工作。这四次整顿,确实起到了防范风险的作用,但由于对信托业的定位不明,业务经营方向不清晰,整顿措施仅仅针对某一领域,所以信托业要真正独立发展还有一段路程。之后,根据《中华人民共和国商业银行法》的分业经营的规则,信托业与银行业实现了分离,这彻底隔断了银行与信托之间的资金往来关系,信托业也开始迈入独立发展的轨道。

## 二、信托业的整顿与规范

1993年12月,国务院发布《国务院关于金融体制改革的决定》。按此决定,中国信托业开始了全面改革,按照分业经营、分业监管的规则,首先与银行彻底脱钩。到1996年年底,"脱钩、撤并了168家由商业银行独资或控股的信托投资公司,全国具有独立法人地位的信托公司变为244家"[1]。在此期间,信托公司经过整顿,资产质量明显改善,陕国投、安信信托在1994年实现成功上市。在亚洲金融危机等冲击下,1999年国务院又对信托业在业务和机构上进行了第五次大规模整顿。经过整顿,信托机构与证券业彻底分离,信托投资机构的数量进一步下降,到2000年年底,全国信托机构仅剩下60家,信托投资公司总资产下降到5219亿元,但信托资产质量和公司治理机制得到明显改善。

之后,为了加强信托业的良性健康发展,中国人民银行于2001年1月发布了《信托投资公司管理办法》。该办法首次对信托投资机构的地位、功能、业务范围等领域作出明确界定。同年10月,为了调整信托关系,规范信托行为,保护信托当事人的合法权益,促进信托事业的健康发展,全国人民代表大会制定了《中华人民共和国信托法》(以下简称《信托法》)。这样,就从制度上明确规定了何为信托,信托的设立、变更和终止,信托的财产和各种受益关系,为信托业的发展奠定了明确的法律地位。2002年,银监会和中国人民银行又颁布了《信托投资公司管理办法》、《信托投资公司资金信托管理暂行办法》,与《信托法》一起初步构成了信托行业的基本法律框架,共同保障信托业的持续平稳发展。

在信托制度不断完善的情况下,信托业在2003年获得了很大发展。中国信托业的资产规模达到2579亿元;同时,中国信托业的主管主体也随着中国银监会的设立,从中国人民银行转移给中国银监会。2004年,在股市低迷和国家宏观调控偏紧的情况下,信托业的发展遇到了较大问题,一些信托公司偏离信托本业,出现了许多违规操作的现象。2005年,中国银监会出台一系列法规以纠正信托公司关联交易、信息披露等问题,并制定实施了《信托公司评级办法》以激励信托业的规范发展。2007年,为了让信托业真正回归信托的功能定位,又对信托业进行了第六次整顿。同年3月1日,中国银监会修订并颁布了《信托公司管理办法》、《信托公司集合资金信托计划管理办法》。这些法规的颁布实施,是对信托业发展的一次正本清源活动,将原"信托投资公司"中的"投资"二字去掉,进一步明确信托公司的经营范围和发展方向,强调信托公司的本源属性。之后,中国银监会又制定了《信托公司受托境外理财业务管理暂行办法》、《信托公司私人股权投资信托业务操作指引》等法规,以明确信托定位,增强信托业发展的信

---

[1] 李扬等:《新中国金融60年》,中国财政经济出版社2009年版第115页。

心。到 2008 年年底,经过重新登记、改制后,我国基本完成了对信托业的整顿。

通过整顿,信托业中积累的历史性风险和问题得到了化解,整个行业向专业理财机构转变。从 2008 年起,信托业进入相对规范的快速发展轨道。信托公司数量有了明显增加,到 2016 年,信托公司已经由 2007 年时的 30 家,增加到了 68 家。信托公司资产托管规模不断扩大,到 2017 年年底,信托公司托管的资产规模已经达到了 26.28 万亿元,在金融机构体系的资产规模中排列第二位。在 68 家公司中,中信信托以 1.98 万亿元资产规模排在首位,建信信托、华润信托、华能信托三家的信托资产规模也超过了万亿元。从信托公司控制主体来看,已经改变了改革开放初期中央和地方政府垄断的局面,向中央、地方国企、民营企业和外资战略投资者等多元化结构转变。2016 年中国信托公司资本结构统计如表 7-8 所示。

表 7-8 2016 年中国信托公司资本结构统计表

| 控 股 主 体 | 数量/家 | 占比/(%) |
| --- | --- | --- |
| 中央国有控股 | 22 | 32 |
| 地方国有控股 | 33 | 49 |
| 民营资本控股 | 13 | 19 |

信托公司资本结构的日益多元化和资产质量的改善,使中断了 24 年之久的信托公司上市进程重新开启,山东省国际信托(简称"山东国信")于 2017 年 12 月正式在香港联合交易所挂牌交易。

伴随信托公司的日益规范发展,信托业务的创新也取得了很大进展,在资产证券化、产业基金、家族信托、慈善信托、互联网信托等领域获得明显突破。2010 年 8 月,中国银监会颁布了《信托公司净资本管理办法》,强化对信托公司的风险监管。2011 年,中国银监会发布了《关于规范银信理财合作业务有关事项的通知》,以进一步防范银信理财合作业务风险,促进商业银行和信托公司理财合作业务健康发展。2014 年 12 月,中国银监会、财政部制定和颁布了《信托业保障基金管理办法》,以规范信托业保障基金的筹集、管理和使用,建立市场化风险处置机制,保护信托当事人的合法权益,有效防范信托业风险,促进信托业持续健康发展。2017 年 4 月,中国银监会发布了《信托业务监管分类试点工作实施方案》《信托业务监管分类说明(试行)》,正式启动了债权信托、股权信托、标品信托、同业信托、财产信托、资产证券化信托、公益信托及事务信托等八大业务的分类试点改革;

8月,《信托登记管理办法》颁布;9月,网上登记系统运行,标志着信托登记制度初步建立;11月,《关于规范金融机构资产管理业务的指导意见(征求意见稿)》的颁布,则为今后信托公司更加规范的发展奠定了制度基础。针对近年来银信业务的快速增长,为了促进银信类业务规范健康发展,防范金融风险,保护投资者的合法权益,中国银监会在2017年12月发布了《关于规范银信类业务的通知》。2018年信托产品开始征收增值税,必然会给信托业的发展带来一定的延缓性影响。

在2017年第五次全国金融工作上会议明确要求金融回归服务实体经济、深化改革和防控风险的目标,党的十九大报告中指明了"守住不发生系统性金融风险的底线",使信托公司在今后的发展中朝着更加规范有序的方向发展,在实体经济的发展中起到更大作用。2018年4月27日,中国人民银行正式颁布《关于规范金融机构资产管理业务的指导意见》,明确起到了规范资产管理市场秩序、防范金融风险的作用;7月20日,中国人民银行联合中国银保监会、中国证监会发布了《关于进一步明确规范金融机构资产管理业务指导意见有关事项的通知》,为信托业的发展指明了方向。

## 第四节 其他非银行金融机构的产生与发展

除了保险、证券、信托外的其他非银行金融机构类型众多,在政府和市场主体的共同推动下相关业态不断涌现,极大补充了银行机构服务的不足。有些非银行金融机构伴随改革开放而逐步恢复,更多的非银行金融机构是随着社会经济的发展而以新生业态的形式出现,共同推动我国金融业的创新和发展,以满足不同社会经济主体的金融服务需求。由于其他非银行金融机构种类较多,有些产生时间较短,故在下文中择取一些影响较大的类型加以介绍,以此阐明"管资金"向"调市场"转换以来的金融业态多元化发展趋势。

### 一、企业集团财务公司

企业集团财务公司是伴随中国大型企业集团改革而产生的非银行金融机构,具有明显的中国特色。从1987年首家企业集团财务公司诞生开始,经过30年的发展,中国的财务公司已经涵盖了能源电力、汽车工业、航空航天、冶金制造、石油化工、煤炭钢铁、军工运输、建材电子等基础性产业,在加强集团资金集中管理、提高资金使用效率、降低财务成本等领域起到了越来越重要的作用,为中国实体经济的发展提供了强有力的金融支撑。

(一) 财务公司的兴起与初步发展

1985年至1995年,为中国企业集团财务公司的兴起与初步发展阶段。1985年,深圳成立了深圳财务公司,是中国首家财务公司。1987年5月,中国人民银行总行批准东风汽车工业财务公司成立,首开合规创设财务公司的先河。同年12月,为了进一步落实国务院《关于进一步推动横向经济联合若干问题的规定》和《关于深化企业改革增强企业活力的若干规定》,推动大型企业集团的健康发展,发布了《国家体改委、国家经委关于组建和发展企业集团的几点意见》。该意见明确界定了企业集团的内涵、组建企业集团的原则和条件,指明了"经过中国人民银行批准,企业集团可以设立财务公司。财务公司在集团内部融通资金,并可同银行或其他金融机构建立业务往来关系,也可以委托某些专业银行代理金融业务。经过批准,集团公司可以向社会筹集资金。从中央到地方,都应在信贷指标中划出专项额度,扶持企业集团的发展"①。在《国家体改委、国家经委关于组建和发展企业集团的几点意见》的指导下,中国人民银行直到1995年共批准设立了58家集团财务公司,如表7-9所示。

表7-9 1987—1995年企业集团财务公司数量概况

| 年　　份 | 公司数量/家 |
| --- | --- |
| 1987 | 8 |
| 1988 | 16 |
| 1989 | 16 |
| 1990 | 16 |
| 1991 | 17 |
| 1992 | 27 |
| 1993 | 37 |
| 1994 | 50 |
| 1995 | 58 |

1988年4月,成立了全国财务公司联合会,以加强财务公司内部的业

---

① 《国家体改委、国家经委关于组建和发展企业集团的几点意见》,http://www.chinalawedu.com/falvfagui/fg21829/31802.shtml。

务联系和信息交流。1989年至1991年,受国务院颁布的《关于进一步清理整顿金融性公司的通知》和中国人民银行发布的《关于暂停审批设立各类金融机构的紧急通知》等的约束,集团财务公司的发展陷入了一段无新公司设立的整顿时期。之后,集团财务公司进入了一个平稳发展的时期。1991年1月,财政部发布了《企业集团财务公司财务管理试行办法》,以加强集团财务公司的财务管理;1991年12月,国务院批转国家计委、国家体改委、国务院生产办公室《关于选择一批大型企业集团进行试点请示的通知》,极大地推进了集团财务公司的设立和发展。1992年11月,中国人民银行联合国家计委、国家体改委、国务院经贸办颁布了《关于国家试点企业集团建立财务公司的实施办法》,从制度上规范了企业集团财务公司的发展,促进了企业集团财务公司的设立和公司规模的壮大。1994年,中国人民银行批准设立了中国财务公司协会,以加强集团财务公司的自律性管理。

到1995年,全国已经设立了58家财务公司,其中,从1990年11月中国人民银行批准设立第一家中外合资财务公司——上海国际财务有限公司,到1995年,共设立了4家外资财务公司。财务公司的资产规模到1995年时达到了757亿元,比1987年的16亿元增加了46倍多。

(二)财务公司的调整规范发展

1996年至2003年,是中国企业集团财务公司调整规范发展阶段。这一时期,国务院、中国人民银行、财政部等政府主体相继出台了一大批以企业集团财务公司管理为对象的法规,以加强财务公司的制度建设,并规范其发展。"为了规范企业集团财务公司的经营行为,防范金融风险,促进财务公司的稳健经营和健康发展",1996年9月,中国人民银行颁布了《企业集团财务公司管理暂行办法》,初步明确了财务公司的设立及变更、业务范围、财务会计、监督管理、整顿接管及解散、惩罚等多个领域的制度规范,同时规定了外资企业集团可以设立财务公司。1996年10月,中国人民银行发布了《关于外资企业集团财务公司设立与经营中有关问题的通知》,以进一步规范外资企业集团在华设立和经营财务公司的相关问题。1997年4月,国务院同意国家计委、国家经贸委、国家体改委《关于深化大型企业集团试点工作的意见》,指出了"深化大型企业集团试点工作,对推进经济体制和经济增长方式根本性转变至关重要。要按照建立现代企业制度和搞好整个国有经济的要求,重点抓好一批大型企业集团,连结和带动一批企业的改组和发展,促进结构调整,形成规模经济,提高国有资产的营运效率和效益,积极发挥大型企业集团在国民经济中的骨干作用"。要求在 1998 年 6 月前制定完成试点方案的工作;为此,中国人民银行在 1997 年 9 月发布了《关于加强企业集团财务公司资金管理等问题的通知》,以推进企业集团财务公司的规范发展。

之后,受中央政府和国务院对国企改革高度重视的影响,中国人民银行也相继出台了一批鼓励财务公司发展的政策。2000 年 6 月,依据《中华人民共和国公司法》、《中华人民共和国中国人民银行法》,中国人民银行制定了《企业集团财务公司管理办法》,进一步确立了财务公司的设立及变更、业务经营、监督管理和风险防范等方面的制度。2000 年 7 月,中国人民银行发布了《关于实施〈企业集团财务公司管理办法〉有关问题的通知》。该通知第一条明确规定"《办法》发布前设立的财务公司应按照《办法》的各项要求进行规范,2001 年 6 月 30 日前应完成增资、调整业务范围、修改章程等各项变更事宜,并完成金融许可证的换发工作。原有业务中不符合《办法》规定部分,应抓紧清理完毕,中国人民银行将自 2001 年 7 月 3 日起对各财务公司执行《办法》情况进行核查"[①]。与此同时,中国人民银行还发布了《财务公司进入全国银行间同业拆借市场和债券市场管理规定》,允许符合条件的财务公司向中国人民银行申请成为全国银行间的货币市场成员。2000 年 12 月,中国人民银行下发了《企业集团财务公司设立审批程序(试行)》。2003 年 4 月,中国银监会成立,以前由中国人民银行负责管理的企业集团财务公司划转给中国银监会,由此加强了财务公司的管理和规范发展。

伴随财务公司管理法规的初步构建,中国的财务公司在这一时期处于整顿规范发展之中。财务公司的数量虽然由 1996 年的 58 家增加到了 2003 年的 75 家,但其总的公司数量处在相对平稳的发展之中,如图 7-6 所示。

与财务公司数量变动相比,财务公司的资产规模却呈现出快速增加趋势,由 1996 年的 1693 亿元增加到了 2003 年的 5135 亿元,在公司数量增加不多的情况下,公司资产实力有了明显增强。

(三) 财务公司的快速与平稳发展

2004 年至今,为财务公司的快速与平稳发展时期。中国银监会的成

---

① 《中国人民银行关于实施〈企业集团财务公司管理办法〉有关问题的通知》,http://www.fdi.gov.cn/1800000121_23_68187_0_7.html。

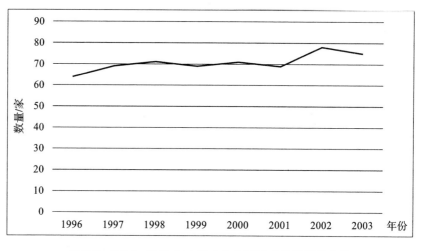

图 7-6　1996—2003 年中国企业集团财务公司数量变化

立,标志着中国金融分业监管体制的正式形成。按照金融职能,财务公司正式由中国银监会加以监督和管理。

一方面,管理财务公司的法律法规日臻完善。2004 年 7 月,中国银监会对《企业集团财务公司管理办法》进行了修订。2006 年 12 月,中国银监会做出了《关于修改〈企业集团财务公司管理办法〉的决定》,以顺应财务公司发展中的新趋势。同月,为加强对企业集团财务公司的非现场监管,促进财务公司提高风险管理的水平和抵御风险的能力,中国银监会制定和颁布了《企业集团财务公司风险监管指标考核暂行办法》。2007 年 1 月,中国银监会印发了修改后的《申请设立企业集团财务公司操作规程》,进一步规范财务公司的申请设立工作,确保财务公司市场准入工作健康、有序地进行。11 月,为全面评价企业集团财务公司的风险状况,实现风险预警,有效实施分类监管,中国银监会又制定了《企业集团财务公司风险评价和分类监管指引》,明确财务公司的风险评价、分类监管等原则。同时,中国银监会还制定了一系列针对财务公司业务管理的法规,以加强对财务公司的委托业务、证券投资、债券等业务的规范。中共十八大以来,为了充分发挥金融服务实体经济的积极作用,促进财务公司的健康发展,进一步提升中央企业的管理水平,实现做强做优的目标,国务院、国资委、中国银监会在 2014 年联合发布了《关于进一步促进中央企业财务公司健康发展的指导意见》。

另一方面,伴随财务公司管理制度的日益规范,财务公司获得了快速发展。财务公司的数量到 2018 年 1 月已经达到了 245 家。此时,不但国内财务公司获得了较快发展,外资财务公司也取得了一定进展;同时外资企业从 2006 年 8 月投资入股浙江省能源集团财务有限责任公司以来,加快了参股我国财务公司的步伐,使中国的财务公司资本结构更加多元化。到 2017 年第三季度,中国财务公司的资产规模达到了 7.55 万亿元,资产质量明显改善。2014—2017 年第三季度财务公司主要风险指标统计见表 7-10。

表 7-10　2014—2017 年第三季度财务公司主要风险指标统计表

| 时间<br>主要风险指标 | 2014 年 | 2015 年 | 2016 年 | 2017 年第三季度 |
| --- | --- | --- | --- | --- |
| 不良资产率 | 0.11% | 0.05% | 0.03% | 0.03% |
| 资本充足率 | 21.22% | 21.19% | 21.25% | 22.27% |
| 拨备覆盖率 | 1215.88% | 2763.30% | 3303.79% | 3722.38% |
| 流动性比例 | 62.34% | 71.87% | 64.79% | 60.35% |
| 拆入资金比例 | 21.79% | 22.04% | 28.40% | 10.10% |
| 投资比例 | 6.58% | 49.82% | 30.24% | 38.24% |

(资料来源:《财务公司行业基本经营数据》)

## 二、金融租赁公司

改革开放以来,中国拉开了金融改革的序幕。为了适应经济日益多样化的需求,1981 年 7 月,中国租赁有限公司在国家工商行政管理总局登记注册成立,成为全国首家非银行金融机构和首家全国性金融租赁公司[①],由此拉开了中国金融租赁公司创立的序幕。在此之后,中国金融租赁公司经历了一个由早期无序发展向规范化发展的过程。

(一)金融租赁公司的无序发展阶段

1981 年至 2000 年,为中国金融租赁公司无专门制度管理发展的阶段。在这一时期,中国政府没有颁布专门针对金融租赁公司的法律法规,金融租赁公司的发展处在一个相对无序的发展空间。自 1981 年 7 月首家金融租赁公司创立以来,到 20 世纪 90 年代初期,金融租赁公司获得了快速发

---

① 在中国,根据监管主体的差异,将租赁公司划分成融资租赁公司和金融租赁公司。前者属于一般工商企业,可以进一步划分为外资融资租赁公司和华资试点融资租赁公司,由商务部管理;后者归中国银监会管理,属于非银行金融机构。2017 年曾传出两者重新整合,均归中国银监会管理,但至 2019 年 6 月尚未实现。基于此,本部分暂仅涉及由中国银监会管理的金融租赁公司。

展,但一些金融租赁公司存在与集团控股公司之间的违规关联交易,管理混乱,以租赁名义发放贷款等违规经营现象严重。1995年《中华人民共和国商业银行法》的颁布,明确规定了商业银行不准参与金融租赁业务,由此使金融租赁公司积累的诸多问题呈现爆发趋势。海南国际租赁有限公司、广东国际租赁有限公司、武汉国际租赁公司和中国华阳金融租赁有限公司等4家公司先后被强制实施市场退出。在此背景下,中国人民银行开始总结经验,出台制定专门针对金融租赁公司管理的法律法规,以规范其发展。

(二)金融租赁公司的规范化发展阶段

2000年至今,是中国金融租赁公司日益规范发展的时期。针对前一个时期金融租赁公司出现的问题,中国人民银行于2000年6月公布了《金融租赁公司管理办法》,从而结束了中国金融租赁公司无序发展的格局,初步形成了金融租赁行业的法律框架,起到了规范金融租赁公司的作用。该办法首次明确了金融租赁公司的业务经营范围、功能定位、经营和监管的保障措施以及市场准入等方面的制度。按照该办法规定,已有金融租赁公司要展开行业规范建设,增资扩股以使注册资本达到5亿元的要求。与此同时,中国人民银行还加强对金融租赁公司的现场检查和非现场监督,完善金融租赁公司的法人治理结构,对不符合该办法的四川金融租赁公司等数家公司实施停业整顿。

2001年中国正式加入WTO,之后渐趋对外资商业银行等金融机构开放了金融租赁市场,允许它们从事国内金融租赁公司所从事的金融租赁业务。2003年,中国银监会取代中国人民银行成为金融租赁公司的管理主体。针对金融租赁行业新的发展趋势,中国银监会吸纳国外金融租赁公司管理经验和结合国内现实国情,向国务院申请准许商业银行参与金融租赁业务。2006年,国务院批准了中国银监会的申请。为了推动中国金融租赁公司的持续健康发展,加强对金融租赁公司的监督管理,中国银监会对2000年颁布的《金融租赁公司管理办法》进行了修订。2007年3月,中国银监会颁布了修订后的《金融租赁公司管理办法》。2007年新修订的《金融租赁公司管理办法》进一步修正了金融租赁公司的设立、变更及终止、业务经营范围、经营规则、监督管理等方面的制度构建,明确了只有合格的商业银行、金融租赁公司、大型设备制造商以及银监会认可的金融机构才可以担任新设立的金融租赁公司的出资人。按此规定,2007年开始,中国工商银行、中国建设银行、交通银行、中国民生银行、招商银行先后获得中国银监会批准试点设立金融租赁公司。国内商业银行准入金融租赁公司,给金融租赁公司的发展注入了新生力量,使金融租赁公司获得较快发展,到2011年年底中国金融租赁公司的数量达到了18家。

随着金融租赁公司的快速发展,2009年7月,在中国银行业协会下成立了金融租赁专业委员会,以加强同业合作、鼓励有序竞争和维护金融租赁交易,强化金融租赁行业的自律管理。为了促进融资租赁业务的发展和进一步规范金融租赁公司的经营行为,中国银监会对2007年的《金融租赁公司管理办法》进行了再次修订,并于2014年3月公布了新的《金融租赁公司管理办法》,该办法对金融租赁公司的准入条件、业务经营范围、经营规则、监督管理等方面的某些领域进行了修正,以适应金融租赁公司新的发展趋势。金融租赁公司法律法规的日益完善,使中国的金融租赁公司进入了一个快速、规范发展的轨道,一些优质的金融租赁公司开始谋求上市。2016年7月,国银租赁在香港联合交易所成功上市,成为中国首家上市的金融租赁公司,其注册资本达到126亿元,排在国内所有金融租赁公司的首位。到2017年年底,金融租赁公司的数量达到66家,注册资本为1933.31亿元。在66家公司中,银行系统占据46家,处于绝对的控制地位。目前,66家金融租赁公司散布在26个省、直辖市和自治区,天津数量最多,达到了11家。金融租赁公司的日益规范发展,对中国社会经济的发展和经济结构的转型起到了一定的促进作用。

## 三、货币经纪公司

货币经纪公司最初起源于一百多年前的英国外汇市场,至今在西方发达国家和地区已经形成了一个相对完整的货币经纪行业,成为非银行金融机构的重要组成部分;而在中国则起步较晚,到2000年中国才开始探索创立货币经纪公司的可能性和必要性。2003年中国银监会成立后,为了适应金融市场发展的需求,中国开始提出进行构建货币经纪公司制度的试点方案,由此揭开了中国货币经纪行业发展的序幕。

2005年8月8日,中国银监会公布了《货币经纪公司试点管理办法》。该办法明确了货币经纪公司"是指经批准在中国境内设立的,通过电子技术或其他手段,专门从事促进金融机构间资金融通和外汇交易等经纪服务,并从中收取佣金的非银行金融机构";同时,该办法还对货币经纪公司的市场准入条件、业务经营范围、监督与管理以及法律责任等方面的内容做了详细规定。根据《货币经济公司试点管理办法》,中国银监会在2005年12月20日批准由上海国际信托有限公司和德利万邦(欧洲)有限公司共同发起成立上海国利货币经纪有限公司,开创了中国货币经纪行业的先河,标志着货币经纪行业在中国的确立,是中国金融组织体系的又一次创新。到 2011 年年底,中国已经设立了 4 家货币经纪公司。

之后,为了规范货币经纪公司的发展,中国政府颁布了一系列规范货币经纪公司相关业务的法规。2011 年 8 月,中国人民银行办公厅发布了《关于印发〈中国人民银行金融城域网入网管理办法(试行)〉的通知》,货币经纪公司按此通知接入局域网,以确保相关业务的顺利开展,方便金融信息交换和保障网络安全。2012 年 10 月,在中国银行业协会下专门设立了货币经纪专业委员会,以加强货币经纪公司的自律性管理。2013 年 11 月,中国银监会发布了《银行业金融机构董事(理事)和高级管理人员任职资格管理办法》,以完善货币经纪公司等金融机构董事(理事)、高级管理人员的任职资格管理,促进货币经纪等金融行业的合法、稳健运行。上海证券交易所在 2015 年 3 月发布了《关于上海证券交易所债券市场机构投资者接受货币经纪公司服务有关事项的通知》,首次明确了上海证券交易所债券市场的机构投资者可以委托货币经纪公司为其债券交易提供居间服务的相关事项,大大促进了货币经纪公司在债券市场业务的扩展,提高了债券的市场流通性。2016 年 12 月,中国人民银行颁布了《金融机构大额交易和可疑交易报告管理办法》,为规范货币经纪公司的大额交易和可疑交易报告行为提供了法律依据。2017 年 5 月,国家税务总局、财政部、中国人民银行、中国银监会、中国证监会、中国保监会制定了《非居民金融账户涉税信息尽职调查管理办法》,为履行金融账户涉税信息自动交换国际义务和规范货币经纪公司等金融机构对非居民金融账户涉税信息的尽职调查行为提供依据。

伴随我国货币经纪公司的日益规范化,国外知名的货币经纪公司纷纷来华设立机构,而上海国利货币经纪有限公司、上海国际货币经纪有限责任公司、平安利顺国际货币经纪有限责任公司、中诚宝捷思货币经纪有限公司、天津信唐货币经纪有限责任公司等 5 家货币经纪公司也得到了很大发展,在中国已成为横跨货币市场、外汇市场和资本市场的重要金融中介,起着越来越重要的作用。

## 四、汽车金融公司

汽车金融公司在 20 世纪初已经在美国等西方国家出现,第二次世界大战后汽车金融公司快速发展起来,到 20 世纪七八十年代已经成为一个重要的非银行金融机构。在改革开放之前,汽车金融公司在新中国并没有真正出现,改革开放后才根据社会经济的需求逐步发展起来,成为驱动我国汽车生产、消费、租赁的一个重要融资渠道。

(一)萌芽发展阶段

改革开放之后到 2003 年,是中国汽车金融公司的萌芽发展时期。在这一时期,中国没有真正建立专门的汽车金融公司。伴随着中国汽车行业及其相关行业的快速发展,在汽车信贷市场上已经产生了汽车金融业务,只是相关汽车金融服务并未由专门的融资公司来提供,而是由国有商业银行来主导。这一时期出现了一些汽车财务公司,虽然它们仅仅处于从属性地位,但它们为以后汽车金融公司的产生打下了基础。

(二)发展壮大阶段

2004 年至今,是中国汽车金融公司快速发展壮大的时期。2003 年 10 月,中国银监会公布了《汽车金融公司管理办法》,正式允许非银行金融机构开展汽车金融服务业务,由此开始引入了汽车金融制度。2004 年 8 月 8 日,上海通用汽车金融有限公司成立,我国首家汽车金融公司诞生。借助我国加入 WTO 以来放开服务贸易的机会,大众汽车、丰田汽车、福特汽车、奔驰汽车、东风标致雪铁龙汽车、沃尔沃汽车、现代汽车等国际知名汽车品牌在华公司纷纷利用自己的资金、技术、经验等优势,开始在我国设立相应的汽车金融公司,由此拉开了我国汽车金融公司快速发展的序幕。

为了规范汽车金融公司的有序发展,针对汽车金融公司中出现的融资方式少、盈利渠道窄、信贷风险高、审批环节多等问题,中国银监会在 2007 年重新修订并于 2008 年 1 月正式公布了《汽车金融公司管理办法》,以加强对汽车金融公司的监督管理,促进我国汽车金融业务的健康发展;同时,汽车融资租赁业务开始正式纳入汽车金融公司业务之中,与零售贷款、批发贷款并立成为公司的核心业务,极大地推进了我国汽车金融公司发展的进程。到 2011 年年底,全国已经成立了 14 家汽车金融公司,到 2016 年 7 月增加到 25 家,总资产达到 5728.96 亿元。这期间,为了加强汽车金融公司的自律性管理,2014 年 6 月在中国银行业协会下专门设立了汽车金融专业委员会。之后,汽车金融专业委员会从 2014 年起每年编写一本《中国汽车金融公司行业发展报告》,以指导汽车金融公司的有序发展。今后,汽车金融公司在中国银保监会的监督管理和行业自律下,业务经营会越来越规范,必将围绕服务实体经济、防控金融风险和深化金融改革等任务,推动中国汽车金融公司的数字化、网络化进程,使公司持续健康发展。

## 五、消费金融公司

改革开放以来,伴随中国经济35年的年均9%以上的高速增长,广大民众的生活水平有了大幅提升,开始具有一定数量的积蓄,民众的生活方式呈现出向追求高消费和较高质量的方向转变。2007年,美国次贷危机的爆发,迅速影响到中国的进出口贸易,导致国内经济增长速度呈现下降趋势。为此,中国政府采取了4万亿元的强刺激措施,以实现"保增长、稳就业、调结构"的目标。各级政府采取多样化刺激消费的措施,以提升消费对经济的拉动作用。顺应政府和社会各界提升消费的需求,中国银监会从2007年年底开始对国内外消费金融行业展开研究,以此论证我国发展消费金融的必要性和可行性。2009年7月,为了加大金融对扩大内需、促进消费的支持力度,中国银监会发布了《消费金融公司试点管理办法》。该办法明确了消费金融公司的市场准入条件、业务经营范围和规则、监督管理等方面的规定,为中国消费金融公司的创立奠定了制度基础。

按照《消费金融公司试点管理办法》,在国务院的批准下,中国银监会选择北京、上海、成都、天津4地启动消费金融公司的试点审批工作。经过一年半的筹备,2010年1月6日,中国银监会正式批准北京银行筹建北银消费金融有限公司;3月,北银消费金融有限公司正式成立,我国首家消费金融公司诞生。随后,以中国银行、成都银行为投资主体的中银消费金融有限公司、四川锦程消费金融有限责任公司相继创立;与此同时,中国银监会批准了由第一私有化基金(První privatizační fond,简称PPF)集团全资建立捷信消费金融有限公司,该公司成为中国首家外资独资的消费金融公司。4家首批试点的消费金融公司经过两年多的发展,到2012年11月,资产总额达到了40.13亿元,三家公司开始实现赢利。

为了推进消费金融公司的发展,2013年中国银监会颁布了新修订的《消费金融公司试点管理办法》,该新修订的办法进一步明确和完善了消费金融公司的市场准入条件、业务经营范围等相关制度性规定,按照其规定,2013年9月,经国务院批准,中国银监会将消费金融公司试点城市新增加12个;2015年6月,经国务院批准,将中国消费金融公司推广到全国范围,到2015年年底,中国银监会共批准了14家消费金融公司,从首家创立到2015年年底时年均不到3家,由此可见中国政府对消费金融公司设立的谨慎程度。之后到2017年4月,消费金融公司获批的速度明显加快,数量明显上升,在此期间有8家消费金融公司批准创立,消费金融公司数量达到了22家。从2015年开始,特别是2017年,中国加强了对消费金融公司的制度规范化建设工作,2017年以来合规经营成为中国消费金融公司市场准入的必备条件,以守住党的十九大报告中所提及的"守住不发生系统性金融风险的底线"。

2018年以来,在服务实体经济、防控金融风险和深化金融改革的顶层设计下,中国的消费金融公司的发展必将朝着更加规范的方向迈进,在驱动我国消费水平的提升和供给侧、需求侧的结构性改革上做出更大贡献。

# 第八章
## 金融市场的建立与发展

改革开放以来,随着社会经济的快速发展,原来遭遇完全抑制的金融市场渐趋发展起来,至今已经形成一个由货币市场、资本市场组成的完整金融市场体系。金融市场的形成过程中,起初是随社队企业的发展而萌芽,之后在地方政府发展经济的强力推动下得到快速无序的发展,深圳"8·10事件"之后逐步向中央政府主导过渡,并渐趋向政府主导与市场驱动转变,至今市场化程度不断加深。金融市场的发展虽然经历曲折,直接融资长期滞后于间接融资,但它与经济渐进发展的路径异曲同工,成为推动中国实体经济发展的重要力量。

### 第一节 资本市场的培育与发展

新中国成立至1978年,中央政府曾在1950年发行"人民胜利折实公债",在1954—1958年发行"国家经济建设公债",之后国内不再发行公债;股票市场则随着1952年证券交易的停业和原有股份公司的社会主义改造而消失。改革开放以来,伴随中国社会经济体制改革的展开,由债券市场、股票市场等构成的资本市场又渐趋产生、发展,并日益规范和市场化,到2017年,股票市场规模位居全球第二、债券市场余额居全球第三,全球化进程不断加快。

#### 一、股票市场的建立与发展

新中国建立初期,在以国营经济为领导、各类经济成分并存的新民主主义经济制度下,一些地区仍然保留了部分股份制企业,某些大型股份制企业的股票还在一定范围内流通、转让;同时,天津、北京的证券交易所在新政府的领导下继续保留。然而,随着1953年私营工商业完成社会主义改造,股份制企业改造成为公私合营和国营企业,天津证券交易所并入天津市投资公司,北京证券交易所则被取消。这样,到改革开放期间,股票市场彻底从中国大陆消失。改革开放之后,伴随股份制企业的兴起,中国股票市场又逐步建立和发展起来,至今在规范化和市场化建设上取得了明显的进展。

(一)股票市场的建立

改革开放以后,在合股经营的股份制乡镇企业、城市小企业中,萌生了1978年以来最早的股份制经济雏形。1980年,中国人民银行抚顺支行代理企业发行了价值211万元的股票,拉开了中国股票发行的序幕;1982年11月,深圳市宝安县联合投资公司在深圳首次公开发行股票。1984年中共十二届三中全会通过了《中共中央关于经济体制改革的决定》,股份制得到了正式确认。随后,北京、上海、广州等地展开股份制试点。1984年7月,首家股份有限公司北京市天桥百货股份有限公司成立,发行定期3年的股票;同年11月,上海飞乐音响公司向社会发行不偿还的股票,由此产生了真正意义上的股票。之后,股份制公司在全国大中城市迅速发展起来。1986年12月,国务院颁布了《关于深化企业改革增强企业活力的若干规定》,使股份制改革迅速在国有企业中展开;相应地,股份制企业试点也从工业扩展到金融业、商业、房地产等行业的企业中。股份制企业的崛起,在中国资本市场上产生了诸多交易的产品。

伴随中国股份制企业的快速发展,股票交易活动逐步形成并制度化。1986年,中国工商银行上海市分行信托投资公司静安证券部首先将"飞乐音响"和"延中实业"挂牌上市,展开柜台交易,产生了中国股票交易的二级市场,开创了新中国股票交易的历史。1987年,深圳特区证券公司的成立,推进了中国证券经营机构的发展;1988年,上海先后成立了海通、万国、申银三家证券公司,初步形成了中国场外证券交易市场。经过一年多的筹备,上海证券交易所于1990年12月正式开业;而从1987年开始筹备的深圳证券交易所也在1991年7月正式成立,自此中国股票市场开始实现交易和结算的集中化、无纸化及网络化。与此同时,北京证券交易所研究设计联合办公室(后改名为中国证券市场研究设计中心)创办的全国证券交易自动报价系统(STAQ)也在1990年12月正式投入使用,并在1992年12月展开法人股的交易。在此前后,全国各地先后建立了70多家地方证券交易中心;而"两所一网"的建立,改变了中国之前股票市场分散、落后、混乱的现状,标志着集中的股票交易市场的出现。

1992年"8·10事件"①发生之前,中国股票市场主要是在地方政府的主导下快速发展。上海、深圳证券交易所是在中国人民银行所在地分行的指导下由上海、深圳地方政府建立和管理的;此时,上海、深圳等地虽然制定了一系列规范股市的规章制度(见表8-1),但证券市场基本上处在一个自我演进、缺乏规范和有力监督的、以区域性试点为主的状态,社会上对于发展股票市场存在意识形态领域等方面的争论,股票市场呈现出无序发展格局。

表8-1　1992年"8·10事件"前上海、深圳颁布的一些规范股市运作的规章制度

| 地域 | 时　　间 | 法　　规 |
| --- | --- | --- |
| 上海 | 1984年8月 | 《关于发行股票的暂行管理办法》 |
| | 1987年1月 | 《证券柜台交易暂行规定》 |
| | 1990年11月 | 《上海市证券交易管理办法》 |
| | 1991年11月 | 《上海市人民币特种股票管理办法》 |
| | 1992年6月 | 《上海市股份有限公司暂行规定》 |
| 深圳 | 1986年10月 | 《深圳经济特区国营企业股份化试点的暂行规定》 |
| | 1991年5月 | 《深圳市股票发行与交易管理暂行办法》 |
| | 1991年11月 | 《深圳市人民币特种股票管理办法》 |
| | 1992年2月 | 《深圳市股份有限公司暂行规定》 |

1992年邓小平南方谈话,在政治上平息了发展证券市场的争论。"证券、股市,这些东西究竟好不好,有没有危险,是不是资本主义独有的东西,社会主义能不能用?允许看,但要坚决地试。看对了,搞一两年对了,放开;错了,纠正,关了就是了。关,也可以快关,也可以慢关,也可以留一点尾巴。怕什么,坚持这种态度就不要紧,就不会犯大错误。"②1992年深圳"8·10事件"发生之后,国务院在1992年10月先后成立了以时任副总理朱镕基为主任、由13个部委③领导组成的国务院证券委员会和中国证券监

---

① 1992年8月10日,深圳股票交易所因百万人争购新股认购抽签表而引发的集体违法犯罪事件。

② 邓小平:《邓小平文选(第三卷)》,人民出版社2008年版第373页。

③ 中国人民银行、国家体改委、国家计委、财政部、经贸办、监察部、最高人民法院、最高人民检察院、经贸部、国家工商局、国家税务局、国家国有资产局、国家外汇管理局等十三个部委。

督管理委员会。前者是全国证券市场的主管机构,负责对全国证券市场的统一管理;后者则是前者的具体执行机构,具体负责对全国证券市场进行监管。国务院证券委与中国证监会的成立,标志着中国证券市场统一监管体制的形成,加强了全国证券市场的管理和监督。与此同时,华夏、南方、国泰等证券有限公司相继设立,大大推进了中国股票市场的发展。在此期间,中国股票市场中的上市公司由1991年的13家增加到1992年的53家,市价总值也突破了1000亿元,在A股之外,B股也在1991年年底推出,股市呈现出快速上升趋势。

当然,这一时期中国股票的发行采取自主向社会招股的方式,私募式定价,而在股权结构的设计上,为了避免触犯国有、集体资产私有化的禁忌,"冒"国有或集体资产流失的风险,或"动摇"公有制的主导地位,中国一开始就规定国有股、法人股不上市流通,只有社会公众股才可以在沪、深交易所进行交易流通,由此导致了中国股市上的股权分置现象。

(二) 股票市场由分散向集中过渡

1992年10月到1999年,是中国股票市场的发展由分散向集中、地方向中央过渡的阶段。具体而言,表现在如下四个方面:一是中国股票市场的管理职能等由地方向中央集中,1993—1999年股票市场的管理权限向中央集中统计情况如表8-2所示。

表8-2 1993—1999年股票市场的管理权限向中央集中统计表

| 年 份 | 权限集中的关键事件 |
| --- | --- |
| 1993年7月 | 依据《证券交易所管理暂行办法》,证券交易所由所在地政府管理,中国证监会监督;交易所总经理由所在地政府会同证监会提名,理事会任命,报证券委备案 |
| 1993年11月 | 期货市场的试点工作交由国务院证券委负责,证监会执行 |
| 1995年3月 | 根据《中国证券监督管理委员会机构编制方案》,中国证监会确立为国务院直属副部级事业单位,是国务院证券委的监管执行机构 |
| 1995年7月 | 依据《1995年证券期货工作安排意见》,证券交易所、期货交易所的正副理事长与正副总经理由中国证监会提名,与所在地政府协商后推荐给交易所会员大会或理事会任免 |
| 1997年8月 | 上海、深圳证券交易所划归中国证监会管理 |

续表

| 年　份 | 权限集中的关键事件 |
|---|---|
| 1997年11月 | 理顺证券管理体制,对地方证券监管部门实行垂直领导,将中国人民银行监管的证券经营机构划归中国证监会统一监管;交易所的正副总经理由中国证监会任免 |
| 1998年4月 | 国务院证券委与中国证监会合并,并明确中国证监会为国务院直属正部级事业单位 |
| 1999年7月 | 《中华人民共和国证券法》实施,以法律形式确定中国证监会对交易所管理的行政地位 |

在1992年之前,中国股票市场是由中国人民银行、地方政府及证券交易所等分散管理;证券委、中国证监会成立至1997年,中国证券市场的管理则变成证券委、中国证监会、中国人民银行、中央各有关部委、地方政府和证券交易所等多头监管的格局,而伴随股票市场管理权限的上移,与之相关的股市审批权、审核权、行政处罚权、人事任命权、立法权等也随之集中到中央相关部委,到1999年完全集中到中国证监会。中国证监会在接管全国各地证管办的同时,在天津、沈阳、上海、济南、武汉、广州、深圳、成都与西安等9个城市设立证券监管办公室,在北京、重庆建立中国证监会办事处,而在25个省、自治区及计划单列市成立证券监管特派员办事处,并于1999年7月完成所有派出机构的挂牌,建立了中国证监会的垂直领导体系。

二是股票市场的制度化进程加快。除了制定和发布各类具体的股市规范、法律法规外,1998年《中华人民共和国证券法》的颁布及2005年的修订,大大提升了中国股票市场的质量,使中国资本市场的发展更加规范化和法制化。在此期间,中国股票市场虽然出现多次激烈波动,但伴随证券市场层次、发行制度等的改善,股票交易市场明显日趋成熟。

三是地方证券交易机构向上海、深圳交易所集中。1992年前后成立的70多家地方证券交易中心,通过整顿,到1993年相继并入上海、深圳两个交易市场。STAQ和1993年4月在北京开办的全国电子交易系统(NET)在1999年9月被取缔;与此同时,各地存在的场外交易市场等也被清理和关闭。这样,中国证券市场很快实现了由分散向全国性集中交易市场的转变。

四是股票发行由社会自主招股向统一发行管理转变。从股票发行的准入、定价和分配来看,明显从无序向政府集中统一管理转变。1999 年以前中国股票发行制度变迁如表 8-3 所示。

表 8-3　1999 年以前中国股票发行制度变迁表

| 发 行 制 度 | 发 行 方 式 |
|---|---|
| 发行主体准入管理 | 1992 年 10 月以前基本是定向或内部发行,审核混乱 |
| | 1993—1995 年为审核制下的额度管理 |
| | 1996—2000 年为审核制下的指标管理 |
| 发行定价 | 沪深股票交易所成立前为无制度可循的定价阶段,私募式发行 |
| | 1991—1998 年固定价格公开发售阶段* |
| 新股分配 | 1990 年以前为自主决定向社会招股阶段 |
| | 1991—1993 年为认购证(表)方式阶段** |
| | 1994 年为全额预缴款和比例配售阶段 |
| | 1994—1995 年为竞价发售阶段 |
| | 1995—1997 年为上网定价抽签阶段 |

注:* 其中 1994 年 6 月至 1995 年 1 月,哈岁宝、青海三普、厦华电子与琼金盘 4 家公司曾尝试以上网竞价的方式发行股票定价。

** 认购证(表)方式曾经历了限量发售认购证(1991—1992 年)、无限量发售认购证(1992 年)和无限量发售认购表与储蓄存款挂钩(1993 年)等三个阶段。

当然,在中国股市管理等方面由地方向中央集中的过程中,中国股市获得了较快发展,如表 8-4 所示。

表 8-4　1992—1999 年中国证券市场上市公司、总市值、开户数统计表

| 年　份 | 上市公司/家 | 总市值/亿元 | 开户数/万户 |
|---|---|---|---|
| 1992 | 53 | 1048 | 216.65 |
| 1993 | 183 | 3531 | 835.17 |
| 1994 | 291 | 3691 | 1107.76 |
| 1995 | 323 | 3474 | 1294.19 |
| 1996 | 530 | 9842 | 2422.08 |
| 1997 | 745 | 17529 | 3480.26 |
| 1998 | 851 | 19506 | 4259.88 |
| 1999 | 949 | 26471 | 4481.19 |

(资料来源:根据《中国证券期货统计年鉴》相关数据制作而成)

在这一阶段,中国股市获得了较快发展,股票类型有了相应增加。1992年,国务院允许沪、深发行"人民币特种股票"(B股)。B股市场上发行的股票在2001年2月之前仅限外国投资者买卖,之后对国内投资者开放。1992年7月,国务院批准国企赴香港上市(H股),次年7月青岛啤酒在香港联交所成功发行H股股票,成为内地在境外上市的首家企业。

在此期间,我国股市经历了大起大落,在短短的7年间出现了5次牛市和5次熊市;并且操纵市场和内幕交易现象横行,出现了像猴王集团、济南轻骑大股东欠款,大庆联谊等大股东掏空上市公司的事件,严重影响了中国股市"公开、公平、公正"的发展。在经济发展大背景下,一些规范股市的制度并没有得到有效的执行,而在众多关键领域又缺乏必要的制度约束,由此导致了这一时期中国股市呈现出"赌市"的特征。显然,"由于缺乏分红制度、退市机制、做空机制,以及存在'壳资源'现象、大股东掏空和政府保护等,股票市场从建立开始逐渐形成了一种不注重股票内在价值而更多投入炒作的投资理念,形成了浓厚的市场投机氛围"①。

(三)股票市场的规范化与市场化

1998年之前,随着股市管理权限等上移中央政府,行政化色彩极为浓厚,股票市场出现了"一管就死,一放就乱"的现象。1998年中国政府制定了《中华人民共和国证券法》,明确了中国证监会为中国股市主管主体的法律地位,由此拉开了中国股票市场向规范化和市场化转变的序幕。

一是股票市场发行制度日益规范和趋向市场化。前期中国股票市场发行制度的统一,虽然给股市的发展营造了一个相对有利的社会经济环境,但重管理、轻监管的行政审批制,无疑在股票发行环节产生了众多寻租空间,仅在审批制下的指标管理时期,据业内人士估计,这一阶段每个企业用于股票发行的公关费用在50万元—300万元,成为滋生腐败问题的温床②。同时,弱化了新上市公司的质量,以致出现了中国新股市场"绝无风险"的奇特现象。之后,发行制度呈现出日益规范和市场化发展的趋势,如表8-5。

---

① 胡汝银:《中国资本市场的发展与变迁》,格致出版社、上海人民出版社2008年版第78页。
② 胡汝银:《中国资本市场的发展与变迁》,格致出版社、上海人民出版社2008年版第99-100页。

表 8-5　2000 年以来中国股票发行制度变化

| 发行制度 | 发 行 方 式 |
|---|---|
| 发行准入 | 2001—2004 年为审核制下的通道制 |
|  | 2004 年至今为审核制下的保荐制 |
| 发行定价 | 2001 年上网竞价 |
|  | 2002 年竞价制与按市值配售新股 |
|  | 2006 年 IPO 询价制＋网上定价 |
|  | 2009 年完善询价和申购的保荐约束机制,优化网上发行 |
|  | 2012 年询价制与按市值配售,但需全额预缴款 |
| 股票分配 | 1998 年至今网上抽签与网下配售结合,但也引进了"绿鞋"、"回拨"等机制 |

2008 年以来,中国证监会颁布了《证券发行上市保荐制度暂行办法》、《证券发行与承销管理办法》等一系列法规,以加强股票发行的制度化建设。随着股市规模的扩大和多元化发展,中国证监会在 2017 年 9 月颁布了修改后的《证券发行与承销管理办法》;遵照国务院关于进一步做好对"放管服"涉及的部门规章、规范性文件进行清理的通知,中国证监会又在 2017 年 11 月公布并施行了《证券发行上市保荐制度管理办法》等一批新的法规。

在股票发行准入上,当前虽然仍采用审核制,但在具体做法上对新股的审核速度加快,截止到 2017 年 6 月中国境内上市公司数达到 3297 家,比 2016 年年底多了 245 家,增长了 7.43%;2018 年,富士康仅用 36 天就获得了审核、准入股票发行,创下了中国 A 股市场上 IPO(上市)最快过会的纪录。新股审核日益遵循标准化流程,但向注册制过渡和转化一波三折。国务院在 2014 年 2 月批准了《注册资本登记制度改革方案》,全国人大常委会则在 2015 年 12 月通过了《全国人民代表大会常务委员会关于授权国务院在实施股票发行注册制改革中调整适用〈中华人民共和国证券法〉有关规定的决定》,拟在沪、深股市上市股票的公开发行上调整适用《中华人民共和国证券法》关于股票公开发行核准制度的有关规定,实行注册制度,过渡实施的期限为两年,但到 2018 年 2 月授权期限到期前,中国证监会对《关于延长授权国务院在实施股票发行注册制改革中调整适用〈中华人民共和国证券法〉有关规定期限的决定(草案)》做了说明,再次延长了注册制的施行时间;同时,为了提高 IPO 的质量,2018 年 3 月,中国证监会对申请上市的公司规定了严格的利润指标,但对"独角兽"公司则例外。在

2019年政府工作报告中,我国明确提出了"设立科创板并试点注册制"的任务,从而推动了遭遇不断延长的注册制的施行步伐,深化了股市准入制度改革。4月2日,上交所正式推出科创板注册制。此时《证券法》尽管尚未修订,但注册制的施行已经不存在法制障碍。在发行定价上,中国目前还采取询价制,但基本都采用最高市盈率方式来确定新股价格。在新股分配上,配售方式更加多样,市场化程度日益加深。

显然,股票发行等领域尽管还存在很多不足,如尚未允许非居民在境内发行股票类证券,但其制度得到了进一步规范,我国股市更有效率和竞争力,质量得到了大幅提升。

二是推动股权分置改革,实现所有股票在股市上统一流通交易。我国一开始实行的股权分置方式,使长期占据股市总额2/3的国有股、法人股不能上市流通。股权分置行为产生了不同类型股东的利益扭曲和冲突,引发了中国证券市场上股利分配不公、大股东掏空上市公司、上市公司频发关联交易、上市公司股权融资冲动等诸多不良现象,导致股价无法反映市场供求情况,出现股价信号失真,股市沦为"赌场",无法成为经济的晴雨表。为此,中国政府从20世纪90年代末就开始权衡股权分置改革。1999年9月,中共十五届四中全会通过《关于国有企业改革和发展若干重大问题的决定》,决定中明确提出要选择一些信誉好、发展潜力大的国有控股上市公司,在不影响国家控股的前提下,适当减持部分国有股。根据这一决定,中国证监会确立了以配售国有股的方式进行国有股减持,于12月批准黔轮胎、中国嘉陵进行试点,因准备不充分试点失败。2001年6月发布《国务院减持国有股筹集社会保障资金管理暂行办法》,其中第五条规定:"国有股减持主要采取国有股存量发行的方式。凡国家拥有股份的股份有限公司(包括在境外上市的公司)向公共投资者首次发行和增发股票时,均应按融资额的10%出售国有股;股份有限公司设立未满3年的,拟出售的国有股通过划拨方式转由全国社会保障基金理事会持有,并由其委托该公司在公开募股时一次或分次出售。国有股存量出售收入,全部上缴全国社会保障基金。"之后进行的国有股减持试点也失败了。

在总结上述试点失败经验的基础上,中国政府发起社会讨论和高层调研等详细的准备工作。在此条件下,在2004年1月颁布的《国务院关于推进资本市场改革开放和稳定发展的若干意见》中指出了"以扩大直接融资、完善现代市场体系、更大程度地发挥市场在资源配置中的基础性作用为目标,建设透明高效、结构合理、机制健全、功能完善、运行安全的资本市场"。

明确"积极稳妥解决股权分置问题。规范上市公司非流通股份的转让行为,防止国有资产流失。稳步解决目前上市公司股份中尚不能上市流通股份的流通问题"。2005年4月,《关于上市公司股权分置改革试点有关问题的通知》颁布,正式拉开了中国证券市场上股权分置改革的序幕。5月,三一重工、紫江企业、清华同方、金牛能源4家上市公司首先展开股权分置改革试点。9月,中国证监会发布了《上市公司股权分置改革管理办法》,标志着股权分置改革由试点向全部股权分置企业铺开。之后,为了配合股权分置改革,中国涉及股市的各个政府主体均出台了相应的利好措施,如表8-6所示。

表8-6 2005年配合股权分置改革的主要措施

| 时间 | 发布机构 | 政策措施 |
| --- | --- | --- |
| 6月12日 | 中国证监会 | 《关于实施股权分置改革的上市公司的控股股东增持社会公众股份有关问题的通知》 |
| 6月13日 | 财政部、税务总局 | 《关于股权分置试点改革有关税收政策问题的通知》 |
| 7月18日 | 沪深证券交易所 | 《权证业务管理暂行办法》 |
| 8月23日 | 中国证监会、国资委、财政部、中国人民银行、商务部 | 《关于上市公司股权分置改革的指导意见》 |

这样,在一系列政策利好措施刺激和遵循市场规律的前提下,有关股权分置改革企业在实践中充分尊重了各大利益主体的利益,最终到2006年12月,"沪深两市共1301家上市公司已完成或者进入股改程序,占应股改公司的98%;未进入股改程序的上市公司仅40家"[①],基本完成股权分置改革的目标,在股市上实现了所有类型股票一同交易和流通。

三是股票市场信息披露制度日益健全、规范。在沪深证券交易所成立前,在中国股市上交易的股份制企业几乎不存在相关信息的披露,其状况与股票发行上的私募式发行密切相关。上海证券交易所成立之后,在沪市上流通的申华控股、豫园商城、飞乐股份、飞乐音响、广电电子、浙江凤凰化工、爱使股份、延中实业等"老八股"于1991年6月10日在《上海证券报》

---

① 胡汝银:《中国资本市场的发展与变迁》,格致出版社、上海人民出版社2008年版第146页。

试刊号上首次集体披露年报；同时，在深圳证券交易所上市的公司也披露了相关的信息，由此拉开了中国股市上市公司信息披露的序幕。1992年6月，《股份制试点企业会计制度》的颁布，标志着中国上市公司信息披露进入了制度化建设时期。1995年，中国证监会推出了在1994年年度报告基础上修改的《年度报告的内容与格式》，使中国上市公司信息披露日益标准化。之后，根据股市上市公司信息披露中暴露出的信息不及时、不完整、真实性差、公平程度不高等问题，中国证监会不断加大制度化建设步伐，至今中国在信息披露制度上已经构建起一个由国家基本证券法律、证券方面的专门法律和行政法规、相关部门规章和交易所方面的行业自律规则组成的相对完整的强制与自愿结合的制度框架。当然，为了保证信息披露的及时、完整、真实与公平性，在中国证监会的主导下，中国建立了一套由中国证监会及其在各地的派出机构、证券交易所等组成，分工协调监管的信息披露监管体系。到2018年3月，已经形成了一个由中国证监会总部内设的21个职能部门、1个稽查总队和3个中心，省、自治区、直辖市和计划单列市设的36个证券监管局，以及上海、深圳证券监管专员办事处构成的全国性监督管理网络。

至今，中国证券市场上市公司、股票交易等方面仍然存在很多不足，每年仍有大批上市公司因违规信息披露而受罚，仅2017年前8个月内的公司、个人违规案件等就达到80起。2017年成立的金融稳定委员会则进一步加强了各个监管主体之间的联络，起到了明显的监督沟通作用。中国证监会也与时俱进地跟进相关制度和监管体系的建设，确保股市的公平和透明，保护广大投资者的权益不受损害。在2018年3月的国家机构改革中，仍然保留了中国证监会，这表明中国政府提高直接融资比例、加强金融市场管理的决心。

四是上市公司治理深化与投资机构化比例加大。随着证券市场的日益市场化，在《中华人民共和国企业法》等法律法规的引导下，上市公司的治理机制不断得以改进，建立了一个由股东大会、董事会、监事会和经营管理层组成的"三会一层"结构。

多元化投资者体系建设初具规模，投资机构化比例日益增大。2003年，合格境外机构投资者（QFII）展开试点，瑞士银行、野村证券成为首批获准投资境内股票市场的境外机构投资者。经过三年试点，2006年8月中国颁布实施了《合格境外机构投资者境内证券投资管理办法》。2007年，中国批准了52家海外QFII资格，额度达到300亿美元；之后，中国加快发展海外QFII,到2017年1月25日,中国已经批准276家海外QFII资格,累计投资总额度873.09亿美元。2011年12月,中国证券会、中国人民银行、外汇管理局联合发布《基金管理公司、证券公司人民币合格境外机构投资者境内证券投资试点办法》,允许符合条件的基金公司、证券公司开展试点人民币合格境外机构投资者(RQFII)业务,到2017年时获得RQFII业务资格的超过180家,投资金额达5000多亿元人民币。与此同时,保险、社保基金、企业年金等机构投资者大批进入股市,大大改善了中国股票市场的投资者结构,使各类投资者不平衡发展的局面获得明显的改进。到2017年,我国散户数量虽然仍然占据绝对的优势,但个人投资者所占流通市值的比重呈现大幅下降之势,各类机构投资者持股市值占流通市值的比重则稳步上升,达到63%,2006年以来我国股市的投资者结构变化如表8-7所示。

表8-7 2006年以来我国股市的投资者结构变化　　　　单位:%

| 年　　份 | 个人投资者 | 一　般　法　人 | 机构投资者 |
| --- | --- | --- | --- |
| 2006 | 70 | 25 | 5 |
| 2007 | 59 | 29 | 12 |
| 2008 | 55 | 23 | 22 |
| 2009 | 39 | 14 | 47 |
| 2010 | 36 | 13 | 51 |
| 2011 | 33 | 13 | 54 |
| 2012 | 34 | 12 | 54 |
| 2013 | 37 | 11 | 52 |
| 2014 | 37 | 10 | 53 |
| 2015 | 42 | 7 | 51 |
| 2016 | 40 | 7 | 53 |
| 2017 | 32 | 5 | 63 |

在QFII、RQFII、保险公司、财务公司、证券投资基金、基金管理公司、企业年金、券商自营、券商集合理财、社保基金、信托公司、阳光私募、银行等各类机构投资者中,通过近几年的发展和分化,机构投资者呈现出多元化特征,但各机构投资者在股市中的占比出现了一定程度的变化。到2017年时,保险公司已经超越公募基金,成为我国股市机构投资者中最重要的力量。

五是股市管理中的行政化色彩有所淡化,市场化程度加深。2009年之前,监管层在一级市场上既可以干预新股的发行定价,又可以决定新股的发行节奏,"政策市"色彩极其明显。2009年6月,中国证监会发布了《关于进一步改革和完善新股发行体制的指导意见》,中国股市首次启动新股发行体制市场化的改革步伐。之后,经过近年来的深入改革,一级市场上基本实现了市场化,但在2015年6月股灾之后,行政化色彩似乎又有所加强。在二级市场上,伴随一系列制度化建设,行政化色彩也有了明显的降低,市场化程度得到很大深化。

伴随中国股市的日益规范和市场化程度加深,中国股市获得了巨大发展。深、沪综合指数虽然经历了多次巨大波动,但整体上呈现出波浪式上升发展趋势(见表8-8),至2017年,中国股市规模排名全球第二,上交所、深交所跻身全球前十大交易所,分别位居第四位和第六位。在股市交易中,上市公司数量大幅增加,由1999年的949家,快速增加到2017年的3552家;行业结构日益优化,交易品种增多,在沪、深股市上交易的品种已经覆盖了股票、债券、基金、衍生品等四大类,上交所、深交所成为世界上市场结构较为完整的证券交易所;2001年中国证券业协会成立代办股份转让系统,2006年中关村高科技园区非上市股份制企业初步纳入代办股份转让系统挂牌交易,大大拓展了代办股份转让系统功能;2004年深圳证券交易所推出中小企业板块,上市股票由最初的8家发展到2016年年底的822家;2009年10月31日中国正式启动创业板市场,由当年的36家增加到2016年年底的570家,至此中国基本形成了一个多层次、多功能的资本市场体系。目前,沪、深证券交易所已经拥有可支撑证券市场高效、稳健运行的交易系统及其基础通信设施,拥有保证证券市场规范有序运作、效能显著的自律监管体系。

表8-8  1997年以来沪深综合指数波动表

| 年　　份 | 上证综合指数(收盘) | 深证综合指数(收盘) |
| --- | --- | --- |
| 1997 | 1194.1 | 381.3 |
| 1998 | 1146.7 | 343.4 |
| 1999 | 1366.6 | 402.2 |
| 2000 | 2073.5 | 635.7 |
| 2001 | 1646.0 | 475.9 |
| 2002 | 1357.7 | 388.8 |
| 2003 | 1497.0 | 378.6 |

续表

| 年　份 | 上证综合指数（收盘） | 深证综合指数（收盘） |
|---|---|---|
| 2004 | 1266.5 | 315.8 |
| 2005 | 1161.1 | 278.8 |
| 2006 | 2675.5 | 550.6 |
| 2007 | 5261.6 | 1447.0 |
| 2008 | 1820.8 | 553.3 |
| 2009 | 3277.1 | 1201.3 |
| 2010 | 2808.1 | 1290.9 |
| 2011 | 2199.4 | 866.7 |
| 2012 | 2269.1 | 881.2 |
| 2013 | 2116.0 | 1057.7 |
| 2014 | 3234.7 | 1415.2 |
| 2015 | 3539.2 | 2308.9 |
| 2016 | 3103.6 | 1969.1 |
| 2017 | 3307.17 | 1899.34 |

（资料来源：根据国家统计局网站相关数据制作）

伴随中国资本市场的快速发展和日益规范，资本市场的开放程度日益扩大。

一方面，国内资本市场向海外开放程度加深。除了前述的 QFII 等积极参与国内股市等活动，2014 年 11 月 14 日，中国证监会、财政部、税务总局联合发布了"沪港通"试点及 QFII 等参与的税收政策，17 日中国证监会正式通过了"沪港通"的股票交易。2016 年 8 月，国务院批准《深港通实施方案》，9 月深交所通过《深港通业务实施办法》，12 月"深港通"正式开通，深化了对境外投资者关系管理体系和交易所本身的制度建设，提升了对境外投资者的全方位服务，加强了跨境监管合作。2017 年 6 月，明晟公司将我国 A 股纳入摩根士丹利资本国际公司指数，大大推进了我国资本市场的国际化程度。

另一方面，国内机构、个人等也加快了"走出去"的步伐，积极参与境外的资本市场活动。在促进各类机构投资者有序参与境内股市的同时，中国证监会也积极推进境内机构、个人等参与境外股市的活动。2007 年 2 月，中国银行发行了首款合格境内机构投资者（QDII）产品——中银美元。7

月,中国证监会颁布了《合格境内机构投资者境外证券投资管理试行办法》,有力促进了QDII参与境外的证券等投资活动;到2017年时,QDII的投资活动已经覆盖了35个国家和地区。2007年8月,外汇管理局发布了《开展境内个人直接投资境外证券市场试点方案》,中国银行天津分行积极推动境内个人投资港股业务(QDII2),即"港股直通车",但在次贷危机等因素影响下,投资活动被推迟。2013年,中央政府重新启动"港股直通车",但至今尚未完全开通。2017年7月的第五次全国金融工作会议和10月的党的十九大报告均指出我国将更进一步扩大金融市场的开发力度;2018年政府工作报告则更加明确了今后我国将大力推进金融市场的开放;沪伦通于2019年6月17日在伦敦正式开通。

## 二、债券市场的兴起与发展

债券市场是我国金融市场的重要组成部分。在改革开放前20年,我国经历了一个无任何公债的时期,自然也无债券市场。1981年,我国重新恢复债券的发行,由此拉开了我国债券市场发展的序幕。之后,为了适应社会经济快速发展的需要,债券市场多元化、债券品种更趋多样、发行主体日益增多、交易清算技术精进、发行规模不断扩大,至2017年,我国债券市场已经成长为一个余额达70多万亿元的庞大市场,债券市场余额位居全球第三、亚洲第二。

(一)债券市场形成发展过程

改革开放之初,面对1979年、1980年持续的财政赤字,国务院在1981年决定每年发行一次国债,结束了中国长达20年的"无债时代",逐步恢复了国债发行市场。1981年7月,财政部首次发行49亿元国库券;次年7月,财政部向个人发行国库券。一开始,国家采取行政分配的方式发行国债,重点面向国企和行政单位的职工,以党员干部带头、工资预扣甚或硬性摊派等方式来保证完成国债发行目标。1982年,中国国际信托投资公司在日本发行100亿日元的金融债券;1984年在一些地方还发行了企业债券,从而大大丰富了债券品种。1988年政府尝试借助商业银行和中国邮政储蓄的柜台,向社会发行国债,初步形成国债一级市场;同时,财政部在1988年3月上报《开放国库券转让市场试点实施方案》,先后允许国库券在全国61个城市尝试分两批流通和转让,由此打下了国债二级市场发展的基础。

1990年国家逐步放开国债交易市场,1991年国家将发行方式转变为由金融机构组成国债承购包销团承购包销,推进了国债二级市场的发展。

1992年,国家把国债发行由一年一次改为一年两次,国债现货也开始进入交易所公开交易;同年,武汉国债交易中心成立,大大推进了我国国债市场的发展。1992年12月,上海证券交易所推出了包括3个月、6个月、9个月和12个月等4个交割月的1992年3年期、5年期共12个品种的国债期货标准合约,由此拉开了国债期货市场发展的大幕。1993年,国债期货开始在上海证券交易所试点,并在国债市场上推出了一级自营商制度;1995年国债交易主体全部转入证券交易所的场内市场。"三二七"国债期货风波后,国家暂时关闭了已有国债期货市场,并进行强制性整顿。1996年,沪、深证券交易所大量发行记账式国债,并开展国债回购交易,交易所债券市场体系初步形成,走向全面市场化。此时,"国债发行方式实现了由承购包销向公开招标过渡,初步建立了'基数承购、差额招标、竞争定价、余额分销'的市场化发行模式。国债的发行方式也从以实物券为主转向以无纸化电子记账为主,国债的二级市场交易也采取了电子化的方式,极大地降低了发行成本和交易成本"①。

1997年,在股市过热和金融业分业经营条件下,中国人民银行要求商业银行退出证券交易所债券市场,同时开办全国银行间债券市场,由此就在债券市场上形成了两个相互分离的债券市场。银行机构不能参与交易所债券市场,交易所债券市场只能由基金、券商等参与,而基金、券商等又可以参与银行间债券市场,自然使交易所债券市场在2007年之前交易量大幅萎缩,呈现出被边缘化的趋势。银行间债券市场在众多机构的参与下,获得了快速发展。2004年11月8日,中国民生银行通过银行间债券市场成功发行了58亿元人民币次级债券,大大拓展了商业银行补充资本金的渠道,中国民生银行也成为中国第一家在全国银行间债券市场成功私募发行次级债券的商业银行。为了活跃债券市场的报价,提高债券市场的流动性,2004年我国在银行间债券市场引进了做市商制度。之后,中国债券市场稳步发展,发行量和交易量都有较大幅度的提升。

2008年,受次贷危机影响,政府出于稳增长、保就业、调结构等政策目标的考虑,采取4万亿元的强刺激措施,引致债券发行量和交易量的大幅扩张。2010年,中国证监会、中国人民银行和中国银监会联合发布《关于上市商业银行在证券交易所参与债券交易试点有关问题的通知》,有效推进

---

① 中国人民银行:《中国人民银行六十年(1948—2008)》,中国金融出版社2008年版第76页。

了两个债券市场上的互联互通,提高了债券市场的运行效率。之后,为了促进债券发行的有序规范,我国对债券市场不断加大规范力度,以保证各类债券的稳定发行,保障债券市场的持续发展。

2013年,随着我国经济进入新常态,经济增长由高速向中高速转换,经济驱动力由要素投入向创新和效率提升转变。顺应社会经济的这一变化,我国债券市场加快了创新发展,广度和深度不断拓展,产品创新持续推进,制度建设不断健全。在此背景下,我国债券市场的品种不断增多,交易量则受经济转型的影响呈现出较大幅度的波动,如表8-9所示。

表8-9　我国债券市场的交易量变化　　　　　　　　　单位:万亿元

| 年份 | 银行间债券市场交易量 | 交易所债券交易量 |
| --- | --- | --- |
| 2008 | 37.1 | 0.2123 |
| 2009 | 47.3 | 0.2085 |
| 2010 | 64.0 | 0.1662 |
| 2011 | 63.6 | 0.1253 |
| 2012 | 75.2 | 0.0886 |
| 2013 | 41.6 | 0.0804 |
| 2014 | 40.36 | 2.81 |
| 2015 | 86.7 | 3.4 |
| 2016 | 127.1 | 5.3 |
| 2017 | 102.8 | 5.5 |

(资料来源:《2008年以来历年第四季度货币政策执行报告》)

2013年我国债券市场上两大交易市场主体的交易量均出现了较大幅度下跌,但很快就受经济在变速后的平稳增长影响,交易量快速攀升,为实体经济的发展提供了必要的资金支持。

伴随我国债券市场的规范和持续发展,我国债券市场的国际化程度也日益提高,境外参与者不断增多,有力地吸引了境外国家和地区来我国债券市场发行债券。2007年,我国首只人民币债券登陆香港,即"点心债"。2015年7月,中国人民银行向境外央行、国际金融机构和主权财富基金开放了银行间债券市场。2017年5月16日,中国人民银行与香港金管局联合公布了开展香港与内地债券市场互联互通合作的计划,即"债券通";6月21日,中国人民银行发布《内地与香港债券市场互联互通合作管理暂行办法》,中国人民银行上海总部、全国银行间同业拆借中心、银行间市场清算所股份有限公司、中央国债登记有限公司分别就备案指引、交易规则和结算规则发布了相应的细则。7月2日,中国人民银行发布了《中国人民银行香港金融管理局联合公告》;7月3日,"债券通"、"北向通"正式上线运行,"南向通"则择机推向市场。2018年3月,中国人民银行行长周小川在两会期间回答记者关于"南向通"问题时指出,"实际上如果开放'南向'的债券市场,这没什么困难,我认为只要有需求,随时都是可以做到的"①。3月23日,彭博将中国的债券逐步纳入彭博巴克莱全球综合债券指数;花旗也宣布中国在岸债券已经符合纳入花旗相关的新兴市场及地区政府债券指数的条件。这些极大地提升了我国债券市场的双向开放程度。

(二) 债券市场的种类

随着债券市场的不断扩大和社会经济需求的日益多元化,我国债券市场的种类渐趋增加,债券市场日益成为我国金融市场上的重要融资场所,大大补充了间接金融的不足。

在1997年我国银行间债券市场建立之前,债券市场上进行交易的种类主要是国债、1984年开始发行的企业债和极少量的金融债券。1997年到2004年,随着国有银行等的商业化改革的深入和股份制改造的开启,金融债券的发行量大幅增加,债券市场上的交易种类就逐步集中到国债和金融债上。在此期间,1998年至2001年年均债券发行量为4000亿元左右,2002年之后发行量有了大幅增加(见表8-10)。2003年,中国人民银行为加强货币政策的调控措施建设,开始发行中央银行票据以作为公开市场操作的一个重要工具,调控货币供应量。与国外不同,我国中央银行票据不是在票据市场上进行交易,更多是在债券市场上进行流通,以补充央行公开市场操作上国债数量的不足。

2004年,我国债券市场上的种类大幅度增加。一方面金融机构在银行间债券市场发行次级债,以补充附属资本;另一方面开始引入短期融资券、长期公司债等非金融债券。2005年,国际金融公司和亚洲开发银行在我国境内发行以人民币计价的债券,即"熊猫债"。2006年,在金融债券发行上,我国创新性地推出了商业银行混合资本债券,进一步拓宽了商业银行补充资本金的渠道,丰富了债券市场上的金融债券品种。2008年4月,中国人民银行发布了《银行间债券市场非金融企业债务融资工具管理办法》。

---

① 《周小川谈"南向通":只要有需求 随时可以做到》,http://ent.chinanews.com/cj/shipin/cns/2018/03-09/news759905.shtml.

依据这一办法,我国债券市场首次创新发行了经银行间债券市场交易商协会注册的 7 家公司中期票据。这样,在我国债券市场上就形成了一个完整的由短期、中期、长期公司债构成的非金融债券体系。

表 8-10　我国债券市场上各类债券发行情况　　　　单位:亿元

| 年份 | 债券品种 | | | | |
|---|---|---|---|---|---|
| | 国债 | 地方政府债券 | 金融债券 | 公司信用类债券 | 国际机构债券 |
| 2001 | 4884 | — | 2590 | 147 | — |
| 2002 | 5934 | — | 3075 | 325 | — |
| 2003 | 6280 | — | 4520 | 358 | — |
| 2004 | 6924 | — | 5009 | 327 | — |
| 2005 | 7042 | — | 7188 | 2047 | 21.3 |
| 2006 | 8883 | — | 9635.8 | 3938 | 8.7 |
| 2007 | 7637 | — | 11913 | 5059 | — |
| 2008 | 8558 | — | 11797 | 8723 | — |
| 2009 | 17927 | — | 14524 | 16629 | — |
| 2010 | 19778 | — | 14123 | 16812 | — |
| 2011 | 17100 | — | 23492 | 23103 | — |
| 2012 | 16154 | — | 26202 | 37365 | — |
| 2013 | 20230 | — | 26310 | 36699 | — |
| 2014 | 21747* | — | 36552 | 51516 | — |
| 2015 | 21058 | 38351 | 102095 | 67205 | 115 |
| 2016 | 30658 | 60428 | 182152 | 82242 | 412 |
| 2017 | 39932 | 43581 | 258056 | 56352 | 573 |

注:金融债券包括国家开发银行金融债、政策性金融债、商业银行普通债、商业银行次级债、商业银行资本混合债、证券公司债券、同业存单等;公司信用类债券包括非金融企业债务融资工具、企业债券以及公司债、可转债、可分离债、中小企业私募债等。

*2014 年以前的国债包括由财政部代理发行的地方政府债券。

(资料来源:根据历年第四季度货币政策执行报告中相关数据整理)

2009 年 11 月,全国银行间债券市场获得了创新性发展,首次在全国银行间债券市场上发行了由银行间债券市场交易商协会设置的集合票据。集合票据是以统一产品设计、统一券种冠名、统一信用增进、统一注册方式发行的,约定在一定期限内还本付息的债务性票据融资工具。中小企业的集合票据虽然对化解中小企业融资难问题起到一定的促进作用,但受偏高的利率和发行成本、流动性较差等因素制约,发行上存在很大困难。之后,尽管推出了"中债信用增进投资股份有限公司"的票据发行担保方式,大大降低了前述困难,但至今它的发行量仍然较小,无法真正化解中小企业融资难的效果。为此,2010年12月,我国债券市场上创新性推出超短期融资券,以拓宽企业融资渠道和满足投资者多元化投资需求。

2011年11月,中国人民银行发布了《关于试点省(市)地方政府在全国银行间债券市场自行发债有关事宜的通知》。根据该通知的要求,上海、深圳及浙江、广东两省的地方政府展开自行发债的试点工作,由此改变了过去由财政部代行发债的做法,拉开了地方政府自行发债的序幕,增加了债券市场上的交易品种。

随着债券市场品种的日益增加,债券市场上已经形成了由国债、地方政府债券、金融债券、公司信用类债券、国际机构债券等为主体的完整债券种类,每个主体债券种类下又细分成不同的亚类别,在时间上则覆盖了短期、中期和长期各种类型,基本顺应了社会经济多元化需求。当然,不同类型的债券种类在不同年份的发行量受经济发展程度的影响而存在一定差异。

随着社会经济主体的日益复杂,我国会在不断规范债券市场的基础上加大对债券种类的创新,以适应社会经济发展的需求,拓展不同经济主体的融资渠道,满足不同主体的融资需求。

(三) 债券市场的主体

我国债券市场的参与主体是随债券市场的形成发展而不断扩大的。1988年之前,我国发行的债券基本是在政府主导下通过政治动员、行政方式分销给行政、企事业单位和个人。1988年,一些商业银行及中国邮政储蓄柜台开始作为债券交易的主体,面向社会销售和交易债券。1992年,证券交易所正式参与债券现货的交易,初步形成场内交易主体。1994年,证券交易所正式引入债券期货的交易,由此大大刺激了债券交易量的增长。"三二七"债券期货事件爆发后,国务院关闭了交易所债券期货市场,并正式停止一切场外债券交易活动,证券交易所成为债券市场的唯一合法主体。此时,证券交易所债券市场的参与主体几乎涵盖了银行、券商、基金等各类金融机构主体。

1997年亚洲金融危机爆发,我国初步确立金融分业经营体制。在此约束下,中国人民银行要求所有银行机构退出交易所债券市场,重新设立了银行间债券市场。这样,在交易所债券市场上,债券市场的参与主体是券商、基金等机构,禁止银行机构进入;2007年,公司信用类债券在交易所债券市场上取得突破,交易所债券市场迅速把保险、社保、信托、农信社、大型企业事业单位等机构主体纳入其中,从而大大拓展了交易所债券市场的参与主体。至今,在交易所债券市场上,主要形成了两类参与主体。一是具备交易所会员资格的证券经营机构,可以在交易所市场上从事债券经纪业务或自营业务;二是符合规定条件的其他机构可以申请取得债券专用席位,以从事债券经营业务而符合规定条件的其他投资者,只能委托交易所债券市场会员进行债券交易。交易所债券市场参与主体采取连续竞价方式进行交易,债券的托管和结算则是由交易所指定的中国证券登记结算机构来完成。

在1997年成立全国银行间债券市场之初,中国人民银行只允许国内银行机构参与其中。1998年,中国人民银行批准了外资银行、保险公司等加入银行间债券市场。1999年,银行间债券市场的参与主体进一步扩展到农村信用社、投资基金、证券公司;之后随着我国各类金融组织的不断产生,债券市场的参与主体也自然扩展到了境内外各类金融机构主体。银行间债券市场参与主体的准入变化如表8-11所示。

表8-11 银行间债券市场参与主体的准入变化

| 年份 | 银行间债券市场参与主体 |
| --- | --- |
| 1997 | 国有商业银行、股份制商业银行、城市合作银行 |
| 1998 | 外资银行、保险公司等 |
| 1999 | 农村信用社、投资基金、证券公司 |
| 2000 | 财务公司、金融租赁公司 |
| 2001 | 中小金融机构通过债券代理入市 |
| 2002 | 企业等非金融机构法人通过债券结算代理入市 |
| 2005 | 国际金融公司、亚洲开发银行等国际性开发性机构,以及泛亚基金和亚债基金 |
| 2010 | 境外央行或货币当局、港澳地区人民币业务清算行、跨境贸易人民币结算境外参加银行 |
| 2013 | 合格境外机构投资者、人民币合格境外机构投资者 |
| 2015 | 国际金融机构、主权财富基金 |
| 2016 | 养老基金等中长期机构投资者 |

在银行间债券市场上参与交易的主体大致分成两类:一是能够直接进

行交易的市场成员;二是只能通过债券结算代理银行间接进行交易的非市场成员。银行间债券市场的参与主体需要将债券托管于中央国债登记结算有限公司,依托同业拆借中心的专用网络平台进行债券交易,并通过中国人民银行的电子清算系统进行资金的清算和划拨。

与此同时,我国逐步放开了境外的非金融机构、金融机构在银行间债券市场上发行人民币债券的权利。2005年,国际金融公司和亚洲开发银行等国际开发性机构获准在银行间债券市场发行人民币债券,拉开了国际开发机构准入银行间债券市场发行人民币债券的序幕。2013年,戴姆勒股份公司在银行间债券市场上发行50亿元人民币债务融资工具,标志着境外非金融机构进入人民币债券融资的渠道开通。2015年,汇丰银行、中国银行(香港)有限公司获准在银行间债券市场上发行人民币债券,这表明国际性商业银行成为银行间债券市场上的发行主体。2016年,加拿大BC省和韩国完成了90亿元的人民币债券注册,这表明银行间债券市场的发行主体进一步扩展到了外国政府。2016年,中国向所有境外金融机构开放了银行间债券市场,到2017年,各类境外发债主体累计发行人民币债券已经超过800亿元。

## 第二节 货币市场的培育与发展

货币市场是一个由同业拆借市场、债券回购市场、票据市场、货币市场基金、黄金市场、短期债券市场、外汇市场、短期信贷市场等多个子市场构成的一年以下短期资金融通市场的总称。改革开放以来,货币市场中的各个子市场不是同步发展的,而是根据社会经济的发展实际逐步发展起来的。市场参与主体不断增多,产品种类日益丰富,交易规模日趋扩大,这期间虽然有过波折,但整体上还是呈现快速发展之势,推动中国社会经济的持续健康发展。

### 一、同业拆借市场

同业拆借市场是调剂商业银行头寸余缺,使金融体系的超额储备得到充分有效运用的场所。同业拆借市场是中国货币市场中发展最早、最快、规模最大的市场。1984年开始起步,1985年"实贷实存"信贷资金管理体制的施行,促进了同业拆借市场的形成。1986年,武汉、广州、西安、沈阳等几个大城市首先建立同业拆借网络,随后,中国同业拆借市场获得较快发展。

1992年至1993年上半年,中国同业拆借市场一度出现混乱的状态,全国同业拆借中介机构达到1170家,违规拆借金额至1993年5月达1500多亿元,严重影响了同业拆借市场的正常经营秩序。为了有序规范同业拆借市场的发展,1993年6月中国人民银行开始整顿同业拆借秩序,展开清收违规拆借资金。经过一段时间的有效治理,基本实现了"四停",即停止新的违章拆借,停止对非金融机构和非银行金融机构的拆借,停止省以下同业拆借中介机构的拆借业务,停止对银行自办经济实体注入资金。① 这样,通过有效规范和整顿,到1996年1月全国统一的同业拆借市场初步建立并运行起来,接着,放开了同业拆借利率的限制,按照市场化利率运作,遵循分业监管体制的要求,资金被禁止流入资本市场,停止了拆借机构的自营业务。1998年,中国人民银行批准各商业银行可以授权其分支机构加入全国同业拆借市场;同年,中国人民银行批准在上海浦东经营人民币业务的外资银行进入全国同业拆借市场。拆借市场的主体也由以国内银行为主,扩展到外资银行机构,以及保险公司、金融资产管理公司、信托公司等非银行金融机构。由此,标志着中国统一开放、竞争有序、严格管理的全国同业拆借市场完全建立起来。

1998年以来,我国同业拆借市场的拆借量呈现出"井喷式"增长,到2008年,成交额已经超过15万亿元。为了进一步发展货币市场、规范同业拆借交易、防范同业拆借风险、维护同业拆借各方当事人的合法权益,中国人民银行在2007年8月制定和颁布了《同业拆借管理办法》。该办法明确了同业拆借市场的准入主体和条件、交易和清算、风险管理、信息披露规则、监督管理和法律责任等领域的规则,大大推进了我国同业拆借市场的制度化建设步伐。2007年以来,受次贷危机等因素的影响,我国同业拆借市场呈现较快发展趋势,到2018年2月,银行间人民币市场以拆借、现券和回购方式合计成交55.41万亿元,日均成交3.26万亿元,日均成交额比上年同期增长22.2%,如表8-12所示。

表8-12 2008年以来我国银行间同业拆借市场日均成交额变化表

| 年　　份 | 年度日均成交额/万亿元 |
| --- | --- |
| 2007 | 0.4088 |

---

① 中国人民银行:《中国人民银行六十年(1948—2008)》,中国金融出版社2008年版第75页。

续表

| 年　份 | 年度日均成交额/万亿元 |
|---|---|
| 2008 | 0.5111 |
| 2009 | 0.6240 |
| 2010 | 0.7180 |
| 2011 | 0.7861 |
| 2012 | 1.06 |
| 2013 | 0.9412 |
| 2014 | 1.21 |
| 2015 | 2.44 |
| 2016 | 3.28 |
| 2017 | 3.18 |

（资料来源：2008年以来历年金融统计数据报告，http://www.pbc.gov.cn/diaochatongjisi/116219/116225/index.html）

我国同业拆借市场的规范化发展，拆借规模的日益扩大，为我国金融市场的稳定及实体经济的较快发展起到了巨大的促进作用。

## 二、债券回购市场

债券回购市场是短期资金融通的重要组成部分，起到连接货币市场与资本市场的作用。伴随改革开放以来国债等债券业务的恢复，中国债券回购市场逐渐发展起来。债券回购业务最早可以追溯到1991年7月，全国证券交易自动报价系统（STAQ）为了提高场外市场债券的流动性，试办债券回购交易业务。之后，分散在全国各地的证券交易中心纷纷推出了债券回购业务。刚开始，开办债券回购业务的主体主要是为了从居民手中争取资金或从商业银行套取资金，摆脱中国人民银行信贷规模的控制，由此推动了债券业务的迅速扩张，1994年回购业务达到了3000亿元的规模。在此背景下，债券回购业务的市场风险不断暴露出来，为此，中国人民银行在1995年8月对债券回购业务进行了整顿，场外回购业务被完全遏制，所有债券回购业务集中到上海证券交易所，由此形成了全国统一的债券回购交易市场。

1995年之后，我国虽然初步确立了金融分业经营的原则，但商业银行依然可以参与交易所债券市场的债券回购业务，以套取资金投资股票市场，这引发了金融的混乱经营局面。对此，我国在1997年再次对债券回购市场进行整顿,强制商业银行撤离证券交易所债券市场,成立全国银行间债券市场,以从事债券交易。这样,在我国就形成了两个相互平行的债券回购市场。与前述债券市场一样,银行间债券回购市场的参与主体最初局限在银行机构,随着业务的扩大,参与主体渐趋拓展到了保险公司、基金等非银行金融机构和非金融企业。同时,债券回购市场的功能呈现出短期化态势,逐步以7天内债券回购业务为主,回归到货币市场的功能之中。通过债券回购业务,参与主体基本实现了流动性管理、获取收益与平衡风险的目的。

在交易所债券回购市场与银行间债券回购市场的相互促进下,我国债券回购业务获得了较大发展,债券回购成交量逐年增加(见表8-13),日益成为我国货币市场上资金融通的一个重要构成部分。

表8-13 中国债券回购成交量变化表　　　　　　　单位:万亿元

| 年　份 | 银行间债券回购成交量 | 交易所债券回购成交量 |
| --- | --- | --- |
| 2000 | 1.58 | — |
| 2001 | 4.01 | — |
| 2002 | 10.19 | — |
| 2003 | 11.72 | — |
| 2004 | 9.44 | 4.41 |
| 2005 | 15.9 | 1.45 |
| 2006 | 26.59 | 1.78 |
| 2007 | 44.8 | 1.83 |
| 2008 | 58.1 | 2.4 |
| 2009 | 70.3 | 3.6 |
| 2010 | 87.6 | 6.59 |
| 2011 | 99.5 | 20 |
| 2012 | 141.7 | 34.6 |
| 2013 | 158.2 | 66 |
| 2014 | 224.4 | 90.72 |
| 2015 | 457.8 | 128.2 |
| 2016 | 601.3 | 233.6 |
| 2017 | 616.4 | 260.2 |

(资料来源:根据2000年以来第四季度货币政策执行报告整理,http://www.pbc.gov.cn/zhengcehuobisi/125207/125227/index.html)

由表 8-13 可知,我国债券回购市场中的两个平行市场的交易量存在很大差异,银行间债券回购市场一直占据债券回购市场的主体地位,交易所债券回购市场从 2011 年以来才获得了较快发展,到 2017 年,已经占据债券回购交易量的近 1/3。两者共同推进我国债券回购市场业务的发展。

### 三、票据市场

票据市场是短期资金融通的重要场所,随着社会经济的发展,其融资功能在金融市场中的作用日益凸显,成为货币市场的一个重要组成部分。新中国成立初期,通过社会主义改造运动,旧中国时期已有较大发展程度的票据市场完全被中断,之后我国长期陷入无票据市场的格局。

改革开放之后,随着商业信用的逐步恢复和发展,我国以商业票据为基础的票据承兑贴现市场才逐步发展起来。1981 年,中国在上海杨浦区和黄浦区两个区的银行办事处合作试办同城商业承兑票据贴现业务;徐汇区办事处与安徽天长县支行试办了跨省区银行承兑汇票贴现业务。1982 年中国人民银行对《关于恢复票据承兑、贴现业务的请示报告》的批复,进一步扩大了票据贴现业务;1984 年中国人民银行制定的《商业汇票承兑、贴现暂行办法》,则把汇票贴现、承兑业务推广到全国。之后,受市场主体行为不规范等因素影响,一些不法分子、银行和少数企业利用商业票据承兑、贴现套取或诈骗资金的行为时有发生,为此,中国人民银行停办了刚刚形成的票据承兑、贴现市场。1993 年 5 月,中国人民银行颁布了《商业汇票办法》,对票据市场进行了制度性改革。随后,在中国人民银行逐步解决票据市场上的结算等问题之后,票据贴现、再贴现在调整中才得到了一定程度的发展。

1995 年 5 月,全国人大常委会发布了《中华人民共和国票据法》(以下简称《票据法》),1996 年 1 月 1 日正式实施。《票据法》规范了票据的内涵,明确了票据主要是指汇票、本票和支票,大大推进了票据承兑和贴现市场的发展。1997 年,中国人民银行相继颁布《票据管理实施办法》、《对国有独资商业银行总行开办再贴现暂行办法》、《商业汇票承兑、贴现与再贴现管理办法》;1998 年,中国人民银行发布了《关于改进和完善再贴现业务管理的通知》。这些法律法规的出台规范了我国票据市场的发展,同时,还推进了上海、天津、重庆、大连、南京等金融机构集中、金融发达和辐射力强的一批中心城市票据市场的建设和发展,促进了中国票据市场的区域市场的形成。

2000年，中国首家票据专营机构——中国工商银行票据营业部在上海设立，标志着中国商业银行票据业务进入专业化、规模化和规范化发展时期，票据市场呈现出快速发展趋势。此后，中国银行、中国建设银行也先后设立了"票据中心"、"票据贴现窗口"，展开票据交易活动。2003年6月，中国正式推出中国票据网，作为全国统一的服务平台，为全国票据市场的发展奠定了必要的条件。同年11月，由中国工商银行编制的"工银票据价格指数"正式发布，从而大大推进了我国票据市场的集中交易。2005年7月，中国证监会批准全国第二家票据专营机构——中国农业银行票据营业部在上海正式运营，推动了我国票据市场专营机构的建设。9月，为了进一步规范交易性票据的运作和加强风险管理，《中国人民银行关于完善票据业务制度有关问题的通知》正式发布，促进了我国票据的流通。2006年11月，中国人民银行发布了《关于促进商业承兑汇票业务发展的指导意见》，激励了我国票据业务的创新。2007年6月，中国人民银行将支票影像交换系统推向全国，使我国票据市场的发展进入了一个相对稳健发展的阶段。在此期间，我国票据业务获得了较快发展，交易规模逐年增加，如图8-1所示。

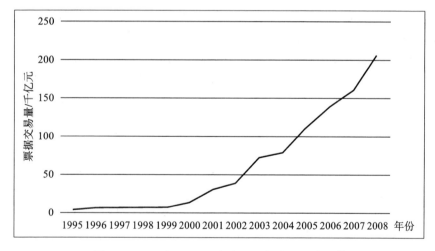

**图8-1　1995年至2008年中国票据交易量变化**[①]

票据市场业务的快速发展，亟须加强信息互通、提升业务经营效率。2009年10月，中国人民银行建设和管理的电子商业汇票系统正式投入运

---

① 根据中国人民银行官网相关数据制作而成。

行,由此标志着我国票据市场进入了电子化阶段。之后,受宽松的货币政策运行环境的影响,票据业务有了较大幅度的增加。2013年,我国经济增长放缓,开始由高速向高质量发展过渡,资金呈现"脱实向虚"的变化。在经济稳增长、调结构和防范金融风险的前提下,中国加强了对票据市场上票据的发行、贴现和再贴现等业务活动的制度化管理。

2015年12月,中国银监会办公厅发布了《关于票据业务风险提示的通知》,明确列举了七大违规问题和两项禁止事项。2016年4月,中国人民银行、中国银监会联合发布了《关于加强票据业务监管 促进票据市场健康发展的通知》,严格规范同业账户管理,有效防范和控制票据业务风险,促进票据市场健康有序发展。2016年9月,中国人民银行发布了《关于规范和促进电子商业汇票业务发展的通知》,分期促进电子商业汇票业务的规范化发展。2016年11月,中国人民银行办公厅发布了《关于做好票据交易平台接入准备工作的通知》,规范了票据交易平台的分期内容及测试安排。2016年12月,中国人民银行发布了《票据交易管理办法》,明确了票据交易规则,为商业银行规范票据业务发展提供了契机,逐步形成了以法人为参与主体的集约化市场组织形式,提升了市场参与者的风险控制能力,促进了票据市场的健康发展。

2016年12月,上海票据交易所正式开业,开创了中国票据市场标准化场内交易的新时代,由此中国票据业务开始进入全面电子化、参与主体多元化、交易集中化的新阶段,这将对中国票据市场、货币市场乃至整个金融市场的发展产生深远的影响。票据交易所成立之后,集中发布了《上海票据交易所票据交易规则》、《上海票据交易所纸质商业汇票业务操作规程》、《上海票据交易所票据登记托管清算结算业务规则》等一系列规则,以规范票据交易行为。

在相对宽松的货币政策和票据交易日益规范的条件下,我国票据市场业务获得平稳、持续的发展,但票据发行和贴息数额在2015年达到顶峰之后,逐步回落,如表8-14所示。

表8-14 2009年至2017年中国票据发行、贴现情况　　单位:万亿元

| 年　份 | 累计签发商业汇票金额 | 累计贴现金额 |
|---|---|---|
| 2009 | 10.3 | 23.2 |
| 2010 | 12.2 | 26.9 |
| 2011 | 15.1 | 25.0 |
| 2012 | 17.9 | 31.6 |

续表

| 年　份 | 累计签发商业汇票金额 | 累计贴现金额 |
|---|---|---|
| 2013 | 20.3 | 45.7 |
| 2014 | 22.1 | 60.7 |
| 2015 | 22.4 | 102.1 |
| 2016 | 18.1 | 84.5 |
| 2017 | 17.0 | 40.3 |

（资料来源：根据2009年以来历年第四季度货币政策执行报告整理，http://www.pbc.gov.cn/zhengcehuobisi/125207/125227/index.html）

### 四、货币市场基金

与欧美等发达国家相比，我国的货币市场基金（MMF）属于货币市场上的一个新兴事物，在欧美货币市场基金发展30多年之后才出现。2002年年末，我国基金公司开始谋求向市场推出货币市场基金。2003年3月，招商基金尝试将货币市场基金隐藏在它的安泰系列基金下，准备向市场推出。然而，它们的首次活动并没有获得中国证监会的批准。随后，招商基金、华安基金和博时基金在经过半年时间的精心准备之后，于2003年12月得到了中国证监会的认可，它们的产品相继被推向了市场（见表8-15），由此标志着我国货币市场基金的正式产生。

表8-15　中国首批货币市场基金的发行

| 基 金 公 司 | 货币市场基金名称 | 推向市场时间 |
|---|---|---|
| 华安基金公司 | 华安现金富利投资基金 | 2003年12月14日 |
| 招商基金管理公司 | 招商现金增值基金 | 2003年12月15日 |
| 博时基金公司 | 博时现金收益基金 | 2003年12月16日 |

从首批货币市场基金的发行来看，它们均受到了当时政策的约束，而不是直接以货币市场基金来命名，都是以现金基金来发行的，仍属于货币市场基金萌芽阶段的产物。之后，长信、泰信、华夏、南方等4家基金管理公司也相继向市场推出它们的货币市场基金品种。至此，我国已经有7家基金管理公司发行了7只货币市场基金产品，但它们都是没有正式以货币市场基金命名的产品，是我国准货币市场基金发展的阶段产物。

2004年8月，中国证监会和中国人民银行联合颁布了《货币市场基金管理暂行规定》。该规定是我国首个货币市场基金的管理法规，规范了货币市场基金的名称、投资品种和剩余期限等相关内容,推动我国货币市场基金进入了正式发展阶段,大大促进了货币市场基金的发展。同年第四季度,诺安基金管理公司按照《货币市场基金管理暂行规定》,在我国货币市场上发行了首只以"货币市场基金"命名的基金产品。之后,银河、海富通基金管理公司分别推出了银河银富货币市场基金、海富通货币市场基金,由此使我国货币市场基金进入较快发展的阶段,2003年以来我国货币市场基金总额变化如表8-16所示。

表8-16　2003年以来我国货币市场基金总额变化概况　　单位:亿元

| 年　份 | 货币市场基金总额 |
| --- | --- |
| 2003 | 3.31 |
| 2004 | 610.82 |
| 2005 | 1867.90 |
| 2006 | 794.88 |
| 2007 | 1110.46 |
| 2008 | 3891.74 |
| 2009 | 1643.25 |

之后,货币市场基金的品种和管理公司数量日益增多、发行规模不断扩大。为了规范货币市场基金业务等的发展,中国证监会于2005年3月陆续发布了《货币市场基金信息披露特别规定》、《关于货币市场基金投资等相关问题的通知》、《关于进一步拓宽货币市场基金投资范围有关问题征求意见的通知》、《关于货币市场基金投资短期融资券有关问题的通知》、《关于货币市场基金投资银行存款有关问题的通知》等一系列法规,大大促进了货币市场基金业务和各家基金管理公司运作的规范化、法制化发展,更好地保护了货币市场基金投资者的合法权益。

随着我国社会经济的快速发展,货币市场基金管理机构顺应这一趋势,在不断加强制度化建设的同时,放宽货币市场基金的运作空间。2011年起,我国监管部门取消了货币市场基金投资协议存款不得高于30%的上限规定,货币市场基金的收益率持续高于同期1年定期存款利率。2013年,随着我国经济进入新常态,特别是余额宝与天弘基金联手以后,货币市场基金得到了爆发式发展,其创新产品层出不穷,极大地丰富了我国货币市场基金的品种,成为广大民众理财的一个重要渠道。为了规范货币市场基金的运作行为、抑制创新中的风险,2015年12月,中国证监会联合中国人民银行共同通过了《货币市场基金管理办法》,规范货币市场基金的募集、运作及相关活动,保护投资人及相关当事人的合法权益,极大地推进了货币市场基金的发展。

随着我国对货币市场基金管理的日益规范,货币市场基金不但逐步发展成为我国证券市场上的重要机构投资者、投资力量和投资者的重要投资工具,日益成为稳定股市的重要力量,而且货币市场基金发行总额呈现出逐年上升趋势,货币市场基金品种日益增加,到 2017 年时达到了 587 只。货币市场基金在我国实体经济的发展中起到了越来越重要的作用。

### 五、黄金市场

新中国成立之后,我国长期对黄金流通施行严格管制,禁止民间买卖金银。黄金开采企业必须将黄金全部交售给中国人民银行,中国人民银行再将黄金配售给用金单位。1983 年 6 月,国务院颁布了《中华人民共和国金银管理条例》,继续"对金银实行统一管理、统购统配的政策","在中华人民共和国境内,一切单位和个人不得计价使用金银,禁止私相买卖和借贷抵押金银","金银的收购,统一由中国人民银行办理。除经中国人民银行许可、委托的以外,任何单位和个人不得收购金银"。随着中国经济的快速发展,对黄金需求量日益扩大,仍然采取计划管制的方式已经难以适应新形势的需要,到 2000 年 8 月,中国人民银行上海分行批准上海老凤祥型材礼品公司经营旧金饰品收兑业务,上海老凤祥型材礼品公司成为我国首家试点黄金自由兑换业务的商业企业,由此拉开了黄金市场化发展的序幕。

在"十五"计划中,中国政府明确了建立黄金市场的目标。2001 年,中国人民银行正式宣布取消黄金"统购统配"的计划管理体制,黄金市场交易开始步入了市场化轨道。2002 年 10 月,上海黄金交易所开业,标志着中国黄金市场走向了全面开放的局面。黄金交易所采取会员制,其参与者经过近 20 年的发展已经由最初的银行机构和黄金等贵金属及其制品的生产经营企业法人扩展到金融类会员、外资会员、综合类会员和自营类会员;交易所也发展成为全球黄金现货交易量最大的有形市场,交易产品种类涵盖了黄金白银的现货、期货及各类衍生品。与此同时,商业银行的柜台黄金市场和上海期货交易所的黄金期货市场渐渐发展起来。2003 年,中国银行在上海试点以"黄金宝"为名称的"纸黄金"买卖,之后很快扩大到其他大型商业银行。柜台黄金市场主要从事黄金信贷、黄金管理和黄金投资等业务,目前已经渗入中国人民银行规定的各类黄金业务。2008 年 1 月,上海期货市场正式开始黄金期货的合约买卖,由此大大推进了黄金市场的深化发展。2009年以来,我国黄金交易量在波动中快速增加,黄金交易价格变化幅度较大,具体如表8-17所示。

表8-17 我国黄金市场的累计交易量和年度加权平均价格变化

| 年 份 | 累计交易量/万吨 | 年度加权平均价格/(元/克) |
| --- | --- | --- |
| 2009 | 0.47 | 215 |
| 2010 | 0.61 | 265.8 |
| 2011 | 0.74 | 327.5 |
| 2012 | 0.64 | 339.81 |
| 2013 | 1.16 | 278.6 |
| 2014 | 1.85 | 249.51 |
| 2015 | 3.41 | 222.86 |
| 2016 | 4.87 | 263.9 |
| 2017 | 5.43 | 273 |

(资料来源:根据2009年以来历年第四季度货币政策执行报告整理,http://www.pbc.gov.cn/zhengcehuobisi/125207/125227/index.html)

伴随我国黄金市场的日益形成和发展,中国政府积极推动交易市场、交易机制的深化发展,强化黄金交易的规范建设。2010年中国人民银行联合发改委、中国银监会等单位联合发布了《关于促进黄金市场发展的若干意见》,对于促进黄金市场的发展、加强黄金市场监管和保护投资者利益起到了积极作用。2011年,国际黄金价格快速上涨,使我国黄金市场风险增加,为此,中国人民银行加强了对黄金交易的管理,颁布了《上海黄金交易所业务监督管理规则》;同时,联合多个政府部门共同发布《关于加强黄金交易所或从事黄金业务交易平台管理的通知》,对非法黄金交易和黄金衍生品交易平台加以清理整顿,确保了我国黄金市场的稳定发展。中国政府在2012年推出了银行间黄金询价交易,明显起到了提升黄金市场的流动性、完善黄金市场交易机制和进一步深化市场功能的作用。之后,在银行间黄金询价交易中,中国相继推出了黄金远期、掉期等交易品种,为市场参与者提供了更加多元化的风险管理工具;而上海黄金交易所则延长了交易时间,实行了周五夜市交易。2014年,上海黄金交易所建立做市商制度,推出黄金询价期权业务,扩大市场参与主体,并在上海自贸区内设立国际业务板块,稳步推进黄金市场的国际化进程。2016年,中国规范了银行机构账户黄金业务,施行黄金人民币集中定价交易机制,进一步完善了人民币黄金市场的价格形成机制,促进了黄金市场业务的平稳快速发展。

# 第九章
## 外汇管理体制变革和外汇市场的发展

改革开放以来,伴随中国社会经济的快速发展,原有的外汇管理体制已经无法适应新的社会经济形势需求。中国政府顺应经济发展的趋势,把外汇管理机构从中国人民银行中分离出来,设立外汇管理局,外汇管理也由政府干预为主向市场调节转化。在此期间,中国外汇市场渐趋形成,与金融市场中的其他市场主体之间形成了一个良性互动,共同推动中国外贸、投资等经济领域的健康可持续发展。

## 第一节 外汇管理体制变革

中国外汇管理体制的变革发端于国家外汇管理局的设立,然后根据外汇需求程度渐趋推进相关管理机制的改革,以此适应社会经济体制的改革和发展。到2019年,中国已经形成了一个以国家外汇管理局为主体的多元化管理机制,能及时依据国内外经济环境的变化,迅速做出适合中国社会经济发展和国际经济形势变化的外汇决策。

### 一、外汇管理专门机构的沿革

改革开放之前,中国的外汇管理依托于附设在中国人民银行下的中国银行,除了侨汇、中国银行分设在国外的分支机构仍在从事的外汇活动,其他外汇管理工作遭遇巨大挫折,外汇数量日益萎缩,到1978年时全国外汇储备才1.67亿美元,完全无法适应社会经济发展的需求。在此背景下,中央政府及时调整外汇管理政策,鼓励开展旅游活动以吸收外汇,同时在1979年3月设立国家外汇管理局,与中国银行合署办公,并由中国银行代管。国家外汇管理局的设立拉开了中国外汇管理体制改革的序幕,使中国的外汇管理开始步入正常化轨道。之后,根据社会经济形势的变化和对外汇需求程度,中国政府不断调整外汇管理机构的主体和权限。改革开放以来,外汇管理机构变迁情况如表9-1所示。

表9-1 改革开放以来外汇管理机构变迁表

| 时间 | 机构沿革 | 管理机构 |
| --- | --- | --- |
| 1979年3月 | 国家外汇管理局设立 | 国家外汇管理局与中国银行合署办公,中国银行代管 |
| 1982年8月 | 国家外汇管理局与中国银行分开 | 中国人民银行代管 |
| 1983年9月 | 国家外汇管理局 | 在中国人民银行领导下行使外汇管理职能 |
| 1988年6月 | 国家外汇管理局为国务院直属的局级机构 | 中国人民银行代管 |
| 1989年12月 | 国家外汇管理局升格为副部级 | 由中国人民银行归口管理;国家外汇管理局分支机构与中国人民银行所在地分支机构合署办公 |

1982年8月,国家外汇管理局与中国银行分开,划归中国人民银行代管,它的外汇管理职能得到加强。1988年6月,国家外汇管理局尽管仍由中国人民银行代管,但其权限已上升为国务院直属的局级机构;1989年12月,国家外汇管理局升格为副部级,归口中国人民银行管理,外汇管理局分支机构与中国人民银行分布在全国各地的分支机构合署办公。由此至2017年,国家外汇管理局均直属国务院,业务上归中国人民银行管理,但不是其附属机构。外汇管理局负责人一般由中国人民银行副行长兼任。国家外汇管理局历任局长如表9-2所示。

表9-2 国家外汇管理局历任局长

| 姓名 | 任职时间 |
| --- | --- |
| 卜明 | 1979—1982.5 |
| 唐赓尧 | 1988—1990.12 |
| 殷介炎 | 1990.12—1994.1 |
| 朱小华 | 1994.1—1995.9 |

续表

| 姓　　名 | 任 职 时 间 |
| --- | --- |
| 周小川 | 1995.9—1998.4 |
| 吴晓灵 | 1998.4—1998.10 |
| 李福祥 | 1998.10—2000.5 |
| 吴晓灵 | 2000.5—2001.4 |
| 郭树清 | 2001.4—2003.3 |
| 胡晓炼 | 2003.3—2009.7 |
| 易纲 | 2009.7—2016.1 |
| 潘功胜 | 2016.1 至今 |

国家外汇管理局内设综合司（政策法规司）、国际收支司、经常项目管理司、资本项目管理司、管理检查司、储备管理司、人事司（内审司）、科技司等8个职能司（室）和机关党委，并设置中央外汇业务中心、外汇业务数据监测中心、机关服务中心、《中国外汇管理》杂志社等4个事业单位。国家外汇管理局在各省、自治区、直辖市、部分副省级城市设立分局（外汇管理部），在部分地（市）设立中心支局，在部分县（市）设立支局。这些机构与中国人民银行所在地的机构合署办公。由此，在全国范围内形成了一套自上而下的垂直管理机构，其职能则随着社会经济发展的变化而做出了相应的调整，至2018年，国家外汇管理局的基本职能主要有如下10项：①研究提出外汇管理体制改革和防范国际收支风险、促进国际收支平衡的政策建议；研究逐步推进人民币资本项目可兑换、培育和发展外汇市场的政策措施，向中国人民银行提供制订人民币汇率政策的建议和依据。②参与起草外汇管理有关法律法规和部门规章草案，发布与履行职责有关的规范性文件。③负责国际收支、对外债权债务的统计和监测，按规定发布相关信息，承担跨境资金流动监测的有关工作。④负责全国外汇市场的监督管理工作；承担结售汇业务监督管理的责任；培育和发展外汇市场。⑤负责依法监督检查经常项目外汇收支的真实性、合法性；负责依法实施资本项目外汇管理，并根据人民币资本项目可兑换进程不断完善管理工作；规范境内外外汇账户管理。⑥负责依法实施外汇监督检查，对违反外汇管理的行为进行处罚。⑦承担国家外汇储备、黄金储备和其他外汇资产经营管理的责任。⑧拟订外汇管理信息化发展规划和标准、规范并组织实施，依法与相关管理部门实施监管信息共享。⑨参与有关国际金融活动。⑩承办国务

院及中国人民银行交办的其他事宜。"

## 二、外汇管理体制的变革

正如前文所述,中国在"管资金"时期,采取的是单一汇率体制。在这期间,国家借助"以收定支、以出定进"的指令性计划与行政办法来维持外汇收支平衡,所有的外汇收入必须售卖给国家,用汇实行计划分配;对外基本不举借外债,不接受外国来华投资;人民币汇率仅作为核算工具,中国也就没有外汇市场。改革开放后,根据社会经济发展和经济体制改革的根本要求,中国在1979年8月决定进行外汇体制改革。之后,中国的外汇管理体制基本沿着逐步缩小指令性计划、不断培育和增强市场机制在外汇资源配置中的基础性作用的方向转变。经过40多年的努力,中国已经初步建立起一个适应社会主义市场经济要求的外汇管理体制。在此期间,中国的外汇管理体制大致经历了如下一些阶段。

### (一)计划与市场并存的双重汇率管理体制

改革开放之后,随着外贸体制的改革,为调动出口企业创汇的积极性,确保有限的外汇资源集中用于国民经济建设,1979年8月13日,国务院颁发了《关于大力发展对外贸易增加外汇收入若干问题的规定》。该规定明确了我国实行外汇留成制度,并以此为依据,制定和颁布了《出口商品外汇留成试行办法》。这样,从1979年开始施行外汇留成办法,在外汇由国家集中管理、统一平衡、保证重点适用的同时,推行贸易外汇和非贸易外汇留成办法。这种给创汇企业适当留成一定比例外汇,且允许持有留成外汇的单位把多余的外汇额度转让给缺汇单位的做法,大大提高了创汇企业的积极性,促进了对外贸易的较快发展。在此条件下,在我国初始形成的外汇市场上就存在一个由官方汇率与调剂市场汇率共存的双重汇率制度。为此,国家除了公布人民币汇率官方牌价外,还必须制定贸易内部结算价,满足进出口贸易及从属费用的结算需要。这样,在我国事实上就形成了一个双重汇率体制。直到1985年1月1日我国正式取消贸易内部结算价为止,官方汇率与贸易外汇结算价并存才开始向官方汇率与调剂市场汇率并存转化。

双重汇率制起到了促进企业出口创汇、外商投资企业的外汇收支平衡和中央银行调节货币流通的积极作用。1992年年初,为了满足对外开放过程中边境地区对人民币结算的需求,我国批准黑河等13个边境开放城市开展小额边境贸易结算活动。随着改革开放的不断深入,官方汇率与外汇调剂价格并存的人民币汇率双轨制的弊端逐渐暴露出来。多种汇率并存,造成了外汇调剂市场秩序的混乱,助长了投机之风,而长期外汇黑市的存在极不利于人民币汇率的稳定和人民币的信誉,亟须对其加以改革和调整,以适应社会经济的进一步发展需求。

(二)初步确立市场导向的外汇管理体制

1993年11月公布的《中共中央关于建立社会主义市场经济体制若干问题的决定》明确提出了"改革外汇管理体制,建立以市场供求为基础的浮动汇率制度和统一规范的外汇市场,逐步使人民币成为可兑换货币"。同年12月28日,中国人民银行发表《关于进一步改革外汇管理体制的公告》,规定人民币官方汇率与调剂汇率自1994年1月1日起合并。1994年年初,国家对外汇体制进行了重大改革,取消了外汇留成制度,实行银行结售汇制度,实行以市场供求为基础的、单一的、有管理的浮动汇率制度,建立统一规范的外汇市场。人民币汇率制度成功并轨后,中国人民银行确定了1美元兑换8.7元人民币的外汇汇率。此后,进一步改进外汇管理体制,1996年全部取消了对所有经常性国际支付和转移的限制,完全实现人民币经常项目可兑换。同年,颁布和实施了《中华人民共和国外汇管理条例》,从法律上明确了中国外汇管理的基本原则和制度,对金融机构从事外汇业务做了具体的规范。1997年,亚洲金融危机爆发,中国从自身和国际经济形势出发,做出了人民币汇率不贬值的承诺,并以负责任的大国立场坚守这一承诺,为亚洲国家从危机中走出创造了良好的社会经济环境和秩序。

亚洲金融危机肆虐之际,中国政府不但坚定保证人民币汇率制度的稳定,缓慢推进汇率制度的改革,而且还与周边国家建立了货币互换机制,以帮助它们共同应对危机,在必要时,为它们提供相应的外汇支持。1997年11月,我国召开了第一次全国金融工作会议,加强了金融领域里的顶层设计,改变了过去相对零散、短时的金融调控行为,强化了金融风险防范,防止外部货币的投机性攻击。在外汇制度上,采取了"盯住单一货币的固定汇率制",有效防范了外部货币的影响,并给予香港金融管理局全力支持,成功阻击了以索罗斯为主导的国际游资的多次投机性攻击,平稳度过了亚洲金融危机。通过此次外汇市场机制的运作,我国在外汇市场上树立了良好的国际形象,赢得了国际社会的广泛赞誉,为之后我国外汇管理体制等的改革铺垫了良好的基础。

（三）渐趋确立市场化的外汇管理体制

自 2001 年年底加入 WTO，我国快速融入全球经济，对外开放进一步扩大，国际收支持续大额顺差，外汇储备迅速增大，外汇占款比例大幅上升，给中国人民银行带来越来越大的冲销外汇占款的压力，贸易摩擦逐年增多。在此背景下，我国顺应新形势的挑战，把外汇管理体制的改革向纵深推进，有力促进了贸易投资的便利化，稳步推进资本项目的对外开放步伐，加强跨境资金流动管理，健全国际收支统计监测，完善外汇储备的经营管理。2001 年，中国人民银行明确以外汇储备经营规范化、专业化和国际化为改革目标，建立投资基准经营管理模式和风险管理框架，完善大规模外汇储备经营管理的体制机制，逐步淡化亚洲金融危机期间施行的"盯住单一货币的固定汇率制度"。2002 年，我国允许越南等周边国家用本币与人民币进行边境贸易结算；2004 年，我国在港澳地区正式开办了跨境人民币业务。

2005 年 7 月 21 日，中国人民银行发布完善人民币汇率市场形成机制改革公告，宣布我国开始实行以市场供求为基础、参考"一篮子货币"进行调节、有管理的浮动汇率制度。人民币汇率不再盯住单一美元，汇率形成机制更加灵活。这样，人民币汇率双向浮动，弹性增强，与国际上主要货币之间汇率的联动关系更加明显。之后，我国按照主动性、可控性和渐进性原则，不断完善有管理的浮动汇率制度。根据这一制度，外汇交易中心每天公布人民币兑美元、日元、欧元和港元的中间价。

在以市场为基础的汇率形成机制下，企业、个人持有和使用外汇更加便利。在外汇管理上，我国逐步放弃强制结售汇制，施行意愿结售汇制度。伴随银行间外汇头寸的渐趋宽松，外汇管理方式渐趋由"宽进严出"向"宽出严进"转变，逐步建立起资本流动双向均衡管理的制度框架。2008 年 8 月，国务院颁布了新修订的《中华人民共和国外汇管理条例》，正式确立了均衡监管思路，在行政法规层面上明确取消了强制结售汇制度，强化了对跨境资本流动的监测。2008 年，美国次贷危机引发全球金融危机，我国及时启动危机应急机制，努力做好国际收支逆转的应急预案，主动防范金融风险，确保外汇储备资产的总体安全，顶住了来自国际金融危机的强烈冲击。在此情况下，中国人民银行时任行长周小川提议改革现行的国际货币体系，用特别提款权（SDR）来替代主权国家发行的货币。这一想法尽管在当前不太现实，但也让人理解了 20 世纪 70 年代初构建的美元体系的危害，必须对此体系加以改进。在此背景下，我国政府推进了双边或多边货币互换,以减少对美元的依赖,稳定人民币汇率制度。

2009年以来,针对跨境资金流向日益复杂、规模不断增大、市场主体便利化需求快速增长的状况,进一步规范了个人结售汇制度,修订《银行执行外汇管理规定情况考核办法》,提高银行外汇合规性管理。同时,我国加快了外汇管理制度理念和方式的转变,改革,提出"五个转变",即从重审批转变为重监测分析、从重事前监管转变为强调事后管理、从重行为管理转变为更加强调主体管理、从"有罪假设"转变到"无罪假设"、从"正面清单"(法无明文授权不可为)转变到"负面清单"(法无明文禁止即可为)。经过一段时间的准备和推进,外汇管理制度理念与方式的转变已经取得了巨大进展。2012年,人民币的使用扩展到跨境直接投资领域;2013年,推进外汇便利化制度改革,支持跨境电子商务和互联网金融发展,在上海等5个地区开展跨境电子商务外汇支付试点;稳步推进人民币资本项目可兑换,提升资金跨境配置效率。2016年,中国人民银行搭建了外汇业务银行自律平台,有效地组织了14家核心成员银行签署《银行外汇业务展业公约》,顺利完成全国外汇市场自律机制省级层面的建设,完善了外汇政策传导机制。2016年年底以来,面对外汇储备的大幅下降态势,外汇管理局和中国人民银行不断加强对外汇的管理,到2018年年初初步扭转了外汇外流的趋势,稳定了外汇储备,为应对防范金融风险等打下了必要的经济基础。3月23日,美国总统特朗普签署对华600亿美元的贸易征税文件,加大了贸易战的风险,给我国汇率制度带来较大的冲击。7月,美国正式对中国340亿美元商品加征25%的关税,由此开启了贸易战,给我国的外汇体制带来巨大冲击。为此,我国一方面加强外汇管理制度建设,防范汇率风险;另一方面继续深入推进外汇领域的开放步伐,渐次放开资本项目。

## 第二节 外汇市场的形成与发展

改革开放前,中国的外汇交易受到国家严格的管理和控制,不存在实质性的外汇市场。汇率根据不同时期社会经济发展需求而呈现出三个不同的阶段,即在1952年前为单一的浮动汇率制,1953年到1972年为单一的固定汇率制,1973年到1980年为以"一篮子货币"为基础计算的单一浮动汇率制。改革开放以来,伴随中国社会经济的快速发展,原先相对单一的汇率制度已经无法适应新的社会经济形势的需求,中国政府顺应这一形势,推动了汇率制度的改革,促进外汇市场的渐趋形成并日臻完善,以迎合外贸、投资等领域的多样化需求。外汇市场的交易品种、参与主体日益多元化,共同推进我国外汇市场的发展和繁荣。

## 一、外汇市场的演进

1973年,美国终止了美元与黄金之间的固定比价,国际外汇市场逐渐形成,至今已经成为世界上最大的金融交易市场。我国的外汇市场是伴随改革开放的步伐而逐步发展起来的,先后经历了一个由官方控制的外汇调配向双重调剂市场、统一的外汇市场转变的复杂过程。经过40多年的发展,我国外汇市场的市场化趋向日益明显。

(一) 外汇调剂市场的形成与发展

随着统收统支的外汇管理制度向双重外汇制度的转换,我国在1980年10月制定和颁布了《调剂外汇暂行计划》。根据该计划,中国银行从1980年10月开始尝试在北京、上海等12个沿海开放城市开展外汇调剂业务,允许国营和集体企事业单位留成的外汇额度参与调剂,有偿使用外汇调剂使用权,由此标志着我国外汇调剂市场的初步形成。1985年11月,深圳经济特区成立了第一家外汇调剂中心。随后,全国各地先后成立外汇调剂中心以负责办理本地区中资企业和三资企业的额度及现汇调剂。之后,引入了公平竞价的市场模式,使外汇调剂市场更加规范和透明。随着1985年外汇调剂量的大幅增长,外汇调剂价格呈现出一定程度的变化。"……1985年以后的外汇调剂价格才可称做是另一种真正的'汇率',官方汇率与外汇调剂价格并存的双重汇率制正式形成。"[①]

1986年,中国外汇调剂业务由中国银行转到外汇管理局办理,这开启了我国外汇调剂市场发展的新阶段。10月,国务院制定和颁布了《关于鼓励外商投资的规定》,允许外商投资企业在经济特区和沿海开放口岸城市参与外汇调剂业务,但不能参与国营和集体企事业单位的外汇调剂业务。同时,外汇管理局提高了外汇调剂价格,外商投资企业在经济特区和海南地区的外汇调剂可以由买卖双方自由议价。随着外汇调剂业务量的增加,外汇调剂区域扩展到了省、自治区、直辖市及计划单列市。

1988年3月,外汇管理局制定和颁布了《关于外汇调剂的规定》,有效地促进了外汇调剂业务的发展。为适应这一趋势,外汇管理局在北京设立了一个全国外汇调剂中心,办理各省市之间和中央各部门之间的外汇调剂

---

① 易纲:《中国金融改革思考录》,商务印书馆2009年第218页。

业务,这标志着我国形成了一个全国统一的外汇调剂市场。1988年9月,上海外汇调剂中心成立,它是我国首家公开的外汇调剂市场。之后,福州、深圳、厦门、北京、南京相继成立了公开的外汇调剂市场。到1993年年底,全国共建立了108个外汇调剂中心和18个外汇调剂市场,从而大大推进了我国外汇调剂市场的发展,外汇交易量有了大幅上升(见表9-3),并为汇率并轨奠定了良好基础。

表9-3　1988—1993年全国外汇交易量概况

| 年　份 | 外汇交易量/亿美元 |
| --- | --- |
| 1988 | 62.6 |
| 1989 | 85.7 |
| 1990 | 131.6 |
| 1991 | 204.5 |
| 1992 | 251.0 |
| 1993 | 237.6 |

(资料来源:祁群《中国货币市场的发展与创新》,法律出版社2012年版)

以美元衡量的外汇交易量逐年增加的同时,我国美元兑人民币汇率的变动也呈现出贬值趋势,如图9-1所示。

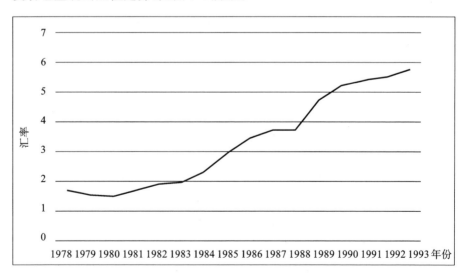

图9-1　1978年至1993年我国美元兑人民币汇率变动态势

## 第九章　外汇管理体制变革和外汇市场的发展

（二）统一外汇市场的建立和发展

为了适应建立社会主义市场经济目标的要求，从1994年开始我国加快了外汇市场的改革和建设。在1994年人民币官方汇率与调剂汇率并轨后，以1993年12月31日18家外汇公开市场的加权平均价确定，即1美元兑8.7元人民币，由此标志着我国统一的银行间外汇交易市场的正式运行。1994年4月，外汇交易中心正式运行，它借助计算机与分散在全国各地的分中心和调剂中心联网交易，外汇指定银行通过指派外汇交易中心认可的交易员，在指定的外汇交易中心从事交易活动。企业、个人按规定向具备外汇交易资格的银行买卖外汇，银行进入银行间外汇市场进行交易，以此形成市场汇率。同时，外汇市场交易主体不断根据业务发展需求而扩充，1994年，还只允许中资企业事业、机关和团体到银行结汇，到1996年6月，中国人民银行颁布《结汇、售汇及付汇管理规定》，明确把外商投资企业纳入银行间结售汇体系之中。统一的银行间外汇市场的发展，不但为中国人民银行在必要时干预外汇市场搭建了平台，而且为外汇体制的改革提供了市场调整的基础。这样，中央银行根据我国经济发展的实际设定了一定的汇率浮动范围，通过调控市场达到保持人民币汇率稳定的目标。在1997年亚洲金融危机的冲击下，我国重新采取了"盯住单一货币的固定汇率制"，有效防范了外部货币的冲击，平稳度过了区域性货币危机。2001年我国正式加入WTO，我国外汇交易中心加快了技术创新和与国际接轨的步伐，到2003年，外汇交易中心已经发展成为我国外汇市场上的"交易、信息和监管"综合服务平台。

经过外汇市场的一系列改革和调整，从1994年汇率并轨到2005年，在中国外汇市场上美元兑人民币基本维持稳定状态，如图9-2所示。

2005年7月21日，中国人民银行推进了人民币汇率形成机制的市场化改革，由盯住单一美元政策变为以市场供求为基础、参考"一篮子货币"进行调节、有管理的浮动汇率政策，允许汇率小幅波动。汇改当天，美元兑人民币的汇率就上升了1.9%，由8.27元升到8.11元。同年年底，我国外汇交易中心采取"路透交易系统"作为新一代外汇电子交易系统，由此促进了银行间外汇市场的发展，大大提高了我国外汇市场的透明度和效率，进一步完善了人民币汇率的形成机制。2006年年底，伴随我国外汇储备的快速上升，中国人民银行提出了"藏汇于民"的重大政策，有力地推进了人民币汇率朝自由兑换的方向发展。2007年1月11日，人民币兑美元突破了7.80的关口，自1994年以来首次超过港元。与此同时，一些非美元货币被

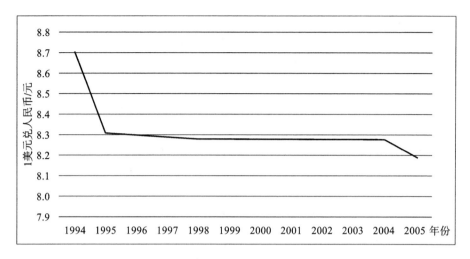

图 9-2 1994—2005 年 1 美元兑人民币中间价的变化趋势

纳入人民币汇率篮子,鼓励"由民用汇"。2007 年 1 月,韩元被纳入,欧元的权重大幅上升,到 2008 年 5 月,欧元权重达到了几乎接近美元权重的高位,以应对国际资本流动所带来的冲击。

随着国际金融危机波及中国,美国量化宽松政策和欧债危机给中国带来了巨大影响,人民币汇率面临大幅升值,美元在人民币汇率篮子中的权重开始大幅上升,事实上又重新回到人民币汇率盯住美元的状况。2009 年,为了规避汇率风险、减少汇兑损失,国务院批准在上海、广州、深圳、珠海、东莞的 365 家企业试点跨境贸易人民币结算。2010 年 6 月,经国务院批准跨境人民币结算试点城市扩大到 20 个省、自治区、直辖市,将境外地域范围由港澳和东盟扩大到所有国家和地区;同时,中国人民银行对人民币汇率形成机制进行了改革,以增强人民币汇率的弹性。这一改革不是一次性重估调整,而是在以市场供求为基础、参考"一篮子货币",继续按照已公布的外汇市场汇率浮动区间,对人民币汇率浮动进行动态管理和调节。2011 年 8 月,中国人民银行将跨境人民币结算境内地域推广到全国范围。2012 年 4 月 16 日,中国人民银行将银行间即期外汇人民币兑美元交易价浮动幅度由 0.5% 扩大至 1%。随后,人民币汇率走向缓慢升值区间,如图 9-3 所示。

2012 年 8 月,我国全面推进货物贸易管理体制改革,取消逐笔核销,调整报关流程,大大提升了收汇效率;同时,简化了外商直接投资外汇管理,基本实现直接投资可兑换。2014 年,中国人民银行将银行间即期外汇市场人民币兑美元交易价浮动幅度由 1% 扩大到 2%,取消了银行对客户美元

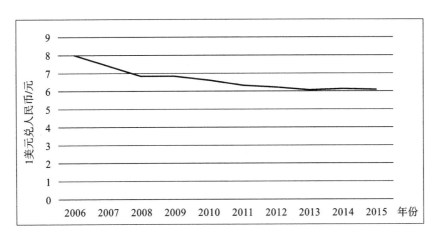

**图 9-3　2006—2015 年 8 月美元兑人民币汇率中间价变化**

买卖价差管理,大大提升了外汇市场的市场化程度。

2015 年 8 月 11 日,中国人民银行宣布调整人民币兑美元汇率的中间价报价制度,做市商参考前一天银行间外汇市场收盘汇率,向中国外汇交易中心提供中间价报价。这一调整使人民币兑美元汇率中间价机制更加市场化,更加真实地反映当期外汇市场的供求关系。"8·11"汇改,结束了长期人民币单边升值模式,转向了有弹性的双向浮动。2016 年 2 月,中国人民银行明确了"收盘价+一篮子货币汇率变化"的人民币兑美元汇率中间报价机制,增强了汇率形成机制的规则性、透明度和市场化水平。随后,人民币兑美元的汇率贬值趋势开始放缓,到 2016 年至 2017 年 5 月则呈现大幅升值,1 美元兑人民币曾一度接近 7 元。对此,中国人民银行于 2017 年 5 月在人民币汇率中增加了逆周期因子,以对冲外汇市场的顺周期性,防范可能出现的"羊群效应",增强人民币汇率的市场化波动。在此因素下,1 美元兑人民币的汇率开始呈现降低趋势,到 2017 年 10 月 15 日为 6.579 元。到 2018 年 2 月 14 日,1 美元兑人民币的汇率呈现大幅升高趋势,突破了 6.27 元。根据中国人民银行发布的 2017 年第四季度货币政策报告,明确表明了中国人民银行已经基本退出常态化干预机制,将进一步深化人民币汇率形成机制的改革,完善以市场供求为基础、参考"一篮子货币"进行调节、有管理的浮动汇率制度,加大市场波动决定汇率的力度,增强人民币汇率双向浮动弹性,保持人民币汇率在合理均衡水平上的基本稳定。① 2018年7月以来,受中美贸易战影响,人民币兑美元汇率呈现出人民币贬值趋势,加大了汇率风险。

显然,经过40多年的探索,我国外汇市场已经越来越顺应社会经济发展的需求,与自由贸易机制相得益彰,行政化干预色彩逐步减弱,市场化波动与形成机制日益强化。在此期间,受我国外汇储备波动的影响(见图9-4),政府在外汇储备出现较大波动时仍会加强对外汇市场的干预。比如,2015年以来,受我国外汇储备较大幅度减少的影响,中国人民银行在2017年明显加强了对外汇的行政干预,以此防止外汇储备的过度波动。

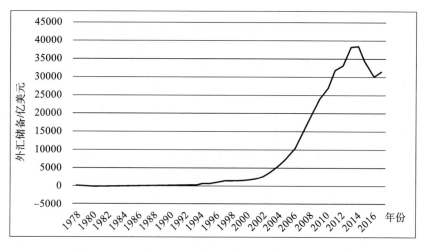

图9-4　1978年至2017年中国外汇储备波动趋势图②

## 二、多元化的外汇交易品种和参与主体

改革开放以来,伴随我国外汇市场的渐趋形成,我国外汇市场上的交易工具日益增多,参与主体更加多元化,与国际外汇市场之间的差距日益缩小,对我国对外经贸关系的发展起到更加重要的作用。

(一) 外汇市场的交易品种

在改革开放之前,我国基本奉行收支平衡,无内外债的思想。外汇交易品种稀少,现实中主要以国内需求为目标,集中在外币的交易和兑换上。之后,受外汇管理制度改革进程的制约,我国外汇市场交易品种的变动大

---

① 《2017年第四季度中国货币政策执行报告》,http://www.pbc.gov.cn/goutongjiaoliu/113456/113469/3484662/index.html。
② 根据中国外汇管理局官网1978年以来数据制作而成。

致可划分为以下发展阶段。

1978 年至 1984 年,延续前期外汇交易品种。在这一时期,我国继续遵循外汇由中央统一配置的做法,以美元集团和马克集团的中间价确定外汇的兑换价格,此时可以配置的外汇品种基本集中在美元、港元等少数几个种类之中,全国尚未出现外汇市场。

1985 年到 1994 年,伴随外汇调剂市场的形成和发展,我国外汇市场上的外汇交易品种有所增加,但受长期计划思维的影响,仍然是以即期外汇交易为主要形式,主要停留在单一的人民币与美元、港元的买卖上,可交易的种类不多。在外币与外币交易上,国内银行尚未开设正式的交易平台,所需交易必须通过境外银行来完成。

1995 年至 2005 年,我国外汇市场交易品种数缓慢增长。随着银行间外汇市场的成立,我国外汇市场交易范围不断扩大,交易品种明显增多。受盯住美元的固定汇率制度约束,银行间外汇市场成员不用承担汇率波动的风险,产品交易基本集中在即期交易品种上,但在我国银行柜台市场上已经萌生了远期外汇业务。1997 年,中国银行开始办理以实需原则为基础的经常项目、指定资本与金融项目下的远期结售汇业务。之后,中国工商银行、中国农业银行、中国建设银行、交通银行、招商银行、中信银行等相继开展此项业务。在即期交易上,一方面,到 2005 年已经形成了人民币与外币、外币与外币买卖两大种类,外币与外币交易不再需要借助境外银行来执行,能够在银行间外汇交易市场完成;另一方面,有更多的外币被纳入我国外汇交易市场之中,日元、欧元等的纳入进一步充实了可交易的外币种类。

2005 年至今,我国外汇市场交易品种呈现大幅增长趋势。2005 年的外汇改革大大推进了我国外汇交易市场的发展,至今我国外汇市场已经形成了即期交易、远期交易、掉期交易、外汇期权业务创新等四种外汇交易品种。在即期外汇交易方面,进一步扩大了人民币与外币交易的币种,到 2018 年 3 月,已经可为企业、个人和银行间提供美元、日元、欧元等 24 种币种的结售汇业务,同时,能够提供银行间、银行柜台和"外汇宝"的完整业务。它们在人民币汇率参考的货币篮子中的权重,如表 9-4 所示。

**表 9-4 截至 2018 年年初人民币汇率指数参考的"一篮子货币"权重**

| 币　　种 | 权　　重 |
| --- | --- |
| 美元(USD) | 0.2240 |

续表

| 币　　种 | 权　　重 |
| --- | --- |
| 欧元(EUR) | 0.1634 |
| 日元(JPY) | 0.1153 |
| 港币(HKD) | 0.0428 |
| 英镑(GBP) | 0.0316 |
| 澳元(AUD) | 0.0440 |
| 新西兰元(NZD) | 0.0044 |
| 新加坡元(SGD) | 0.0321 |
| 瑞士法郎(CHF) | 0.0171 |
| 加元(CAD) | 0.0215 |
| 林吉特(MYR) | 0.0375 |
| 卢布(RUB) | 0.0263 |
| 泰铢(THB) | 0.0291 |
| 兰特(ZAR) | 0.0178 |
| 韩元(KRW) | 0.1077 |
| 迪拉姆(AED) | 0.0187 |
| 里亚尔(SAR) | 0.0199 |
| 福林(HUF) | 0.0031 |
| 兹罗提(PLN) | 0.0066 |
| 丹麦克朗(DKK) | 0.0040 |
| 瑞典克朗(SEK) | 0.0052 |
| 挪威克朗(NOK) | 0.0027 |
| 里拉(TRY) | 0.0083 |
| 比索(MXN) | 0.0169 |

在远期外汇交易方面，中国人民银行不断扩大银行间远期结售汇业务，推出了1W、1M、3M、6M、9M、1Y等期限品种。在银行柜台市场上，我国提供了固定交割日、择期交易的远期交易两种方式，基本满足了个人、企业等方面的需求，但从四类交易品种来看，其成交量最小。

在外汇掉期交易方面，2006年4月24日国内银行间外汇市场正式开展了人民币外币掉期业务，之后这一业务不断得到扩展，业务量有了很大提升，到2018年年初，交易量占据四类交易品种的首位。中国人民银行还将货币掉期衍生工具作为一项货币政策调控工具,大大拓展了公开市场操作的范围,以此规避利率和汇率风险。

在外汇期权交易方面,中国人民银行在 2011 年 1 月核准了在银行间外汇市场开展外汇期权交易,4 月 1 日银行间人民币外汇市场正式推出了人民币外汇期权交易。同年 12 月 1 日,国家外汇管理局开放了"人民币对外期权组合"业务。之后,外汇期权交易业务不断得到发展,到 2018 年 1 月以人民币计价的外汇交易均得到了快速发展,交易量,如表 9-5 所示。

表 9-5　2018 年 1 月中国外汇市场交易量

| 交 易 品 种 | 交易量/亿元 |
| --- | --- |
| 一、即期 | 54319 |
| 　银行对客户市场 | 18377 |
| 　银行间外汇市场 | 35942 |
| 二、远期 | 3588 |
| 　银行对客户市场 | 2946 |
| 　银行间外汇市场 | 642 |
| 三、外汇和货币掉期 | 83625 |
| 　银行对客户市场 | 463 |
| 　银行间外汇市场 | 83162 |
| 四、期权 | 4022 |
| 　银行对客户市场 | 1204 |
| 　银行间外汇市场 | 2818 |
| 五、合计 | 145554 |
| 　其中:银行对客户市场 | 22990 |
| 　　　　银行间外汇市场 | 122564 |
| 　其中:即期 | 54319 |
| 　　　　外汇和货币掉期 | 83625 |
| 　　　　期权 | 4021 |
| 　　　　远期 | 3588 |

(资料来源:《2018 年中国外汇交易情况》)

(二)外汇市场的参与主体

1984 年之前,我国不存在严格意义上的外汇市场,有限的外汇兑换和交易业务基本由中国银行一家来承担,不对企业和个人开设银行柜台的外汇零售业务。之后,随着我国外汇调剂市场的产生,我国外汇市场的参与主体才日益增加。

1985年,中国银行上海分行信托部首开国内企业间留成外汇额度调剂业务。1986年年初,改由国家外汇管理局上海分局办理外汇调剂业务;11月,国家外汇管理局上海分局又开办外商企业间的外汇调剂业务。1988年年初,我国在外汇短缺的沿海省份由中国人民银行所在地分行开设了当地的外汇调剂业务。之后,随着外汇交易中心和调剂市场的设立,企业渐趋成为我国外汇调剂市场的主体,银行是经纪商,所有的外汇交易由外汇管理局根据外汇调剂用汇指导序列核准之后才能进行调剂。外汇调剂只能由国家按计划分配给中央各部委和各省、自治区、直辖市,无法在全国范围内统一配置。分散在全国各地的外汇调剂市场,又是按照行政区域设置,如果某地方的外汇供不应求,不能到全国调剂,即便出让外汇的企业有外汇留成额度,买进用汇指标的企业也不一定能及时得到实际需求的外币数量。[①] 此时的外汇调剂市场实行会员制,只许代客交易,接受非会员的委托外汇交易。显然,参与外汇市场的主体更多是从创汇、用汇角度来考量的,并没有涉及规避外汇风险等方面的内容。

随着1994年外汇管理体制的改革,我国取消了原外汇留成和上缴办法,施行银行对企业的结售汇制度,建立全国统一、规范的银行间外汇市场。4月4日,银行间外汇市场正式运营,从此改变了过去企业是外汇调剂市场主体的做法,银行开始成为我国外汇市场的主体,外汇交易中心则充当银行间外汇交易市场的中介机构,负责联通分散在全国各地的分中心。经过改革和发展,我国外汇市场的参与主体逐步以银行柜台、银行间外汇市场和外汇宝(个人外汇实盘外币交易市场)为载体扩散开来。银行柜台主要服务于非金融机构、个人的人民币与外币的交易,且提供此类服务的银行主体日益增多,已经扩展到我国各类银行机构之中。银行间外汇市场服务于金融机构之间的外汇头寸交易,实行会员制,至今已经全部覆盖国有银行、股份制商业银行和政策性银行,部分覆盖了城商行、外资银行、农村信用社、非银行金融机构以及中化集团、华为等少数非金融机构。外汇市场金融衍生产品参与主体的数量是随社会经济的发展而逐步增加的,见表9-6。

---

① 祁群:《中国货币市场的发展与创新》,法律出版社2012年版第93页。

表 9-6　2011 年以来我国外汇市场交易主体会员数量的变化　　单位：家

| 年　份 | 即期市场 | 远期市场 | 外汇掉期 | 货币掉期 | 期权市场 |
|---|---|---|---|---|---|
| 2011 | 318 | 73 | 71 | — | 27 |
| 2012 | 353 | 79 | 79 | — | 31 |
| 2013 | 405 | 88 | 87 | 80 | 33 |
| 2014 | 465 | 98 | 97 | 84 | 39 |
| 2015 | 518 | 123 | 123 | 99 | 61 |
| 2016 | 582 | 154 | 154 | 127 | 84 |
| 2017 | 645 | 194 | 192 | 163 | 116 |

（资料来源：根据 2011 年以来历年第四季度货币政策执行报告整理，http://www.pbc.gov.cn/zhengcehuobisi/125207/125227/index.html）

随着业务扩展，中国人民银行和国家外汇管理局批准了奥地利国民银行、希腊银行、约旦中央银行、巴基斯坦国民银行、伊拉克中央银行、马来西亚国民银行、印度储备银行、韩国银行、新加坡金管局、印度尼西亚银行、泰国银行、澳大利亚储备银行、匈牙利国家银行、中国香港金融管理局等境外金融机构参与我国银行间外汇交易，从而极大地促进了我国外汇市场的开放力度。外汇宝是银行接受个人客户的委托，代客从事外汇交易业务的工具；个人不能直接从事外汇交易业务，只能通过指定银行来买卖外汇以获取套汇收益。

随着人民币国际化程度的日益提升和外汇市场开放程度的加大，中国人民银行和国家外汇管理局必将会允许更多符合条件的金融机构、非金融机构、自然人等参与外汇市场的交易。

中华人民共和国经济
与社会发展研究丛书
1949—2018

## 第四部分
Part Four

# 互联网金融的崛起

银行、证券、保险等现代金融推进信息化的同时,纯互联网金融模式也在中国相继出现,第三方支付在2010年被纳入中国人民银行牌照管理的范畴之内,而其他互联网金融模式在2013年以前并不为人们所瞩目。2013年,我国经济开始进入新常态,经济增长速度由高速向中高速转变,高速增长转向高质量发展,增长动力由要素驱动向创新和效率转换;长期积累的各种社会经济矛盾呈现出集中爆发趋势,稳增长、调结构、防风险成为今后一段时期的重要任务。在此背景下,金融领域长期发展中表现出的不平衡和不充分问题日益严峻,在信息科技的催生下,金融业出现了快速创新之势。余额宝联手天弘基金、"三马卖保险"[1]等引发的"鲶鱼效应",使互联网金融模式快速崛起,呈现改变各个行业业态的趋势,对现代金融业产生了巨大冲击,部分改变了它们原有的发展轨迹,加快了线下业务线上化和向纯互联网金融领域拓展。到2017年,以百度金融、蚂蚁金服、腾讯、京东金融为中心的四大互联网金融企业的自身实力和用户数等已经或者将要超越现代金融企业;而四大互联网金融企业与四家国有股份制商业银行的合作,定将推动中国科技金融更快的发展。随着互联网金融发展的不断规范和普惠金融体系的建立,不但提升了中国金融的竞争力,缩小了与发达国家金融水平之间的差距,在某些领域超越了发达国家的金融水平,而且在某种程度上有效解决了中国现代金融难以化解的"融资难"和"融资贵"问题。

资金"避实就虚"、金融风险的积累,加大了引发区域性或系统性风险的可能。中国政府明确了"金融稳、经济稳"的目标,根据金融发展的需求,于2015年7月正式把互联网金融纳入已有的监管框架之内,2017年7月召开的第五届全国金融工作会议更是明确了今后五年的金融监管任务,同时表明了金融必须回归到服务实体经济的本质之中。自下而上的逆袭式发展与自上而下的适度管理,共同推动了中国互联网金融的爆发,"互联网+金融"和"金融+互联网"也成为当前中国金融业发展的新态势。它们两者的跨越或融合发展趋势大大改进了金融服务经济、金融创新等原有发展的路径,形成了金融与其他行业的跨界发展,金融功能更加趋向市场化、普惠化。它们不但为中国社会经济转型和可持续发展提供了强大动力,而且互联网金融在快速崛起过程中积累的经验还为现代金融带来了诸多可资借鉴的地方。

---

[1] 2012年,平安集团联合腾讯、阿里巴巴组建保险公司。由于三家公司当时的掌舵人都姓马,被业内戏称为"三马卖保险"。

# 第十章
# 互联网金融的兴起与规范发展

2013年,中国互联网金融的快速发展酿成中国金融发展的"鲶鱼效应",引发中国金融业的创新浪潮,拓展了金融服务范畴,延伸了中国金融产业链,迅速提升了中国金融业的竞争能力。然而,在"三无"(无准入门槛、无行业标准、无相关法规管制)基础上崛起的互联网金融存在着很大的风险,爆雷、跑路、诈骗等事件层出不穷,影响和干扰了中国金融业的正常发展秩序,损害了广大投资者的权益。为此,中国人民银行等管理主体在实践中不断探索,出台了各种规范互联网金融发展的措施,为互联网金融日益规范和健康持续发展奠定了基础。

## 第一节 互联网金融的发展

发端于发达国家的互联网金融,尽管很早就传入了中国,中国也相应地设立了互联网金融的各种模式,但直到2013年,中国的互联网金融才呈现出快速发展态势,至今,中国的互联网金融已经在总量和多个领域开始领先于其他国家。中国互联网金融的发展越来越融入社会经济的实际发展之中,服务于实体经济的发展。

### 一、互联网金融兴起的背景

中国互联网金融最初与发达国家一样,均是起源于现代金融的信息化,只是到非金融行业渗入金融领域以后,中国的互联网金融才引起社会各界的关注,成为驱动金融创新、构建普惠金融体系的核心动力。当然,纯互联网金融的产生虽然具有效仿发达国家的一面,但它的崛起和快速发展更得益于中国独特的经济生态要素和社会经济条件。

(一) 现代金融的服务盲区

正如前述,中国的金融组织获得了很大发展,至今已经形成了一个相对完整的金融体系,但受长期金融抑制的影响,金融组织发展程度不高、金融市场细化不够、金融业务有限、金融产品不多、金融机构覆盖面小,在金融服务上存在诸多明显的盲区,"二八定律"呈现无限放大之势,急需新的金融组织和技术来满足或填补现代金融组织遗留的各种空白。

一是金融服务中的时空盲区。银行、保险、证券等现代金融组织,在工作时间上存在限制,均难以满足工作时间之外意外、较大额度的金融需求。在空间上则受到金融组织分支机构涵盖的局限,广大农村及经济不发达地区往往无法得到必要的正规的金融服务。20世纪90年代,在中国国有银行商业化改革过程中,国有商业银行大规模撤离农村金融市场,1999年年初至2002年年底的四年里,中国工商银行职员净减少16.16万人;同一时期,中国农业银行总机构数净减少1.92万个。① 此后,受经济发展程度的影响,国有商业银行在农村地区设立分支机构有所回流,但其作用往往不是对农村等地注入资金,而是在农村、经济落后地区吸收存款,将资金转移到城市等经济发展较好的区域。民间金融、传统金融组织虽然不太受限于时间因素,基本能随需随给,但在空间上服务地域极为有限;在对象上更是局限在某些熟人群体,无法覆盖所有产业和民众;在资金上,资金额度少,往往无法满足所需群体的要求;在利率上,这些金融组织收取的利率普遍高于国家所规定的利率水平,极易引发社会性事件。

二是金融服务中的对象盲区。金融市场发展落后,融资手段较为单一,直接融资占比很低,中国的融资还主要是以银行等金融组织的间接融资为主。"银行一直在中国金融体系中占主导地位,社会资金的配置以间接金融为主。……2007年通过国债、企业债和股票等形式的直接融资已占社会融资总额的21.3%。"② 直接融资的占比之后受次贷危机等影响波动较大,到2012年时仅占16%;银行等间接融资成为社会资金配置的最主要方式。在资金配置上,银行等金融组织的资金则主要流向国有企业、集体企业、民营大中型企业和政策扶持的特定对象,金融资源配置中的非均衡

---

① 张杰:《中国农村金融制度调整的绩效:金融需求视角》,中国人民大学出版社,2007年版第7页。

② 张健华:《中国金融体系》,中国金融出版社,2010年版第17页。

性特别明显。2000年到2007年,仅在中国非国有制造业行业,规模在2000万元以下的企业的总销售额和就业总人数均超过行业总数的90%,但是获得银行贷款的企业只有20%;从实际利率看,国企只要支付1.6%的融资费率,而民企却要支付高达5.4%的资金使用费率。[①]"小微企业已占市场主体的绝对多数,截至2013年年底,全国各类企业总数为1527.84万户,其中,小微企业1169.87万户,占企业总数的76.57%。"[②]"我国中小企业创造的最终产品和服务价值相当于国内生产总值(GDP)总量的60%,纳税占国家税收总额的50%,完成了65%的发明专利和80%以上的新产品开发。"[③]然而,这些在中国经济中占据重要地位的中小微企业却无法获得现代金融的相应服务。现代金融组织偏好某一领域、群体以及政策所关注对象,自然使现代金融组织难以顾及中小微企业、中低收入人群,由此在金融服务上存在明显的对象上的盲区。

三是现代金融组织的经营服务困境。伴随社会经济快速发展,人们生活节奏的加快和社会信息的快速流动,对资金融通等产生了大量新的要求,人们需要缩短融资时间、简化融资手续。现代金融组织的融资手续复杂,资金需求者需要提供种种证明、各种申请表格,甚至需凭借人情关系,提供一定比例的回扣等来融资;而银行则出于资金安全诉求,又要求资金需求者具有一定的资产作抵押或需要具有一定资产的人为其提供担保。如此复杂的手续和冗长的时间,自然增加了资金需求者时间等诸多方面的成本,致使众多需要资金的人难以从现代金融组织中得到必要的金融服务。

(二)民众收入增多引申的金融服务盲区

改革开放以来,中国经济持续35年高速增长,年均增长率超过9%。中国GDP从1978年的3678.7亿元,增加到2018年的900309亿元。中国人均GDP由1978年的385元上升到2018年的64643.5元,1978—2017年中国人均GDP变化如图10-1所示。

伴随中国人均GDP的大幅上升,中国居民储蓄在2003年9月突破了10万亿元,2008年8月达到了20万亿元,2010年12月突破了30万亿元,

---

[①] 刘小玄、周晓艳:《金融资源与实体经济之间配置关系的检验——兼论经济结构失衡的原因》,《金融研究》2011年第2期。
[②] 国家工商总局:《全国小型微型企业发展情况报告》。
[③] 王亮亮:《互联网金融发展:对传统金融业的影响研究》,中国金融出版社2016年版第116页。

在2013年1月达到了40万亿元。面对快速增长的居民存款,中国政府在2007年就提出要让广大民众享受财富性收益,而现有金融行业的财富性保值增值措施却与广大民众的理财需求存在明显的不对称。一方面是银行存款的利息收入很低,难以保障广大民众的财富性收益的获得;另一方面现代金融提供的多样化理财,又面临极高的理财门槛,把绝大多数民众排除在现有理财的范围之外,使日益具有理财空间的广大民众无法得到必要的投资理财需求服务。"我国居民的投资渠道相对狭窄,收益偏低。银行定期存款的收益率基本在3%—5%,而银行理财产品的收益率基本在4%—8%之间,信托产品的收益率略微高些,但是起点资金量又偏大。"①在这样的背景下衍生出的中低收入民众的理财需求,亟须新的金融服务组织和技术来满足。

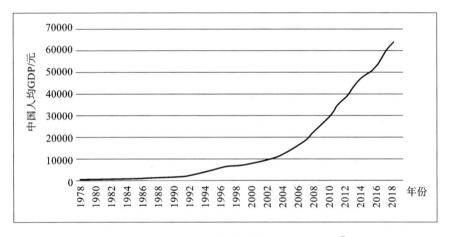

**图10-1　1978—2018年中国人均GDP变化图**②

(三) 信息技术发展促发金融突破的可能

20世纪中期以来,互联网、物联网、大数据、云计算、区块链、人工智能等信息技术的突破性发展,完全改变了不同地区间的联络方式,理论上化解了原有金融信息不对称的问题,使以前只能依托人工操作、财产抵押、质押等形式的现代融投资方式得到提升,而局限在有形空间的交往逐步向虚拟空间的更加多样化的趋势发展。同时信息技术跨界经营金融业成为可能,也大大改善了现有金融的服务方式、范畴和理念,具体如下。

---

① 陈勇:《中国互联网金融研究报告(2015)》,中国经济出版社2015年版第160页。
② 根据中华人民共和国统计局网站历年相关数据制作。

一是完全化解了金融供需之间的时空约束条件。随着个人电脑、智能手机的日益普及,互联网、云空间的产生和推广,特别是20世纪90年代以来金融信息化的推进,使金融供需之间的时空限制逐渐消解。同时,大数据、云计算等手段的变迁,又在一定程度上克服了横亘在原有金融组织与金融需求主体之间信息不对称的硬约束,金融组织可以依托日益发达的社交网络、搜索引擎、网络购物、物联网等载体留下的各种数据,预测需求者的可信度、偏好,这大大改变了过去以资产的多少等来考察需求者诚信的方式。

二是移动通信-互联网技术下的虚拟网络空间的发展。通信技术由有线向无线的转换,智能手机、移动电脑等技术的快速更新,更加迎合了民众个性化发展的趋向。而互联网技术的发展,"也使得企业的经营方式发生了改变,企业的生产、分配、交换、消费各个环节都离不开网络的支持,无论是内部资源的协调和配置还是外部信息的获取和整合,网络都为其提供了一个便捷有效的平台"①。网络所提供的虚拟平台,与移动通信等技术手段的连接,大大拓展了人们交往的空间,打破了过去必须依托物理特性的有形空间的局面,为现代金融降低人工、场所等的成本费用提供了必要条件,同时延伸了金融服务的有效空间。

三是社交网络-搜索引擎-大数据(包括小数据)-云计算-生物识别等技术手段的发展,改善了信息不对称、征信制度不完善的状况。依托互联网、通信等技术发展出的各种社交网络、电商平台等,使以往无法保留的非结构化文本、行为数据等种类繁多的数据得以完整地留存下来,而以各种云为格式的储存技术的发展,则使各类小数据、大数据都得以形成。海量的数据,将人与人之间的关系、不同人群的情绪及经历深度覆盖,以一种更加立体和生动的数据集合形式再现于我们面前。除了传统的金融机构、电信、工商企业等积累的数据,阿里巴巴、腾讯、京东、百度等积累的数据也呈现爆发式递增趋势,它们借助搜索引擎、云计算等方式,将零散的数据加以整合、提炼,转变成各种有用的资源,为不同人群、企业的信用调查、个人定制、消费偏好的预测等提供了必要的技术支持。目前,中国人民银行的诚信系统已经粗具规模,而2018年2月中国人民银行认可的百行征信有限公司的筹建,则大大推进了我国诚信体系的建设,为化解现有金融活动中

---

① 陈慧慧:《网络外部性市场中的技术创新和竞争策略研究》,经济管理出版社2015年版第1页。

的信息不对称问题创造了条件。

四是互联网-物联网-人工智能的发展使一切成为可能。互联网技术的发展,通过"开放、平等、协作、分享"的互联网精神,以"互联网+"的方式完全改变了信息分享、交互的方式,对传统产业造成了颠覆性影响。而建构在互联网基础上的物联网,则利用通信技术把传感器、控制器、机器、人员和物品等以新的方式联络在一起,实现了人与物、物与物等相联系,并按约定的协议,进行着信息交换和通信,实现对物品的智能化识别、定位、跟踪、监控和管理。物联网的发展,在实现共享的同时,更具有个性化、互动性和趣味性。

显然,伴随上述技术的发展,行业界限越来越模糊了,线上和线下的金融服务边界也模糊了;而随着技术和金融之间的结合日趋融洽,传统的存款和支付方式将会被改变。技术公司凭借自身敏锐的嗅觉抓住了金融市场的新机遇,设计并提供了替代银行、保险、证券等现有金融组织的产品和服务。目前,包括百度、腾讯、新浪、网易、今日头条等在内的大型科技公司,阿里巴巴、京东、美团、滴滴等电商企业或平台,都在积极地推动中国互联网金融的崛起。

## 二、互联网金融发展概况①

在前述因素的综合作用下,中国互联网金融在蛰伏很长一段时间之后,于2013年快速崛起,到2018年中国互联网金融在第三方支付(网络支付)、网络借贷、区块链等领域已经领先于国际水平。互联网金融越来越规范,由此驱动的普惠金融体系构建则在一定程度上减轻了"融资难"的程度,部分缓解了"融资贵"的问题。

（一）互联网金融的发展状况

互联网金融最初源于现代金融组织的信息化,到20世纪八九十年代在英、美等发达国家和地区出现了一些非金融行业跨界经营金融业务的纯互联网金融,形成了当前除"金融业+互联网"之外的其他模式,纯互联网金融各种模式最早产生情况统计如表10-1所示。

---

① 兰日旭:《互联网金融行业发展对中国产业结构调整的镜鉴》,《产业与科技史研究》2017年第2期。

表 10-1　纯互联网金融各种模式最早产生情况统计

| 互联网金融模式 | 名　　称 | 产生年份 | 产生国家 |
|---|---|---|---|
| P2P | Zopa | 2005 | 英国 |
| 众筹 | ArtistShare | 2001 | 美国 |
| 互联网支付 | PayPal | 1999 | 美国 |
| 互联网保险 | InsWeb | 1995 | 美国 |
| 互联网银行 | SFNB | 1995 | 美国 |
| 互联网证券 | E*TRADE | 1982 | 美国 |
| 互联网理财 | Mint | 2007 | 美国 |

这些纯互联网金融模式在欧美发达国家产生以来，虽然很快就传入了中国，并在中国建立了相应的模式，但在 2013 年以前除了互联网支付有一定程度发展外，其他模式并没有引起很大的社会反响。中国纯互联网金融模式的出现情况统计如表 10-2 所示。

表 10-2　中国纯互联网金融模式的出现情况统计表

| 互联网金融名称 | 互联网金融公司或产品名称 | 首次出现时间 |
|---|---|---|
| 互联网支付 | 首信易支付 | 1999 年 |
| P2P | 宜信 | 2005 年 6 月 |
| 众筹 | 点名时间 | 2011 年 4 月 |
| 纯互联网银行 | 前海微众银行 | 2015 年 1 月 18 日 |
| 互联网保险 | 众安在线财产保险公司* | 2013 年 2 月 |
| 互联网证券 | 中国华融信托投资公司湛江营业部** | 1997 年 |
| 互联网理财 | 阿里巴巴的余额宝 | 2013 年 |

注：* 中国首家第三方保险网是在 1997 年出现的中国保险信息网，2000 年 3 月出现的电子商务保险网站"网险网"则实现了首次网上投保功能，而真正以互联网保险公司形式出现的应该为众安在线财产保险公司。

** 中国是最早实现采用微机局域网处理交易所核心业务的国家。

2013 年以来，中国经济增长速度开始由高速向中高速转变，进入经济发展新常态，在长期高速增长下积累的问题呈现出集中爆发之势。仅在金融领域，中小企业面临的"麦克米伦缺口"就越来越严峻，广大城郊和农村等现代金融覆盖缺失地区的"融资难"问题日益突出，广大民众经历了长期经济增长，拥有一定的财富积累，而要获取财富性收益则又要面对现代金融较高的理财门槛与银行存款极低的利息收益。在此背景下，"……借助信息技术手段,一方面引领了现代金融组织的信息化进程,即推进了金融的互联网化;另一方面现有金融所留下的众多金融盲区和'融资难'的现状则推动了各类信息技术渗入金融领域,即互联网金融化"①。2013年,阿里巴巴旗下的余额宝牵手天弘基金所衍生出的无门槛、高收益、无时间约束(T+0)的互联网金融理财领域的创新性行为,揭开了中国纯互联网金融业务的爆发式增长序幕。从2013年6月余额宝出现,到2014年2月26日,其用户数就达到了8100万,资金突破5000亿元;用户数在半年多的时间内就超过了有23年发展历史的沪、深股市的有效户数,而与余额宝携手的天弘基金,更是在半年多的时间里从一家名不见经传的小基金公司上升为基金行业的领头羊。余额宝的行为,在社会各界迅速引发了"鲶鱼效应",货币基金呈现出爆发式增长,至2017年6月全国货币基金数量已经由2013年的不足1万亿元上升到5万亿元,给银行业带来了巨大冲击;2012年,阿里巴巴的马云、腾讯的马化腾和中国平安的马明哲联合提出组建"众安在线财产保险有限公司",2013年2月得到保监会批准,由此拉开了互联网保险的发展序幕,"三马卖保险"的行为引起了金融业界的轰动;以P2P、众筹等为核心的纯互联网金融模式迅速崛起,网络信贷量快速增长,2013年以来中国互联网信贷增长率和信贷余额变化如图10-2所示。

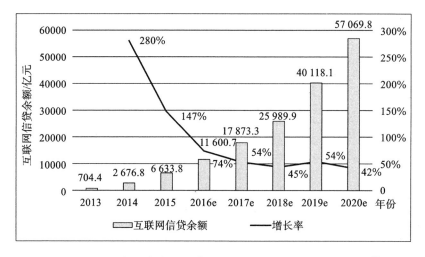

图10-2　2013年以来中国互联网信贷增长率和信贷余额变化图②

---

①　兰日旭:《中外金融组织变迁:基于市场-技术-组织的视角》,社会科学文献出版社2016年版第203页。

②　资料来自艾瑞研究院。

互联网支付、网络借贷、股权众筹、互联网保险、互联网理财与互联网消费金融等六种模式均得到全面爆发式发展。至 2016 年年初,拥有互联网支付牌照的企业有 270 家,P2P 平台 2959 家,上线的众筹平台达到 338 家,其中股权众筹 186 家。① 而截止到 2016 年年底,以"BATJ"(百度金融、蚂蚁金服、腾讯、京东金融)为中心的四大互联网金融巨头不但已经渗入几乎所有的金融业务领域、获取了必要的金融牌照,而且它们在资金和用户数上已经超越任何一家现代金融组织(比如中国第一大银行——中国工商银行的实力估值在 2017 年为 478 亿美元、网银用户数 2.15 亿)(见表 10-3)。

表 10-3　2016 年年底"BATJ"的实力估值与实名用户数估计

| 名　　称 | 实力估值/美元 | 实名用户数 |
| --- | --- | --- |
| 百度金融 | — | 9000 万 |
| 蚂蚁金服 | 750 亿 | 5 亿 |
| 腾讯 | 300 亿 | 4 亿 |
| 京东金融 | 466.5 亿 | 1 亿 |

纯互联网金融企业的快速发展不但填补了诸多金融服务盲区,促进了金融的创新浪潮,而且还改变了现有金融企业的发展轨迹,加快了现有金融企业的线上化、信息化步伐,使两者之间呈现出快速融合发展趋势。到 2017 年 6 月为止,4 家国有股份制商业银行和互联网的四大巨头已经展开了合作,即中国建设银行与阿里巴巴、中国工商银行与京东、中国农业银行与百度、中国银行与腾讯展开了深度合作,以谋取金融科技上的新突破;同时,4 家国有股份制商业银行还在 6 月相继建立了普惠金融服务部门,从而大大推进了中国普惠金融体系的构建。

纵观中国互联网金融的崛起,在短短的时间内它的体量和规模已经超越了任何一个发达国家的水平,在一定程度和范围内克服了长期经济发展和现代金融抑制下存在诸多金融盲区的问题,但受制于金融市场细化不足、现有金融发展程度差异大等因素,互联网金融给中低收入者、中小企业等提供的金融服务成本仍然较高,远未达到完全解决"融资难"与"融资贵"问题的程度,距离构建普惠金融体系依然还有一定差距。随着互联网金融对现代金融体系的冲击,原有金融已经快速吸纳了纯互联网金融所带来的

---

① 兰日旭:《互联网金融:现状、趋势与区域发展》,《天津日报》2016 年 1 月 18 日理论版。

诸多便利和优势,使它们与纯互联网金融相融合,产生了降低服务成本、提升服务效率、覆盖金融盲区的创新业态。最典型的就是银行等现代金融机构借助网络平台,创立了大量低息放贷渠道,而"兜底式"纯互联网金融公司的出现、供应链金融和消费金融的大规模产生,大大推进了中国金融业的深入发展,在互联网金融的信息技术应用领域和某些技术的创新上已经超越了发达国家,具备了国际竞争力,中国在互联网金融领域进入了一个"中国创造"的新阶段。

(二) 互联网金融的规范发展

中国互联网金融行业一开始是在"三无"的条件下发展起来的,其快速发展的态势对中国现代金融业和现有的监管方式、机构等产生了巨大冲击,同时也给社会其他行业带来了深刻的影响,由此衍生出了众多新业态,而国务院推行的"双创"(大众创业、万众创新)政策则促成了中国经济发展中的一股创新浪潮。然而,在缺乏必要准入门槛、行业标准、法制规范的前提下,互联网金融发展自身也带来了诸多问题,如互联网金融公司良莠不齐,出现了大量借助互联网金融名义行违法违规之实的情况,发生了大规模爆雷、挤兑、跑路、倒闭和清理等事件,影响了中国金融行业正常经营的社会经济环境,损害了投资者的利益和消费者的权益。

在上述背景下,互联网金融的发展引发了社会各界的广泛争论。以马云等人的看法为代表,"如果银行不改变,那我们就改变银行",互联网金融会不会颠覆传统金融,使银行成为"21世纪的恐龙"? 央视财经频道首席评论员钮文新等人认为,余额宝是个"吸血鬼",大大提高了实体经济的运作成本,应该对之加以取缔;国务院以及中国人民银行等各级政府部门则基本认同互联网金融的发展态势,认为在审慎与创新监管下应该给予它们一定的创新和发展空间,并把有关互联网金融创新发展的规划写入2014年以来的国务院政府工作报告中(见表10-4),体现出了政府对互联网金融开放包容、先松后紧、逐步规范的发展思路,改变了20世纪八九十年代"一刀切"的管理方式。

表10-4　2014年至2018年国务院政府工作报告中涉及互联网金融的内容

| 年　　度 | 涉及互联网金融内容 |
| --- | --- |
| 2014 | 促进互联网金融健康发展,完善金融监管协调机制 |
| 2015 | 互联网金融异军突起,促进互联网金融健康发展 |
| 2016 | 规范发展互联网金融 |

续表

| 年　度 | 涉及互联网金融内容 |
|---|---|
| 2017 | 对互联网金融等累积风险要高度警惕 |
| 2018 | 强化金融监管统筹协调,健全对影子银行、互联网金融、金融控股公司等监管,进一步完善金融监管 |

当然,中国人民银行并非完全放任互联网金融的发展,而是根据互联网金融发展的实际情况,针对互联网金融不同领域或模式的发展程度采取不同的规范措施。针对互联网金融中发展较早、社会渗透程度较深的第三方支付,中国人民银行在2010年6月就出台了《非金融机构支付服务管理办法》,对它们实施正式的监管。按照相关规定,非金融机构提供支付服务需要按规定取得支付业务许可证,而2011年9月1日则是第三方支付机构获取许可证的最后期限,逾期未取得的支付企业将不得继续从事支付业务;之后,根据企业的实际情况给271家企业相继颁布了支付牌照,而在此期间,又对不符合监管要求的支付企业进行了治理和整顿,截至2017年9月1日,先后吊销了24家企业的支付牌照,并对其他违规企业进行罚款等处罚,同时针对无证无照的支付企业于2017年10月1日起施行《无证无照经营查处办法》,以规范第三方支付行业的健康持续发展。2016年,中国政府提出建立统一的非银行支付机构网络支付清算平台(以下简称网联),2017年年初获得工商总局批准,6月30日网联正式开始支付机构的切入,腾讯财付通机构首先切入,其他支付机构在一年过渡后全部切入。网联的建立,为支付机构提供了统一的资金清算服务,纠正支付机构违规从事跨行清算业务,改变当前支付机构与银行多头连接开展业务的状况,支持支付机构一点接入平台办理,节约连接成本,提高清算效率,有利于监管部门对社会资金流向的实时监测,起到保障客户资金安全的目的。与此同时,网联还加紧制定统一的二维码支付标准,以改变当前支付企业中相对混乱的二维码标准。通过这些有力措施,互联网支付行业得到了规范有序的发展。

对于互联网金融其他领域或模式,在不断跟踪调查的基础上,中国人民银行于2015年7月18日联合中国银监会、中国证监会、公安部、工信部、财政部、工商总局、国务院法制办、国家互联网信息办公室等十部委发布的《关于促进互联网金融健康发展的指导意见》中,明确了互联网金融的概念,并指明了各模式相应监管的主体归属(见表10-5)。

表 10-5　互联网金融模式的监管归属

| 互联网金融模式 | 互联网金融模式监管归属 |
| --- | --- |
| 互联网支付 | 中国人民银行 |
| 网络借贷（P2P 和小额贷款） | 中国银监会 |
| 互联网信托和互联网消费金融 | |
| 股权众筹 | 中国证监会 |
| 互联网基金销售 | |
| 互联网保险 | 中国保监会 |

之后，全国各地根据监管细则要求制定和出台了不同类型的监管规则，而国家各相关监管主体也相继对其负责的互联网金融部分出台了全国性的详细监管细则，如表 10-6 所示。

表 10-6　中国互联网金融不同模式的监管细则

| 时　　间 | 互联网金融模式监管细则 |
| --- | --- |
| 2014 年 12 月 | 《私募股权众筹融资管理办法（试行）征求意见稿》 |
| 2015 年 7 月 | 《互联网保险业务监管暂行办法》 |
| 2015 年 8 月 | 《关于对通过互联网开展股权融资活动的机构进行专项检查的通知》 |
| 2016 年 8 月 | 《网络借贷信息中介机构业务活动管理暂行办法》 |

与此同时，由中国人民银行、中国银监会、支付清算协会、中国证监会等牵头组建的中国互联网金融协会于 2016 年 3 月 25 日在上海成立，之后就出台了《中国互联网金融协会章程》、《中国互联网金融协会会员自律公约》、《互联网金融行业健康发展倡议书》、《中国互联网金融协会会员管理办法》和《中国互联网金融协会自律惩戒管理办法》等一系列文件，以规范互联网金融的发展态势；同时，中国的各级金融监管机构也对互联网金融不同模式进行了规范性整顿，给予它们一定的过渡时间。在此期间，网络小额贷款已经推行了牌照制管理，到 2017 年 5 月 26 日，中国已经成立了 129 家网络小额贷款公司，其中 127 家获得了正式牌照，剩下 2 家也已在地方监管部门备案。

面对互联网金融企业良莠不分、风险增大趋势，2017 年两会期间的政府工作报告一改以前鼓励的方式，明确提出要警惕互联网金融的风险；7 月召开了第五届全国金融工作会议，习近平在会议上提出了要加强金融监管的要求，转变金融监管方式，由审慎监管向功能监管、行为监管转变，让金融回归服务实体经济的本质;10月召开的党的十九大中明确提出要"守住不发生系统性金融风险的底线"。2017年12月,互联网金融风险专项整治、P2P网络借贷风险专项整治工作领导小组办公室正式发布《关于规范整顿"现金贷"业务的通知》,明确统筹监管,开展对网络小额贷款的清理整顿工作。2018年的政府工作报告则明确提出要健全对互联网金融的监管,完善监管体制。为此,中国人民银行、中国银保会、中国证监会、中国保监会相继加强了对互联网金融各个模式的监督管理,以促进互联网金融的可持续发展。

显然,经历了2013年之后的近三年时间的快速发展,从2015年7月开始,中国互联网金融行业进入了一个规范化发展阶段,推动了"金融+互联网"和"互联网+金融"的载体融合、健康发展态势。在此期间,蚂蚁金服、京东金融等从事"互联网+金融"的企业定位日益明晰,发展重点渐趋由金融科技转向科技金融,在维持各类金融牌照的前提下把各类金融业务"还原"给银行等金融机构,为金融机构提供各种智能化科技服务。

## 三、互联网金融的特征

互联网金融的崛起与快速发展,无疑给中国金融业的发展带来了新的动力。在与现有金融的比较中,我们明显发现互联网金融的本质虽然仍然是金融,但它又具有与现有金融所不同的特征。

### (一)模糊的业界边界

互联网金融兴起以前,中国现有金融业内部——金融组织、金融市场之间在分业经营和分业监管体制下,界限分明;金融业与社会中其他行业之间除了资金融通等业务活动之外,基本没有更多的交集。然而,互联网金融各模式的产生和新模式的不断衍生,冲击了现有金融的秩序,改变了原有金融行业的运营模式和监管方式,日益模糊了原有不同金融业务之间的分界线,打破了金融业与其他行业之间跨界经营的状况,以致谢平把互联网金融称为既不同于商业银行间接融资,也不同于资本市场直接融资的第三种金融运行机制,可称之为"互联网直接融资市场"或"互联网金融模式"[1]。互联网金融不但模糊了金融业内各个融资体系的边界,通过技术手段打通了各个金融业务内容,借助牌照方式以金融集团形式从事几乎所有的金融业务,提供所有的金融产品,进行混业化经营,在企业内部形成了一

---

[1] 谢平、邹传伟:《互联网金融模式研究》,《金融研究》2012年第12期。

个完整的金融生态圈,而且贯通了金融与其他行业、市场之间的边界。虽然互联网金融的现有模式在2015年7月已经被纳入现有的监管主体之中,但其混合经营方式使监管机构难以适应。为此,在2017年7月的第五届全国金融工作会议上,习近平明确指出了要以强化金融监管为重点,以防范系统性金融风险为底线,加快相关法律法规建设,完善金融机构法人治理结构,加强宏观审慎管理制度建设,加强功能监管,更加重视行为监管[①]。显然,互联网金融跨界经营的方式,完全模糊了已有的金融业界边界,加快了与实体经济的融合,推动了中国金融监管方式的转变。之后,金融稳定发展委员会的成立和2018年3月展开的金融监管机构的改革,顺应了金融发展中日益模糊的边界需求,在监管体制上渐趋向混业化转变,驱动了"大央行"格局的形成。

(二) 较低的交易费用

在新技术条件与金融业交融背景下,互联网金融消除了原有金融中存在的时空约束和众多服务盲区,迎合更广大社会大众需求,逐步实现降低交易费用的目标。不管是银行等间接融资机构,还是证券、债券等直接融资途径,都存在很高的交易费用,主要包括金融机构的利润、税收和薪酬。比如,2011年全国银行和券商的利润约1.1万亿元,税收约5000亿元,员工薪酬1万亿元。[②] 同时,这些机构的服务对象还无法覆盖社会各个阶层和不同的行业,由此使民间金融等游离在正式制度之外,时常给金融业的监管等带来大量困难。而现代信息技术的出现,很大程度上降低了现代金融中信息不对称和不确定的程度,部分化解了服务特定对象的困境。依靠搜索引擎、大数据、社交网络和云计算等新的信息技术,互联网金融大大降低了交易成本。在此模式下,市场信息不对称程度非常低,交易双方在资金数额、期限、空间匹配、风险分担等方面的成本非常低,银行、券商和交易所等中介都不起作用;贷款、股票、债券等的发行和交易以及券款支付直接在网上进行,互联网金融效率极高,极接近无金融中介的状态。[③] 这是传统金融与现代金融所无法企及的。

(三) 普惠金融

现代金融的服务盲区和金融抑制,使中国金融服务供给中存在许多盲

---

① 《习近平在全国金融工作会议上强调 服务实体经济防控金融风险 深化金融改革 促进经济和金融良性循环健康发展》。
② 谢平、邹传伟:《互联网金融模式研究》,《金融研究》2012年第12期。
③ 谢平、邹传伟:《互联网金融模式研究》,《金融研究》2012年第12期。

区。为了填补这些盲区,现代金融业在中国人民银行等政府部门的主导下,也曾开展普惠金融模式构建,但从它们的具体行动来看,现代金融所做的普惠金融更多停留在机构下沉领域,而非真正的普惠金融。互联网金融借助信息技术手段,把"开放、平等、协作、分享"的互联网精神融入其中,使互联网金融更具有创新空间;利用大数据、云计算等技术,降低了信息不对称程度,使那些被现代金融所忽略的社会中下层民众、中小微企业、经济落后和边远地区等,都能获得必要的金融服务。与银行的金融服务偏向"二八定律"里的20%客户不同,互联网金融争取的更多是80%的"长尾"小微客户。这些小微客户的金融需求既小额又个性化,在传统金融体系中往往得不到满足,而互联网金融在服务小微客户方面有着先天的优势,可以高效率地满足用户的个性化需求。① 在对信息技术等的使用中,互联网金融逐渐改变了现代金融的交易方式,机构呈现去物理化、业务脱媒等特点,改变了民众的金融习惯,从而使互联网金融更加贴近社会大众,真正呈现出对社会大众的包容,让有金融服务需求的民众均能按照其成本获得相应的金融服务,从而大大促进了中国普惠金融体系的构建。

(四) 具有更优化的资金配置、服务效率

中国互联网金融新业态的兴起使金融业态的形式发生了全新的变化,它的金融内涵——资金融通、支付、理财、信息中介、风险定价等方面并没有发生本质变化。互联网金融通过把最新的信息技术渗入金融行业,不但弥补了现有金融的不足,还大大提高了金融服务、资金配置等方面的质量和效率。银行、证券、保险等现代金融不断把新技术融入金融领域,进行长期的金融创新,从而提高了资金在不同时空配置的效率,但它们在实践中偏爱的是"二八定律"中的20%。互联网金融则与此相反,这正如马云所指出的"中国的金融行业特别是银行业服务了20%的客户,我看到的是80%没有被服务的企业"②。借助互联网、大数据、云计算、区块链等信息科学技术,互联网金融降低了信息不对称和不确定等现象的出现频率,大大扩展了金融服务的人群,提高了资金配置效率,支付也更加高效、便捷。

---

① 罗明雄、唐颖、刘勇:《互联网金融》,中国财政经济出版社2013年版第6页。
② 《马云:金融行业需要搅局者》,《人民日报》2013年6月21日。

## 第二节　互联网金融的模式[①]

中国互联网金融自2013年崛起以来,其模式不断创新,呈现出日益丰富、多样化的趋势,但从互联网金融各模式的载体来看,则不外乎由"金融＋互联网"和"互联网＋金融"两种模式构成,每种模式下再根据提供的金融服务内涵细化成若干个子模式。当然,随着金融与科技的重新定位,上述两种模式在功能上呈现不同的发展态势。

### 一、金融＋互联网

金融的互联网化模式,就是现有金融机构或准金融机构(取得金融牌照的第三方支付等)依托互联网、大数据、云计算、社交网络等信息技术,以提升支付、融投资、理财、咨询服务、风险定价等金融职能的效率,满足社会的金融需求,逐步化解经济发展所引致的金融问题,解决原有金融组织中的服务困境。按此内涵,金融的互联网化可以再细化为如下几个子模式。

一是互联网证券模式。互联网证券,就是现有证券公司利用互联网技术构建一个网上平台,为投资者在网上提供产品介绍、信息发布、研究、交易、风险控制、账户管理等全方位的证券业务服务,向投资者提供多样化的产品、高效的服务质量,降低交易门槛,以此实现高效、便捷、低成本的跨时空投资。中国互联网证券的发展,大致经历了证券公司设立网站、线下业务线上化、以证券为核心的金融超市等阶段,为投资者提供全面或个性化的证券业务服务。

与发达国家互联网证券相比,中国的互联网证券发展水平还存在一定差距。一方面是由于中国的证券公司、证券市场等的发展本来就比较滞后,在融资领域仍然落后于银行等间接融资,2013年才占据不到中国整个融资额的15%;另一方面在中国的沪、深股市上,上市企业以国有企业为主,可交易的品种不多,风险较大,在整个经济中占比较低。在证券公司互联网化方面,中国的互联网证券虽然起步较早,中国华融信托投资公司湛江营业部在1997年就推出了多媒体公众信息网网上交易系统,在交易所核心业务系统中采用微机局域网、发行交易清算全程无纸化等方面还领先

---

[①] 兰日旭:《中外金融组织变迁:基于市场-技术-组织的视角》,社会科学文献出版社2016年版第204-211页。

于国外,但在互联网证券领域尚未达到发达国家那种规模经济和范围经济的程度。当然,证券公司引导的互联网证券模式,也渐趋延伸到了电商等信息科技公司参与到证券业务领域,但这些信息科技公司由于缺乏证券牌照,无法发行证券产品,仅停留在证券产品的代理销售等理财时期中的价值传递环节,尚未真正渗入证券领域的价值创造环节。2013年以来,在纯互联网金融的冲击下,中国的证券公司网络化已经取得了很大进展,开始进入了一个全新的技术创新领域,为投资者提供全方位的证券服务。

二是互联网保险模式。互联网保险,就是保险公司通过互联网等信息技术为客户提供保险产品和服务的信息,实现网上咨询、开户、规划、投保、承保、理赔等保险业务,完成保险产品的销售和服务,借助银行或第三方支付机构将保费划入保险公司。此模式的发展,最初是保险公司开设网站,介绍、宣传保险业务和产品;之后,功能得到不断扩大,直至当前发展到经营模式的虚拟化、直接化、电子化和信息透明化等保险超市形态。客户能够从互联网保险中获得所有与保险有关的服务,甚至保险公司还可以通过网上客户留下的数据展开大数据、小数据方面的分析,为广大客户提供个性化的保险产品等服务。中国从1997年11月中国保险信息网成立、12月新华人寿保险公司发行第一份互联网保险单开始,到2013年"三马卖保险",所有的保险公司都设立了自己的网站,构建起一个全方位的互联网保险模式。跟互联网证券一样,一些电商、信息公司等也涉足互联网保险的某些业务,但它们也无法真正发行保险产品,仅能从事与代销等相关的保险业务。

三是网上银行、移动银行、电话银行、无人银行等模式。网上银行、移动银行等,就是银行业利用互联网、移动通信等技术,把支付、结算、信贷、理财等信用中介业务从线下搬到线上,为个人、公司提供信用中介服务。银行业的触网,基本与互联网等信息技术的发展同步,从最初的计算机辅助银行提高效率到电子银行、网上银行,以及正在逐步流行的移动银行,银行不断扩展信息技术的投入和运用,挺进电商、移动支付等非传统银行业务领域,巩固并拓展银行与客户之间存、贷、汇等业务关系,使得整个社会经济活动的效率迅速提高。至今,"互联网与银行业务已经跨过外部技术运用的初级阶段,开始了核心业务的渗透与融合,通过在满足客户需求的基础上再创造客户需求,为客户提供全方位、立体化的服务"[①]。银行业借

---

① 姚文平:《互联网金融:即将到来的新金融时代》,中信出版社2014年版第155页。

助互联网、移动通信、人工智能等技术来提升客户的信用服务体验和水平，在电商、信息科技公司等的竞争下，目前银行业也向电商等领域拓展，越来越呈现出金融超市与电商的融合趋势。在金融与"平等、开放、协作、分享"的互联网精神的相互结合下，该模式有可能形成一个相对完整的金融生态圈，使客户获得其所需求的全面金融服务和其他社会服务。

网上银行、手机银行在中国互联网金融中应用较为广泛。正如前述，受现有金融机构覆盖区域有限的影响，在很多农村，甚至城市边缘地区都无法获得必要的银行等金融组织的金融服务；同时，要从银行中得到必要的资金融通，又需要烦琐的手续，以及担保、质押、抵押等资产上的硬约束，中低收入人群根本无法从银行中得到正常的金融供给。而借助网络、通信等技术发展起来的网上银行、手机银行等"通过消除实体分支机构来降低管理费用和运营成本，并将节约的这部分成本用来增加现存业务的单位收益或者增加市场份额，通过支付高利息存款或者收取低息贷款的方式吸引用户"①。至今，中国的银行业已经在这方面取得了很大进展，基本深入到了社会底层和农村、边远地区。在城市地区，现有银行机构的分支网点日益提供智能化服务，甚至在2018年4月出现了无人银行的全新服务。

四是互联网金融销售模式。互联网金融销售，就是基金、信托等金融机构利用互联网等信息技术，构建网络平台，以实现金融产品的销售。该模式起到了连接客户和金融机构的纽带与桥梁作用，"一方面，金融机构通过互联网金融销售平台向客户销售金融产品；另一方面，互联网金融销售平台最直接地反馈客户需求、投资偏好"②。显然，该模式的主导还是金融机构，只是借助互联网等信息技术来降低交易费用，挖掘客户的潜在金融需求。当前，该模式由于在金融产品和众多的物品销售中涉及资金的支付而衍生出了第三方支付机构。到2013年10月，中国已经有250家支付机构获得了第三方支付的牌照，而具有准金融机构性质。2017年，在经过治理整顿之后，第三方支付机构仍有247家。互联网销售模式的发展趋势，渐渐打破了中国金融业的分业经营格局，弱化了原有金融机构之间的隔阂状态，呈现出混业化发展的态势。

## 二、互联网＋金融

互联网金融化模式，就是电商、信息科技公司等把自身经营业务跨界

---

① 姚文平：《互联网金融：即将到来的新金融时代》，中信出版社2014年版第159页。
② 姚文平：《互联网金融：即将到来的新金融时代》，中信出版社2014年版第81页。

到金融领域,或者信息科技公司独立开展支付、融投资、理财、信息咨询、风险定价等金融业务,以满足社会经济的金融供需职能。根据它们在实践中运作方式的差异,我们又可以把互联网金融化再进一步划分为如下几个子模式。

一是互联网或网络融资模式(网络借贷)。互联网融资,就是通过互联网等信息技术所构建的一个平台,不再借助银行、证券、信托等中介机构就能达到信息的交互,以此实现资金供求信息在更大范围内的匹配。此模式大大拓宽了资金供需的受众面,使难以从现代金融中获取金融服务的中下层民众、中小微企业、农村和边远地区等都能获得必要的金融服务,一定程度上减少了现代金融中存在的信息不对称现象。由于中国金融业的发展长期受到金融抑制的影响,现有金融组织无法满足大量小额的社会借款需求、无法容纳民间金融,而利率管制又使广大民众无法获得更高的利息收益,所以互联网融资模式的出现,恰好迎合了社会大众的融资需求,引致互联网融资的爆发式增长。这一模式最为典型的例子,就是P2P和众筹。

P2P,就是个人或法人借助独立的第三方网络平台以实现资金的借贷。这一模式虽然源于发达国家,但在中国大陆地区得到了更深程度的开展,只是不同地区的发展差异较大,北京、上海、杭州、深圳、广州等地在很多方面的发展都超过了国外任何一个国家和地区,仅到2013年10月初,P2P数量已经达到了500多家,呈现出疯狂扩张的特性;到2016年1月,又发展到3944家。当然,受到国内征信体制、利率市场化程度、监管体制等因素约束,P2P的运作方式仍然与国外存在很大差异,更多地引进了线上线下相结合、担保等方式,真正按照监管细则要求,P2P仅仅充当信息平台的极少。由此,也使P2P极易陷入资金池、非法吸存、非法集资等困局,出现"野蛮"增长与成批倒闭并存的现象。2015年12月,《P2P监管细则征求意见稿》发布;2016年年初公布了《P2P网络借贷风险专项整治工作实施方案》,计划用一年时间来完成,但到2017年根据网络借贷的实际情况延长一年的过渡时间,以规范它们的发展。2018年,中国银保监会再次根据各地网络借贷整顿情况,顺延了一年时间,以保证网络借贷的合规发展;同时,按网络借贷平台的经营情况将其划分成合规、整改、兼并、清退四大类,确定具体的行业准入细则,借助穿透式监管以实现对P2P的全覆盖管理,防范其风险。

众筹,就是通过互联网等网络平台向公众或特定对象,为个人、企业等进行某种活动或项目募集资金的融资方式。众筹的项目多种多样,募集平台也各有侧重。众筹自从在美国创建以来,在全球各地获得了快速发展,到2013年6月,在数量上就已经突破了1500多家。2011年以来,中国国内的众筹模式得到了极速发展,到2015年年底时已有众筹平台近500家。与国外相比,中国的众筹运作方式相对单一。基于中国目前的法律制度环境,大多数众筹平台(包括点名时间、追梦网、淘梦网、亿觅网等)都属于奖励制的,仅有少部分众筹平台(诸如大家投、天使汇、创投圈等)从我国法律环境出发,谨慎地进行着疑似股权股份型众筹的初步尝试和探索。[①]众筹,特别是股权众筹的界定不明,使这一领域乱象丛生。对此,中国证券会在2015年8月开始对众筹平台进行整顿规范,之后不断发布相应的众筹管理规则,以明确众筹内涵和业务经营规则,引导其合规发展。

二是互联网理财模式。互联网理财,就是凭借互联网、移动通信等信息技术,创建网络平台,以实现金融信息、产品等介绍、咨询、销售、规划、服务等理财为目的的活动。由于受金融牌照等因素约束,此类平台基本无法自己提供金融产品,仅仅利用互联网技术等创建平台,以从事现代金融机构所发行的基金、信托、证券、保险等金融产品的介绍、售卖等代理性活动。显然,按照互联网理财所提供的服务,大致可分为工具型、建议型和交易型三类网络理财平台。与发达国家互联网理财为大众提供理财规划服务的基本定位不同,中国国内的理财网络平台有一定程度的发展,出现了如挖财、铜板街、存折网等小规模、独立的在线理财机构,但"在商业诚信相对缺失的环境中,这种只能通过网络或电话进行沟通的方式很难让客户真正放心"[②]。为此,第三方理财模式还处在发展的萌芽时期,尚未成为民众首选的理财方式;民众更加偏好余额宝等互联网理财和金融的互联网化模式中的理财网络及其线下交易渠道。今后互联网理财模式会随着社会大众理财需求的快速、多元发展而呈现出较快发展趋势。

三是互联网支付模式。互联网支付,就是电商、信息科技公司等利用自身的信息技术优势,针对现代金融机构在支付中存在的高额费用而做出的一个以捆绑银行卡等为载体的快捷支付方式。该模式在发展初期仍然需要借助银行卡、账户等来支付,而随着技术端的发展,这些支付方式渐趋向独立方式转化,以此降低交易成本。之后,像阿里巴巴、腾讯、百度等还以此为依托,把客户支付中的大量余额加以利用和转化,发展成为各种理

---

① 罗明雄、唐颖、刘勇:《互联网金融》,中国财政经济出版社2013年版第185页。
② 姚文平:《互联网金融:即将到来的新金融时代》,中信出版社2014年版。

财宝,通过嫁接基金、信托、保险、证券等现代金融机构,向理财方式转化,突破了原有金融组织理财的众多限制(如准入额度、赎回时间),呈现出互联网金融的混业经营趋向。

四是纯网上银行模式。该模式就是借助互联网等信息网络所开设的银行。这类网络银行,属于纯网上银行(下文提到的网络银行都是这种类型),完全依赖互联网开展银行业务,没有线下的物理网点,因而也被称为"没有银行的银行"。"最新技术例如电话银行、自动取款机、个人电脑和互联网可以使银行在一个地理区域内不用设立营业地点,也可以为那里的客户提供方便的金融服务。这些技术先进的传输系统可以使客户不必光顾传统的银行营业网点就能照样存款、申请贷款、提出金融需求和获取最新的账户信息,或者在某些情况下使客户与银行代表直接交流。"①显然,客户可以不受上网方式(PC、PDA、手机等)和时空的限制,只要能够上网,无论身在何处,都能够安全、便捷地管理自己的资产和享受银行的各种金融服务。网上银行以互联网为平台,业务不受地域、物理网点、营业时间等限制,可以随时随地在互联网上,甚至通过一个移动互联网终端就可以完成存款、贷款、结算、支付、理财等各类银行主体业务。由于网络银行没有物理网点,节省了巨额的网点运营费用和人员开支。2013年阿里巴巴就提出要创办网上银行;2014年7月,深圳前海微众银行获批;10月22日宣布成立,12月28日,其官网正式上线;2015年1月26日正式营业。之后,阿里网商银行、百度的百信银行等相继开业,网上银行在中国开始进入一个较快发展的时期。

当然,互联网金融除了上述模式之外,数字货币也在中国获得了很大发展。2014年,中国人民银行就成立了数字货币研究所以加快对数字货币的研究,推进数字货币的研究和数字货币上线,以适应信息技术发展所带来的机遇。目前,中国人民银行在主权数字货币的发展和研究上已经取得了很大进展。与此同时,中国政府加强了对网络货币的管理,2017年9月4日,中国人民银行联合中央网信办、工业和信息化部、工商总局、中国银监会、中国证监会以及中国保监会共同发布《关于防范代币发行融资风险的公告》,明确表示进行融资活动的发行代币形式包括首次代币发行(ICO)在本质上是一种未经批准的非法公开融资行为,要求立即停止各类代币发行融资活动,对于已完成代币发行融资的组织和个人应当做出清退等安排。

---

① 詹姆斯·W.布罗克:《美国产业结构》,中国人民大学出版社2011年版第343页。

今后,随着数字货币的渐趋推出,网络支付的日益普及,我国货币领域将会呈现出"无现金社会"的发展趋势。

## 第三节 互联网金融的影响

中国互联网金融源起于现代金融的信息化,但真正搅动金融行业的则是 2013 年崛起的纯互联网金融模式。纯互联网金融的快速崛起不但引起了金融创新浪潮、丰富了金融产品,而且给现代金融业带来了直接的重大冲击,正在或已经改变了它们的业务、理念和经营方式等。现代金融信息化与纯互联网金融的双向、融合发展,改变了以前金融封闭发展的空间,模糊了行业与市场的界限,呈现出开放发展的态势,共同推动中国金融的深入改革和发展,提升了中国金融的核心竞争力。与此同时,互联网金融的崛起方式及其做法,还给中国社会经济发展带来了间接的影响,对经济结构升级、产业结构转型等带来了诸多有益的影响。

### 一、互联网金融对现代金融的影响

互联网金融自 2013 年崛起以来,不但拓展了中国金融业的范畴,形成了崭新的经营理念,而且还对中国现有金融业的发展产生了重大冲击和影响。这一影响明显具有冲击—反应的意味,这一形式大大促进了现代金融信息化与纯互联网金融的融合发展趋势,提升了金融服务社会的效率。

(一)冲击和拓展原有金融的经营业务

互联网金融在中国的发展,极大冲击了现有金融的业务结构和经营活动。具体而言,有如下两方面:一方面,冲击了原有金融的业务活动,影响了它们的收益。目前,银行、证券、保险等现代金融尽管仍然在存款、信贷、结算、理财、信息咨询、风险定价等金融业务中占据主导性地位,但这些业务均遭到了互联网金融的强力冲击。在存款领域,自从余额宝及各类互联网金融"宝"诞生以来,其高收益、快捷和低门槛,使资金从银行、证券等机构中流出,极大地减少了银行的存款量等;资金流向"宝"类,使"宝"们在大额资金存放上能与银行形成协商,提升了资金存放利率,增加了银行的成本,一度引发了关于"资金空转"、"余额宝是吸血鬼"等内容的争议,无形中给银行、证券带来了强大的冲击力,在中国存款利率市场化、贷款利率市场化①的条件下,引致了存贷利差进一步缩小,彻底改变了过去银行靠存贷利差获取巨额收益的时代。"宝"们的这一行为,迫使银行等现代金融组织不得不对经营模式加以重视,并对"宝"们的竞争做出回应。在银行业内,开始呈现扎堆推出类似余额宝的金融产品的现象,到2014年2月27日就有民生银行、中国人民银行、平安银行、广东发展银行、交通银行、工商银行、浦发银行等7家银行推出了类似余额宝的金融产品。

在信贷领域复杂而烦琐的手续,依托人工、物理网点等引致的高成本下,现代金融组织在实践中形成了"嫌贫爱富"的特性,这使它们难以满足中小微企业、中下层民众、农村与经济欠发达地区的融资需求。互联网金融借助互联网、大数据、云计算、区块链、人工智能等信息技术,基本克服了现代金融中存在的上述特性,以P2P、众筹等为主体的网络借贷、纯互联网银行、微贷、蚂蚁金服、京东产业链金融等为载体,为各类融资需求主体提供了资金。众筹在2016年融资额超过200亿元,P2P放款余额到2017年已经超过万亿元,微商、微众等纯互联网银行在2016年的放贷额也超过千亿元;今后它们的放贷将呈现不断放大之势,将在一定程度上改变现代金融的放贷格局。为此,银行等现代金融组织不断设立小额信贷部、普惠金融事业部等机构来应对来自互联网金融的挑战。

在理财领域,现代金融组织开展理财的范围主要集中在理财投资行为和咨询顾问领域。在我国理财业务中,银行业占据主导性地位,2005年,银行机构开始开展理财业务,到2017年年底,共有562家银行机构获得理财业务资格,存续理财产品9.35万只,存量资金规模29.54万亿元。从这些理财业务来看,它们普遍存在门槛高、额度大、变现不灵活、协议调控"霸王"化、手续复杂的特点;按照监管要求,客户首次购买银行理财产品,必须到营业网点当面进行风险承受能力评估,且首次购买产品的起点金额必须达到5万元。这样,就把绝大多数民众排除在理财的范围之外,纳入其中的,也有很多客户深受"霸王"条款的危害,陷入了理财陷阱之中。而随着

---

① 中国利率改革向市场化推进,1993年确立了"先非银行机构,后银行;先外汇,后本币;先大额,后小额;先贷款,后存款"的顺序;到2008年,除了商业银行的存贷款利率仍严格管制外,债券、信托、外汇等的价格基本都是市场化定价。2013年以前,中国人民银行设定了一个利率基准,同年7月20日中国人民银行取消金融机构贷款利率0.7倍的下限;2015年10月23日中国人民银行取消商业银行一年期以上定期存款利率浮动上限;2018年中国人民银行推进利率市场化改革,4月宣布将放开商业银行存款利率上限行业自律约定,利率基准将与市场化利率合并,但至2019年6月尚未开放。

民众收入的日益提升,获取财富性收益成为他们的迫切需求。互联网金融利用信息技术,提供了无门槛、无额度限制、无时间约定(T+0)的理财产品,基本化解了现代金融中存在的理财服务问题,能够为不同收入的阶层提供相应的理财渠道,改变了以前客户依附在金融组织中的状况,使客户逐步独立出来。2013年,余额宝诞生之后,在不到半年的时间之内,其用户数就超过了已有23年发展历史的沪、深股市的有效户数。互联网金融如此快速的发展趋势完全契合了社会大众的不同理财特征,推动了中国理财领域的快速发展,使不同阶层的民众均能从财富投资中得到不同程度的获取感。现在,大多数人发了工资都不愿意留在银行充作存款,而是转投各类兼具流动性和收益性的互联网金融理财产品。面对来自互联网金融的冲击,现代金融组织为此做出了相应的变化,渐趋改变了过去那种"挑三拣四"的心态,亦利用信息技术向下拓展,更多呈现"平民化"趋势。

在支付渠道领域,自1999年中国首家第三方支付企业成立以来,已经改变了现代金融那种一家一个账户、跨机构与异地支取费用较高等的模式,出门不用多带现金而借助手机就能行走天下,以致在2017年以阿里巴巴为主体的互联网金融提出了"无现金社会"的理念。面对这一趋势,互联网金融尚未对传统的大型银行构成"颠覆式"威胁,因为政府表示私人银行将可能更加专注于创新类的金融产品。国有商业银行还可以利用其法律权利、垄断实力降低竞争对手的业务能力,为了应对互联网金融企业的爆发式增长,一些银行对其客户在诸如余额宝和理财通等的转移支付数额上设置了限额。2014年3月,中国人民银行和监管机构还暂停了腾讯和阿里巴巴在线信用卡及二维码扫描支付业务,以此控制互联网金融行业过快发展所带来的影响。2017年,中国人民银行等提出了组建网联,要求所有第三方支付企业的支付渠道均需切入网联,打破了互联网金融一统天下的格局,引发了金融基础设施变革。移动支付已经成为当今中国所谓"新四大发明"[①]之一,现代金融也必须适应这一变化趋势。

在信息咨询领域,中国现代金融组织尽管构建了自身的咨询系统,但与前述金融领域的业务开展一样,更多偏好VIP客户,对于绝大多数人而言并没有实质性意义。互联网金融则完全不一样,它们充分利用网络技术广泛开展信息咨询服务,根据不同客户的需求提供相应的服务,为深耕理财等领域的业务奠定基础。受互联网金融冲击的影响,现代金融业渐趋改

---

① 根据网络调查统计,移动支付、高铁、共享单车与网购被认为是中国的新四大发明。

变了过去的模式,采取相对灵活的方式为不同客户提供差异性咨询服务,以迎合不同收入人群的理财需求。

在风险定价方面,现代金融大多依托人财物的实体形式、借助现代金融理论等模拟测定风险方面的偏好,以此确定金融资产的价格。互联网金融则依靠大数据或小数据、社交网络、云计算、区块链等信息技术,推测个人、企业等的偏好,从而判断其风险程度,进而确定其对金融需求的风险定价,这样就完全改变了以实体形式为依据判断金融资产价格的做法,大大降低了风险定价领域的成本,扩大了金融交易的范围,提升了金融交易的效率。

另一方面,拓展了现有金融应用信息技术的深度和广度。现代金融从20世纪50年代以来就开始了信息化进程,根据不同阶段的需求实现金融的互联网化,但在互联网金融崛起以前,现代金融信息化更多是把信息技术作为业务开展的辅助手段。互联网金融快速发展以来,信息技术的应用逐步由辅助向网络虚拟化办公转变;目前,随着大数据、云计算、人工智能的成熟应用,互联网金融推动的网络化进程已经向全面智能化转换。对此,现代金融顺应了这一形势的发展需求,深化了信息技术在金融领域的使用。2017年6月,中国农业银行在试点基础上把"刷脸取钱"技术向全行推广,实现了在ATM机上不用银行卡就能取钱的智能化转型。2017年9月,兰州银行与支付宝、微信支付等合作,创新性地践行了支付宝、微信支付中的资金可以在它的ATM机上直接支取现金,由此创建了互联网支付与现有银行之间的通道。中国建设银行于2018年4月在上海推出了"无人银行"的全新网点,客户能够在无柜员、大堂经理等人工帮助的情况下,在现场或通过网络远程办理相应的金融业务。与此同时,现代金融不但建立了自己的信息技术创新应用机构,而且还加快了成立金融科技子公司的步伐,以促进技术在金融领域的应用和创新。自2015年兴业银行首创国内银行系金融科技子公司以来,到2018年5月15日,平安、招商、光大、建设、民生等6家银行陆续建立金融科技子公司,以深化金融与科技的融合。

(二)创新了现有金融的经营理念

银行、证券、保险等现代金融业为了化解不确定性和信息不对称性,基本上对物存在很强的依赖性。在经营过程中,它们需要依托以物产为抵押、质押、担保或直接现金交易来维护自身的资产保障权益。为了实现对物的依赖,它们延伸出了一个相对复杂的评估、审核过程。这达到了保障资产安全的目的,但无疑也增加了它们的运作成本。显然,在以物为保障的现代金融理念下,根据成本收益原则,它们在经营中自然偏好于有经济实力、有一定规模、有政策保障的对象,而把相对无经济实力的中下层民众、农村和落后地区规模很小且分散的金融需求、中小微企业等的融资需求排斥在外。这样,现代金融在实践中日益形成贵族、精英的经营特性,严重偏好于"二八定律"中顶层的20%。

互联网金融凭借信息科学技术,逐步化解了现代金融以物为导向的金融服务理念。借助大数据、小数据、云计算等手段,互联网金融重构了资金供给者与需求者之间的诚信结构,化解了资金供求之间的信息不对称问题,使它们天生就具有普惠的特性。利用人工智能,互联网金融完全降低了金融服务中的人工劳动强度,提升了工作效率,重构了金融业务流程,丰富了客户服务方式,管控了业务风险,创新了业务模式。显然,互联网金融对信息科技的应用,大大提升了资金配置效率和资金的安全性,使它们逐渐改变了现代金融深受物保理念约束的现状,逐渐回归到服务实体经济的本质和以人为本的理念之中。

(三) 影响原有金融的经营方式

在互联网金融兴起以前,中国的现代金融信息化程度虽然取得了很大进展,但它们基本上是以物理网点为业务开拓空间,人工提供绝大多数的金融服务,绿色金融程度极低,金融服务水平不高,效率低下,排队等待现象极为严重,经常引发顾客的不满。银行、证券、保险等现代金融组织的传统经营方式,使它们面临着物理网点、运营和渠道等高额的成本;人工操作方式、循规蹈矩的制度机制,使大量金融业务消耗很高的时间成本。在此背景下,现代金融业在20世纪90年代前后曾进行过流程再造等改革,以此减少服务环节,降低经营成本,但在缺乏强有力的竞争者的状态下,效果不尽如人意;而对信息技术的应用,现代金融业往往仅仅把它当做人工的一个辅助手段。

随着互联网金融在中国的崛起,它们依托信息技术完全改变了现代金融的经营方式,之前以人工为主、依托物理网点的经营空间迅速向网上的虚拟空间转变,经营效率快速提升,完全改变了过去等待时间冗长的状况。在此竞争下,形成了"银行不改变,我们改变银行"的颠覆式理念。这就迫使银行、证券、保险等现代金融组织不得不强化互联网金融平台建设,完善信息化服务平台功能,实现营销渠道的再创新。在互联网金融强有力的刺激下,银行、证券、保险等现代金融组织基本实现了线下业务线上化,各种经营业务方式绿色化,建立了以App为主要载体的智能化服务系统,民众在网络上就能完成几乎所有的金融服务,从而完全改变了过去那种排队等待办理业务的服务方式,各类金融机构的实体网点开始出现无人光顾的现象。互联网金融的快速发展,给现有金融的分支机构带来了全面冲击,使逐步关停高成本地区的分支机构成为今后发展的必然趋势,截至2017年第四季度,银行共关闭了近400家社区网点、代理处,而且还给现代金融业带来了进一步深化改革的机遇,以此达成信息技术发展下金融体系的帕累托改进。

(四)重塑现代金融的生态环境

经过新中国成立之初金融业以"公私合营"为形式的强制性制度变迁之后,之前多样化的金融载体渐趋向大一统体制转变,使金融行业在很长一段时间内成为财政的依附体。改革开放之后,随着社会经济的快速发展,中国金融业重新呈现出快速、多样化发展趋势,但受惯性思维制约,金融业至今还是一个高度垄断的行业。它们明显缺乏强有力的外部竞争者,垄断利润高、竞争压力不足。当前,它们虽然在环境压力下,在行业机制、准入标准等方面有所改善,但在国家信用替代行业信用、"大而不能倒"等条件下,民间资本进入已有的金融领域依然存在诸多障碍,而已有的金融体系也无法为全部的社会大众提供必要的金融服务,相反,它们还利用自身的垄断优势,不断抬高行业服务、准入等门槛。

在此背景下,发端于原有金融业的互联网思维,迅速向互联网行业、第三方机构涉足金融业务发酵,使互联网金融呈现出快速成长之势。在实践中,它们把"开放、平等、协作、分享"的互联网精神融入互联网金融之中,从而使广大长期游离于现代金融服务之外的中下阶层民众、中小微企业渐趋被纳入互联网金融的服务范畴之中,体现了增加民众财富性收入等包容性增值理念;同时,还在某种程度上把长期存在的民间金融等难以监控的领域,渐趋包容到互联网金融之中。互联网金融新业态的出现和发展,打破了以前金融生态下供给方、需求方、基础设施、监管等四方相对隔绝的状态,各个主体之间借助网络平台拉近了彼此之间的距离,减少了中介,把众多权利赋予客户,更加重视客户的体验,如此自然迎合了社会大众的需求,解决了传统金融所无法解决的众多问题。"互联网金融业务具有小额、快捷、便利的特征,因而具有显著的包容性,解决了许多传统金融体系不能很好解决的问题,与传统金融体系相互渗透,相互促进,相得益彰,共同构成广义的金融体系"①。显然,互联网金融发展所引致的金融生态环境的改善,为现代金融提供了一个以创新、竞争、平等、包容、开放为内涵的全新金融生态环境,体现了科技金融、绿色金融、普惠金融的发展趋势。

## 二、互联网金融对社会经济发展的借鉴

中国互联网金融自2013年以来快速发展,至今已经在网络支付、网络借贷等领域处于世界领先水平。互联网金融的发展虽然时间很短,但它在实践中快速发展并改变中国金融原有发展格局的诸多做法,以及在处理政府与市场、技术效仿与创新等方面的方式无疑能够对当今中国社会经济,特别是对经济结构调整的核心环节——产业结构的转型提供有益的借鉴。

### (一)在互联网金融行业崛起中形成的创新浪潮及"鲶鱼效应"

创新,就是对生产要素进行重新组合。按约瑟夫·熊彼特(Joseph Alois Schumpeter)的创新理论,创新过程包含五个环节:产品创新、技术创新、市场创新、资源配置创新、组织创新。②从中国互联网金融发展的过程来看,我们可以明显看出互联网金融行业在中国的发展是从国外引进技术并开始模仿的,之后设立不同的互联网金融模式,只是在2013年以前的很长一段时间内并没有在国内引起多大反响。2013年,余额宝的成功则引起了社会各界的关注,迅速引爆了以信息技术公司为主体的相关行业渗入金融领域,形成了跨界经营的盛况。互联网金融打破了现代金融精英化、贵族化的特性,迅速渗入"二八定律"中80%的长尾部分而引发长尾效应,从现代金融中分割了大量存款,基本接管了中下层客户。市场份额虽小,但其数量增长迅速,很快就在金融业中引发了"鲶鱼效应"。"未来的金融有两大机会,一个是金融互联网,金融行业走向互联网;第二个是互联网金融,纯粹的外行领导,其实很多行业的创新都是外行进来才引发的。"③来自纯互联网金融的"颠覆式"竞争,使银行、保险、证券、基金、信托等原有金融组织也不得不做出反应,纷纷加入到"金融+互联网"的创新之中。证券、保险因天生具有互联网的基因,很快就升级到互联网金融的层面;银行则纷纷设立各种银行"宝",实体机构向互联网金融平台升级。由此,激起了

---

① 《促创新和防风险并举 推动互联网金融健康可持续发展》,http://www.pcac.org.cn/index.php/dongtai/list_details/ids/281/id/57/cid/184/topicid/4.html。
② 约瑟夫·熊彼特:《经济发展理论——对于利润、资本、信贷、利息和经济周期的考察》,商务印书馆2000年版。
③ 马云:《金融行业需要搅局者》,《人民日报》2013年6月21日第10版。

中国金融领域的一股创新浪潮,在极短的时间内就改变了原有金融分布不平衡的格局。此种局面,有可能使中国互联网金融行业具有核心竞争力,缩小与发达国家金融竞争中的差距。

互联网金融崛起所引发的创新浪潮及其"鲶鱼效应",改变了中国原有金融长期"抑制"和相对落后的局面,由此所出现的金融新业态和强大竞争力,对当前中国社会经济结构调整、产业结构升级中普遍面临的缺乏核心技术的状况,具有很强的示范作用。在以制造业为主的产业结构的调整中,我们可以像商务部在全球所做的"中国制造"系列广告中所说的那样,以积极主动的姿态吸纳来自海外各国的先进技术、管理经验,推动中国产业结构的转型,并在国务院"双创"政策的支撑下,培育经济结构调整中的创新"波"和激起传统产业中的创新"鲶鱼",最终实现产业结构的提升和生产方式的转型。

(二) 在互联网金融崛起中形成的产业链的延长及附加值的提升

在互联网金融崛起之前,中国原有金融体系在长期"抑制"下,不但保持其精英、贵族特性,局限在"二八定律"中20%的群体范围之内,占比80%的中下层民众、绝对优势的中小企业、城郊和广大农村地区基本难以得到现代金融组织的必要服务,现代金融组织更多地服务于政府政策所确定的国企、特定行业以及特定对象。改革开放以来,"公有金融产权边界的扩张使得国家控制金融资源的能力得到加强,从而能够利用这些金融资源替代迅速下降的财政能力以支持体制内经济增长"[1]。互联网金融的出现和快速发展,则打破了原有金融业的服务界限。它更加侧重于长期经济发展与现代金融服务中的盲区,如前文提及的现代金融组织无法覆盖的时空、对象盲区。互联网金融行业涉足的服务对象覆盖了所有人群、各类企业、各类地区,呈现普惠金融特征,由此大大拓展了中国金融服务的产业链,服务对象完全突破了特定产业、特定区域、特定人群。借助互联网、大数据、云计算等现代信息技术,改变了中国金融业之前信息不对称等状况,降低了金融服务中的交易成本,提升了金融服务效率。与此同时,之前内生于现代金融的各种金融产品逐步外生化,把整个金融产品的设计、生产、配置、销售等变成了一个产业链。

在互联网金融发展中所引发的产业链延长和附加值提升,打破了原有金融业服务界限,形成跨界服务的趋势,而对新常态下的产业结构调整产

---

[1] 李志辉:《中国银行业的发展与变迁》,格致出版社、上海人民出版社2008年版第3页。

生了极大的驱动力。中国产业结构的调整不仅仅需要依托创新,也要根据中国制造业的实际情况和各类要素成本上升的态势,对原有产业进行整合,以提升中国制造产业在全球产业链中的附加值。这一做法,对那些不具有核心技术、品牌的产业就是一个最佳的产业转型和升级的方式。在附加值提升过程中,逐步培育核心技术与知名品牌,以最终达到产业结构调整的目标。

(三)互联网金融双向发展与融合的发展方式

中国互联网金融一开始就呈现出双向发展的态势,纯互联网金融所展现的"互联网+金融"的方式在短短的时间内已经渗入原有金融业的各个领域,打破了直接融资与间接融资、实体经济与金融市场之间的界限,展现出"互联网+"的威力,给社会各行各业带来了前所未有的冲击。"网络也使得企业的经营方式发生了改变,企业的生产、分配、交换、消费各个环节都离不开网络的支持,无论是内部资源的协调和配置还是外部信息的获取和整合,网络都为其提供了一个便捷有效的平台。"①银行、保险、证券等原有金融组织继续在信息化基础上迈进,"金融+互联网"的范围和程度均有了大幅扩展和提升,基本涵盖了纯互联网金融中所涉及的各个模式,形成众多像蚂蚁金服、京东金融等取得金融牌照的集团型金融组织。目前,互联网金融中的双向发展已经开始呈现出融合趋势,成为当前中国金融领域中的一个前沿阵地,具有重构中国金融体系和结构的趋势。

互联网金融发展中的双向与融合方式,体现出了行业发展中分与合的趋势。当前中国经济结构调整中需要针对不同产业、不同地区的情况,加以全景式考察、综合性整合,有选择地提升产业结构。中国经济的结构调整与发达国家在20世纪50年代以来的结构调整存在很大不同。发达国家具有相对完整的产业链,在向外转移的分化中出现了产业"空心化"现象,而中国很多行业不具备核心技术、品牌等要素,仅仅根据国外订单要求而开展加工生产。若遵循发达国家和地区产业转移的方式,中国不可避免地会出现行业或区域产业"塌陷"的现象,严重影响就业和社会稳定等。对此,我们可以利用行业横向与纵向延伸发展的双向方式,以实现产业整合,保留产业链中附加值较高的部分。在整合过程中形成规模经济和范围经济的产业,则可以通过行业上下游之间的融合趋势,以最终形成具有自身优势的产业集团,达到区域性的经济结构调整和升级。

---

① 陈慧慧:《网络外部性市场中的技术创新和竞争策略研究》,经济管理出版社2015年版第1页。

### (四)互联网金融发展中政策支撑的适度空间

中国互联网金融在获得爆发式增长之初,虽然各个模式均得到全面发展,但整个行业处在"三无"状态下,导致互联网金融企业良莠不齐。很大一部分企业的创立者带有某种形式的欺骗色彩,致使非法吸储、非法集资、网上传销、洗钱、套路贷、形成资金池以自融等事件层出不穷,爆雷、挤兑、跑路、倒闭、清理的互联网金融事件高发。与此同时,余额宝崛起之后,还在社会上引发了巨大争论,甚至出现了如前所提及的把余额宝等比作"吸血鬼",而发出了取缔的呼声。然而,中国政府并没有采取强制取缔它们的行为,而是给予它们充分的创新与发展空间。这点,不仅在两会报告中有相应表述,而且在2015年7月18日出台的《关于促进互联网金融健康发展的指导意见》中表述得更加清晰,"互联网金融是新生事物和新兴业态,要制定适度宽松的监管政策,为互联网金融创新留有余地和空间"。在经历一段较长时间的摸索之后,中国人民银行联合相关部委将互联网金融各模式划入原有金融管理体制的各个相关主体之中,由各个监管主体在全国各地调研,然后相继出台详细的监管细则,并于2016年4月开始对互联网金融进行专项整顿,10月,国务院发布《互联网金融风险专项整治工作实施方案》,对互联网金融展开专项整治,但仍然给互联网金融相关模式及其从业者一年的过渡时间,以使其按照细则和整治要求加以规范。2017年,针对互联网金融出现的新现象、新形态,互联网金融整治工作又对不同模式加以区别对待,把整治时间整体延长到2018年6月。2018年,在防范金融风潮的底线思维下,再次延长了整顿时间。这样,就避免了"一刀切"的行政干预现象,使互联网金融得到了自我调整和创新的发展空间。

在政府与市场之间的关系处理上,中国从改革开放到1993年一直在"管资金"与"调市场"之间游移,以致在金融发展中出现了"一管就死,一放就乱"的现象。而在对待互联网金融发展的态度上,两者关系中所体现出的政策思路明显更加强调市场化和法制化,行政化干预较少。政府在互联网金融行业发展中有效处理政府与市场之间关系的做法对当前中国产业结构的调整有着很大的借鉴空间。毕竟,一国产业结构的调整涉及面广,很难在短时间内完成。对此,中国在产业结构调整过程中需要在政策层面充分意识到这一点,在经济结构调整过程中形成的诸多政策措施也应该契合中国产业结构以制造业为主、核心技术少和品牌短缺的特征,逐渐推进行业组合和结构升级,最终使中国在相对稳定、可持续的社会经济环境中实现产业结构转型和升级的目标。

# 结束语

通过对新中国金融发展70年的梳理和总结可知,中国金融业的发展尽管经历了一个相当曲折的过程,但其发展却越来越顺应国情,遵循市场规律,回归服务实体经济的本质。今后中国金融业的发展必须从过去70年的经历中吸取经验,避免"似曾相识的回归",使金融业真正服务于社会经济的发展,形成良性互动;同时,一定要处理好金融监管与创新之间的关系,以守住不发生系统性金融风险的底线为原则,积极推进金融创新,占据金融创新的制高点。当前,中国蓬勃发展的互联网金融大大推进了金融业务的发展和创新,缩小了与发达国家之间金融业发展水平的差距,在第三方支付、网络借贷等领域还领先于国际水平。然而,在未来中国的金融发展中,我们仍然需要在总结过去发展经验的基础上,注重如下几个方面的问题。

一是金融混业发展趋势的有序推进。自1995年明确金融分业原则、2003年"一行三会"体制形成,我国金融业的发展正式进入分业监管、分业经营时期。经过十几年的发展,我国金融业和金融制度建设取得了巨大进展。金融业的快速发展,特别是2013年以来互联网金融的崛起,迅速打破了分业经营的范畴,模糊了市场与机构的边界,各个金融业态、功能高度交融,已经形成了事实上的混业经营态势。然而,在制度上,我国尚未完全明确这一趋势,由此给各个金融业态的发展带来了诸多不便,形成了许多灰色区域,极易成为今后金融风险的爆发点。2017年金融稳定委员会的成立,2018年中国银监会与中国保监会的合并、金融功能的重新调整,中国人民银行与中国银保会人事上的交融,无疑重整了中国金融监管模式,初步顺应了金融混业发展趋势。今后,我们仍应该主动推进和深化金融改革,遵循市场发展规律,顺应金融混业发展趋势,加快金融制度建设,为我国金融的健康持续发展保驾护航。

二是普惠金融的构建与回归服务实体经济的"初心"。金融的本质是服务实体经济,"脱实向虚"极易引发区域性或系统性风险。改革开放之前,"管资金"机制的形成虽然抑制了金融功能和金融业务的发展,但在本质上确实迎合了资本缺乏国家推进现代化建设的需求,有效实现了分散资本的集聚化,在国内外环境险恶的背景下推动了重工业目标的有序发展。其间,受政治运动等因素的不正常干预,"管资金"功能趋向极端化,极大扭曲了金融业的发展。改革开放之初,我国顺应社会经济多元化发展趋势,推动"管资金"向"调市场"转化。在最初的15年中,深受计划经济体制的影响,我国金融职能在"管资金"和"调市场"之间摇摆,导致金融发展中出现了"一管就死,一放就乱"的发展乱象。之后,随着社会主义市场经济体制的确立,我国金融的发展日益顺应市场化发展趋势,部分改善了金融与经济之间的发展关系,为经济的长期高速发展提供了必要的金融基础。2013年,中国经济进入新常态,经济增长从高速转向中高速,由注重数量向注重质量过渡,隐藏在经济长期高速增长中的各类矛盾日益凸显,金融领域中的供需盲点暴露出来。信息技术渗入金融领域,引发了互联网金融的崛起,普惠金融、科技金融、绿色金融的快速发展在一定程度上缓和了"融资难"的状况。银行、证券、保险等现代金融组织必将进一步适应这一趋势,机构下沉,与纯互联网金融模式共同推进我国普惠金融的深化发展,使所有需要金融服务的主体均能根据其价格获得必要的金融服务。在今后很长一段时间内,普惠金融体系的构建不但会成为我国金融发展中的重要命题,而且会促使金融发展越来越回归到服务实体经济的"初心"。

三是中国金融监管与创新之间的良性互动。金融是社会经济的核心,金融危机则是社会经济波动的重要根源。"金融安全是国家安全的重要组成部分,是经济平稳健康发展的重要基础。……金融活,经济活;金融稳,经济稳。"[1]然而,金融风险是无法根除的,正如熊彼特所言:"没有一种疗法能够永久地阻止大规模的经济和社会过程,在此过程中,工商企业、各个人的地位、生活方式、文化的价值和理想等等,将以整个社会的规模下沉,并最终消失。"[2]但通过对危机的研究和对过去发展经历的总结与现实国情的

---

[1] 习近平:《做好金融工作 维护金融安全》。
[2] 约瑟夫·熊彼特:《经济发展理论——对利润、资本、信贷、利息和经济周期的考察》,商务印书馆2000年版第282-283页。

有效结合,采取积极的监管措施,能够起到有效预防和降低危机的危害程度的效果。然而,如果监管过度,则会抑制金融的创新,扭曲金融的发展。这点,在新中国金融 70 年的发展过程中,我国在金融创新发展与监管之间曾经历了多次的极端行为,陷入过金融发展的困局。今后,为了有效地应对监管与创新的关系,我们必须汲取"管资金"极端化、"调市场"过程中"一管就死,一放就乱"的经验教训,在促进金融发展的过程中有效维系金融监管与创新之间的良性互动关系,防范极端化行为。当前,我国在对待互联网金融的创新与监管中,就有效地处置了两者的关系,给新兴金融业态一定的创新发展空间和时间,有力推进金融发展的同时,又适时地促进了金融监管体制机制的改革,有序化解了金融发展中的各类风险。今后,按照第五届全国金融工作会议部署,特别是党的十九大报告中的金融布局目标,我们既要持续加强金融监管工作和深化金融监管体制机制改革,守住不发生系统性金融风险的底线,又要给予金融发展适度的创新空间,占据金融发展的技术制高点,引领全球金融的发展态势。

四是持续扩大中国金融的开放程度。改革开放以来,我国金融日益融入全球化之中。外资金融机构有序进入我国境内金融市场,至今已经成为我国金融业的一个重要组成部分。我国金融组织"走出去"的步伐越来越快,金融实力不断增强,国际竞争力大幅提升。互联网金融的规模和技术应用程度处于国际领先水平,网络支付、网络借贷等领域开始引领全球金融的发展。1996 年,我国完全实现人民币经常项目可兑换;资本项目的开放程度也日益加深,至今在绝大部分领域已经实现了完全的开放,在剩余的领域,我国也在有序放开。2009 年,上海首先试点的跨境贸易人民币结算,已经推广到全国范围;"一带一路"倡议大大推进了我国人民币的国际化进程。2018 年 4 月,国家主席习近平在博鳌亚洲论坛上明确表明了要加快保险行业开放进程,放宽外资金融机构设立限制,扩大外资金融市场合作领域。今后,随着我国金融开放程度的不断提高,我国必将越来越广泛地参与到全球金融的治理之中,金融领域中的中国元素会变得越来越多。

五是存量改革与增量发展持续驱动中国金融业的快速发展。新中国成立以来,我国金融业的发展一直是围绕存量改革与增量拓展两部分深入展开的。存量部分的改革是中国金融 70 年发展的主线。改革开放前,我国金融经历了一个由多元化的金融机构向单一的中国人民银行的转变,金融功能走向了"管资金"的极端。改革开放之后,中国人民银行的商业性与政策性功能逐步分离演化出一个以国有金融组织为主体的多元化金融体系,之后围绕国有金融组织展开了"调市场"的有序改革,至今已经发展成一个治理结构不断完善的商业性金融组织体系,成为驱动我国社会经济快速发展的主导力量。增量部分的拓展是顺应我国经济日益多元化趋势的结晶。改革开放以来,我国经济的快速发展引发了金融供需之间的困局,新增金融组织不断涌现,金融市场从无到有,至今已经构建起一个多元化、多层次的金融体系。它们与存量金融的改革共同推动着我国金融业向纵深发展,今后我国金融业的发展仍然会在存量改革与增量拓展中持续推进下去。为此,我国仍需处理好两者之间的关系,以更加融洽的方式促进金融业的健康持续发展。

六是慎重处置市场与政府在中国金融发展中的作用。在新中国金融70年的发展中,市场与政府之间的关系如果处理不好,金融的发展必然会经历一个相对曲折的过程,甚至制约经济的发展;两者关系若处理得当,金融显示出快速的发展态势,对经济就会起到更大的促进作用。改革开放之前,市场功能基本被抑制,金融职能被高度集中到"管资金"上。改革开放到1995年,我国金融职能在"管资金"与"调市场"之间游移,时而市场作用多点,时而政府作用多点,总想在两者之间找到一个平衡,结果金融的发展处处受制,并不顺畅。随着"调市场"职能的明确定位,我国金融进入了一个快速发展的时期。1997年第一次全国金融工作会议召开,政府在金融发展中的顶层设计作用得到了有效发挥,进一步弥补了市场在促进金融发展中的不足,从而更快地推进了金融的发展。今后,我国需要进一步明确市场在资源配置中的决定性作用,政府也需发挥出更大的作用,以此推进我国金融的持续健康发展。

# 参考文献
## REFERENCES

[1] 中国人民银行.中国人民银行六十年(1948—2008)[M].北京:中国金融出版社,2008.

[2] 杨希天,等.中国金融通史(第六卷):中华人民共和国时期[M].北京:中国金融出版社,2002.

[3] 李扬,等.新中国金融60年[M].北京:中国财政经济出版社,2009.

[4] 李德.新中国金融业发展历程(上、下卷)[M].北京:人民出版社,2015.

[5] 兰日旭.中外金融组织变迁:基于市场-技术-组织的视角[M].北京:社会科学文献出版社,2016.

[6] 李志辉.中国银行业的发展与变迁[M].上海:格致出版社、上海人民出版社,2008.

[7] 胡汝银.中国资本市场的发展与变迁[M].上海:格致出版社、上海人民出版社,2008.

[8] 尚明.新中国金融50年[M].北京:中国财政经济出版社,2000.

[9] 尚明,陈立,王成铭.中华人民共和国金融大事记[M].北京:中国金融出版社,1993.

[10] 中国社会科学院,中央档案馆.1958—1965中华人民共和国经济档案资料选编:金融卷[M].北京:中国财政经济出版社,2011.

[11] 许树信.中国革命根据地货币史纲[M].北京:中国金融出版社,2008.

[12] 杜恂诚.上海金融的制度、功能与变迁:1897—1997[M].上海:上海人民出版社,2002.

[13] 姚遂.中国金融史[M].北京:高等教育出版社,2007.

[14] 姜宏业.中国地方银行史[M].长沙:湖南出版社,1991.

[15] 洪葭管.中国金融史[M].成都:西南财经大学出版社,2001.
[16] 中共中央文献研究室.陈云文集(第三卷)[M].北京:中央文献出版社,2005.
[17] 中国人民银行金融研究所.曹菊如文稿[M].北京:中国金融出版社,1983.
[18] 张杰.中国农村金融制度调整的绩效:金融需求视角[M].北京:中国人民大学出版社,2007.
[19] 易纲.中国金融改革思考录[M].北京:商务印书馆,2009.
[20] 祁群.中国货币市场的发展与创新[M].北京:法律出版社,2012.
[21] 杨培新.中国的金融[M].北京:人民出版社,1982.
[22] 中共中央文献研究室.陈云文集(第二卷)[M].北京:中央文献出版社,2005.
[23] 苏宁.中国金融统计(1949—2005)[M].北京:中国金融出版社,2007.
[24] 武力.中华人民共和国经济史[M].北京:中国时代经济出版社,2010.
[25] 杨德才.中国经济史新论(1949—2009)[M].北京:经济科学出版社,2009.
[26] 兰日旭.互联网金融行业发展对中国产业结构调整的镜鉴[J].产业与科技史研究,2017(2).
[27] 兰日旭.新中国金融业变迁及其特征:基于金融职能变化的视角[J].河北师范大学学报,2017(6).
[28] 谢平,邹传伟.互联网金融模式研究[J].金融研究,2012(12).
[29] 张小军,马玥.读懂中国金融[M].北京:化学工业出版社,2016.
[30] 姚文平.互联网金融:即将到来的新金融时代[M].北京:中信出版社,2014.
[31] 陈慧慧.网络外部性市场中的技术创新和竞争策略研究[M].北京:经济管理出版社,2015.
[32] 王亮亮.互联网金融发展对传统金融业的影响研究[M].北京:中国金融出版社,2016.
[33] 张健华.中国金融体系[M].北京:中国金融出版社,2010.
[34] 习近平.决胜全面建成小康社会 夺取新时代中国特色社会主义伟大胜利——在中国共产党第十九次全国代表大会上的报告[R].北京:

人民出版社,2017.

[35] 邓小平.邓小平文选(第三卷)[M].北京:人民出版社,2008.

[36] 朱民,蔡金青,艾梅霞.中国金融业的崛起——挑战及全球影响[M].北京:中信出版社,2010.

[37] 曹远征.大国大金融:中国金融体制改革40年[M].广州:广东经济出版社,2018.

[38] 《径山报告》课题组.中国金融开放的下半场[M].北京:中信出版社,2018.

[39] 约瑟夫·熊彼特.经济发展理论——对于利润、资本、信贷、利息和经济周期的考察[M].何畏,易家详,张军扩,等,译.北京:商务印书馆,2000.

[40] 劳伦·勃兰特,托马斯·罗斯基.伟大的中国经济转型[M].方颖,赵扬,等,译.上海:格致出版社,上海人民出版社,2009.

[41] 詹姆斯·W 布罗克.美国产业结构[M].12版.罗宇,等,译.北京:中国人民大学出版社,2011.

# 后 记
POSTSCRIPT

在中华人民共和国成立70周年之际,对中国金融业的发展进行梳理和总结,是对金融业今后的发展具有很重要的理论与现实价值的。新中国金融70年的发展,内容极其庞杂,每一部分、每一阶段都能形成一本或一系列的著作。显然,如此复杂漫长的金融变迁过程,要想在一本著作中全部展现出来,是一项极其艰巨的任务。在吸纳已有研究的基础上,本书另辟蹊径,力争从金融职能变迁的角度出发,把金融发展70年的庞杂历程划分成四个阶段加以论述。在厘清和总结金融发展变迁的基础上,得出了新中国建立初期金融体系的构建延续了战争时期各个革命根据地的做法,以国有或集体资金、发行纸币等方式满足经济发展需求;之后到1978年"管资金"职能的确立,其间迎合了国内建设现代化的目标,只是受到各类政治运动的干扰,极度影响了金融功能的发挥,无法发挥出金融服务实体经济的作用;改革开放之后金融职能在"管资金"与"调市场"之间游移,是我国经济渐进改革的一个重要表现,尝试从金融发展中摸索出中国特色的独特路径,但在实践上却陷入了干预与放任两难的困局;"调市场"的明确定位更加契合我国社会经济的发展需求,而1997年召开的第一次全国金融工作会议则大大提升了金融发展的顶层设计思维,推进了我国金融与实体经济之间的良性互动。之后,每隔五年召开一次全国金融工作会议,无疑为中国金融的改革明确了方向。

本书作为当代中国研究所副所长武力研究员主编的"中华人民共和国经济与社会发展研究丛书"中的一本,列入"十三五"国家重点图书出版规划项目。自2016年华中科技大学出版社启动出版规划项目以来,经过在北京、泰安等地的多次讨论,书稿结构、内容渐趋形成。在此期间,笔者以"新中国金融发展研究:1949—2019年"为题,成功申报了国家社科基金2017年项目。之后,经过数据收集、整理,以及边写边讲边讨论的过程,最终完成了以"中国金融业发展研究"为题的书稿。本书是国家社科基金一般项目的中期成果之一,也得到了教育部首批全国高校"双带头人"教师党支部书记工作室——中央财经大学经济学院经济史学系教工党支部书记工作室的资助,是工作室献礼新中国成立70年的重点成果之一。本书内容在写作过程中还曾在中央财经大学2016级硕士、博士研究生中系统讲授,之后又受上海财经大学经济学院燕红忠教授的邀请,在上海财经大学经济史学讲坛上讲授,部分内容还在中国人民大学第四届"经济与历史"学术研讨会上宣读,也可以说这本书是"教学相长"和小范围讲授讨论的结晶。

本书紧紧围绕新中国金融业70年的发展和经济发展的变化,从金融职能的视角勾画出了一个金融变迁的大致框架,为今后的研究和实践提供一个讨论的平台。同时,也希望以此为起点,求教于各位同仁。书中的内容如果能够引起您的兴趣或共鸣,对您的思考研究有裨益,那将是笔者莫大的欣慰。受到诸种因素的制约,书中还有许多不尽如人意之处,恳请读者不吝赐教。笔者的电子邮箱是 galenlan@126.com。

本书的写作,得到了许多人的帮助:当代中国研究所副所长武力研究员在本书的标题、结构到最终形成书稿的全过程中给予了全方位的指导,对武先生的谢意是无法用语言表达的。在写作过程中,还得到了中央财经大学金融学院的姚遂教授,经济学院的李涛教授、顾炜宇副教授、高伟教授、伏霖副教授,马克思主义学院的肖翔副教授,中国人民大学的何平教授,清华大学的陈争平教授,北京大学的萧国亮教授、周建波教授,社科院经济所的赵学军研究员、董志凯研究员、胨新春研究员、魏明孔研究员、隋福明研究员,《中国经济史研究》编辑部的高超群研究员、黄英伟研究员,当代中国研究所的郑有贵研究员、王瑞芳研究员、段娟副研究员、郭旭红博士后,中南财经政法大学的苏少之教授,上海财经大学的燕红忠教授、李楠教授、杜恂诚教授,复旦大学的吴景平教授、朱荫贵教授、张徐乐教授,上海社科院的贺水金研究员,南开大学的王玉茹教授、龚关副教授,北京理工大学的申晓勇副教授等的大力帮助。华中科技大学出版社的姜新祺、周晓方、周清涛、刘烨等的关心和支持使本书得以按时完成。本书付梓之际,谨向以上各位表示诚挚的谢意。

此外,还要特别感谢我的父母、妻子、兄弟等亲人在物质和精神上的全力支持,是他们的关心和眷爱解除了我的后顾之忧,使我能够专心致志地写作,顺利完成该书。

**作者**
**2018年5月于茉藜园**